아베는
누구인가

아베는 누구인가

— 아베 정권의 심층과 동아시아

길윤형 지음

2017년 10월 1일 초판 1쇄 발행

펴낸이 한철희 | 펴낸곳 돌베개 | 등록 1979년 8월 25일 제406-2003-000018호
주소 (10881) 경기도 파주시 회동길 77-20 (문발동)
전화 (031) 955-5020 | 팩스 (031) 955-5050
홈페이지 www.dolbegae.co.kr | 전자우편 book@dolbegae.co.kr
블로그 imdol79.blog.me | 트위터 @Dolbegae79

주간 김수한
책임 편집 윤현아
표지 디자인 coobicoo | 본문 디자인 coobicoo · 이은정 · 이연경
마케팅 심찬식 · 고운성 · 조원형 | 제작 · 관리 윤국중 · 이수민
인쇄 · 제본 상지사 P&B

ISBN 978-89-7199-824-3 (03300)
이 도서의 국립중앙도서관 출판시도서목록(CIP)은 서지정보유통지원시스템(http://seoji.nl.go.kr)과 국가자료공동목록시스템(http://www.nl.go.kr/kolisent)에서 이용하실 수 있습니다.(CIP제어번호: CIP2017023674)

아베는 누구인가

아베 정권의 심층과 동아시아

길윤형 지음

돌베개

차례

일러두기

1. 외국 인명과 지명, 도서명은 국립국어원의 외래어 표기법과 용례를 따랐다. 다만 국내에서 이미 굳어진 인명과 지명의 경우에는 통용되는 표기로 썼으며, 중국 인명과 지명의 한자 표기는 편의상 중국 간자 대신 일본식 한자를 썼다.
2. 단행본과 정기간행물, 신문명에는 겹낫표(『 』)를 논문과 기사에는 낫표(「 」)를 영화 제목에는 홑꺾쇠(< >)를 썼다.
3. 각주(*, **, ……)는 해당 개념에 대한 보완 설명이고, 미주(1, 2, 3……)는 해당 인용문의 출처다.
4. [ ]는 지은이가 문맥상 이해를 돕기 위해 넣은 것이다.
5. 인물의 직함과 존칭은 최초 등장할 때만 표기하는 것을 원칙으로 했으나 이해를 위해 반복해서 표기한 경우도 있다.
6. 인용문은 지은이가 직접 들은 내용이거나 관련 자료에서 발췌한 것이다. 공식 석상에서의 발언한 경우 따로 출처를 밝히지 않았지만 원자료가 있으면 출처를 밝혔다. 또한 일부 내용은 지은이가 『한겨레』에 게재한 기사에서 따왔다. 이 경우에는 별도로 인용과 출처 표기를 하지 않았다.
7. 본문에서 '위안부 피해 할머니'는 해당 부분의 발화자 혹은 서술 맥락에 따라 '위안부 피해자', '종군위안부', '일본군 위안부', '위안부 피해 할머니(들)', '위안부분', '일본군 위안부 피해자'로 쓰였다. 각 지칭어가 갖는 의미가 다르기에 통일하지 않고 혼용해서 썼다.
8. 1946년 11월 3일에 제정된 '일본국헌법'은 평화조항이라 불리는 9조 때문에 '평화헌법'이라고 부르기도 한다. 본문에는 두 가지를 맥락에 따라 혼용해서 썼다.

프롤로그

한가로운 가을 햇살이 내리쬐던 날이었다. 일본 가가와香川현 출신의 오가와 준야小川淳也(1971~) 의원(민진당)이 중의원 예산위원회 질문대에 올라선 것은 2016년 10월 3일 오전 11시경이었다. 예산위원회에는 '예산'이라는 단어가 들어가 있어서 딱딱한 경제 현안에 대해서만 논의할 것 같지만 사실은 그렇지 않다. 한 나라의 1년 살림살이를 따져 묻다 보면 자연스럽게 국방이나 외교 같은 '국정과 관련된 모든 중요 사항'에 대해 토의하게 된다. 일본의 최고 국정 책임자인 총리대신과 담당 각료들이 출석해 국회의원들과 진검승부에 가까운 설전을 벌이기 때문에 회의 실황을 지켜보는 것만으로도 박진감이 넘친다. 일본의 공영방송인 NHK는 정규 방송을 중단하고 아침 9시부터 오후 5시까지 회의의 전체 실황을 생중계해준다.

한국 언론사의 도쿄 특파원에게 일본 국회의 예산위원회는 기삿거리가 넘쳐나는 중요한 취재 소스다. 이날도 NHK를 통해 회의 실황을 지켜보다 '위안부'라는 단어가 튀어나오는 것을 듣고 반사적으로 녹음기를 꺼내 들었다. 오가와가 질문을 던진 상대는 아베 신조安倍晋三(1954~) 일본 총리였다.

> 위안부 문제에 관해 일한 합의 이후 한국 정부가 아베 총리에게 사죄 편지를 요구하고 있는 것 같은데, 이에 대해 어떻게 생각하십니까.[1]

오가와가 아베에게 이 같은 질문을 던진 데는 그럴 만한 이유가 있었다. 일본군 '위안부' 문제에 대한 한일 정부 간 합의(이하 '12·28합의')가 이뤄진 뒤, 양국의 시민사회는 이 합의를 어떻게 평가하고 받아들여야 하는지를 두고 치열한 논쟁을 이어왔다. 12·28합의를 폐기하고 일본에 재협상을 요구해야 한다는 방향으로 비교적 쉽게 여론이 모아진 한국과 달리 일본 운동 진영의 내부 사정은 복잡하기 이를 데 없었다. 일본 방위청(현 방위성) 도서관에서 위안부 제도를 만든 주체가 일본군임을 보여주는 군 내부 문서를 발굴했던 요시미 요시아키吉見義明(1946~) 주오대中央大 교수 등은 일본 정부가 법적 책임을 인정하지 않은 이번 합의는 받아들일 수 없다며 '백지 철회론'을 주장하고 나섰다. 그러나 위안부 문제를 해결하기 위해 무라야마 도미이치村山富市(1924~) 정권 때 만들어진 '여성을 위한 아시아 평화국민기금'(이하 '아시아 여성기금', 존속 기간 1995~2007)에 참여했던 와다 하루키和田春樹(1938~) 도쿄대東京大 명예교수 등은 합의를 일단 받아들인 뒤 추후에 내용을 충실히 채워나가자는 '보완론'으로 맞섰다. 와다가 제시한 보완론의 주요 내용은 아베가 위안부 피해 할머니들에게 사죄 편지를 보내고, 주한 일본대사가 할머니들을 직접 찾아뵙는다는 것이었다.*

아베의 사죄 편지를 뼈대로 한 와다의 보완론에 한국이 구체적인 반응을 보인 것은 2016년 9월에 들어서면서부터였다. 『동아일보』는 9월 19일, 12·28합의 이행을 위해 한국 정부가 주도해 만든 "'일본군 위안부 화해·치유재단'이 아베에게 사죄 편지를 받는 방안을 추진 중인 것으로 확인됐다"고 보도했다. 그리고 이 보도가 나온 지 열흘 뒤인 29일 조준혁 외교부 대변인은 "일본이 위안부 피해 할머니들의 마음의 상처를 달래는 추가적인 감성적인 조치를 취해줄 것을 기대하고 있다"고 말했다. 조준혁이 언급한 '추가적인 감성적인 조치'는 아베의 사죄 편지를 의미하는 것이었다.

이 같은 한국의 분위기를 감지한 일본 시민사회가 움직이기 시작했다. 일본의 시민모임인 '위안부 문제 해결의 모임'은 9월 28일 도쿄 지요다구千代田区 참의원회관에서 기자회견을 열

* 와다는 이 문제와 관련해 재일조선인 2세인 서경식 도쿄경제대 교수와 『한겨레』 지면을 통해 긴 논쟁을 주고받은 바 있다. 와다의 자세한 입장에 대해서는 「와다 하루키, 서경식에게 답하다」(『한겨레』, 2016년 3월 26일) 참조.

고 "〔1995년〕 아시아 여성기금 때도 〔일본의〕 총리가 사죄 편지를 보냈었다. 피해자들이 받아들일 수 있는 사죄, 명예와 존엄의 회복이 이뤄질 수 있도록 '총리의 사죄 편지'를 〔이번에도〕 보내달라"고 요청했다. 이들은 기자회견에 임하기 직전인 오전 11시 일본 내각부에 들러 "위안부 문제에 대한 일한 합의에 기초해 성의 있는 구체적인 해결책인 총리의 사죄 편지를 요구한다"는 요청서를 제출하기도 했다.

다시 오가와의 질문으로 돌아오자. 이에 아베는 짤막한 세 문장으로 답했다.

첫 문장. "양국이 합의 내용을 성실히 실행해가는 게 요구된다." 이는 일본 정부가 지난 합의 이후 수백 번 되풀이해온 공식 입장으로 그리 놀라운 내용은 아니었다.

두 번째 문장. "오가와 의원이 지적한 것은 〔합의〕 내용 밖에 있다." 이 언급을 통해 한국 정부가 "기대한다"고 밝힌 '사죄 편지'에 대해 아베가 응할 의사가 없음이 분명해졌다. 별 기대도 없었으니 실망할 것도 없었다.

문제는 세 번째 문장이었다. "우리는 ○○를 생각하고 있지 않다."

지난 3년여에 걸친 특파원 생활을 하며 산전수전을 겪었다고 생각했는데 이 문장에 담긴 부사 한 개를 알아들을 수 없었다. 수십 번 녹음기를 반복해 듣다가 포기하고, 지인인 재일조선인 2세 김미혜 도쿄대 특임연구원과 『교도통신』의 스나미 게스케角南圭祐(1979~) 기자에게 녹취 파일을 보내 내용 확인을 요청했다. 이들이 보내온 회신에 담긴 부사는 '모두'毛頭*였다. 털의 머리. 이를 한국어로 번역하면 '털끝만큼'이 된다. 위안부 피해 할머니들에게 사죄 편지를 보내달라는 한국 정부와 한일 시민사회의 요청에 아베는 "털끝만큼도 생각하고 있지 않다"고 거절한 것이다. 예산위원회라는 공식적인 자리에서 내뱉기에는 너무 거친 발언이었기에 당시 잠시 어안이 벙벙해졌던 기억이 있다. 위안부 제도의 강제성과 동원과정에서 군의 개입이 이뤄졌음을 인정한 1993년 고노河野 담화를 발표했던 고노 요헤이河野洋平(1937~) 전 관방장관의 말대로 이것은 아베의 "인간성 문제가 아닐까" 생각해볼 뿐이다.

아베는 왜 그런 반응을 보인 것일까.

2006년 9월, 아베는 1차 집권에 성공해 일본의 90대 총리에 오르기 직전 자신의 정치철학과 주요 정책 비전을 담은 문고 『아름다운 나라에』美しい国へ를 출간한 적이 있다. 전체 232쪽인 이 책에서 아베는 중국에 대해서는 수십 페이지를 할애해 자신의 정책 구상을 설명했지만 한국에 대해서는 아래와 같이 짤막하게 언급하는 데 그쳤다.

일본과 한국은 하루에 1만 명 이상이 서로 왕래하는 중요

* 일본어 발음은 '모토'もうとう다.

한 관계다. 일본은 오랜 시간 한국으로부터 문화를 흡수해온 역사를 갖고 있다. 그런 의미에서 한류 붐은 결코 일시적 현상이 아니다.

나는 일한 관계에 대해 낙관적인 입장이다. 한국과 일본은 자유와 민주주의, 기본적 인권, 법의 지배라는 가치를 공유하고 있기 때문이다. 이것이 진정 일한 관계의 기반이 아닐까.

우리들이 과거에 대해 겸허하고 예의 바르게 미래지향적인 자세를 갖고 사귀어가는 한 양국 관계는 반드시 좋은 방향으로 발전해갈 것이라고 생각한다.[1]

한류가 강력한 힘을 발휘하던 2006년이라는 시대적 배경 때문인지 위의 인용문을 보면 한국에 대한 아베의 전체적인 평가가 나쁘지 않음을 알 수 있다. 그러나 책 전체에서 한국에 할애된 분량이 극히 적은 데서 확인되듯 한국에 대한 아베의 '정책적 관심'은 애초부터 그리 높지 않았던 것으로 추정된다.

위 구절에서 아베가 강조한 것은 "한국과 일본은 자유와 민주주의, 기본적 인권, 법의 지배라는 가치를 공유하고 있"다는 사실이었다. 그리고 바로 이 점이 한일 관계 발전의 "기반"이 될 것이라고 밝혔다. 아베는 1차 집권 직후인 2006년 10월 9일, 한국 방문 이후 진행된 기자회견에서도 "한국은 일본에게 가장 중요한 이웃나라다. 양국은 자유, 민주주의, 기본적 인권 그리고 법의 지배, 시장경제라는 기본적인 가치를 공유하는 가장 가깝고 가장 소중한 이웃"이라고 말했다.

일본이 한국을 언급할 때 '기본적인 가치'를 언급하기 시작한 것은, 한일 간 우호협력의 새 시대를 열었다는 평가를 받는 1998년 10월 '한일 관계선언-21세기를 향한 새로운 한일 파트너십'(이하 '한일 파트너십 선언')이 나온 때로 거슬러 올라간다. 당시 일본을 국빈 방문한 김대중 대통령은 10월 8일 오부치 게이조小渕恵三(1937~2000) 총리와 정상회담을 열고 한일 파트너십 선언을 발표했다. 오부치는 "한국이 국민들의 꾸준한 노력에 의해 비약적인 발전과 민주화를 달성하고, 번영되고 성숙한 민주주의 국가로 성장한 데 대해 경의"를 표했고, 김대중은 그에 대한 답례로 "일본이 평화헌법 아래서 전수방위 및 비핵3원칙을 비롯한 안전보장정책과 세계경제 및 개발도상국에 대한 경제지원 등을 통해 국제사회의 평화와 번영을 수행해온 역할"을 높이 평가했다.

해방 이후 반세기 동안 이뤄진 한일 관계의 여러 우여곡절을 떠올려볼 때 양국이 이 같은 문서에 서명할 수 있었다는 것은 실로 기적 같은 일이었다. 한국 입장에서는 납득하기 어렵겠지만 1980년대 초중반까지 일본은 한국에 대해 '독재'와 '기생관광'으로 상징되는 어두운 이미지를 갖고 있었다. 일본인에게 한국은 박정희-전두환의 독재가 이어지고 있는 어딘가 음험하고 위험한 나라이자, 싼값으로 여자를 살 수 있는 기생관광의 천국이었다. 그랬던 한국이 1987년 '6월 항쟁'을 통해 성취한 민주화와 '한강의 기적'으로 불린 경제발전으로 일본과 맞상대가 가능한 친구이자 파트너로 성장한 것이었다.

한일 파트너십 선언에 의해 한일 양국의 문화교류는 꽃피우게 됐다. 한국에서는 〈러브레터〉(1995), 〈4월 이야기〉(1998)와 같은 일본 영화들을 수입하기 시작했고, 일본에서는 드라마 〈겨울연가〉(2002)로 대표되는 대대적인 한류 붐이 일었다. 파트너십 선언 이후 일본 정부는 한일 관계의 의미를 설명할 때 민주주의, 시장경제, 법의 지배 등 "기본적인 가치를 공유하는 이웃"이라는 표현을 관용어구처럼 사용하게 됐다.

일본의 태도가 달라지기 시작한 것은 2012년 12월 2차 아베 정권이 들어서면서부터다. 애초 박근혜 정권과 우호적인 관계를 유지하려고 했던 일본은 위안부 문제로 한일 관계가 악화일로를 걷자 한국에 대한 전략적 불신을 노골적으로 드러내기 시작했다. 일본 정부는 매년 4월, 현재 국제정세에 대해 일본이 갖고 있는 기본 인식과 앞으로 추진해갈 외교정책의 큰 방향을 담은 『외교청서』라는 문서를 발표한다. 아베 2차 정권 초기인 2013~2014년에 발표된 『외교청서』에서는 한일 관계에 대한 기술*이 이전과 크게 달라지지 않았다. 변화가 생긴 것은 2015년

* 2014년 『외교청서』는 "일본과 한국은 가장 중요한 이웃이며 자유, 민주주의, 기본적 인권 등 기본적인 가치와 지역의 평화와 안보 등의 이익을 공유한다"고 기술했다.

부터였다. 일본 정부는 그해 『외교청서』에서 "한국은 일본에게 가장 중요한 이웃나라이며, 우호적인 일한관계는 아시아-태평양 지역의 평화와 안정에 불가피하다"고 언급했다. 그동안 담겨 있던 "기본적인 가치를 공유하는 이웃"이라는 표현이 사라진 점이 눈에 띈다. 2016년에는 "일본에게 한국은 전략적 이익을 공유하는 가장 중요한 이웃나라이며, 우호적인 일한 관계는 아시아-태평양 지역의 평화와 안정에 불가결하다"는 표현이 담겼다. 문장이 다소 길어지기는 했지만 여전히 "기본적인 가치를 공유하는 이웃"이라는 표현은 빠져 있다. 대신 그 자리를 메우고 있는 것은 "전략적 이익을 공유하는"이라는 표현이다.

"기본적인 가치를 공유"한다는 말은 한일이 상호 신뢰할 수 있는 '친구'라는 뜻이다. 기본적인 가치를 공유하고 있는 국가와는 전쟁을 통한 무력의 행사 없이 국제 갈등을 평화적인 방식으로 해결할 수 있다. 그러나 "전략적 이익을 공유"한다는 것은 다르다. 일본 정부가 말하는 "전략적 이익"이란 북핵과 미사일의 위협 또는 중국의 부상 등에 대해 한일이 공동 대처할 필요가 있다는 뜻이다. "기본적인 가치"를 제외한 채 "전략적 이익"만 앞세우면 한일의 협력은 '친구의 사귐'이 아닌 '비즈니스 파트너 사이의 거래'로 의미가 축소되고 만다.

왜 이런 변화가 생겼을까. 그 힌트는 12쪽의 인용문에 담겨 있다. 아베는 한일이 우호적인 관계를 이어갈 수 있는 전제로 "우리들이 과거에 대해 겸허하고 예의 바르게 미래지향적인 자세를 갖고 사귀어가는 한"이라는 단서를 달았다. 주어가 '일본'이 아닌 한일 모두를 포괄하는 '우리들'이라고 되어 있는 점에 주목해야 한다. 한국이 위안부 문제와 같은 과거사를 끄집어내 일본을 괴롭히지 않고 미래지향적인 태도를 취하는 등 일본에 '예의'를 지킨다면 한일 관계는 앞으로 발전해갈 것이라는 뜻이다.

일본은 대륙의 위협에 맞서 자국을 지키려면 한반도를 자신들의 영향 아래 둬야 한다는, 일관된 대한반도 정책을 추진해왔다. 이를 명확한 외교 노선으로 표현한 것이 일본 육군의 아버지인 야마가타 아리토모山県有朋(1838~1922, 3대·9대 총리)가 제시한 '이익선' 개념이다. 이에 따라 일본은 처음에는 조선을 식민지로 만들어 '직접 지배'했고, 패전 이후에는 1965년 한일협정을 통해 한국의 경제발전을 지원하면서 자신들의 영향력 아래 두는 일종의 '간접 통제' 방식을 활용해왔다. 이런 도식 속에서 한국은 지난 냉전시기 공산권과 맞선 자유민주주의 진영의 최전선에서 일본을 방어하는 방파제 역할을 담당했었다.*

* 공산권의 위협으로부터 일본을 방어하는 한국의 역할이 가장 명확히 드러난 때는, 1983년 1월 이뤄진 40억 달러의 공공차관 협상이었다. 오구라 가즈오小倉和夫(1938~) 전 주한 일본대사가 쓴 『비록·일한 1조 엔 자금』秘録·日韓1兆円資金을 보면, 12·12 쿠데타를 통해 정권을 잡은 전두환 정권은 1981년 4월 일본을 향해 느닷없이 "한국은 자유진영의 주축으로 국가 예산의 35퍼센트를 국방예산으로 쓰고 있다. 그로 인해 가장

이윽고 냉전이 끝나면서 한일 관계에 극적인 변화가 시작됐다. 한국 경제가 급속하게 성장하며 일본의 영향력에서 서서히 벗어나기 시작한 것이다. 처음에 한국의 발전을 경탄과 축하의 눈으로 바라보던 일본의 시선은 2010년부터 본격화된 중국의 급격한 부상과 함께 차갑게 식어갔다. 그리고 2012년 말~2013년 초 한국에서는 박근혜 정권, 일본에서는 2차 아베 정권이 들어섰다. 양국이 마주한 공통 과제는 '부상하는 중국과 상대적으로 쇠퇴해가는 미국'이라는, 동아시아의 거대한 힘의 균형 변화에 어떻게 대응할 것인가였다. 이에 대한 한일 양국의 선택은 정반대로 나뉘었다. 박근혜 정권은 중국과 우호적인 관계를 구축한 뒤, 그 힘으로 북한에 압력을 가해 북핵문제를 해결하려 했다. 전통적인 한미동맹은 그대로 유지하면서 중국과 적극적인 우호·협력 관계를 추진하겠다는 이른바 '균형 외교' 전략이었다. 그 정점은 2015년 9월 3일에 이뤄진 박근혜 대통령의 천안문 성루 등정이었다. 한국전쟁이 끝난 뒤 중화인민공화국 건국 5주년을 기념해 이뤄진 열병식을 지켜보기 위해, 1954년 10월 김일성 조선민주주의인민공화국 수상이 올랐던 바로

큰 혜택을 받고 있는 국가는 일본"이라며 100억 달러의 차관을 내놓으라고 요구한다. 이에 대한 일본 정부의 첫 반응은 "한국 정부가 미쳤다"(기우치 아키타네木内昭胤(1927~ , 당시 아시아국장)였지만, 공식과 비선 라인을 넘나드는 1년 반에 걸친 기묘한 협상 끝에 결국 애초 요구의 절반 수준인 40억 달러의 차관을 제공했다.

그 성루였다. 당시 신생국이던 중국은 한국전쟁으로 나라가 휘청거릴 만큼 큰 피해를 입었는데다 중국의 지도자인 마오쩌뚱毛澤東(1893~1976)의 아들 마오안잉毛岸英(1922~1950)이 전사하는 비극을 맞았다. 그런데 미국의 위협에 맞서 한국전쟁을 치러낸 '동지' 마오저뚱과 김일성이 올랐던 그 성루에 '적국'이었던 대한민국의 대통령 박근혜가 오른 것이다. 이는 주변국들에게 한국 외교의 거대한 방향전환으로 받아들여졌다. 『한겨레』는 이튿날인 9월 4일, 1면 머리기사에서 '천안문 성루에 선 박 대통령…… 한국 외교 '낯선 길로'라는 제목으로 당시의 충격을 전했다. 이에 반해 아베 정권은 센카쿠열도尖閣諸島(중국명 '댜오위다오')에 대한 중국의 위협 등 일본이 직면하게 된 새로운 안보 위협에 대처하기 위해 미일동맹을 강화해 중국을 견제·포위하는 방향으로 나아갔다. 박근혜-아베 정권에 들어서면서 한일 양국의 대중정책이 정반대로 엇갈리게 된 것이다. 한국이라는 '이익선'이 위태로워졌다는 것을 감지한 일본은 한국에게 "당신들은 누구의 편이냐"라는 공격적인 질문을 쏟아내기 시작했다.

그보다 조금 앞선 2011년 8월, 헌법재판소는 한국 정부가 "위안부 문제 해결을 위해 일본과 교섭하지 않는 것은 위헌"이라는 결정을 내보냈다. 이후 박근혜 정권은 일본이 위안부 문제에 대해 성의 있는 '선 조처'를 내놓지 않는 한, 일본과 정상회담에 응하지 않겠다는 '경직적'인 대일 외교를 추진했다. 현상적으로 볼 때 한일 관계를 파탄으로 몰고 간 것은 위안부 문제였지만, 그 하부구조에서 양국 관계를 불화하게 만든 것은 언제든 중국에 붙어 버릴 수 있는 한국에 대한 일본의 '전략적 불신'이 아니었나 한다.

이 같은 곤경을 벗어나기 위해 아베 정권은 두 가지를 동시에 추진했다. 첫 번째는 현상에 대한 대처, 즉 역사문제에 대한 공격적인 대응이었다. 아베는 2013년 4월 참의원 예산위원회에서 "침략에는 정해진 정의가 없다"며 일본의 지난 침략전쟁을 사실상 부정했다. 이어 2013년 12월에는 야스쿠니靖国 신사를 참배했고, 2014년 2월에는 고노 담화를 검증하겠다고 선언했다. 아베의 '역사 뒤집기'는 지난 식민지배에 대해 일언반구도 언급하지 않은 2015년 8월 전후 70주년 담화(이하 '아베 담화')와 그 연장선상에서 체결된 12·28합의를 통해 완성됐다.

두 번째는 근본 원인에 대한 대처, 즉 안보 태세의 강화였다. 아베 정권은 2013년 10월 미일안전보장협의위원회(2+2회의)를 시작으로 그동안 일본 역대 정부가 '보유는 하지만 행사할 수 없다'는 입장을 밝혀온, 집단적 자위권과 관련된 봉인을 해체하는 작업에 돌입했다. 미일 양국은 아베의 2015년 4월 미국 방문에 맞춰 미일동맹의 구체적인 작동 지침인 '미일 방위협력지침'(이하 '미일 가이드라인')을 개정했고, 9월에는 자위대법 등 안보 관련법 제·개정 작업을 마무리했다. 이를 통해 미일동맹은 기존의 '지역동맹'에서 전 세계를 활동 범위로 하는 '글로벌동맹'으로 위상과 역할이 확대됐다. 아베는 여기서 한발 더 나아가 자신의 '필생의 과업'인 개헌을 마무리하기 위해 기회를 엿보는 중이다.

그리고 시간이 흘렀다. 그 사이 한일 두 나라에서는 엄청난 정치적 격변이 이어졌다. 한국에서는 2016년 9월 20일 '대기업 돈 288억 걷은 K스포츠 재단 이사장은 최순실 단골 마사지 센터장'이라는 『한겨레』의 보도를 시작으로 '박근혜·최순실 게이트'가 열렸다. 그 결과는 2017년 3월 10일 헌법재판소의 역사적인 결정으로 확정된 박근혜의 대통령 파면이었다. 2017년 9월 박근혜는 '서울구치소 503'이라는 수인번호를 배정받은 피고인 신분이 되어 있다.

한편, 권력형 비리 사건인 '모리토모 학원'森友学園*과 '가케 학원'加計学園** 스캔들로 휘청거렸던 아베는 2017년 7월 2일 치

* 일본 오사카에 있는 유치원을 운영하는 학교 법인. 2016년 6월 오사카부 도요나카豊中시의 초등학교용 부지(8,770제곱미터㎡)를 정부 감정가(9억 5,600만 엔)의 14퍼센트에 불과한 1억 3,400만 엔에 사들여 큰 논란을 빚었다. 모리토모 학원에서 운영하는 쓰카모토 유치원은 아이들에게 교육칙어를 외우게 하는 등 극우 교육을 하는 것으로 악명이 높았다. 우익인사이자 이 학원의 이사장인 가고이케 야스노리籠池泰典(1953~)는 3월 18일 국회에 출석해 "아베 총리로부터 100만 엔을 기부받았다"고 증언했지만, 결국 사태의 진실은 가려지지 않은 채 유야무야됐다.

** 일본 오카야마岡山에 근거지를 둔 학교 법인으로 아베의 친구인 가케 고타로加計孝太郎(1951~)가 이사장으로 있다. 수의학부를 신설하는 데 총리 관저가 특혜를 줬다는 의혹이 불거졌고 이로 인해 2017년 7월, 아베 정권의 지지율은 20퍼센트 안팎으로 급락했다.

러진 도쿄 도의회 선거에서 고이케 유리코小池百合子(1952~) 도쿄도지사가 이끄는 '도민 퍼스트회'都民ファーストの会에게 대패했다. 이 패배로 아베는 심각한 정치적 타격을 입었지만 도쿄 도의회 선거는 총리의 진퇴를 결정하는 국정国政 선거가 아니기에 아베 정권이 붕괴될 위기까지 이른 것은 아니다.

한국의 박근혜 정권, 일본의 아베 정권 시기에 이뤄진 한일 관계의 변화에 대해서는 천천히 음미하고 분석해볼 가치가 있다. 이 시기 일본에서는 전후 70년 동안 이어온 국가의 모습이 결정적으로 뒤바뀌는 격동적인 변화가 이뤄졌다. 이 같은 변화 속에서 한일은 위안부 문제를 놓고 치열하게 대립했지만 결과는 일본의 완벽한 승리로 끝났다. 한국 정부는 12·28합의를 통해 위안부 제도가 일본군이 주체가 된 전쟁 범죄였다는 '사실 인정'을 이끌어내지 못했다. 일본 정부는 위안부 피해 할머니들이 오랜 시간 요구해온 법적 책임을 끝내 인정하지 않았고, 아베는 할머니들에게 보낼 사죄 편지를 거부했다. 그럼에도 일본 정부는 10억 엔이라는 '푼돈'으로 위안부 문제를 "최종적 그리고 불가역적"으로 해결하는 데 성공했다.

안보 분야의 상황도 마찬가지다. 박근혜 정권 말기로 가면서 중국과 우호·협력 관계를 구축해 북한을 변화시키겠다는 '균형 외교'의 흔적을 찾아볼 수 없게 됐다. 게다가 박근혜 정권이 2016년 7월 주한미군의 사드THAAD(고고도미사일방어) 배치를 허용하겠다는 방침을 밝힌 뒤, 한국은 중국의 가차 없는 무역 보복을 감수하는 중이다. 문재인 정부는 2017년 5~6월까지만 해도 사드에 대해 환경영향평가를 실시하는 등 절차적인 정당성을 확보한다는 명분을 내세워 이 문제를 심사숙고해 처리할 수 있는 시간을 벌려 했다. 그러나 북한이 잇따라 대륙간탄도미사일ICBM을 발사하며 도발 행위를 멈추지 않자 사실상 사드 배치를 수용하는 쪽으로 방향 전환을 한 듯 보인다. 한미일 3각동맹의 측면에서도 한국은 2016년 12월 한일 군사정보보호협정GSOMIA 체결에 나서는 등 강화된 미일동맹의 하위 파트너로 코가 꿰이고 말았다.

도쿄 도의회 선거 패배로 아베 정권이 정치적인 타격을 입기는 했지만, 자민당 내에서 아베를 대체할 대안 세력은 존재하지 않는다. 따라서 2017년 3월 개정된 자민당 당규에 따라 아베는 2021년 9월까지 일본을 이끌어가게 될 가능성이 여전히 높다. 아베 정권은 2012년 12월부터 무려 9년 동안 일본을 통치하는 일본 헌정 사상 최장기 정권*이 되는 셈이다. 이는 문재인 정권도 집권 기간 내내 아베 정권을 상대로 대일 외교를 펴나가야 함을 뜻한다. 따라서 아베 정권의 본질을 정확히 이해하고 이 정권이 지난 4년 동안 어떤 일들을 벌여왔는지를 파악하는 것은

* 일본 역대 총리 가운데 가장 긴 재임 기간을 기록한 인물은 전전의 가쓰라 다로桂太郎(1848~1913) 총리(2,886일)와 전후의 아베의 작은 외할아버지인 사토 에이사쿠 총리(2,798일)다. 아베가 2021년 9월까지 총리로 재임한다면 전전과 전후를 통틀어 가장 오랫동안 임기를 누리게 된다.

한국의 국익과 직결되는 중요 과제다.

필자는 2013년 9월부터 2017년 3월까지 『한겨레』의 도쿄 특파원으로 일했다. 이 기간 동안 직접 보고, 느끼고, 취재한 경험을 바탕으로 아베 정권을 알기 쉽게 설명해보겠다는 목적의식을 갖고 이 책을 썼다. 이 책의 주요 내용은 다음과 같다.

1장에서는 아베의 사상적인 근원에 대해 분석했다. 아베의 사상은 그의 외할아버지이자 일본의 56, 57대 총리였던 기시 노부스케岸信介(1896~1987)로부터 물려받은 것이다. 그리고 기시의 사상적 배경이 된 인물들은 요시다 쇼인吉田松陰(1830~1859)과 그에게 배운 죠슈번長州藩(현 야마구치현) 출신 제자들이었다. '메이지유신'의 주역이 되는 이 인물들이 믿었던 것은 정한론征韓論*과 부국강병론 등 공격적인 대외 정책이었다. 그러나 아베에게는 기시의 길 말고도 평화를 사랑하고 약자를 배려하며 부당한 권력에 맞섰던, 친할아버지 아베 간安倍寛(1894~1946)이라는 또 다른 선택지가 있었다.

2장에서는 기시가 미일 안전보장조약(이하 '미일 안보조약') 개정을 끝으로 사임한 뒤 그의 철학을 이어받은 외손자 아베가

* 메이지 정권 초기에 사이고 다카모리西鄕隆盛(1828~1877) 등이 주장한 외교정책. 고대 일본이 한반도 남부를 지배했다는 『일본서기』의 기록을 근거로, 일본이 무력을 써서 조선을 개국시켜야 한다고 주장한다. 이 같은 일본의 우익 사상은 결국 1910년 조선 강제병합으로 이어졌다.

일본의 주요 정치인으로 성장하는 과정을 분석했다. 아베의 등장을 불러온 가장 큰 요인은 일본의 전후 부흥을 이끌었던 '보수 본류'와 '리버럴'의 몰락이었다. 일본의 보수 본류와 리버럴은 위안부 문제에 대해 사죄한 고노 담화, 식민지배와 침략에 대해 반성의 뜻을 담은 무라야마村山 담화라는 두 개의 역사적인 유산을 남기는 데 성공했다. 일본의 과오를 반성하려는 이들의 시도는 일본사회의 저류에서 틈틈이 부흥을 노리던 우익을 자극했다.

3장에서 다루는 것은 납치문제다. 일본 우익의 기대주였던 아베라는 젊은 정치인이 총리가 될 수 있었던 결정적인 계기가 바로 납치문제였다. 2002년 9월 고이즈미 준이치로小泉純一郎(1942~) 총리의 평양 방문 때 김정일 국방위원장이 납치문제를 인정하고 사죄하면서, 패전 이후 줄곧 '가해자'였던 일본이 처음으로 '피해자'의 지위를 확보할 수 있게 됐다. 이를 통해 일본 우익이 뻔뻔한 '내셔널리즘'을 주장할 수 있는 정치적인 공간이 열렸다. 이런 흐름을 적절히 활용한 아베는 2006년 9월, 1차 집권에 성공했다.

4장에서는 아베 1차 정권의 도전과 실패에 집중했다. 아베 1차 정권은 '전후체제로부터의 탈각'을 통해 '아름다운 나라'를 만들겠다는 구호를 내세웠다. 1차 정권 때 일본 교육의 헌법이라 불렸던 교육기본법이 개정됐고, 개헌 절차가 명시된 일본국헌법의 개정절차에 관한 법률(이하 '국민투표법')이 제정됐다. 또 일본의 집단적 자위권 행사를 봉인한 일본 역대 정부의 '헌법 해석'을 변경하기 위한 작업이 시작됐다. 그러나 1차 정권은 서투른 국정 운영, 내각의 잇따른 비리 의혹, 일본의 역사 수정주의를 봉인한 미 하원의 위안부 결의안, 아베 본인의 건강문제 등으로 1년 만에 공중 분해됐다.

5장에서는 처절한 실패를 겪었던 아베가 재기하는 과정을 그렸다. 아베는 2007년 9월 정권을 스스로 내던진 뒤 단련의 시간을 보냈다. 1차 정권의 실패 원인을 분석하는 '반성 노트'를 작성하는가 하면 양적완화를 통한 경기 활성화 대책인 '아베노믹스'를 학습했다. 여기에 중일 갈등이 본격화되면서 아베가 재집권할 수 있는 기반이 형성됐다. 센카쿠열도 갈등이 몰고 온 동아시아의 고양된 민족주의는 아베라는 '극우' 정치인을 다시 한번 일본의 총리로 소환해낸 것이다.

이후에는 아베 2차 정권이 추진한 여러 정책들을 차례로 분석했다. 먼저 6장에서는 아베의 '필생 과업'인 개헌에 대해 다뤘다. 일본의 헌법 전문가들은 현재 자민당에서 개헌을 추진하고 있는 세력이 지난 침략전쟁을 주도했던 기득권 세력의 후손인 2~4세 세습의원들이라는 분석을 내놓고 있다. 2012년 4월에 발표된 자민당의 헌법개정 초안을 보면, 이들이 꿈꾸는 바람직한 일본사회의 모습은 천황을 중심으로 일본이 세계를 향해 위세를 떨쳐가던 '메이지明治시대'의 일본이라는 사실을 알 수 있다.

7장에서는 아베가 위안부 문제에 대응해온 과정을 추적했다. 아베는 집권 초기에 고노 담화를 수정할 계획을 세웠지만,

미국의 견제를 우려해 담화를 “계승한다”는 입장으로 선회했다. 이후 고노 담화의 껍데기는 유지하면서 내용을 무력화하는 길을 택했다. 그 결과가 일본의 전쟁 범죄인 위안부 문제를 “최종적 그리고 불가역적”으로 해결한 12·28합의였다.

8장에서는 ‘아베 담화’를 다뤘다. 아베가 무력화한 것은 고노 담화만이 아니었다. 아베는 일본의 패전 70주년을 맞아 무라야마 담화가 인정한 침략과 식민지배에 대한 사죄와 반성을 ‘사실상’ 부정한 아베 담화를 발표했다. 중국의 부상을 견제하기 위해 일본의 군사적 역할을 확대하기로 결심한 미국은 이를 수용했다.

9~10장에서는 미일동맹 강화로 방향을 튼 아베의 안보 정책을 분석했다. 9장에서는 2010년에 본격화된 중일 간 센카쿠 열도 갈등이 일본의 안보 정책에 끼친 영향을 살펴봤다. 10장에서는 아베 정권이 어떻게 역대 일본 정부가 부정해온 집단적 자위권을 행사할 수 있도록 했는지, 그리고 이를 통해 일본 자위대의 모습은 이전과 어떻게 달라졌는지 비교해봤다.

11장에서는 북일 간 스톡홀름 합의를 다뤘다. 북한은 이 합의를 통해 납치문제뿐 아니라 일본인 유골 문제 등 일본과 관련된 모든 사안을 해결해 북일 국교정상화의 문을 열려고 했다. 그러나 아베는 납치문제를 해결해 지지율만 끌어올리면 된다는 단순한 입장을 가지고 협상에 임했다. 결국 북한으로부터 원하는 조사 결과를 얻지 못하자 아베는 재일조선인총연합회(이하 ‘총련')를 대대적으로 탄압하기 시작했다. 합의는 2016년 1월, 북한의 4차 핵실험을 계기로 파탄에 이르고 말았다.

12장에서는 아베 정권의 대중정책을 분석했다. 중일 양국은 2012년 9월 센카쿠열도 국유화 이후 얼어붙은 관계 회복을 위해 2014년 9월 '4개 항목 합의'를 도출해냈다. 이후 양국은 서로 대립하면서도 관계가 지나치게 악화되지 않도록 관리해나가는 중이다. 그러나 센카쿠열도가 속한 동중국해에서 시작된 중일 갈등은 중국이 군사기지화를 추진하고 있는 남중국해로 확산되고 있다. 중일 관계는 쉽게 국익의 절충점을 찾기 어려운 전략적 대립의 단계로 접어든 상황이다.

13장에서는 아베 정권의 원자력 정책과 핵무장론을 다뤘다. 일본은 핵을 '갖지도, 만들지도, 들이지도 않는다'는 비핵3원칙을 유지하고 있기에 일본이 당장 핵무장에 나설 것이라고 우려할 필요는 없다. 그러나 아베는 야당 의원 시절 핵무장을 주장했던 이나다 도모미稲田朋美(1959~)를 방위상으로 임명한 데 이어, 자국이 가진 엄청난 양의 플루토늄을 정당화하기 위해 '핵연료 사이클' 정책을 유지하는 중이다. 언제든 핵무장이 가능한 일본의 존재는 동아시아 정세에 미묘한 영향을 끼치고 있다.

14장에서는 아베노믹스를 살펴봤다. 아베노믹스는 과감한 양적완화를 통해 일본을 디플레이션에서 구해내겠다는 목표를 담은 정책이다. 이 정책의 성패에 대해서는 여러 의견이 있지만, 일본 경제의 고질병인 디플레이션 문제를 해소하기 위해 정부가 본격적인 대응에 나섰다는 의미에서 긍정적인 평가를 받고 있다. 특히 2차 아베노믹스의 정책은 과감한 사민주의적 요소가 포함돼 있다는 점에서 한국도 주목할 필요가 있다.

마지막 15장에서는 2017년 1월 도널드 트럼프Donald John Trump(1946~) 미국 대통령이 등장한 이후 아베 정권이 직면하게 된 새로운 위험과 한일 관계의 미래에 대해 정리했다. 아베는 미국의 버락 오바마Barack Hussein Obama(1961~) 전 대통령과 히로시마, 진주만을 교차 방문하면서 미일동맹의 가치를 극적으로 선전하는 데 성공했다. 트럼프 역시 미일동맹 강화를 중심 축으로 한 오바마 행정부의 동아시아 정책을 계승하고 있다. 그러나 트럼프가 향후 미국이 주도하는 해외 전쟁에 일본 자위대의 파견을 요청해올 경우 아베 정권은 힘겨운 판단을 강요당할 가능성이 높다. 오바마 정권 때 함부로 그어댄 카드의 청구서가 트럼프 정권 때 날아오게 되는 셈이다.

한일 관계의 전망은 극히 불투명하다. 현재 동아시아에서는 한일 간 새로운 우호관계의 문을 연, 한일 파트너십이 가능했던 전략적 상황이 이미 사라진 지 오래다. 일본의 주류는 위안부 문제와 같은 역사 사안을 한쪽으로 접어둔 채 북핵문제 대처와 중국 견제를 위해 한일이 안보협력을 강화해야 한다고 목소리를 높이고 있다. 이들의 일관된 주장은 한일 간의 안보협력 강화가 "한국의 국익"이라는 것이다. 한국의 국익을 일본이 규정하고 그에 맞게 한국의 외교 정책을 통제하려는 시도다. 그러나 북한과 어떤 관계를 설정하고 중국의 부상에 어떻게 대처할 것인가에 대해서는 한일 간에 상당한 견해 차이가 있다. 일본과 일정 수준의 안보협력을 추진한다 해도 일본이 요구하는 '역사문제의 봉인'에 대해 한국사회가 동의할지도 의문이다.

역사문제는 접어두고 안보협력을 하자는 일본과 이에 동의하지 못하는 한국 사이의 갈등은 계속 이어질 것이다. 지난 4년 동안 이어져온 한일 간의 갈등은 어쩌면 앞으로 닥칠 '거대한 불화'의 서막에 불과할지도 모른다.

1장

사상의 뿌리

아베가 유치원생이었을 때 찍은 가족사진. 가장 왼쪽이 아베의 형 노부히로, 가장 오른쪽이 아베의 아버지 신타로, 뒷줄 오른쪽이 아베의 어머니 요코다. 앞줄 오른쪽에서 세 번째가 아베이며 그를 안고 있는 인물이 당시 총리였던 아베의 외할아버지 기시 노부스케다.

조부의 이름으로

1957년 6월, 일본의 총리대신으로 이 연단에 섰던 제 조부 기시는 다음과 같은 말로 연설을 시작했습니다. '일본이 세계의 자유주의 국가와 연대할 수 있는 이유는 민주주의의 원칙과 이상을 확신하고 있기 때문입니다.' 이후 58년이 지나 이번 미국 상·하원 합동회의에 일본국 총리로서 처음으로 연설할 수 있는 기회가 생긴 것을 영광스럽게 생각합니다. 이렇게 초대해주셔서 감사드립니다.

2015년 4월 29일, 상기된 표정의 아베가 미국 상·하원 의원들의 기립 박수를 받으며 연단에 등장했다. 1945년 8월 패전 이후 일본에서는 33명의 내각총리대신이 취임했지만 미국 상·하원 의원들을 한데 모아 놓고 합동 연설을 할 기회가 주어진 것은 아베가 처음이었다. 박수가 잦아들고 내빈들에 대한 감사의 인사말이 끝난 뒤 미일동맹을 '희망의 동맹'으로 만들자는 45분에 걸친 연설이 시작됐다. 아베의 인생에서 영광스런 순간으로 기억될 이 연설에서 그가 가장 먼저 호명한 인물은 그의 외할아버지 기시였다.

한국에서 A급 전범 용의자*라는 음험한 이미지로 알려져 있는 기시는 어떤 인물일까. 기시는 1896년 11월 13일 야마구치山口県현 구마게熊毛郡군 다부세田布施町초에서 아버지 사토 슈스케佐藤秀助와 어머니 모요茂世의 3남 7녀 가운데 차남으로 태어났다. 기시의 아버지 슈스케는 원래 기시岸가에서 태어났지만 부인 모요茂世와 결혼해 지역의 명문 사족士族인 사토가에 데릴사위婿養子**로 들어갔다.

슈스케와 모요 사이에서 태어난 '기시 3형제'는 메이지에서 쇼와昭和에 이르는 파란만장한 일본 현대사에서 큰 족적을 남

* 한국 언론 중 일부가 기시를 'A급 전범'이라 부르고 있는데 이는 오류이다. 기시는 패전 직후 A급 전범 용의자로 체포됐지만 기소되지 않았고, 3년 정도 복역한 뒤 석방됐다.

** 한국에서 데릴사위는 처갓집에 들어가 얹혀산다는 의미로 통용되지만, 일본에서는 이와 다르다. 일본에서는 데릴사위가 되면 처갓집으로 들어가 처가의 사람이 된다. 일본 여성이 결혼해 남성의 집으로 들어가면 처녀 때의 성을 버리고 남편의 성을 따르듯 일본 남성이 데릴사위가 되면 자신의 원래 성을 버리고 처가 성을 따르는 것이다. 성을 바꿈으로써 완전히 그 집안의 사람이 된다는 의미를 담고 있다.

기는 인물들로 성장했다. 기시의 형인 이치로市郎는 당시 일본의 수재만 들어갈 수 있었던 해군병학교(해군사관학교)에 입학했다. 소위로 임관한 뒤 해군 내에서도 에이스들만 들어갔던 해군대학에 진학해 사실상 수석*에 해당하는 성적으로 졸업했다. 그러나 군인다운 육체의 강인함은 타고나지 못했는지 당시 일본이 점령하고 있던 중국 요동반도 끝의 전략적 요충지인 뤼순旅順의 요새 부사령관을 거쳐 1940년에 중장으로 퇴역했다. 그는 이후 『해군 50년사』 등을 집필하며 지내다가 동생 기시가 총리로 취임한 이듬해인 1958년에 숨졌다. 그리고 기시의 6살 아래 동생은 전후 일본의 최장수 총리이자 1972년 4월 오키나와沖縄 반환을 실현시킨 에이사쿠栄作(1901~1975)다. 기시가 '사토' 노부스케에서 '기시' 노부스케가 된 것은 중학생 때 큰아버지인 기시 노부마사岸信政의 양자로 입적됐기 때문이다. 노부마사에게 뒤를 이을 아들이 없어서 양자로 보내진 것인데, 기시는 이 소식을 처음 듣고 싫다며 반대했다고 한다.

기시의 고향인 조슈번長州藩(현 야마구치현)은 메이지유신의 고향으로 일컬어지는 지역이다. 이곳을 터전으로 삼은 메이지 지사들이 천황을 중심으로 한 근대국가를 건설한다는 대의명분을 내걸고 1868년 도쿠가와德川 막부를 무너뜨리고 메이지유신을 성공시켰다. 메이지 지사들의 스승은 아베가 여러 차례 존경

* 명목상 1등은 일본의 황족 남성에게 돌아갔다.

하는 인물로 언급한 적이 있는 요시다 쇼인이다. 요시다로부터 가르침을 받은 메이지 지사들은 일본 입장에서는 자국의 근대화를 실현한 위대한 인물들이지만, 한국 입장에서는 조선을 식민지화하는 데 앞장선 원흉이라고 평가할 수밖에 없다. 요시다의 제자로는 메이지유신 3걸 가운데 하나로 꼽히는 기도 다카요시木戸孝允(1833~1877), 조선의 초대 통감으로 고종에게 을사조약을 강요한 이토 히로부미伊藤博文(1841~1909), 일본 육군의 아버지 야마가타 아리토모, 명성황후를 살해한 사건인 을미사변의 배후로 꼽히는 이노우에 가오루井上馨(1836~1915), 가쓰라-태프트 밀약The Katsura-Taft Agreement을 통해 미국으로부터 조선에 대한 지배권을 인정받은 가쓰라, 조선의 초대 총독으로 무단통치를 실시한 데라우치 마사다케寺内正毅(1852~1919) 등이 있다.

기시의 본가인 사토 가문과 요시다는 직접적인 인연으로 얽혀 있기도 하다. 기시의 딸이자 아베의 어머니인 요코洋子(1928~)가 쓴 회상록 『나의 아베 신타로』(1992)를 보면, 기시의 증조부가 되는 사토 노부히로佐藤信寛(1816~1900)는 "옛 하기萩* 번사"로 사토 가문의 "'패밀리 프라이드'의 정점이라고 여겨지"는

* 요시다의 고향인 하기에 가면 요시다를 모신 쇼인 신사가 있고, 부지 안에 쇼인이 제자들을 가르쳤던 서당인 쇼카손죽松下村塾이 자리해 있다. 쇼카손죽에서 이토의 생가까지는 걸어서 5분 정도 거리다.

인물인 동시에 "요시다에게 군학軍学을 가르"[1]친 스승이기도 했다. 노부히로는 요시다의 제자들인 이토, 이노우에 등과도 친교가 있었던 것으로 전해진다. 기시-사토 일가의 친척 가운데 또 다른 유명인사로는 외무상으로 국제연맹 탈퇴와 제2차 세계대전 당시 독일·이탈리아·일본 추축국 동맹 협상을 주도했던 마스오카 요스케松岡洋右(1880~1946)가 있다.

기시가 태어난 1896년은 격동의 시대였다. 기시의 출생 직전인 1894~1895년 일본은 조선에 대한 지배권을 놓고 청일전쟁을 일으켜 승리했다. 또한 기시가 소학교 저학년생이던 1904~1905년에는 러일전쟁을 통해 러시아를 격파했다. 아베는 "조부는 일청전쟁 직후의 시기인 메이지 29년(1896년)에 태어났다. 일본이 부국강병의 노선을 달리며 크게 비약하던 영광의 시대가 그의 청춘이었고, 그의 젊은 날 그 자체였다"[2]고 말한 적이 있다. 요시다는 제자들에게 존왕양이尊王攘夷*와 정한론**을 가

* 천황의 이름을 높이고, 외세를 배척한다는 사상. 메이지유신 초기 일본에 널리 확산됐던 정치 구호다. 에도 막부 말에 일본의 지사들은 이 구호를 내세워 메이지유신을 일으켰다.

** 요시다가 미국 밀항에 실패한 뒤 감옥에서 쓴 『유수록』幽囚録에는 다음과 같은 구절이 등장한다. "신슈神州〔일본〕의 서북에는 조선과 만주가 이어져 있는데, 조선은 예전에 우리에게 신속되었는데 지금은 그렇지 않으니 먼저 그 풍교風教를 상세히 파악해 이를 다시 회복해야 한다. (중략) 지금 서둘러 무비武備를 닦고 함선 계획을 세우고 총포 계획을 충분히 하면 곧 하이蝦夷〔일본의 동북 지역〕를 개척하여 제후를 봉건封建하고, 기회를

르쳤으니, 기시 역시 이 같은 사상의 세례를 받으며 청년기를 보냈을 것이라 추정된다.

천황과 엘리트 관료들

기시는 지역의 수재들이 다니던 야마구치 중학을 졸업한 뒤, 제국대학 입학을 위한 예과 역할을 하던 도쿄의 1고*를 거쳐 도쿄제국대학 법학과에 진학했다. 기시의 일생을 다룬 여러 전기들을 보면 당시 법학과 교수였던 우익 헌법학자 우에스기 신키치上杉慎吉(1878~1929)의 가르침을 받은 것으로 확인된다. 우에스기는 천황은 곧 일본이므로 일본은 당연히 그의 뜻을 따라

봐서 캄차카, 오호츠크를 탈취하고 류큐를 타일러 조근회동朝覲會同하게 하여 〔일본〕 내의 제후와 나란히 하고, 조선을 꾸짖어 인질을 보내고 조공을 바치게 하여 옛 성시盛時와 같게 하고, 북쪽 만주의 땅을 빼앗고, 남은 대만, 필리핀 여러 섬을 거두어 점진적으로 진취의 자세를 보여야 한다."(번역은 이태진, 「요시다 쇼인과 도호쿠미 소호-근대 일본 한국 침략의 사상적 기저」(『한국사론』, 60집)을 따랐다.)

* 일본 전전의 교육 편제는 지금과 달랐다. 당시 고등학교는 제국대학에 진학하기 위한 예과 과정을 의미했다. 1고는 도쿄東京, 2고는 센다이仙台, 3고는 교토京都, 4고는 가나자와金沢, 5고는 구마모토熊本, 6고는 오카야마岡山, 7고는 가고시마鹿児島, 8고는 나고야名古屋로 전국에 여덟 곳이 있었다. 지금의 고등학교 과정을 담당한 것은 5년제의 중학교였다.

운영되어야 한다는 '천황주권설'을 주장했다. 그런 우에스기와 대립한 이는 천황도 국가의 여러 기관 가운데 하나일 뿐이라는 '천황기관설'을 주장한 미노베 다쓰키치美濃部達吉(1873~1948)였다. 1889년에 제정된 대일본제국 헌법에서 천황을 어떻게 자리매김해야 하는가를 놓고 진행된 이들 사이의 논쟁은 결국 군국주의로 치닫게 되는 1920~30년대 일본사회 분위기에 적잖은 영향을 끼쳤다.

우에스기의 제자들은 일곱 번 고쳐 죽어도 천황을 위해 살겠다는 의미의 '시치세이샤'七生社를 결성해 1932년 사회 주요 인물들을 암살하는 '혈맹단 사건'을 일으켰다. 이후 미노베의 책 출판이 금지됐고, 1936년 2월 21일 미노베는 우익의 총격을 받고 큰 부상을 당했다. 미노베가 공격을 당한 지 5일이 지난 26일, '쇼와유신·존황토간'(쇼와유신을 단행하고, 황제를 떠받들며, 역적을 토벌하자)이라는 구호를 내건 청년 장교들이 2·26 쿠데타를 일으켰다. 쿠데타는 진압됐지만 더 이상 누구도 군부와 우익의 폭주를 막을 수 없게 됐다. 그 결과는 처참한 전쟁과 패전이었다.

학창 시절 기시에게 영향을 준 또 다른 인물로 극우 사상가인 기타 잇키北一輝(1883~1937)가 있다. 기시는 "불꽃이 흩어지는 듯 번쩍한, 단 한 번뿐이었지만 아주 강렬한 인상을 남겨준 사람이 기타였다. 〔기타의 저서인〕『일본개조법안』(『국가개조안원리대강』国家改造案原理大綱)은 기타의 국가사회주의적인 사고를 중심으로 삼아 일대 혁신을 우리 국체와 연결한 것으로, 당시 내가 생각하고 있던 것과 무척 가까웠으며 조직적이고 구체적인 실행방책을 담고 있었다"[3]고 언급한 적이 있다. 군사 쿠데타를 일으켜 현 체제를 전복하고 헌법을 정지시킨 뒤 강력한 천황의 통치를 바탕으로 국가가 직접 사회를 개조해야 한다는 기타의 국가사회주의 사상은, 천황을 중심으로 한 소수의 엘리트 관료들이 국가 목표를 설정하고 이를 수행해가야 한다는 기시의 철학에 큰 영향을 끼쳤다. 기시에게 중요한 것은 '민의'가 아니라 천황의 뜻을 이어받은 엘리트 관료들의 '영도'領導였다. '엘리트의 영도'는 이후 기시의 삶을 꿰뚫는 중요한 키워드가 된다.

기시는 학계에 남을 것을 권하는 스승 우에스기를 뒤로하고 1920년 10월 농상공성(이후 '상공성', 현재의 '경제산업성')에 입부入部했다. 그리고 1926년에 상공 관료로 독일을 방문했다. 이때의 경험이 기시의 인생에서 또 다른 중요한 전기가 됐다. 독일에서 산업합리화 정책을 시찰하고 돌아온 기시는 산업을 국가가 통제해 육성해야 한다는, 국가통제론을 신봉하게 됐다. 이후 기시는 상공성의 통제파 관료로 출세를 거듭했다. 이 무렵 기시의 뛰어난 능력을 알아보고 접근한 이들이 있었다. 만주의 관동군*이었다. 상공성이 자랑하는 서른아홉 살의 에이스 관료였던 기

* 지금의 중국 동북 3성 지역(만주)에 주둔해 있던 일본군의 명칭. 일본이 중국에게 조차지로 확보한 관동주(랴오둥반도 끝)와 일본이 중국에게 이

시는 1936년 10월 일본의 괴뢰국인 만주국의 총무사장總務司長에 취임했다. 1937년 7월에는 산업부 차장, 1939년 3월에는 만주국의 실질적인 '넘버2'인 총무청 차장을 겸임했다. 기시는 이 무렵 만주국에서 국가 주도형 산업정책인 '산업개발 5개년 계획'을 실시했다. 기시는 이따금 "만주 산업계는 마치 백지에 그림을 그리는 것처럼 내가 만든 것"이라는 말을 자랑 삼아 늘어놓았다고 한다. 기시가 만주에서 추진했던 산업정책은 만주국 중위 출신인 박정희를 통해 한국의 '경제개발 5개년 계획'으로 계승되기에 이른다.

기시는 1940년 5월 일본으로 돌아온 뒤에도 계속 승승장구했다. 귀국 후 상공차관으로 취임한 기시는 1941년 10월 만주군 참모장이었던 '만주인맥' 도조 히데키東條英機(1884~1948)가

권으로 따낸 남만주철도의 부속지를 경비한다는 목적으로 만든 관동도독부 수비대가 전신이다. 1919년 관동군으로 독립했다. 처음에는 사령부가 뤼순에 있었지만 1931년 만주사변 이후 신징(현재 중국 지린성 창춘長春)으로 옮겼다. 관동군은 독단으로 1928년 장쭤린張作霖 폭파 암살사건과 만주사변을 일으켜 일본의 괴뢰국인 만주국을 건국했다. 관동군은 한때 자신들이 세계 최강의 육군이라는 데에 자부심을 가졌지만 실제로는 허수아비에 불과했다. 1945년 8월 9일 소련군이 소일 불가침조약을 깨고 일본을 공격하자 15일 항복 선언이 이뤄질 때까지 각지 전선에서 처참한 패배를 당했기 때문이다. 만주사변의 주역이자 A급 전범인 이타가키 세시로板垣征四郎(1885~1948)의 아들 이타가키 다다시板垣正(1924~)가 정계 입문 초기 아베의 역사관 형성에 큰 영향을 끼쳤다.

총리대신의 자리에 오르자 상공대신(이후 군수차관 겸 국무대신)으로 승진했다. 또한 1941년 12월 태평양전쟁이 시작된 뒤에는 전시 물자를 일사분란하게 통제하는 군수차관(장관은 도조 총리 겸임)으로 일본의 전쟁 수행을 주도했다. 일본의 저명한 헌법학자이자 게이오대 명예교수인 고바야시 세쓰小林節(1947~)는 이 시절 기시의 행적에 대해 "기시는 대일본제국의 이름으로 전쟁을 했던 최고 책임자 가운데 하나였다. 무관의 최고 책임자가 도조였다면 문관의 최고 책임자는 기시였다"[4]고 평하고 있다.

기시가 도조 내각에 참여했다는 것은 1941년 12월 진주만 공격으로 태평양전쟁의 막을 연 '개전 조칙詔勅'에 서명했음을 뜻했다. 일본 정부는 국가의 중요한 의사결정을 할 때 전체 각료가 참여하는 각의(한국의 국무회의)를 연다. 각의의 의사결정 방식은 만장일치제이기 때문에 개전 조칙에 서명했다는 것은 기시도 일본이 미국과 전쟁을 벌이는 데 동의했다는 뜻이 된다.* 그러나 기시는 1944년 7월 일본이 내세워 온 '절대국방권역'의 한 축인 마리아나mariana제도 사이판Saipan이 함락**되자 조

* 일본 각의가 만장일치제로 의사결정을 한다는 것은 한 명이라도 반대자가 나오면 결정이 이뤄지지 못한다는 뜻이다. 이럴 때는 총리가 해당 각료를 그 자리에서 해임하고 본인이 그 직을 겸임해 결단을 내려야 한다.

** 마리아나제도가 함락되면 당시 미국의 장거리 폭격기인 B-29가 일본 본토를 직접 노릴 수 있었다. 1945년 3월 10일, B-29 325대가 동원된 도쿄 대공습으로 인해 하룻밤에 무려 10만 명이 숨졌던 일은 이미 잘 알려

기 종전을 주장하며 도조 총리와 대립했다. 그리고 결국 이 대립은 도조 내각을 와해로 이끌었다. 패전의 충격은 공직을 벗어나 낙향해 있던 기시에게도 직접적인 영향을 끼쳤다. 도조 내각의 일원이었던 기시는 1945년 9월 연합군총사령부GHQ에 의해 A급 전범 용의자로 체포됐다. 딸 요코의 증언에 의하면 기시는 "일본의 패전을 꽤 예전부터 예측"하고 있어 "만약 그런 날이 온다면 자신은 전범의 하나로 단죄돼 처형을 피할 수 없을 것이라 각오"[5]하고 있었다 한다. 그러나 기시는 전범 기소를 면하고 1948년 12월 24일 전범들이 집단 수용돼 있던 도쿄의 스가모巣鴨 형무소에서 석방됐다. 히데키 등 다른 A급 전범들이 형장의 이슬로 사라진 다음 날이었다. 기시는 훗날 자신이 전범 기소를 피하게 된 이유에 대해 "요시다 총리의 후임으로 누구를 선택해야 하는지가 미 공화당 국회의원들 사이에서 중요한 화제가 됐다. 〔후보군 중에는〕 하토야마 이치로鳩山一郎(1883~1959, 하토야마 유키오鳩山由紀夫(1947~) 전 총리의 조부)와 고노 이치로河野一郎(1898~1965, 고노 전 관방장관의 부친) 등이 있었지만, 그들의 방향성은 믿을 수 없었고 행정적 통치능력도 낮았다. 그런 상황에서 〔미국이〕 나에게 눈을 돌렸을 것이다. 미국은 나를 쭉 지켜보고 있었다"[6]고 회상했다. 미국이 풍부한 행정 경험과 철저한 반공 사상을 갖춘 기시에게 정치가로서 재기할 기회를 줬다는

진 이야기다.

견해다.

기시가 석방 직후 찾아간 곳은 당시 요시다 내각에서 관방장관으로 근무하던 동생 사토의 관저였다. 수위가 남루한 행색을 한 기시를 한동안 알아보지 못하고 관사 안으로 들여보내지 않았다고 한다.[7] 당시 기시의 모습은 죽음의 위기에서 벗어났다는 사실에 안도하며 담배 한 대를 피워 무는 흑백사진 한 장으로 남아 있다. 이후 기시는 잠시 동안의 공직 추방 기간을 거친 뒤 1953년 3월 고향인 야마구치에서 중의원*으로 당선돼 정계에 복귀했다.

* 일본 의회는 '중의원'과 '참의원'이 합쳐진 양원제 방식을 택하고 있다. 중의원은 (미국 등의) 하원, 참의원은 상원과 역할이 비슷하다고 이해하면 된다. 정치적인 중요성은 중의원이 더 크다. 여기에는 여러 이유가 있지만 특히 총리를 중의원의 결의로 지명(헌법 67조)하기 때문이다. 그로 인해 통상적으로 중의원에서 다수당을 차지하는 정당의 총재가 총리로 취임한다.
한편, 대일본제국헌법(1889년 제정) 시절 일본 국회는 국민들의 투표로 선출한 '중의원'과 '귀족원'으로 나뉘어 있었다. 귀족원은 1947년 5월 일본국헌법이 시행된 뒤 폐지됐다. 또한 귀족원은 참의원의 전신으로 이해되기도 하지만, 둘 사이의 직접적인 연관관계는 없다.

자민당의 탄생

기시가 1953년 정계에 복귀할 무렵 일본을 이끌던 이는 요시다 시게루吉田茂(1878~1967) 총리였다. 당시 요시다의 눈앞에 닥쳤던 최대 과제는 패전의 상처로 황폐해진 일본을 다시 부흥시키는 것이었다. 요시다는 이를 위해 경제에 큰 부담이 되는 '안보'는 미국에게 맡기고, 일본은 경제 부흥에 집중한다는 '요시다 독트린'을 추진했다. 이 같은 요시다의 철학을 가장 잘 보여주는 것이 연합군 점령기에 제정된 '일본국헌법'(평화헌법)에 대한 태도다. 1946년 11월 3일 탄생한 일본국헌법의 1조는 "천황은 일본국의 상징이며 일본 국민 통합의 상징으로 그 지위는 주권을 가진 일본 국민의 총의에 기반한다"는 내용이었다. 그와 함께 누구도 천황의 권위를 빌려 폭주하지 못하도록 4조에서는 "천황은 국정에 관한 권능은 갖지 않는다"고 했고, 9조에서는 "육해공군과 그 밖의 전력은 보유하지 않는다. 국가의 교전권은 인정하지 않는다"는 평화조항을 삽입했다. 이렇게 만들어진 평화헌법에 대해 요시다는 "신 헌법은 일본이 세계에 자랑스러워해야 할 참으로 훌륭한 헌법이다. 신 헌법의 정신을 사회에 침투시켜 철저히 실행해나간다면 일본은 자유와 평화를 사랑하는 행복한 국가로 부흥해 세계 인류의 진보에 큰 공헌을 할 수 있을 것"[8]이라고 말했다.

요시다가 총리로 일본의 전후 부흥을 이끌고 있을 무렵 기시는 스가모 형무소에서 불안한 생활을 이어가고 있었다. 기시는 일본이 일으킨 전쟁은 침략이 아닌 방위전쟁이라 생각했기에 연합군총사령부의 점령정책을 받아들일 수 없었다. 기시는 도조 히데키 등 A급 전범 일곱 명의 사형 판결이 내려지던 날 자신의 일기장에 "이번 도쿄 재판은 사실을 왜곡한 일방적인 편견으로 시종일관하고 있다. 양형에 있어서도 매우 졸속적이고 난폭하기 이를 데 없다"[9] 고 적었다.

일본의 정치학자 하라 요시히사原彬久(1939~)는 생전에 기시를 스무 번 이상 인터뷰한 기시 연구의 일인자로 알려져 있다. 2015년 7월 22일에 방송된 NHK 특집에서 하라는 미국의 점령정책을 평가하는 기시의 흥미로운 육성을 공개했다. 인터뷰에서 기시는 미국의 점령정책과 평화헌법에 대해 "일본의 주권이 완전히 제약됐다고 할까, 없어졌다고 할까. 맥아더가 주권자로서 행동하고 있다. 그 비위를 맞추려는 놈들이 주변을 둘러싸고 있다. 상당한 분격이랄까, 반미적 감정이랄까. 〔당시에는〕 반맥아더적인 마음이 상당히 강했다. 〔헌법 조문의〕 구체적인 내용은 몰랐지만 〔일본에게〕 뭔가를 강요하고 있다〔고 생각했다〕. 일본을 어떻게 약체화시켜서 다시 일어나지 못하게 할 것인가가 점령정책의 전부"[10]라고 말했다.

3년에 걸친 스가모 형무소의 생활을 견디고 석방된 기시의 원점은 '요시다적인 모든 것'을 부정하는 것이었다. 그 상징은 당연히 미국이 일본의 약체화를 노리고 강요한 헌법의 개정일 수밖에 없었다. 개헌을 위해서는 뿔뿔이 흩어진 보수 세력을 하나의 거대 정당으로 묶는 작업이 필요했다. 기시는 정계에 복귀한 뒤부터 보수 세력을 아울러 거대 정당을 창당하는 작업을 주도했다. 이 작업은 1955년 11월 15일 마무리됐다. 자주헌법 제정을 '당시'党是로 내건 보수 통합정당인 '자유민주당'(이하 '자민당')이 탄생하는 순간이었다. 기시는 이 신당 창당 작업에 기울인 공을 인정받아 자민당의 초대 간사장이 됐고, 하토야마와 이시바시 단잔石橋湛山(1884~1973)에 이어 1957년 2월 일본의 57대 총리직에 올랐다.

미일 안전보장조약 개정

기시는 개헌을 자신이 실현해야 할 최대의 정치적 목표로 삼고 있었지만, 자민당은 당시 개헌 의석(중·참의원 중 3분의 2 이상의 의석)을 확보하지 못하고 있었다. 기시는 어쩔 수 없이 개헌이라는 '최종 목표'를 잠시 내려놓고 '미일 안전보장조약'(이하 '안보조약')을 개정하기로 마음먹는다. 일본에 불리한 내용을 포함하고 있는 조약을 개정해 미일 관계를 지금보다 좀 더 대등한 쌍무적인 관계로 만들기 위해서였다.

이를 위해 기시는 취임 첫해인 1957년 6월 미국을 방문해 미일 정상회담에 나섰다. 19일 백악관에서 정상회담을 마친 뒤

드와이트 D. 아이젠하워Dwight David Eisenhower(1890~1969) 대통령은 기시에게 오후에 특별한 일정이 있는지 물었다. 골프를 권하기 위해서였다. 의기투합한 두 정상은 메릴랜드Maryland 주의 버닝 트리 골프장burning tree golf course에서 라운딩을 즐겼다. 골프를 끝낸 뒤* 기시는 아이젠하워와 나란히 서서 샤워도 했다. 이 만남에서 기시는 아이젠하워와 미일 안보조약을 개정하기로 원칙적으로 합의했다.

기시의 움직임을 불안한 눈으로 바라보던 일본사회가 본격적인 투쟁에 나선 것은 1958년 10월 8일 일본 경찰의 권한을 대폭 강화하는 경찰관직무집행법(이하 '경직법') 개정안이 발의되면서부터다. 패전의 상처가 아물지 않은 일본에서 "도조 내각의 각료였던 A급 전범 용의자가 일본을 다시 전쟁 전의 치안유

* 아베는 2017년 2월 9일 미일 정상회담을 위해 도쿄 하네다 공항을 출발하기 직전, 1957년에 있었던 기시와 아이젠하워의 골프 회동에 대해 짧게 언급했다. "플로리다에서 골프를 치고 트럼프 부부와 넷이서 함께할 저녁식사를 매우 기대하고 있다. 골프에 대해서는 조부인 기시로부터 아이젠하워 대통령과 플레이했을 때의 얘기를 들었다. 좋은 플레이를 할 때도 있고, 나쁜 플레이를 할 때도 있다. 눈앞에서 홀을 놓치고 분해하는 아이젠하워의 모습을 보고, 둘의 거리가 급속히 가까워졌다는 얘기를 (외할아버지인 기시로부터) 들었다. 서로 일과 거리가 있는 (골프 같은) 활동을 통해 강한 신뢰관계를 구축하고 싶다." 일본 언론은 2월 11일에 있었던 트럼프와 아베의 골프 라운딩에 대해 50년 만에 이뤄진 미일 정상의 골프 회동이라며 큰 의미부여를 했다.

지법 시대로 돌려놓으려 한다"는 경계심이 발동하기 시작한 것이다. 처음에는 경직법 반대로 시작된 기시 정권에 대한 반대 투쟁이 점차 안보조약 개정에 반대하는 '안보투쟁'으로 확산돼갔다. 기시는 이에 굴하지 않고 1960년 1월 재차 미국을 방문해 안보조약 개정안에 서명했다.

당시 일본사회가 안보조약 개정에 반대했던 이유는 개정안 6조에 담긴 '극동조항' 때문이었다. 이 조항에는 주일미군이 "일본의 안전에 기여"할 뿐 아니라 "극동에 대한 국제 평화 및 안전 유지에 기여하기 위해" 일본 내 기지를 사용할 수 있다는 내용이 포함돼 있었다. 주일미군 기지가 미국이 아시아에서 저지르는 쓸데없는 전쟁에 활용될 수 있게 된 것이다. 이 조항에 대한 일본사회의 우려는 이후 미국이 주일미군 기지를 통해 베트남전쟁에 개입하면서 현실이 됐다.

일본사회를 뒤흔드는 거대한 반대 투쟁 앞에서 기시는 정치적 도박에 나섰다. 5월 19일 중의원 본회의에서 안보조약 개정안을 날치기 통과시킨 것이다. 국민들이 뭐라 하든 내가 옳다고 확신하는 문제에 대해서는 양보하지 않는다는 신념의 결과였다. 법안이 날치기 통과된 뒤 일본에서는 기시 타도를 외치는 목소리가 들불처럼 번져 나갔다. 수십만 명의 학생과 시민 들이 도쿄 나가타초永田町 국회의사당 앞을 점령했다. 여기에 다시 기름을 부은 것은 6월 15일, 시위 중 발생한 도쿄대 여학생 간바 미치코樺美智子(1937~1960)의 사망 사건이었다. 6월 18일 안보조약 개정에 반대하는 33만 명의 인파가 국회와 총리관저 주변을 둘러쌌다. 기시는 자위대에게 총리관저에 출동해 시위대를 제압할 것을 요청했지만, 당시 방위청 장관이었던 아카기 무네노리赤城宗德(1904~1993)는 그렇게 되면 “자위대가 국민의 적이 될 수 있다”며 이를 거부했다. 관저에 갇힌 기시는 동생 사토와 포도주를 마시며 “나는 결코 틀리지 않았다. 살해당한다면 바라는 바다”라고 말했다고 한다.

이튿날인 6월 19일 안보조약 개정안이 성립됐다. 하지만 기시는 더 이상 국정을 이끌어 나갈 수 없을 만큼 커다란 정치적 타격을 입었다. ‘쇼와의 요괴’ 기시는 7월 19일, 3년 5개월 만에 총리직을 내려놓았다. 애초 꿈꿨던 ‘필생의 과업’인 개헌에는 손도 대지 못한 비참한 퇴장이었다.

평범하고 착한 아이

아베는 1954년 9월 도쿄에서 아버지 신타로晋太郎(1924~1991, 전 외무상)와 어머니 요코의 삼형제 가운데 둘째로 태어났다. 아베의 위로는 두 살 많은 형 히로노부寛信(1952~), 밑으로는 다섯 살 적은 동생 노부오(1959~)가 있었다. 막내 노부오는 자식이 없었던 기시가의 외삼촌*인 노부카즈의 양자로 보내져 어려서부터 가족과 떨어져 지냈다.**

아베의 아버지 신타로 역시 일본의 쇼와 시대를 주름잡던 저명한 정치인이었다. 1958년 중의원 선거에서 첫 당선된 뒤 11선을 기록하며 1991년 5월 췌장암으로 숨질 때까지 자민당 간사장과 외무상 등 당과 정부 내에서 여러 요직을 거쳤다. 특히 71~73대 총리였던 나카소네 야스히로中曽根康弘(1918~)가 다케시타 노보루竹下登(1924~2000, 74대 총리), 미야자와 기이치宮澤喜一(1919~2007, 78대 총리), 신타로 중에서 다케시타를 후계자로 점찍은 뒤 "다케시타 다음 총리는 아베 신타로"라는 평가를 받기도 했다. 그러나 신타로는 자식들과 많은 시간을 함께 보내는 자상한 아버지는 아니었다. 도쿄에서 멀리 떨어진 야마구치의 지역구를 관리해야 하는 정치인이었기 때문이다. 주말이 되면 신타로는 물론 아내 요코까지 지역구에서 지지자들을 만나느라 많은 시간을 보냈다. 그럴 때면 아베는 도쿄 세타가야世田谷구 다이다代田에 있는 빈집에서 형과 단둘이 지냈다.[11]

그런 외손자들의 모습이 안타까웠는지 기시는 바쁜 일상 중에도 아이들을 자주 불러 함께 놀았다. 요코는 기시의 손자 사랑에 대해 "아버지[기시]는 아이들을 좋아했지만, 그 이상으로 손자들을 귀여워해 시간이 되면 언제든 함께했다. 총리가 되고 나

* 기시에게는 아들이다.

** 노부오는 기시가의 양자로 들어갔기에 이름이 아베 노부오가 아닌 '기시 노부오'가 됐다. 2017년 7월 외무 부대신으로 일하고 있다.

서는 바쁜 주중을 보내고 주말에는 정양을 위해 하코네箱根의 나라야奈良屋라는 여관을 〔자주〕 찾았다. 〔그럴 때〕 이따금 아버지로부터 '바로 손자들을 데려오라'는 성급한 전화가 걸려오곤 했다"[12]고 회상했다.

기시가 아베에게 끼친 영향을 언급하는 데 자주 인용되는 에피소드가 있다. 아베가 다섯 살이었을 때 기시의 저택인 도쿄 시부야渋谷 난페이다이南平台에 놀러갔을 때의 일이다. 아베는 1954년 9월 21일 도쿄에서 태어났으니 다섯 살이면 안보투쟁이 한창 진행 중이던 1959년이다. 본인이 직접 회상한 아래 인용문을 보면, 아들인 노부카즈에게 아들이 없어 친손자를 보지 못한 기시가 외손자들을 얼마나 아끼고 사랑했는지 짐작할 수 있다.

> 시위대가 자택 가까이 몰려들면, 할아버지는 정원에도 나가지 못하고 바깥 공기를 쐴 수도 없게 되기 때문에 무료해지고 맙니다. 그러나 그런 소란스런 상황 속에서도 약간은 한가한 분위기가 남아 있었던 탓인지, 신문사의 차량은 〔시위대의 방해 없이〕 자유롭게 〔할아버지댁을〕 출입할 수 있었습니다. 그래서 아버지와 친한 신문기자의 차를 타고 저와 형은 할아버지댁으로 놀러 갔습니다.
>
> 할아버지댁에 가면 이따금 할아버지가 저희와 놀아주곤 했습니다. 가장 인상에 남아 있는 장면은 〔할아버지가〕 저를 등

에 업어 말을 태워준 것입니다. 〔할아버지의 등에〕 올라타면 뭔가 리듬 타기 쉬운 구호를 외치고 싶어집니다. 밖에서 '안보 반대' '안보 반대'라고 구호를 외치길래 저도 할아버지 등 위에서 '안보 반대'라고 외쳤습니다.(웃음)

그러자 옆에서 이 광경을 보고 있던 아버지가 '신조야 반대가 뭐냐, 찬성이라고 말해'라고 했습니다. 다섯 살 아이에게 찬성이라 말하라고 주의를 줘봤자 그게 무슨 의미인지는 알기 어렵습니다. 순간 어찌할 바를 몰라 멍하니 잠자코 있자 할아버지가 크게 웃었습니다. 그 경험이 매우 선명하게 남아 있습니다.[13]

아베는 만 7세에 도쿄 기치조지吉祥寺의 세이케이成蹊학원* 의 소학교에 입학했다. 아베는 이곳에서 중·고등학교는 물론 대학까지 마쳤다. 일본의 독립언론인 아오키 오사무青木理(1966~)는 이 무렵 아베를 기억하는 지인 수십 명의 증언을 모아 아베의 사상적 배경을 그린 『아베 삼대』를 집필했다. 주변인들의 기억 속에 남아 있는 아베는 평범하고 조용한데다 성적도 그만그만한 '도련님'에 불과했다. 아베의 소학교 학생 시절의 한 동급생은 아오키와의 인터뷰에서 "운동회 때 기시를 본 적이 있어

* 세이케이 학원에는 부유한 집안의 아이들이 다니는 '귀족 학교' 같은 이미지가 있다.

서 〔아베가〕 정치가 집안의 아이라는 것은 알고 있었다. 기시를 좋아했는지 할아버지 이야기하는 것을 여러 번 들었다"고 말했다. 그러나 "할아버지가 한국에 가서 선물을 사왔다"는 등 평범한 얘기였을 뿐 특별히 정치적인 발언은 없었다. 그러나 고등학교에 들어가면서 기시와 관련된 문제에 대해서는 적극적으로 의견을 개진하는 모습이 관찰되기 시작했다. 아베와 기시의 관계를 언급할 때 자주 인용되는 또 하나의 유명한 에피소드를 소개한다.

> 고등학교 수업 때 반에서 〔안보투쟁에 대해〕 논의〔토론〕를 했습니다. 그때 교사는 70년 안보투쟁을 계기로 〔기시가 개정한〕 안보조약은 폐기해야 한다는 생각을 가진 사람이었습니다. 먼저 교사가 자신의 의견을 밝혔습니다.
>
> 처음에 저는 가만히 듣고만 있었지만 '한마디 해야겠다'는 생각이 들어 교사에게 질문을 했습니다. 전에 할아버지와 대화를 하던 중에 옛 안보조약과 새 안보조약이 얼마나 다른지와 새 안보조약에는 정치적 협력, 상호방위, 미군주둔뿐 아니라 경제조항에 대한 내용도 있다는 이야기를 들은 적이 있습니다.
>
> 그래서 손을 들고 〔새 안보조약의〕 제2조 이야기를 조금 했습니다. 그때 저는 〔조문을〕 자세히 읽은 상태가 아니었습니다. 할아버지에게 주워들은 대로 '새 안보조약 제2조에는 경

제조항도 있다. 이 조약에서 일미 간의 경제협력을 규정하고 있다'고 말했더니, 교사의 낯빛이 확 바뀌었습니다. 그리고 제 발언에 전혀 반론하지 않았습니다.

저는 그때 '이 선생은 안보조약을 읽지 않은 것 같다'고 생각했습니다.(웃음) 저도 읽지 않았지만, 교사가 '이 녀석은 〔기시의〕 손자니까 아마 읽지 않았을까. 낭패다'라고 생각한 것이겠죠.

수업에서 두 번씩이나 안보조약 문제를 논의하며 잘난 척하듯 말했기 때문에 저는 '뭐야, 겨우 이 정도인가'라고 생각했습니다. 〔안보조약에 대해서〕 반대할 정도의 교사라면 안보조약에 대해 제대로 알고 있을 것이라는 예상은 빗나갔습니다.[14]

물론, 이 에피소드의 상대편 주인공인 아오야기 도모요시青柳知義(당시 세이케이 고등학교 교사)가 기억하는 당시 상황은 아베의 증언과 상당히 다르다.

안보〔조약 개정〕에 대한 얘기가 나오니 아베 군이 일어나 빠른 어투로 '안보조약은 일본을 방어하기 위해 필요한 것이다. 이 조약을 군사협정이라고만 생각하는 것은 이상하다. 경제협정도 포함되지 않는가. 이 점에 대해 선생님은 어떻게 생각하시냐'고 물었다. 나는 '안보조약의 기둥은 군사협력이며 경제협력은 부수적인 것이다. 이 둘은 양립하지 않는다'고 말했다. 아베 군은 불만스러운 듯했지만, 주위의 학생들이 소곤소곤 얘기를 시작해 논의는 그것으로 끝났다.[15]

이 일화를 제외하면 아오야기의 기억 속의 아베는 다른 이들의 증언 속의 모습과 크게 다르지 않다. 아베는 "특별히 우수하거나 특별히 뒤처지지 않는 성실한 학생"이었으며 성적도 "적당한 수준이었다"는 것이다. 이런 모습은 대학 시절에도 이어졌다. 아베가 대학생이었을 때 전공 필수과목을 가르쳤던 가토 다카시加藤節(1944~) 세이케이대 명예교수의 증언이다. "1974년 4월 세이케이대에 부임하고 반년 정도 뒤부터 '정치학사'라는 법학부 필수과목을 담당했다. 아베 군은 1977년에 졸업했으니까 대학 3학년 때 내 수업을 들었을 것이다. 그러나 그에 대한 기억이 전혀 없다." 가토는 아베가 정계에서 유명해진 뒤 동료와 선배 교수들에게 '아베를 기억하냐'고 물었다. 그러자 모두에게서 "기억이 없다"[16]는 답이 돌아왔다. 이 같은 증언을 종합해 아오키는 아베가 "매우 범용하고 어떤 특별한 것도 없는 그냥 좋은 아이"이자, "곱게 자란 도련님"이었다는 결론을 내리고 있다.

아베가 유년 시절을 보냈던 1960~70년대 일본은 고도성장을 거듭하고 있었다. 사회 전반에 여유 있고 리버럴한 공기가 흘러넘쳤다. 당시 사람들에게 기시는 나쁜 정치인의 대명사였다. 아베가 자신의 입으로 증언했듯 좌파는 기시를 "전시에는 미국에 싸움을 건 도조 내각의 일원이었으며 전후에는 안보개정을 한" 호전적인 인물이라 비판했고, 우파는 우파대로 기시가 "친미, 미국 추종 일변도"[17] 정책을 추진했다며 깎아내리고 있었다.

아베는 자신에게 늘 다정했던 외할아버지가 사람들에게 왜 그렇게 욕을 먹는지 이해할 수 없었다. 그는 2004년 우익인사 오카자키 히시히코岡崎久彦(1930~2014)와의 대담에서 다음과 같은 회상을 남겼다. "어린 마음에 '할아버지는 그렇게 다정한 분인데 나쁜 사람이라는 건 무슨 뜻일까'라고 생각했다. 그래서 어쩔 수 없이 할아버지의 업적은 무엇이고, 정치가는 무엇인가를 생각하게 됐다. 내가 중학생 즈음까지는 할아버지가 건강하셔서 내가 직접 갖고 있던 의문, 예를 들어 안보조약이나 안전보장, 국가의 역할, 국가와 국민의 관계 등에 대해 질문을 던지면, [할아버지는] 알기 쉽게 설명을 해줬다. 이를 통해 내 이해가 깊어졌다."[18] 어린아이의 장난이었겠지만 아베는 형과 함께 외할아버지의 집으로 몰려드는 시위대를 향해 물총을 쏘며 공격한 적도 있다.[19]

평범하고 조용한 도련님이었던 아베의 정치의식은 조금씩 보수 쪽으로 굳어져 갔다. 할아버지에 대한 존경심에 더해 당시 일본사회를 지배하고 있던 리버럴한 분위기에 대한 반발 때문이었다. 아베는 "어린 시절 할아버지가 '보수반동의 화신' 혹은 '정계의 흑막'이라 불린다는 것을 알고 있었고, '너희 할아버지는 A급 전범이잖아'라는 얘기를 들은 적도 있었다. 그래서 '보수'라는 말에 거꾸로 친근감을 갖게 됐을 수도 있다"[20]는 말로 이 같은 사실을 인정했다.

기시가 남긴 것들

1977년 4월 아베는 세이케이대를 졸업했다. 세이케이대는 일본에서 2류대로 분류되는 학교다. 그래서인지 아베가 2류대로 분류되는 세이케이대를 졸업한 것을 두고 일본 내에서는 여러 뒷말이 오간다. 취재 중에 만난 일본 기자들과 술자리에서 속내를 터놓고 얘기하다 보면, 이따금 아베의 학력을 무시하는 이야기를 들을 수 있다. 한국처럼 일본 기자들도 도쿄대나 게이오대, 와세다 등 명문대 출신이 많기에, 2류대 출신이 총리가 되어 일본을 잘못된 방향으로 이끌고 있다며 답답함을 토로하는 것이다. 아베도 자신에게 학력콤플렉스가 있음을 언뜻 드러낸 적이 있다.

> 콤플렉스가 없는 사람이란 세상에 좀처럼 없잖습니까. 저는 소학교에서 대학까지 줄곧 세이케이 학원에 있었기 때문에 입시를 해본 경험이 없습니다. 인간이라면 어느 때에는 눈앞의 목표를 달성하기 위해 엄청난 결심을 하고 공부를 하는 게 필요하지 않나 생각합니다.[21]

실제로 아베는 소학생 때부터 대학생 때까지 쭉 세이케이에 머물렀다. 외부의 명문 학교에 진학할 성적이 안 나왔기 때문에 자동 입학을 할 수 있는 세이케이에 안주했던 것이다. 실제로 아버지 신타로는 생전에 공부에 그다지 흥미가 없는 아베에게 자신의 뒤를 이어 "도쿄대에 가라, 도쿄대에 가라"[22]고 닦달했다. 그러나 아베는 현실적으로 도쿄대를 지원할 실력이 못됐다. 아베의 고등학교 동기동창은 아오키와의 인터뷰에서 아베의 성적이 신통치 않았음을 지적하며 "도쿄대는 무리였죠. 와세다대나 게이오대도 무리가 아니었나 싶습니다……"[23]고 말했다. 그에 따르면 아베는 고등학교 2학년 무렵 "자신은 〔도쿄대 등 외부의 대학을 목표로 공부하기보다는〕 계속 세이케이에 있기로 정했다. 아버지와 이야기를 해서 '애매모호하게 다른 대학에 갈 상황이라면 세이케이대가 좋지 않는가'라는 식으로 이야기가 됐다"고 말했다 한다. 이런 콤플렉스의 연장선일까. 일본에서는 아베가 학력콤플렉스 탓에 도쿄대 출신 관료나 학벌이 좋은 정치인을 잘 기용하지 않는다는 분석이 나오기도 한다.

아베는 졸업 직후 미국 캘리포니아California 주 로스앤젤레스Los Angeles에 위치한 서던캘리포니아대학교University of Southern California로 유학을 떠났다. 소학교부터 대학까지 16년 동안 자신의 울타리 역할을 했던 세이케이 학원을 벗어나 처음 시작한 객지생활이었다. 아베는 첫 1년 동안에는 외국 유학생들을 위한 어학코스를 마쳤다. 그리고 2년째부터 전공인 정치학

수업을 듣기 시작했다. 그러나 학교생활에 적응하지 못했는지 매일 수신자 부담으로 도쿄의 집에 전화를 걸어왔다고 한다. 그 요금이 엄청났기에 신타로는 "이 녀석이 우리를 파산시킬 셈인가"라고 화를 내며 2년 만에 귀국시켰다. 일본으로 돌아온 아베는 1979년 봄, 고베제강소神戸製鋼所라는 제철 회사에 입사했다. 부친의 후광을 등에 업은 '정략 입사'였다. 그러나 아베에 대한 회사 내 평가는 나쁘지 않았다. 당시 상관이었던 야노 신지矢野信治는 아베에 대해 "요령이 좋고 몸도 가벼워서 직장에도 잘 적응했고, 꽤 열심히 일했던 아이였다. 모두가 좋아했다"[24]고 말했다.

고베제강소에서 아베가 처음 배치된 곳은 뉴욕 사무소였다. 신입사원이 부임하기에는 어림도 없는 핵심 부서였다. 뉴욕에 1년간 있다가 일본으로 돌아온 아베는 1980년 5월 효고현兵庫県 가고가와시加古川市의 제강소에서 현장 근무를 했다. 이곳에서도 1년을 채우지 못하고 다시 도쿄 본사의 강판수출과로 옮겼다.

사회생활을 시작한 뒤에도 아베는 여전히 얌전하고 평범한 도련님이었을 뿐 확신에 찬 극우 정치인다운 모습을 보인 적이 없다. 예상대로 아베의 직장생활은 오래 이어지지 않았다. 부친이 1982년 11월에 나카소네 내각의 외무상으로 취임하면서 회사를 그만두고 외무대신 비서관이 됐기 때문이다. '착한 도련님' 아베가 본격적으로 정치의 세계에 발을 내디디는 순간이었다.

아베가 지금과 같은 극우 정치인이 된 것은 언제부터일까. 아베의 형인 노부히로는 이에 대해 "그런 생각이 선명해진 것은

〔정치의 세계에 발을 들여놓은〕 이후라고 생각한다. 여러 사람들과 교류하면서 기시에게 큰 영향을 받은 게 아닌가 생각한다"고 말했다. 아오키도 2017년 1월 필자와의 인터뷰에서 비슷한 견해를 밝혔다. "아베가 지금과 같은 사상을 형성하게 된 배경에는 여러 가지가 있다고 본다. 정치가로서 원점 중 하나는 외할아버지인 기시다. '할아버지는 그렇게 훌륭했는데도 안보개정으로 비판을 받았다. 그러나 할아버지의 결정은 틀리지 않았다'고 생각했던 것이다. 또 하나는 앞선 이유만큼 중요한 것은 아니지만 '정계에 들어왔으니 잘해야 한다. 할아버지와 아버지의 이름에 상처를 내면 안 된다. 그러려면 어떻게 해야 할까'와 같은 고민이 있었을 것이다. 그리고 아베가 정치의 계단을 하나씩 올라가는 과정에서 만난 극우적인 시각을 가진 사람들의 영향을 받았을 것이라 생각한다."

아베의 사상적 뿌리는 기시다. 학창 시절에는 드러나지 않던 아베의 정치적 성향은 이후 정치세계에서 우익인사들과 접촉하며 점점 강화되고 명료해졌다. 그렇다면 아베가 기시로부터 물려받은 사상은 무엇일까. 다음 네 가지를 지적해볼 수 있다. 아베가 2006년 9월에 1차 정권을 시작하며 내건 구호는 '전후체제로부터의 탈각'이었다. 기시는 "샌프란시스코강화조약으로 일본은 독립국이 됐지만 점령 시대의 것들이 사람들의 사고방식과 제도 등에 남아 있어 이를 일소하지 않으면 진정한 독립을 이룰 수 없다"[25]는 소신을 갖고 있었다. 이 같은 기시의 신념은 "종전 후 일본을 적시하는 점령군이 만든 틀에 지금까지 속박되어 있다. 이 전후 레짐으로부터 탈각하지 않으면 진정한 일본의 모습, 즉 아름다운 일본을 돌려놓지 못한다는 것이 내 진의였고, 아베 〔1차〕 내각의 사명이었다"[26]는 아베의 발언을 통해 계승되고 있다.

두 번째는 복고주의다. 좋았던 옛 시절을 추억하며 그 시절로 돌아가고 싶어 하는 것은 보수들의 일반적인 특성이다. 기시와 아베에게 '좋았던 옛 시절'이란 천황의 강력한 리더십 아래 청일전쟁과 러일전쟁에 거푸 승리하며 일본의 국력이 세계로 뻗어 나갔던 메이지시대의 일본이다. 이와 같은 맥락에서 한국의 보수들이 돌아가고 싶어하는 '좋았던 옛 시절'은 한국 경제가 가파르게 도약했던 박정희 시대가 된다.

이 같은 기시의 복고주의는 천황제와 연결돼 한국인으로서는 이해하기 힘든 독특한 이념적 풍경을 만들어낸다. 아베는 기시가 생각했던 일본의 바람직한 모습에 대해 "조부에게 일본의 모습은 황실을 중심으로 한 전통을 지켜가며 농경민족으로 서로 돕는 것"[27]이었다고 설명한 바 있다. 아베는 일본을 '아름다운 나라'로 되돌리기 위해 필요한 것으로 일본의 전통, 가족의 의미, 향토애 등을 꼽고 있다. "점령군이 만든 역사로부터 해방돼 일본의 전통과 문화를 기초로 신선하고 새로운 일본을 만드는 한 걸음"[28]을 내디뎌야 한다는 것이다.

세 번째는 '독특한' 반미주의다. 기시와 아베는 모두 미국의 점령정책이 일본을 약체화시키려는 미국의 음모라고 생각했고, 이를 극복해야만 일본이 '전후체제로부터 탈각'해 진정한 독립을 이룰 수 있다는 신념을 가졌다. 이 같은 사고를 논리적으로 이어가다 보면, 필연적으로 일본이 미국의 영향에서 벗어나야 한다는 '반미'로 이어지게 된다. 그러나 기시와 아베가 택한 길은 그와 정반대인 미일동맹 강화였다. 기시는 미일 관계를 이전보다 대등하고 쌍무적으로 만들 수 있는 내용이 담긴 안보조약 개정을 추진했고, 아베는 역대 일본 정부가 부정해온 집단적 자위권을 행사할 수 있도록 했다. 일본의 군사적 역할을 강화해 미일 관계를 대등하게 만들고 이를 통해 미국에 대한 열등감을 극복하겠다는 독특한 반미주의다.

네 번째는 역사 수정주의다. 본인이 A급 전범 용의자였던 기시는 숨지는 날까지 일본의 전쟁을 침략이 아닌 '자위전쟁'이라 믿었다. 그리고 이는 "침략에는 정해진 정의가 없다"는 아베의 사상으로 계승되는 중이다. 아베는 이후 자신의 역사 수정주의를 교묘히 감춘 아베 담화를 발표한다.

아베가 가지 않은 길

안타깝게도 기시가 아베 앞에 놓였던 유일한 선택지는 아니었다. 그에게는 친할아버지인 간과 아버지 신타로라는 또 다른 길이 있었다. 간은 1884년 야마구치현 오쓰大津군 헤키초日置町에서 태어났다(지금의 지명으로는 나가토長門市시 유야쿠라오다油谷蔵小田다). 아베는 도쿄에서 출생해 쭉 도쿄에서 살았지만 2016년 12월 러시아의 대통령 블라디미르 푸틴Vladimir Putin(1952~)을 나가토시에 초청하며 "이곳이 내 고향"이라고 말한 적이 있다. 현재의 나가토시가 친가인 아베 가문의 연고지이기 때문이다. 아베 가문은 나가토시에서 대대로 양조장을 운영해온 대지주였다.

간은 어린 시절 양친을 모두 잃은 뒤 큰어머니의 손에서 성장했다. 어릴 때부터 머리가 영특했는지 하기중학교와 가나자와金沢의 4고를 거쳐 도쿄제국대학 정치학과에 입학했다. 나가토라는 '시골 깡촌'에서 도쿄제국대학에 입학하는 것은 지금 기준으로도 여간해서는 쉽지 않은 일이니 간은 영특한 학생이었던 듯하다. 대학 졸업 후 간은 도쿄에서 자전거를 만들어 파는 산페이三平상회라는 가게를 열었다. 사업을 시작했던 이유는 돈을 벌기 위해서가 아니라 향후 정계에 진출할 것을 대비해 정치자금을 만들기 위한 목적이었다고 한다.[29] 이 무렵인 1921년 간은 반려자를 얻었다. 상대는 청일전쟁과 러일전쟁에서 무공을 세워 육군대장까지 승진했던 군인 오시마 요시마사大島義昌(1850~1926)의 손녀 시즈코静子였다. 그러나 둘의 결혼생활은 행복하지 못했다. 먼저 닥친 것은 사업 실패였다. 간은 1923년 9월 발생한 간토대지진의 영향 등으로 사업을 포기하고 고향으로 돌아갔다. 그 직전인 1924년 4월 도쿄에서 아들 신타로가 태어났다. 그러나 간은 집안 간의 알력 문제로 부인과 이혼했고 이후 평생 결혼하지 않고 독신으로 살았다.

간은 평화를 사랑하고 부당한 권력에 굴하지 않는 반골정신을 가진 사람이었다. 게다가 상당한 미남자이기도 했다. 강직한 성품과 수려한 외모 덕분이었는지 간은 지역주민들로부터 큰 사랑을 받았다. 그러나 고향으로 돌아온 간에게 또 다른 불행이 닥쳤다. 당시 난치병으로 여겨지던 결핵에 걸린 것이다. 지역주민들은 몸이 불편한 간에게 몰려가 이름을 올려놓기만 해도 좋으니 촌장을 맡아 달라고 간청했다. 그는 결핵으로 몸이 불편한 중에도 헤키촌장, 야마구치현 의회 의원을 거쳐 1937년 4월 무소속으로 중의원에 당선됐다.

그리고 간이 중의원에 당선된 직후인 7월 중일전쟁이 발발했다. 간이 1937년 4월 중의원 선거에 나서며 내놓은 공약집을 보면, "일을 해도 해도 생활의 안정을 얻을 수 없는 노동자들이 많다." "국제정세가 극도로 긴박해 제2차 세계대전의 위기를 잉태하고 있는 상태다"[30]와 같은 문장이 담겨 있다. 전쟁을 앞둔 불온한 일본사회의 분위기 속에서 공개적으로 할 수 있는 최대치의 정치적 주장을 한 셈이다. 이 선거에서 간과 함께 처음 중의원에 당선된 미키 다케오三木武夫(1907~1988, 일본의 66대 총리)는 1986년 1월 23일에 보도된 『마이니치신문』과의 인터뷰에서 간에 대해 "〔그는〕 가벼운 남자가 아니었다. 실로 무게가 있는 사람이었다. 권력에 아첨하려는 사람이 아니었다"고 회상했다.

간의 두 번째 중의원 선거는 1942년 4월에 치러졌다. 일본에서는 이 선거를 '익찬 선거'라 부른다. 익찬 선거의 '익찬'은 받들어 돕는다는 의미의 단어로, 1940년 10월 고노에 후미마로近衛文麿(1891~1945) 총리가 기존의 정당을 해체하고 결성한 어용 조직인 대정익찬회大政翼賛会*에서 따왔다.

고노에 내각 이후 등장한 도조 내각은 전쟁 수행을 위해 1942년 2월 익찬정치체제협의회를 만들어 정부나 군부의 시책에 협력하는 이들만 골라 중의원 후보에 추천했다. 이 추천을 받지 못하고 선거에 나선 이들은 운동 기간 내내 경찰의 조직적인 탄압을 받았다. 지역주민들의 절대적인 지지를 받던 간은 악명 높은 '익찬 선거'에서 협의회의 추천 없이 의석을 지켜냈다.

간은 짧은 의정 활동 기간 동안 일본을 무모한 전쟁의 길로 몰고 간 도조 내각을 맹렬히 비판하며 평화노선을 주장했다. 하지만 정치적 신념을 제대로 펴볼 기회를 얻지 못하고 패전 직후인 1946년 1월, 쉰한 살의 나이로 숨졌다. 사망한 간을 발견한 건 아들 신타로였다. 전쟁이 끝나 고향에 돌아와 있던 신타로가 친척집에서 하룻밤을 보내고 일찍 집으로 돌아와 보니 요양 중

* 박정희가 1972년 10월 유신 이후 만든 어용 정치조직인 '유신정우회'가 이와 유사하다. 1973년 3월 통일주체국민회의에서 선출된 73명의 전국구 의원으로 구성된 유신정우회는 박정희 유신의 수호를 위해 국회 내의 전위대 역할을 담당했다.

이던 간의 육신은 이불 속에서 차갑게 식어 있었다. 사인은 평생 그를 괴롭혔던 결핵이 아닌 심장마비였다.

간의 아들 신타로도 전쟁을 직접 체험한 세대의 정치인이었다. 1924년 4월 도쿄에서 태어난 신타로 역시 아버지와 마찬가지로 어릴 때부터 공부를 잘했다. 신타로는 1943년 야마구치 중학을 거쳐 엘리트 코스인 오카야마의 6고에 진학했다. 이 무렵 전황은 돌이킬 수 없이 악화된 상황이었다. 절대적인 병력 부족에 시달렸던 일본 정부는 국가의 미래를 위해 마지막까지 아껴 둬야 하는 젊은 학생들에게도 손을 뻗치기 시작했다. 도조 내각은 1943년 10월, 이공계를 제외한 고등학생 이상에 대한 징병 연기 제도를 폐지했다. 그래서 신타로는 1년 반 만에 6고를 조기 졸업한 뒤 도쿄제국대학에 입학하는 동시에 해군 시가항공대滋賀航空隊에 강제 징병됐다.

1944년 10월, 전국 고등학교에서 신타로와 함께 시가항공대에 입대한 학생들은 250명이었다. 신타로는 얼마 지나지 않아 자살공격을 뜻하는 '특공'*에 지원했다. 신타로는 당시 경험에 대해 "생도대장으로 솔선해 특공에 지원했다. 그러나 그때까지 나는 한번도 군인이 되겠다고 생각해본 적이 없다. 특공을 선택

* 한국에서는 자살공격을 '가미카제'라 부르지만, 일본군에서 사용하던 정식 용어는 '특공'이었다. 자세한 내용은 길윤형, 『나는 조선인 가미카제다』(서해문집, 2012), 14~15쪽 참조.

한 것은 어차피 죽는다면 화려하게 죽고 싶다는 마음 때문이었다"는 회고담을 남긴 바 있다. 다행히 특공작전에 투입되기 전에 전쟁이 끝나 신타로는 목숨을 부지할 수 있었다. 이후 도쿄대에 복학한 신타로는 1949년에 대학을 졸업하고, 『마이니치신문』에 입사했다.

신타로의 인생에 새로운 전기가 찾아온 것은 입사 후 2년 정도 시간이 지났을 무렵이었다. 『마이니치신문』 정치부의 한 선배 기자가 "자유당 간사장인 사토 에이사쿠의 형님이 따님의 상대를 찾고 있다고 한다. 만나보지 않겠냐"고 중매를 넣었다. 사토의 형님은 당시 스가모 형무소에서 석방돼 정계 복귀를 기다리고 있던 기시였다. 신타로와 기시의 장녀인 요코는 이렇게 만나 1951년 5월에 결혼했다. 정치적인 신조는 달랐지만 생전에 간을 흠모하던 기시가 "그의 아들이라면 문제가 없다"며 혼인을 서둘렀다고 한다. 그리고 1958년 5월, 신타로는 아버지 간의 지역구이던 나가토시-시모노세키를 아우르는 옛 야마구치 1구* 에서 당선돼 정계에 입문했다.

자살특공대에 지원해 전쟁의 참상을 직접 경험했던 신타로의 정치철학은 평화주의였다. 신타로는 보수 정치인이었지만 평생 평화주의적인 외교 노선을 추진했고, 일본의 헌법을 소중히

* 일본의 중의원 선거는 애초 중선거구제였지만, 1996년부터 소선거구제가 됐다. 신타로의 지역구는 현재의 야마구치 4구다.

생각했다. 이런 의미에서 그의 정치는 장인인 기시가 아닌 부친인 간에 가까웠다. 일본 주간지 『슈칸분슌』 기자를 지낸 시오다 우시오塩田潮(1946~)는 자신의 저서 『기시 노부스케의 진실』에서 신타로의 홍보 담당 비서로 오랫동안 일했던 온 곤 이와오金巌의 증언을 소개하고 있다.

신타로 씨는 '기시나 〔그가 속해 있던 파벌의 영수였던〕 후쿠다 다케오福田赳夫의 뒤를 잇게 되겠네요'라는 얘기를 들으면 '저는 아베 간의 아들입니다'라고 말했습니다. 장인인 기시에 대해서는 '기시는 일본의 진로를 정하는 데 있어서 걸출한 남자였습니다' 외에 다른 말은 하지 않았습니다."[31]

"1982년 〔자민당〕 총재 선거를 앞두고 '아베의 정치'를 어떻게 전면에 내걸면 좋을까 고민한 끝에 참모들은 '뜻이 있는 정치'*라는 표어를 생각해냈습니다. 〔마침 신타로가〕 아마구치현 출신이니 안성맞춤이라고 생각해 이것을 구호로 내걸자는 의견을 냈지요. 그러자 아베가 '우익스러운 느낌이 나서 싫다'고 말했습니다. 그래서 '품격 있는 정치'라는 표어를 쓰게 됐습니다.[32]

* 일본에서는 '뜻'志을 사용하면 어딘가 모르게 우익 냄새가 난다고 생각한다.

신타로의 정치 인생을 돌아보면 기시와 달리 개헌을 정치 목표를 내건 적이 한번도 없다. 이는 반전주의자였던 부친의 영향, 학생 신분으로 군대에 끌려가 특공대에 지원했던 쓰라린 전쟁 체험, 일본의 전후 민주주의에 대한 자긍심, 언론인으로서의 반골정신 등이 사상에 두루 영향을 끼쳤기 때문으로 추정된다. 실제로 신타로는 전향적인 역사인식을 가진 인물이었다. 그는 1985년 12월 6일, 중의원 외교위원회에서 "세계대전은 일본을 망국의 위기에 빠뜨린 매우 잘못된 전쟁이라고 생각한다. 국제적으로도 이 전쟁은 침략전쟁이었다는 엄혹한 비판이 있다. 정부도 그런 비판을 충분히 인식하며 대응해가야 한다"는 발언을 남겼다. 한편 재일동포들이 많이 사는 시모노세키를 지역구로 둔 탓에 이 지역에서 사업을 하고 있는 재일동포들과도 깊은 친분관계를 유지했다. 특히 총련계인 조선학교를 방문해 학생들에게 학용품을 선물로 전달했다는 일화도 있다. 그가 말년에 힘을 기울인 정책은 북일 관계 개선과 한때 적국이었던 러시아와의 평화조약 체결이었다.

신타로는 아베가 외할아버지인 기시가 아닌 간과 자신의 정치철학을 배우기를 바랐던 것 같다. 1982년부터 자신의 비서생활을 하던 아베에게 종종 "신조야, 나는 기시의 데릴사위가 아니다. 착각하지 말거라. 나는 아베 간의 아들이다. 난(내 정치사상은) 반전평화이니까"[33]라고 말했다.

신타로가 숨을 거둔 것은 1991년 5월이다. 그는 소일 평화조약 체결을 위해 1990년 1월 소련을 방문해 미하일 고르바초프Mikhail Gorbachev(1931~) 대통령에게 "부디 벚꽃이 필 무렵에 일본을 방문해달라"고 요청한 적이 있다. 고르바초프는 약속대로 이듬해인 1991년 4월에 일본을 방문했다. 당시 열렸던 고르바초프의 환영 만찬에 참석하기 위해 4월 18일 중의원의장 공관을 방문한 게 신타로의 마지막 공식 행사가 됐다. 예순일곱 살의 이른 죽음이었다. 사인은 췌장암이었다.

아버지 신타로의 바람과 달리 아베가 택한 길은 '간의 길'이 아닌 '기시의 길'이었다. 이 같은 견해에는 아베 주변인들도 대체로 동의하고 있다. 아베의 세이케이대학 1년 선배인 후루야 게이지古屋圭司(1952~) 자민당 의원은, "아베는 신타로 선생보다 절대적으로 기시 선생 쪽의 피를 물려받은 게 틀림없다. 입각의 원점이 기시 선생으로 근저에 그와 같은 사상이 흐르고 있다"[34]고 말했다. 아베의 어머니 요코도 "신조는 정책은 할아버지인 기시, 성격은 아버지인 신타로를 닮았다"[35]고 말한 적이 있다. 아베 본인의 자세도 마찬가지다. 그의 저서 『아름다운 나라에』를 보면 기시를 언급하는 부분은 셀 수 없이 많다. 그러나 간과 신타로가 등장하는 부분은 자신이 전통적인 가족을 중시하지만 편부·편모 또는 이혼 가정에 선입견이 없음을 강조하기 위한 구절뿐이다. 일본 언론의 기사를 찾아봐도 아베와 기시의 연속성에 주목하는 기사는 많지만 아베와 간 혹은 신타로의 연속성에 주목하는 보도는 거의 등장하지 않는다.

아베가 기시가 아닌 간과 신타로의 길을 걸었다면 일본의 역사는 어떻게 달라졌을까. 『마이니치신문』에서 오랫동안 정치부 기자생활을 해왔던 기시 시게타다岸井成格(1944~)는 "신타로가 급사하지 않고 총리가 됐다면, 아베는 〔총리〕 비서관이 됐을 것이다. 그랬다면 아베의 정치적 지향도 다소 달라졌을지 모른다"[36]고 말했다. 그러나 그런 일은 일어나지 않았다.

> 어린 시절 내 눈에 외할아버지는 국가의 장래를 어떻게 해야 할까만 생각했던 진지한 정치가로 비춰지지 않았다. 그렇기는커녕 세상의 시끄러운 비난을 한쪽으로 돌려놓는 태연한 태도를 갖고 있었다. 〔그런 외할아버지의 모습을 보며〕 가족이지만 자긍심을 느꼈다.[37]

위의 인용문을 보면 자신의 신념을 관철하기 위해 세상의 온갖 비난에 굴하지 않을 뿐 아니라 스스로 불화를 선택했던 기시의 장엄하면서도 비극적인 이미지가 어린 시절 아베의 뇌리에 강력히 새겨졌음을 알 수 있다. 간의 손자가 아닌 기시의 손자 아베의 등장은 이후 일본과 동아시아 전체 정세에 여러 복잡한 문제들을 불러오게 된다.

2장

정치 입문

일본에서는 1960~90년대에 전후 민주주의가 화려하게 꽃피면서 처음으로 식민지배 책임에 대해 인식하게 됐다. 이를 대표하는 사례가 1942년 136명의 조선인이 숨진 야마구치현 조세이 탄광 수몰사고를 기억하려는 지역주민들의 움직임이었다. 이 같은 사회 변화를 기반으로, 한일 시민사회는 1993년 고노 담화와 1995년 무라야마 담화 등 커다란 역사적 성과를 만들어냈다. 그러나 곧 우익의 반격이 시작됐고, 이 흐름 속에서 아베는 우익의 기대를 한 몸에 받는 정치인으로 두각을 나타냈다.

위 사진은 조세이 탄광에서 일하다 탈출했던 첫 한인 생존자 김경봉(오른쪽 앉은 이) 씨가 1945년 군에 강제 입대할 때의 모습이다.

자민당의 두 흐름

1955년 11월에 창당한 자민당의 60년사는, 요시다 시게루로 대변되는 '실리 노선'(보수 본류)과 기시로 대표되는 '자주 노선'(보수 방류)이 벌여온 기나긴 갈등과 대립의 역사였다고 요약할 수 있다.

기시가 총리직을 사임한 뒤 58대 총리에 오른 이는 이케다 하야토池田勇人(1899~1965)였다. 취임 이후 그는 안보를 중시하고 개헌을 앞세운 기시 노선에서 경제발전에 치중하는 요시다 노선으로 과감한 복귀를 선택했다. 이케다는 총리 취임 직후 "국민 여론이 강하게 반대할 경우에는 헌법개정을 절대 하지 않겠다"고 선언했다. 대신 그가 제시한 목표는 재임 동안 국민소득을 두 배로 늘리겠다는 '국민소득 배증 계획'이었다. 이후 일본은 세계 역사상 유례를 찾기 힘든 전후 고도성장기로 접어들었다.

이케다의 뒤를 이어 1964년 11월에 총리로 취임한 이는 기시의 친동생인 사토 에이사쿠였다. 기시는 동생이 개헌의 꿈을 실현시켜줄 것으로 기대했지만 현실은 달랐다. 사토가 추진한 것은 경제성장, 비핵3원칙, 오키나와 반환 등 실리 정책이었다. 사토는 1967년 '핵은 갖지도, 만들지도, 들이지도 않는다'는 비핵3원칙을 내걸었고 그 공을 인정받아 1974년 노벨평화상을 수상했다. 사토의 재임기에도 일본의 경제는 성장을 거듭해 1968년 일본의 국민총생산GNP은 미국에 이어 세계 2위로 올라섰다.

1972년에는 다나카 가쿠에이田中角栄(1918~1993)가 총리직에 올랐다. 그는 총리 취임 직전에 출간한 저서 『일본열도개조론』(1972)에서 일본 전국에 도로와 철도 정비 등의 공공사업을 벌여 국토를 균형 있게 발전시키겠다는 소신을 밝혔고, 이를 그대로 실현했다. 다나카에 의해 도시에 집중됐던 국가 예산이 정계-관계-재계-지역 유권자를 잇는 커넥션을 통해 일본 전체에 골고루 나눠지는 자민당 특유의 분배정치 모델이 완성됐다. 다나카는 일본의 집단적 자위권 행사 문제에 대해 일본도 다른 나라들처럼 이를 보유하고 있지만 헌법의 제약으로 "행사하지는 않는다"는 정부의 입장을 처음으로 내놓았다. 이후 1974년에 총리로 취임한 미키는 "일본의 방위비를 국민총생산의 1퍼센트 내로 제한하겠다"는 원칙을 천명했다. 이 원칙은 현재 아베 정권에 이르기까지 40년 넘게 유지되고 있다.

기시가 숨지기 전 마지막으로 개헌의 꿈을 이뤄주기를 기대한 이는 1982년 11월에 취임한 나카소네 총리였다. 그러나 개헌의 문은 좀처럼 쉽게 열리지 않았다. 나카소네는 취임 직후인 1982년 12월, 중의원 본회의에서 "현행 헌법의 민주주의, 평화주의, 기본적인 인권의 존중, 국제평화주의 등은 훌륭한 이념이기에 헌법개정을 목하 정치 일정에 올리는 일은 없을 것"이라며 개헌 가능성을 스스로 차단했다. 나카소네는 훗날 NHK와의 인터뷰에서 "총리대신으로 있으면서 헌법개정론을 정식으로 제의하는 단계까지 이르지 못했다. 고도경제성장 시대의 여파가 이어지고 있었다. 헌법개정론에 대해 진지하게 생각하고 있었지만 정계 전체의 공기〔경제성장〕가 지배하고 있어서, 이것〔개헌〕을 제1의 문제〔가장 중요한 국정과제〕로 취급하는 방향에서는 조금씩 멀어져 갔다"[1]고 말했다.

아베는 외할아버지인 기시가 내세웠던 '자주'가 아닌 '경제성장'이라는 실리에 치우치고 만 일본의 선택에 안타까운 심경을 밝힌 적이 있다.

> 자민당은 정권 정당으로서의 제1목표인 경제성장을 고도성장으로 인해 훌륭히 달성했다고 봐도 좋다. 그러나 제2목표〔개헌〕는 뒤로 밀리고 말았다. 〔목표의〕 순서는 어쩔 수 없다고 해도 그 결과 폐해가 나타났다. 손득損得이 가치판단의 중요한 기준이 됐고, 이해타산을 넘는 가치, 이를 테면 가족의 끈, 태어나고 자란 지역에 대한 애착, 국가에 대한 마음이

경시되고 만 것이다.[2]

일본의 전후 민주주의

그러나 아베의 비분강개와 달리 1960~90년대는 일본의 전후 민주주의가 화려하게 꽃을 피운 시기였다. 고도 경제성장으로 인한 사회의 여유롭고 풍요로운 분위기 속에서 베트남전쟁에 대한 반전 운동, 미국의 수소폭탄 실험으로 피폭된 참치 어선 제5후쿠류마루第5福竜丸 사건*을 계기로 시작된 반핵 운동이 중요한 사회 이슈로 자리 잡아갔다. 일본사회가 식민지배 책임에 대해 조금씩 깨닫기 시작하게 된 것도 이 즈음이다.

이 무렵 일본사회의 분위기를 잘 보여주는 것이 야마구치山口현 조세이長生 탄광을 둘러싼 일본 지역사회의 움직임이다.[3]

* 1954년 3월 1일 태평양 마셜제도의 비키니 환초에서 진행된 미국의 수소폭탄 실험 때문에 당시 그곳에서 조업 중이던 일본의 140톤급 참치잡이 어선이 피폭된 사건을 말한다. 제5후쿠류마루는 폭심에서 동쪽으로 불과 160킬로미터 떨어진 해상에서 선원 23명을 태운 채 조업하고 있었다. 선원들은 서둘러 그물을 걷고 해역을 빠져나가려 했지만 4~5시간이나 죽음의 재에 노출될 수밖에 없었다. 무선장이던 구보야마 아이키치久保山愛吉(당시 40세)가 피폭 뒤 6개월 만에 숨졌고, 13명이 간암·간경색·뇌출혈 등으로 목숨을 잃었다. 이 사건은 일본에서 반핵 운동이 들불처럼 퍼지는 데 결정적인 계기가 됐다.

조세이 탄광이 있던 야마구치현 우베宇部시는 해저 탄광으로 유명한 지역이었다. 1932년에 개업한 조세이 탄광은 우베의 도코나미床波 해안에 위치했다. 1938년 4월 제정된 국가총동원법에 의해 '모집' 형태로 동원된 값싼 조선인 노동력을 활용해 석탄 생산량을 급속히 늘려갔다. 우베 지역의 중소규모 탄광이었던 조세이 탄광에는 조선인 노동자들이 많아 '조선 탄광'이라 불리기도 했다. 이곳에서 수몰 사고가 발생한 것은 1942년 2월 3일 오전 9~10시경이었다. 이 사고로 당시 탄광에서 일하고 있던 조선인 136명을 포함해 모두 183명이 숨졌다. 유족들의 증언에 따르면 사고 직후 탄광회사는 가족들에게 위로금을 지불했고, 유족들에게 채굴된 석탄을 분류하는 선탄 작업을 맡겨 생계를 이을 방법을 찾아주기도 했다. 그러나 탄광은 끝내 부활하지 못했고, 사고로 남편을 잃은 부인들은 야채나 과일 행상 일을 하며 생계를 이어갔다. 3년 반 뒤 전쟁이 끝났고 탄광에 몰려들었던 조선인들은 고향으로 뿔뿔이 흩어졌다.[4]

수십 년 동안 어둠에 묻혀 있던 비극을 역사의 전면으로 끌어낸 이는 당시 고등학교 교사였던 지역의 향토 사학자 야마구치 다케노부山口武信(2014년 사망)였다. 야마구치는 1976년 『우베지방사연구』(제5호)라는 지역 학술지에 「탄광의 비상非常-쇼와 17년(1942년)의 조세이 탄광 재해에 관한 노트」를 발표했다. 그는 이 글에서 "이 사고는 단순한 탄광 비상*이 아니라 일본의 식민지 정책과 인권 문제까지 포함한 문제는 아니었을까"라는 질문을 던진다. 이 사고를 단순한 산업재해가 아닌 일본이 직시하고 해결해야 할 중요한 역사적 과제로 봐야 한다는 관점을 처음 제시한 것이다. 그리고 1991년 3월 18일, 야마구치의 주민들이 중심이 되어 '사고 현장에 희생자의 이름을 새긴 추도비를 만든다'는 등 세 가지 운동 목표를 내건 '조세이 탄광의 물비상을 역사에 새기는 모임'이 발족됐다.

이와 비슷한 움직임은 홋카이도北海道에서도 오지로 꼽히는 슈마리나이朱鞠内에서도 있었다. 태평양전쟁이 진행되던 1930년대 말~1940년대 초 슈마리나이에서는 홋카이도의 산림 자원을 운송하기 위한 메이우선名羽線 철도와 그 주변을 흐르는 우류강雨竜川에 댐을 만드는 대규모 토목 공사가 벌어졌다. 공사를 담당한 이들은 일본 각지와 조선, 중국에서 끌려온 노동자들이었다. 이들은 다코베야タコ部屋라고 불리는 감금시설에 갇혀 혹독한 노동에 시달렸고, 그로 인해 사망자가 속출했다.

슈마리나이에서 벌어졌던 비극의 역사를 되살려 낸 것도 지역주민들이었다. 중심인물은 후카가와深川시에 자리한 이치조지一乗寺라는 절의 주지인 도노히라 요시히코殿平善彦였다. 그는 1976년 '소라치空知** 민중강좌'라는 모임을 만들어 이 지역에서 벌어졌던 강제노동의 참상을 기억하고 있는 재일조선인을 수소

* 탄광의 존망이 걸린 크고 위중한 사고를 뜻하는 탄광 용어이다.

** 홋카이도 북서부 내륙 지역의 지명이다.

문해 찾아냈다.[5] 이후 이들의 도움을 받아 지역에 방치된 조선인 노동자들의 유골을 유족들에게 돌려주는 일을 시작했다. 이 운동에 적극적으로 참여했던 재일조선인 채만진(작고) 씨의 아들 채홍철 씨 등이 지자체가 보관하고 있던 조선인들의 매·화장인허증* 속에 적혀 있는 한국의 주소지에 편지를 보냈다. 그러자 한국 유족들로부터 답장이 쏟아지기 시작했다.

일본의 식민지배 책임을 인식하기 시작한 풀뿌리 운동이 본격적인 전후보상 운동으로 전환된 결정적인 계기는 한국의 민주화였다. 1987년 6월 항쟁 이후 열린 정치적 공간 속에서 강제동원 피해에 대한 진상규명과 일본 정부의 배·보상을 요구하는 요구가 쏟아졌다. 이를 상징하는 움직임은 1991년 8월 14일 자신이 일본군 '위안부'였음을 처음 공개적으로 밝힌 김학순 할머니의 기자회견이었다. 김 할머니는 기자회견에서 당시 상황을 다음과 같이 격정적으로 토해냈다.

> 열여섯 살이 쪼금 넘은 놈을 끌고 가서 강제로, 그 울면서 안 당할라고 막 쫓아 나오면, 붙잡고 안 놔줘, 붙잡고 안 놔줘요. 이놈의 새끼가, 일본 놈의 새끼가, 군인 놈의 새끼가. 결국 할 수 없이 울면서 당했어요. 죽기 전에, 내 눈 감기 전에 생전에 한번 분풀이, 꼭 말로라도 분풀이 하고 싶어요.

* 주검을 매장 또는 화장할 때 지자체가 내주는 허가증이다.

반세기 가까이 침묵을 강요당했던 김 할머니의 역사적인 증언이 오랫동안 잠자고 있던 일본사회의 양심을 깨워냈다. 『마이니치신문』 편집위원인 이토 도모나가伊藤智永는 필자와의 인터뷰에서 1990년대 초 일본사회 분위기에 대해 이렇게 말했다.

> 1960~70년대 일본에서 학생운동을 경험했던 세대는 운동 실패 이후 각 지역으로 흩어져 고립됐다. 1980년대 말 한국에서 일어난 민주화 운동이 이들에게 큰 자극을 줬다. 전후보상 문제를 매개로 전국으로 흩어진 이들이 다시 하나로 연결됐다.

김학순 할머니 등 한국인 강제동원 피해자들은 1991년 12월 6일, 도쿄 지방재판소에 일본 정부의 사죄와 배상을 요구하는 첫 소송을 제기했다. 일본 법원의 1심 판결은 김 할머니가 숨진 지 4년 뒤인 2001년 3월에 나왔다. 오랜 심리 끝에 일본 법원이 내린 결론은, 1965년 한일협정으로 한국인들의 청구권이 "완전히 그리고 최종적으로 해결됐다"는 것이었다. 이 판결은 2심(2003년 7월), 3심(2004년 11월)에서도 그대로 유지됐다.

소송에서는 졌지만 한일 시민사회는 서로 연대해가며 놀랄만한 변화들을 이끌어냈다. 일본 정부가 한일 양국 시민사회의 거센 요구를 받아들여 위안부 모집 과정의 강제성과 군의 개입을 인정한 고노 담화, 일본이 저지른 침략과 식민지배에 대해 사죄와 반성의 뜻을 밝힌 무라야마 담화 등을 내놓았기 때문이었다. 이 같은 일본사회의 변화에 대해 아베는 노골적인 불쾌함을 표현해왔다. "이른바 옛 공산주의 세력, 소련 등의 공산권을 지지하던 사람들 혹은 이데올로그로 불렸던 사람들이 기반을 잃게 됐다. 이들은 여러 곳에서 새롭게 자신들의 냄새를 풍길 수 있는 장소, 편안히 있을 수 있는 장소를 찾게 됐다. 그런 사람들은 예를 들어 일본이 안전보장체제를 확립하려고 하면, 이를 저지하거나 일본의 역사관을 폄훼하거나 자긍심을 갖지 못하게 하는 행동에 나선다. 한편에서는 일본을 적대시하는 국가에 대해 강한 동정을 보내거나 그런 국가의 국민들이 일본 정부에 소송을 벌이도록 부추기는 등 여러 장소에서 운동을 전개하고 있다."[6] 고노 담화와 무라야마 담화가 나왔던 1990년 중·후반은 일본의 전후 민주주의가 마지막으로 찬란한 불꽃을 피웠던 시기였다. 이를 저지하려는 반동의 움직임이 곧바로 시작됐기 때문이다.

우익의 반동

'1993년'은 일본 정치사에서 매우 중요한 해로 기록되어 있다. 1990년대 초반 일본사회는 '냉전의 해체'와 '거품 경제의 붕괴'라는 두 가지 거대한 충격 앞에서 헤매이고 있었다. 일본의 전후 부흥을 이끌었던 자민당식 분배정치 모델은 한계를 드러내고 있었지만, 이를 대체할 수 있는 새로운 질서는 만들어지지 못한 상황이었다. 또한 이런 위기를 돌파할 수 있는 강력한 정치적인 리더십이 갖춰진 것도 아니었다. 일본 정치는 '여당인 자민당과 만년 야당 사회당'이 일본 정계를 양분하던 '55년체제'에 머무르고 있었다. 자민당은 경제성장을 내세우며 돈과 숫자의 힘으로 사회의 여러 문제를 미봉했고, 사회당은 자민당을 비판하면서도 자신들 역시 기존 질서에 안주했다. 일본 내에서는 양대 정당이 정권을 주고받으며 치열하게 경쟁할 수 있는 기반을 만들 수 있는, 정치 개혁을 요구하는 목소리가 높아져 갔다. 이는 구체적으로 소선거구제 도입을 의미했다.* 그러나 당시 미야자와 내각은 이런 정치 개혁의 요구에 소극적인 모습을 보였다.

1955년 자민당 창당 이후 38년 동안 유지돼온 '55년체제'를 깨뜨린 인물은 '풍운아' 오자와 이치로小沢一郎(1942~)였다. 그는 1993년 6월 야당이 제출한 미야자와 내각에 대한 불신임안 표결에서 그를 따르는 의원들과 함께 '찬성'표를 던졌다. 오자와는 당시 자신의 결심에 대해 다음과 같이 말했다. "55년체제

* 그동안 일본에서는 하나의 선거구에서 여러 명의 당선자를 뽑는 중선거구제를 유지해왔다. 중선거구제 아래서는 여당인 자민당과 만년 야당인 사민당이 적절히 경쟁하며 의석을 나눠 갖는 타협이 가능하다. 그러나 소선거구제는 하나의 선거구에서 단 한 명의 후보만 뽑기 때문에 정당 간 치열한 대결이 가능하다. 2009년 8월 민주당 정권의 경우에서 알 수 있듯이 야당이 압승을 거둘 경우 정권 교체도 쉽게 이뤄질 수 있다.

라는 것은 여당 자민당과 만년 야당 사회당으로 구성된 구도다. 이런 체제 아래서 민주주의는 기능할 수 없다. 이를 어떻게든 바꿔야 한다는 마음이 컸다. 민주주의라면 정권 교체가 가능해야 하니 이를 위해서는 소선거구제를 도입하는 게 좋다는 얘기를 해왔다. 그러나 자민당에서는 〔현재〕 중선거구제에서 정권을 잡고 있으니 일부러 복잡하게 소선거구제를 할 필요는 없다는 의견이 압도적이었다."[7]

미야자와의 중의원 해산 선언으로 인해 7월 18일에 치러진 중의원 선거에서 자민당은 과반수를 잃고 비자민당 8개 정당·정파로 구성된 호소카와 모리히로細川護熙 내각에게 정권을 내주게 된다. 이 선거에서 아베는 2년 전 세상을 떠난 아버지 신타로의 지역구를 이어받아 처음으로 일본 국회에 입성했다. 자민당이 38년에 걸친 오랜 여당 세월을 끝내고 야당으로 전락하고 만 파란의 순간이었다.

전임 미야자와 역시 일본 '보수 본류'의 흐름을 계승하는 온건한 역사인식을 가진 인물이었지만, 호소카와의 생각은 그보다 더 진보적이었다. 호소카와는 취임 직후인 8월 10일 기자회견에서 "지난 대전大戰 때 이런저런 사정이 있었다 해도 침략적인 측면이 있었던 것은 사실이다. 〔지난 전쟁은〕 침략전쟁, 잘못된 전쟁이었다고 인식한다"고 말했다.

자민당이 사상 처음으로 야당으로 전락한 지각 변동을 불안한 눈빛으로 지켜보던 일본 우익에게 이 발언은 커다란 충격

으로 다가왔다. 전후 일본사회의 리버럴한 분위기 속에서도 지난 전쟁은 옳았으며, 개헌을 통해 일본을 다시 천황이 다스리는 나라로 되돌려야 한다는 우익의 흐름은 면면히 계승돼왔기 때문이다. 이 같은 일본 우익의 정서를 뜬금없지만 매우 강렬한 방식으로 보여준 이가 일본의 우익 작가 미시마 유키오三島由紀夫(1925~1970)였다. 그는 1970년 11월 25일 자신과 뜻을 함께하는 '방패회'楯の会 회원들과 함께 도쿄 이치가야市ヶ谷 자위대 본부를 점거한 뒤 "남의 나라가 멋대로 제정한 현행 헌법 따위는 걷어치우자"고 절규하면서 궐기를 선동하다 현장에서 할복자살해 마흔다섯으로 짧은 생을 마감했다. 그가 만들었다는 방패회의 '방패'는 천황을 지키기 위한 '방패'*였고, 그가 개정해야 한다고 주장했던 헌법 조문은 천황을 일본의 통수권자에서 상징으로 격하시킨 헌법 1조와 군대의 보유를 금지한 헌법 9조였다. 그는 숨지기 전 자위대원들을 향해 "나는 지난 1년 동안 자위대가 들고일어나기를 기다렸다. 이래서는 더 이상 헌법개정의 기회가 없다. 자위대가 군대가 되는 날은 오지 않는다. 자위대를 만든 참뜻이 뭔가? 일본을 지키는 것이겠지. 일본을 지킨다는 것은 무슨 의미인가? 천황을 중심에 놓고 일본의 역사와 문화의 전통을 지키는 것"이라고 외쳤다.

그러니 호소카와의 '침략전쟁' 발언에 일본 우익은 격렬한

* 전쟁 전 시기 일본 육사 생도들은 스스로를 '천황의 방패'라 불렀다.

거부 반응을 보일 수밖에 없었다. 자민당 내 우파 의원들은 호소카와의 발언에 맞서 일본이 벌인 지난 '대동아전쟁'을 총괄하겠다며 '역사·검토위원회'歴史·検討委員会라는 기구를 설치했다. 이 위원회는 1993년 10월부터 1995년 2월까지 스무 차례 회의를 거친 끝에 1995년 8월 15일 「대동아전쟁의 총괄」大東亜戦争の総括이라는 보고서를 내놓았다. 보고서는 "일본이 수행한 대동아전쟁은 자존·자위의 아시아 해방전쟁으로 침략전쟁이 아니고, 난징대학살이나 위안부는 날조로 사실이 아니며, 가해·전쟁범죄는 없었다"[8]는 결론을 내렸다. 이 위원회에는 당시 초선이었던 아베는 물론 이후 그의 '동지' 그룹을 형성하게 되는 나카가와 쇼이치中川昭一(1953~2009), 가와무라 다케오河村建夫(1942~ , 전 관방장관), 에토 세이치衛藤晟一(1947~ , 아베의 현직 보좌관) 등이 참여했다.

일본 우익에게 두 번째 충격을 안긴 것은 일본의 패전 50주년을 맞아 무라야마가 1995년에 추진한 '종전 50주년 국회결의'였다. 호소카와 내각이 8개월 만에 단명으로 끝나자 정권 복귀를 노리던 자민당은 1994년 6월 이전보다 세력이 크게 약화된 사회당과 소수 정당인 신당사키가케新党さきがけ를 묶어 '자·사·사 연합정권'을 탄생시켰다. 이 정권이 전면에 내세운 총리가 바로 사회당의 무라야마였다. 무라야마는 연립정권의 소수파로 총리의 자리에 올랐지만 원대한 꿈이 있었다. 자신이 일본 헌정사 처음으로 사회당에서 배출한 총리가 됐으니, 전후 50년의

역사를 총괄해 미래 역사에 교훈이 될 만한 새로운 '유산'을 남기기로 결심한 것이다. 이를 위해 무라야마는 1994년 6월 연립 정권을 만들 때 작성한 '공동정권구상'에 "새 정권은 전후 50년을 계기로 과거의 전쟁을 반성하고 미래의 평화에 대한 결의를 표명하는 국회결의를 채택하기 위해 적극적으로 노력한다"는 내용을 포함시켰다.

그러나 '국회결의'를 위한 구체적인 협의가 시작되자 화해하기 어려운 입장 차이가 표면화되기 시작했다. 특히 결의문에 '부전'이나 '사죄' 등의 표현을 넣자는 사회당의 입장에 대해 자민당의 우파 의원들은 '결사반대' 입장을 바꾸지 않았다. 결국 우파 의원들은 무라야마가 큰 의욕을 보였던 국회결의를 무산시키기 위해 1994년 12월 자민당 내에 '종전 50주년 국회의원연맹'終戦50周年国会議員連盟이라는 의원 모임을 결성했다. 이 국회의원연맹에 사무국장 대리로 발탁된 인물이 당시 초선 의원이었던 아베였다. 아베는 1995년 3월, "일본이 일방적으로 부전의 결의를 하는 것은 의미가 없다"[9]고 강력히 주장하는 등 결의 저지를 위한 투쟁의 전면에 나섰다.

자민당 내 우파 의원들의 거센 반대가 있었지만 당시 당권을 쥐고 있었던 이들은 고노 요헤이* 총재를 중심으로 하는 온건

* 일본 구글에서 '고노 요헤이'를 검색하면 첫 연관 검색어로 '매국노'가 나온다.

파 의원들이었다. 고된 진통 속에서 문안 조정이 이뤄졌다. 무라야마는 "결의문에서 '침략행위'와 '식민지배'라는 말은 뺄 수 없다"[10]는 주장을 굽히지 않았다. 자민당은 이에 대해 "열강이 침략적 행위와 식민지배로 경쟁하던 한 시기, 일본도 그 소용돌이 속에서 자국의 안녕을 생각해 많은 국가와 전쟁을 했다"는 독자안을 제시했다. 결국 합의안의 내용은 "세계의 근대사에서 이뤄진 여러 침략적 행위와 식민지배를 떠올리며 일본이 과거에 행한 이런 행위와 타 국민 특히 아시아 여러 국가들에게 안긴 고통을 인식하고 깊은 반성의 마음을 표명한다"로 정해졌다. 자민당의 애초 안대로 '이런 행위'라는 표현을 빼면 식민지배와 침략을 일으킨 주체가 애매해지지만, 이 단어를 넣게 되면 이 행위를 한 주체가 '일본'으로 특정된다. 당시 자민당 참의원 간사장이던 극우 의원 무라카미 마사쿠니村上正邦(1932~)는 이 합의안에 반발해 참의원에서는 결의안에 대한 표결을 진행하지 않았다.

6월 9일 중의원 본회의에서 결의안에 대한 표결이 이뤄졌다. 그러나 "투표 결과는 참담한 것"[11]이었다. 먼저 자민당 의원 50명이 결의안에 "찬성할 수 없다"며 표결에 참가하지 않고 퇴장했다. 특히 정치 신인이었던 아베는 일본이 "언제까지 도게자土下座* 외교를 해야 하는가"라며 맹렬히 반발했다. 그는 본회의에 출석해 반대표를 던지려 했지만, 같은 파벌〔현 호소다細田파〕

* 땅바닥에 엎드려 무릎을 꿇고 조아리는 행위를 의미한다.

의 선배 의원이었던 고이즈미가 "자네에게는 장래가 있다. 반대해서는 안 된다"*고 이를 만류했다. 결의안은 표결에 참석한 의원 중 다수의 찬성으로 통과됐지만 찬성자 수는 전체 재적의원의 절반에도 못 미치는 230명에 불과했다. 게다가 참의원 결의도 이뤄지지 못한 반쪽짜리 결의였다. 국회결의가 사실상 실패로 끝나자 무라야마는 "이대로는 의미가 없을 뿐 아니라 역으로 마이너스 효과가 날 것"이라 생각해 "정식으로 제대로 총리담화를 내자"[12]고 판단하기에 이른다. 그 결과가 8장에서 자세히 다루게 될 무라야마 담화다.

세 번째 파장은 일본군 '위안부' 문제를 둘러싸고 발생했다. 일본 문부과학성은 1996년 6월, 1997년부터 사용되는 모든 중학교 교과서에 일본군 위안부에 대한 기술을 집어넣는 검정결과를 발표했다. 1993년 8월 발표된 고노 담화를 통해 "역사 연구, 역사교육을 통해 이런 문제(위안부 문제)를 오래도록 기억하고 같은 잘못을 반복하지 않겠다는 굳은 결의를 다시 한번 표명한다"고 선언한 데에 따른 후속 조처였다.

박근혜가 박정희 독재를 비판하는 한국 역사교과서에 분노해 교과서 국정화를 추진했듯 일본 우익에게도 이 발표는 견딜 수 없는 치욕으로 다가왔을 것이다. 교과서 검정결과가 공개된

* 일본에서는 소속 의원이 공개적인 자리에서 당의 방침에 반대하면 징계를 당한다.

뒤 후지오카 노부카츠藤岡信勝(교육학자, 전 도쿄대 교수), 니시오 간지西尾幹二(철학자), 다카하시 시로高橋史朗(교육학자), 고바야시 요시노리小林よしのり(극우 만화가) 등 우익인사들은 이 같은 흐름에 제동을 걸고 일본 아이들에게 올바른 역사교육을 시키겠다며 1997년 1월에 '새로운 역사교과서를 만드는 모임'을 결성했다. 자민당에서는 한 달 뒤 이런 우파 시민운동에 호응하는 모임이 결성됐다. 이것이 유명한 '일본의 전도와 역사교육을 생각하는 젊은 의원의 모임'(이하 '젊은 의원의 모임')이다. 이 모임의 회장은 아베의 오랜 사상적 동지인 나카가와 쇼이치였고, 사무국장은 아베였다.

이후 아베는 기회가 있을 때마다 고노 담화의 수정을 요구했다. 한 예로 아베는 1997년 5월 27일 중의원 예산위원회에서 다음과 같이 말했다. "올해 일본에서 쓰이는 일곱 종의 교과서에 모두 이른바 종군위안부에 대한 기술이 실렸다. 여기에 너무 많은 문제가 있는 게 아닌가 한다. 〔종군위안부 동원 과정에〕 강제가 없다면 특별히 쓸 필요가 없다. 강제성과 관련해서는 이를 검증할 문서가 전혀 없다. 고노 담화의 전제가 무너진 것이다." 일본의 교과서에서 위안부 관련 기술을 삭제하고 고노 담화를 수정해야 한다는 아베의 주장은 무려 20여 년에 걸쳐 형성된 단단한 신념인 셈이다.

아베의 부상

격동의 쇼와 시대를 살아낸 너무나 위대한 보수 정치인의 서거를 보며, 다시 한번 그가 얼마나 커다란 존재였는지 느낀다.

2016년 12월 12일, 도쿄 도내의 한 호텔에서 백삼 세의 나이로 숨진 노 정치가의 고별식이 열렸다. 주인공은 스즈키 젠코鈴木善幸(1911~2004) 내각에서 법무상을 지낸 오쿠노 세이스케奧野誠亮(1913~2016)였다. 아베는 이 자리에서 위 인용문이 포함된 고별사를 낭독했다. 그리고 "헌법을 자신의 손으로 제정해야 한다는 선생의 신념이야말로 우리 자민당의 골격이다. 선생이 혹시 다 이루지 못하고 남은 것이 있다면, 그 뜻을 우리가 이어가겠다고 약속한다"[13] 고 말했다.

일본 내 교과서 운동의 대부로 불리는 '아이들과 교과서전국네트워크21'의 사무국장 다와라 요시후미俵義文(1941~)는 오쿠노와 아베의 연결고리에 주목한다. 아베의 정치사상에 가장 큰 영향을 끼친 인물이 기시였다면, 얌전한 도련님에 불과했던 아베를 발굴해 우익 정치가로 '영재 교육'을 시킨 인물이 오쿠노였다는 것이다. 오쿠노는 '역사·검토위원회'에도 참여하고 있었다. 다와라는 이 위원회가 "전후 역사왜곡의 중심에 있던 오쿠노나 이타가키 다다시 등 '노장' 의원들이 자신들의 역사인식을 아베 등 젊은 의원들에게 전수"[14]하는 역사교육의 공간으로 활용됐다는 견해를 밝히고 있다. 오쿠노는 이어 무라야마의 '종전 50주년 국회결의'를 무산시키기 위해 자민당 내에서 만든 '종전 50주년 국회의원연맹'을 결성해 회장직을 맡았다. 그리고 이 조직의 사무국장 대리에 아베가 전격 발탁됐다. 아베가 자민당의 젊은 의원들 사이에서 조금씩 떠오르는 샛별로 주목받기 시작했던 것이다.

아베가 일본 정계에서 일찍부터 두각을 나타낼 수 있었던 이유는 무엇일까. 가장 먼저 언급할 수 있는 것은 아베의 '혈연'이다. 현재 일본에서 대를 이어 의원직을 세습하는, 이른바 세습의원*은 네 명 가운데 한 명 꼴로 집계된다. 아베는 이런 '로열패밀리' 가운데 로열이라 할 수 있는 화려한 가계를 자랑한다. 1장에서 서술했듯이 아베의 외할아버지는 '쇼와의 요괴'인 기시였고, 작은 외할아버지는 전후 최장수 총리였던 사토 에이사쿠였다. 부친 신타로 역시 총리 후보로 이름이 오르내리던 유력 정치인이었다.

둘째, 아베가 초선 시절부터 자민당 내에서 진행해온 다양

* '세습의원'을 부모, 조부모 혹은 양부모 가운데 한 명이 국회의원이거나 3촌 이내의 친족이 국회의원이면서 그와 같은 선거구에서 출마한 사람들이라고 정의할 때, 2014년 12월 중의원 선거 당선자 가운데 112명이 세습의원으로 분류된다. 이는 전체의 23.6퍼센트에 해당하는 인원으로 적지 않다.

한 우익적 활동을 꼽을 수 있다. 아베는 이런 활동을 하며 자민당 내 우익 원로들과 또래 의원들로부터 높은 평가를 받았다. 앞서 말했듯 아베를 중심으로 결성된 '젊은 의원의 모임' 소속 의원들은 이후 아베의 막역한 동지 그룹을 형성했다. 현재 아베 내각의 중추를 이루는 인사들은 아베와 함께 이 모임에서 20년 넘게 산전수전을 겪은 우익 정치인들이다. 실제로 2012년 12월, 아베 2차 정권 발족 당시에 아베 내각에 참여한 19명의 각료 중 무려 아홉 명이 이 모임 출신으로 확인됐다.

셋째, '보수 본류'의 붕괴를 지적할 수 있다. 자민당 내 보수 본류는 이케다 하야토를 뿌리로 하는 자민당의 파벌 고치카이宏池会*와 사토 에이사쿠, 다나카 가쿠에이를 뿌리로 하는 게이세이카이経世会**다. 보수 본류의 붕괴를 상징하는 사건은 1993년 6월 게이세이카이의 유력 정치인이었던 오자와 이치로의 자민당 탈당이었다. 이와 관련해 오랫동안 『마이니치신문』에서 정치부 기자를 지낸 일본 언론인 기시 시케타다는 흥미로운 분석을 남기고 있다. 그는 "보수 본류를 밑에서부터 지탱했던 게이세이카이의 분열이 지금에 이르는 정치적 곤란을 생각하는 데 있어서 매우 큰 의미를 갖는다. 오자와 등이 게이세이카이를 뛰쳐나가

* 오히라 마사요시大平正芳(1910~1980), 고노 담화를 발표한 미야자와 총리 등을 배출했다.

** 다케시타 노보루, 하시모토 류타로, 오부치 게이조 총리 등을 배출했다.

호소카와 정권을 허용하고 말았다. 보수 본류를 지탱해온 이들〔게이세이카이〕의 역할이 사라지며 '55년체제' 이후 유지돼온 보수와 혁신이라는 좌표축이 한번에 무너졌다. 보수와 혁신이 무엇인지 더 이상 알 수 없는 시기에 돌입한 것이다. 이에 대한 총괄〔종합적인 평가〕이 이뤄지지 못한 사이 보수가 〔아베와 같은〕 매파들에게 탈취되고 말았다"[15]고 지적했다.

오자와는 이후 민주당 대표대행 시절이던 2009년 8월에 치러진 중의원 선거에서 "국민의 생활이 제일"이라는 구호를 내세워 자민당을 대파하고 역사적인 정권 교체를 이뤄냈다. 그러나 민주당 정권은 3·11 원전참사 등의 충격을 이기지 못하고 3년 3개월 만에 정권을 내놓고 말았다. 분열한 보수 본류는 이전과 같은 활력을 회복하지 못하고 있고, 오자와도 2017년 7월에는 중의원 두 명, 참의원 네 명으로 총 여섯 명의 의원을 확보한 군소정당 자유당의 대표로 전락해 있는 상태다. 자민당의 상황도 마찬가지다. 현재 자민당에서 고치카이의 계보를 잇는 이는 기시다 후미오岸田文雄(1957~) 전 외상, 게이세이카이의 흐름을 잇는 이는 누카가 후쿠시로額賀福志郎(1944~)다. 그러나 이들은 아베의 독재를 견제하지 못한 채 '아베 1강'체제를 그대로 수용하고 있다.

그리고 마지막 이유는 '납치문제'다. 2002년 9월 고이즈미의 역사적인 평양 방문으로 급부상한 납치문제는 우익 정치가 아베를 단숨에 일본의 차기 총리 후보로 밀어 올리는 계기로 작용했다. 아베와 납치문제의 관계에 대해서는 3장에서 자세히 다루겠다.

아베 내각과 일본회의

아베를 비롯한 일본의 젊은 우익 의원들이 '젊은 의원의 모임'을 결성한 지 3개월이 지났을 무렵인 1997년 5월, '일본회의'라는 우익 단체가 설립됐다. 일본에서도 수수께끼 같은 우익 집단으로 주목받고 있는 일본회의는 어떤 단체일까. 먼저 이 단체의 '설립선언문'을 살펴보자.

> 일본은 예로부터 다양한 가치의 공존을 인정하고 자연과 공생하면서 전통을 존중하며 해외문명을 섭취하고 동화시켜 국가 만들기를 위해 열심히 노력해왔다. 메이지유신에서 시작된 아시아 최초의 근대국가 건설은 이 국풍国風의 빛나는 정화精華였다.
>
> 또 유사 이래 미증유의 패전에서도 천황을 국민통합의 중

심으로 우러러보는 국가의 틀은 조금도 흔들리지 않았다. 초토焦土화된 국토와 허탈감 중에서도 국민의 노력에 의해 경제대국으로 불릴 만큼 발전을 이뤄냈다.

그러나 이런 놀랄 만한 경제적 번영의 이면에서 선인들이 길러온 전통문화는 경시되고, 광휘光輝 있는 역사는 잊히거나 오욕汚辱당하고 있으며, 국가를 지키고 사회공공을 위해 애쓰는 기개가 사라졌을 뿐 아니라 오로지 자신의 보신과 유락愉楽만을 추구하는 풍조가 사회에 만연해 있다. 그로 인해 현재 국가는 무너지는 방향으로 나아가고 있다.

이에 더해 냉전구조의 붕괴로 인한 마르크스주의의 오류는 남김없이 폭로됐지만, 그 한편에서는 세계 각국이 노골적으로 국익을 추구하는 새로운 혼돈의 시대로 진입하고 있다. 그럼에도 현재 일본에는 이런 격동의 국제사회를 헤쳐 나가기 위한 확고한 이념과 국가목표가 없다. 이대로 아무 것도 하지 않는다면 망국의 위기가 다가오는 것을 피할 수 없을 것이다.

우리는 이런 시대를 살아가는 일본인이라는 진지한 자각에 기초해 국가의 발전과 세계의 공영에 공헌할 수 있는 활력 있는 사회를 만들고 인재를 육성하기 위해 이 모임을 설립한다. 여기에 20여 년 동안의 활동성과를 계승하고, 뜻있는 동포들의 정열과 힘을 결집해 광범위한 국민운동에 매진할 것을 선언한다.

일본회의는 이어 6대 정책 목표를 제시했다.

1. 아름다운 전통을 가진 국가 틀을 내일의 일본으로
2. 새로운 시대에 적합한 신헌법을
3. 국가의 명예와 국민의 생명을 지키는 정치를
4. 일본의 감성을 육성하는 교육의 창조를
5. 국가의 안전을 높여 세계평화에 공헌을
6. 공생공영의 마음으로 세계와 우호를

설립선언문과 정책 목표를 아무리 읽어봐도 이들이 주장하는 바가 무엇인지 명확히 이해되지 않는다. 필자를 포함한 대부분의 한국인들이 일본 우익의 독특한 용어 사용법에 익숙하지 않기 때문이다. 이해를 돕기 위해 일본의 독립 언론인인 스가노 다모츠菅野完(1974~)가 『일본회의 연구』에서 제시한 해석을 소개해본다.

스가노는 6대 정책 목표에 대해 "황실을 중심으로 받드는 균질한 일본사회를 창조해야 하지만(1), 현재 일본의 평화헌법이 그 장애요인이 되고 있으니 개헌을 해서 쇼와 헌법의 부산물인 〔잘못된〕 가족관과 권리에 대한 지나친 주장을 억누르고(2), 야스쿠니 신사참배를 통해 국가의 명예를 최우선시하는 정치를 수행하며(3), 국가의 명예를 담당하는 인재를 육성하는 교육을 실시하고(4), 국방력을 강화한 뒤 자위대의 적극적인 해외 파병을 실시해(5), 세계 각국과 공생공영을 하자(6)"는 내용이라고 해석하고 있다. 이런 일본회의의 주장은 아베 정권의 정책 방향과 정확히 일치한다.

일본회의의 전신은 우익 종교단체 관계자들이 중심이 돼 1974년 6월에 결성했던 '일본을 지키는 모임'이다. 이 단체는 일본의 유명한 관광지이기도 한 가마쿠라鎌倉* 엔가쿠지円覚寺라는 절의 주지 아사히나 소겐朝比奈宗源(1891~1979)이 이세신궁伊勢神宮에서 "세계평화도 중요하지만, 현재 일본의 모습을 제대로 갖추지 않으면 안 된다"는 하늘의 계시를 받은 뒤 일본의 신흥종교인 '생장의 집'生長の家의 교주인 다니구치 마사하루谷口雅春(1893~1985)와 신사본청神社本庁 등 신도 조직을 설득해 만든 모임으로 알려져 있다. 한때 300만 명의 신도를 거느렸던 다니구치는 일본의 군국주의를 사상적으로 뒷받침하던 일본 신흥 종교의 교주였다. 일본의 패전 이후 다니구치는 독특한 '정신론'을 통해 일본 우익 앞에 닥친 정신적 공황을 극복하려 했다. 즉, "대동아전쟁에서 패한 것은 어디까지나 '거짓된 일본'이며 진정한 '신국 일본'은 패하지 않았다"는 논리였다. 이런 사고방식에 기초해 다니구치는 "일본국헌법은 연합군총사령부가 일본을 약체화시키기 위해 밀어붙인 것으로 무효이기에 이를 즉시 파기하고 〔메이지시기에 만들어진〕 대일본제국헌법으로 돌아가야 한다"고

* 만화 〈슬램덩크〉의 배경이 되는 가나가와현의 도시.

주장했다. 이후 다니구치는 '메이지 헌법의 부활', '기원절*의 부활', '임신중절 금지' 등의 주장을 내세우며 정치 활동을 이어갔다.

생장의 집의 특징은 이 같은 주장을 단순히 종교 활동이 아닌 실제 정치과정을 통해 실현하려 했다는 점이다. 이들은 1966년 5월 학생신도 조직인 '생장의 집 학생회전국연합'(이하 '생학련') 등을 창설해 우익 학생운동을 적극 후원하거나 극우 정치인 무라카미 마사쿠니** 등을 국회에 입성시키기도 했다. 일본회의가 막강한 자금력과 인원 동원 능력을 가진 신사본청, 이세신궁, 메이지신궁 등 신도 조직의 지원을 받으면서 강한 종교적 색채를 띠는 것도 이런 이유 때문이다.

일본회의를 구성하는 또 다른 모임인 '일본을 지키는 국민회의'는 1981년 10월에 탄생했다. 이 단체 결성을 주도한 이들은 1975년 히로히토裕仁 천황 즉위 50주년을 맞아 메이지, 쇼와, 헤이세이 같은 일본의 연호를 다시 부활해야 한다는 운동인 '연호 법제화 운동'을 벌인 학계, 재계, 문화계, 종교계의 우익인사들이었다. 이 모임의 참여자들 가운데에는 마유즈미 도시로黛

* 일본 『고사기』古事記에 나오는 일본의 초대천황 진무천황神武天皇의 즉위일인 2월 11일을 말한다. 1948년 연합군총사령부에 의해 폐지됐다.
** 무라카미는 무라야마가 추진한 종전 50주년 국회결의의 참의원 표결을 가로막았다. 임기가 6년인 참의원 의원을 네 번이나 지내면서 참의원에서 강한 영향력을 발휘했다.

敏郎(작곡가), 우노 세이치宇野精一(도쿄대 명예교수), 이시카와 로쿠로石川六郎(일본상공회의 명예회두), 가세 도시카즈加瀨俊一(전 외교관), 세지마 류조瀨島龍三(이토추상사 회장, 전 관동군 참모), 소에지마 히로유키副島廣之(메이지신궁 상임고문) 등이 있다.

이 연호 법제화 운동은 일본사회 내에서 현재의 개헌과 비슷한 논란을 일으켰다. 천황이 중심인 일본으로 복귀를 원하는 우익은 연호 법제화를 열렬히 지지했지만, 사회당과 같은 혁신세력은 "천황을 중심으로 한 세계를 만들 것이 아니라면 이를 강제할 필요가 없다"고 맞섰다. 우익은 특히 현재 평화헌법을 공격할 때와 같은 논리로 연호를 정한 옛 황실전범을 철폐한 것은 연합군최고사령부의 점령정책 가운데 하나였다며 일본이 여기서 벗어나야 한다고 주장했다.

일본회의를 구성하는 두 개의 모임은 연호 법제화 운동을 강력히 추진했다. 특히 일본을 지키는 모임이 크게 활약했다. 이들은 지역의 광범위한 풀뿌리 조직을 활용해 일본의 47개 도도부현(광역 지자체) 가운데 오키나와를 제외한 46곳에서 연호 부활을 요구하는 의회 의견서를 가결시켰다. 일본 정부는 내각 고시를 통해 연호를 유지하려는 타협책을 제시했지만, 우익이 총궐기대회를 개최하며 반발하자 결국 법제화의 길을 택했다. 연호법은 1979년 2월 국회에 제출돼 6월 성립됐다. 이 두 개 단체는 한동안 따로 운영됐지만 사실상 하나의 단체와 다름없었다. 두 단체가 추구하는 목표는 물론 실무 조직이 같았기 때문이다.

두 조직의 사무국을 담당한 것은 생학련 출신의 우익인사 가바시마 유조椛島有三(1945~)가 1970년 11월에 만든 '일본청년협의회'였다. 일본청년협의회의 회장인 가바시마는 현재 일본회의의 사무총장을 맡고 있기도 하다.

아베 정권이 부활하면서 일본회의는 일본을 움직이는 '배후 세력'으로 큰 주목을 받고 있다. 두 가지 이유 때문이다. 첫째, 왕성한 활동력이다. 1997년 5월 정식 출범한 일본회의는 여러 협력단체와 지방조직을 활용해 일본 우익이 관심을 갖고 있는 다양한 이슈를 실현시키기 위해 정력적으로 활동하고 있다. 이 단체의 홈페이지(www.nipponkaigi.org)를 방문하면 단체가 역량을 집중하고 있는 이슈를 확인할 수 있다. 2017년 2월 홈페이지를 확인해보니, 중일 간 영토 분쟁이 진행 중인 센카쿠열도 문제와 관련해 '센카쿠를 지켜라'라는 이름의 전국 서명운동, 개헌과 관련해서는 '헌법개정을 실현하는 1,000만인 네트워크' 등의 활동이 진행 중임을 알 수 있었다. 이 가운데서 관심을 끄는 것은 개헌 관련 활동이다. 일본회의는 2014년 10월 개헌을 실현하기 위해 일본 시민 1,000만 명의 서명을 받는 것을 목표로 하는 단체인 '아름다운 일본의 헌법을 만드는 국민의 모임'(이하 '국민의 모임')을 결성했다. 이들은 일본 각지의 신사 등 종교 조직을 활용해 지방의회에 접근한 뒤 개헌을 요구하는 청원서나 의견서를 채택하게 하는 운동을 진행했다. 여기에 자민당의 지방의회 조직이 적극 협력해 2016년 2월까지 47개 도도부현 가운데 이시카와현石川県 등 33개 광역 의회에서 개헌을 요구하는 의견서가 채택됐다.[2] 서명운동도 순조롭게 진행돼 2016년 11월까지 무려 700만 명의 서명을 받은 것으로 알려지고 있다.[3] 개헌을 추진하는 아베에게 일본회의는 풀뿌리의 든든한 지원군인 셈이다.

둘째, 아베 정권과의 끈끈한 관계를 맺고 있다. 일본 공산당 기관지 『아카하타』의 2016년 8월 5일 분석기사를 보면, 스무 명의 아베 내각 각료 중 일본회의의 활동을 지원하는 '일본회의 국회의원 간담회'에 속한 인물이 15명인 것으로 확인된다. 일본 진보진영이 아베 내각을 '일본회의 내각'이라고 비판하는 이유다. 아베 내각과 일본회의의 관계를 인물 중심으로 정리하면 다음과 같다.

〈아베 내각과 일본회의의 관계〉

		일본회의 국회의원 간담회	신도정치연맹 국회의원 간담회	함께 야스쿠니 신사를 참배하는 국회의원의 모임
총리	아베 신조	●	●	●
부총리 겸 재무상	아소 다로 麻生太郎	●	●	
총무상	다카이치 사나에 高市早苗	●	●	●
법무상	가네다 가쓰토시 金田勝年	●	●	●
외무상	기시다 후미오	●	●	

문부과학상	마쓰노 히로카즈 松野博一	●	●	
후생노동상	시오자키 도모히사 塩崎恭久	●	●	●
농림수산상	야마모토 유지 山本有二	●	●	●
경제산업상	세코 히로시게 世耕弘成	●	●	
환경상	야마모토 고이치 山本公一	●	●	●
방위상	이나다 도모미 稲田朋美	●	●	●
관방장관	스가 요시히데 菅義偉	●	●	
부흥상	이마무라 마사히로 今村雅弘	●	●	●
국가공안위원장	마쓰모토 쥰 松本純		●	
오키나와 담당상	쓰루호 요스케 鶴保庸介		●	●
경제재생상	이시하라 노부테루 石原伸晃		●	
1억 총활약 등 담당상	가토 가쓰노부 加藤勝信	●	●	●
지방창생상	야마모토 고조 山本幸三	●	●	●
올림픽 담당상	마루카와 다마요 丸川珠代		●	

* 연립여당 공명당 출신의 이시이 게이치石井啓一 국토교통상은 제외

아베와 일본회의를 직접 연결하는 인물로는 2013년 12월 아베의 야스쿠니 신사참배에 대해 "실망했다"고 경고한 미국에게 "실망한 것은 오히려 우리"라며 반발했던 에토 세이치 총리 보좌관을 꼽을 수 있다. 오이타大分대 출신인 에토는 생장의 집의 학생조직인 생학련과 일본청년협의회를 거쳐 일본 정계에 진

출했다. 아베의 극우 사상을 빼닮은 이나다 방위상도 생장의 집 교주인 다니구치의 저작을 읽고 "감명받은 경험이 있다"[4] 고 밝히면서 일본회의에게 받은 영향을 직접 언급했다.

『마이니치신문』은 2016년 11월 3일에 보도한 일본회의에 대한 특집 기사에서 "보수계 씽크탱크 일본정책연구센터의 이토 데쓰오伊藤哲夫(1947~) 일본정책연구센터 대표 등 아베의 브레인으로 알려진 인맥 중에는 일본회의에 소속돼 있는 이들이 많다. 그러나 총리 취임 후 이 회의 멤버와 면회를 했다는 기록은 거의 없다"고 밝혔다. 일본회의는 아베 정권과 사상적으로 깊은 관계를 맺고 있으면서도 공적인 차원에서는 거리를 유지하고 있다.

한편 일본회의의 영향력에 대해 너무 과장할 필요가 없다고 보는 의견도 있다. 아오키는 자신의 저서 『일본회의의 정체』(이민연 옮김, 율리시즈, 2017)에서 일본회의가 "아베 정권을 좌지우지하거나 지배하고 있다기보다 양자가 서로 공명共鳴·공진共振하며 '전후체제의 타파'라는 공동 목표를 향해 돌진하고 있다"고 지적했다. 그에 따르면 일본회의는 예전부터 일본사회의 내부에 잠복해 있던 '악성 바이러스'에 불과하다. 일본사회가 건강했을 때는 몸속의 면역력을 통해 이들의 활동을 억누를 수 있었지만, 사회가 전체적으로 우경화되면서 이들의 활동이 도드라져 보이고 있다는 것이다. 스가노도 2017년 3월 필자와의 인터뷰에서 이와 흡사한 견해를 밝힌 바 있다. 일본회의의 회원은 3만 5,000

명 수준으로 1억 2,000만 명에 달하는 일본 전체 인구를 생각해 봤을 때 많은 것은 아니다.

3장

납치

© 조선일보

1977년 11월 15일 하굣길에 사라진 '열세 살 소녀' 요코타 메구미 씨의 사건을 계기로 일본에서는 납치문제에 대한 사회적 관심이 높아졌다. 이후 김정일이 2002년 9월 고이즈미가 평양을 방문했을 때 납치문제를 인정하고 사죄하자 일본사회는 강하게 분노했다. 이러한 납치문제는 젊은 정치인이었던 아베가 총리가 되는 데 결정적인 계기로 작용했다. 그러나 그가 문제해결에 얼마나 기여했는가에 대해서는 부정적인 의견이 있다.
위 사진은 2006년 5월 15일 요코타의 부친인 요코타 시게루 씨와 남동생 요코타 데스야 씨(오른쪽부터) 등이 서울의 자유북한방송국을 찾은 모습이다.

일본인 실종사건과 요코타 메구미

돌이켜 보면 참으로 괴이한 일이었다. 일반적으로 사람이 실종될 때는 주변에 여러 단서를 남기기 마련이다. 그러나 1970년대 중·후반 일본의 해안가에서 발생한 연속 실종사건에서는 피해자들이 그야말로 증발하듯 사라졌다. 특히 호사가들의 관심을 끈 것은 1978년 7~8월, 니이가타현新潟県의 하스이케 가오루蓮池薫와 오쿠도 유키코奥土祐木子 커플, 후쿠이福井県현의 지무라 야스시地村保志와 하마모토 후키코浜本富貴子 커플, 가고시마鹿児島県현의 이시카와 슈이치石川修一와 마스모토 루미코増元るみ子 커플의 연속 실종 사건이었다.

이 세 건의 실종사건이 북한과 연관됐을 가능성이 있다고 처음 주목한 이는 하시모토 아쓰시橋本敦(1928~) 일본공산당 의원의 비서로 오랫동안 근무했던 효모토 다쓰기치兵本達吉

(1938~)였다. 계기는 1987년 11월 29일에 발생한 대한항공기 폭파테러 사건(이하 '대한항공 사건')이었다.

115명의 무고한 이들의 목숨을 앗아간 끔찍한 테러를 저지른 남녀는 사건 이틀 뒤인 12월 1일 바레인에서 체포됐다. 남성 김승일金勝一은 체포 과정에서 독약을 먹고 스스로 목숨을 끊었지만 여성은 살아남았다. 처음에 자신을 일본인 하치야 마유미蜂谷真由美라 밝혔던 여성의 정체는 북한 공작원 김현희金賢姬로 확인됐다. 이들은 일본인의 위장 여권을 소지하고 있던 북한 공작원이었다.

대한항공 사건은 이후 일본인 실종자 사건의 진상을 규명하는 데 매우 흥미로운 단서를 제공하게 된다. 김현희가 한국 검찰의 수사 과정에서 자신에게 일본어를 가르친 이은혜李恩惠라는 여성이 "납치된 일본인"이라고 증언했기 때문이다. 대한항공 사건으로부터 4년여 시간이 흐른 1991년 5월 사이타마현埼玉県 경찰은 이 여성이 1978년 6월 즈음 행방불명됐던 음식점 종업원 다구치 야에코田口八重子임을 확인하게 된다.

그러나 1980년대 후반에는 일본인 실종사건에 북한이 연관돼 있다는 것에 대해 '의혹' 이상의 물증이 확인되지는 않았다. 어쨌든 남녀 세 쌍의 실종사건과 북한의 연관성에 대해 강한 의혹을 갖게 된 효모토는 1988년 3월 26일 참의원 예산위원회에서 자신이 모시던 하시모토 의원을 통해 일본인 실종자와 북한의 관계를 따져 묻는 대정부질문對政府質問*을 했다. 이 자리에서

가지야마 세이로쿠梶山静六(1926~2000) 국가공안위원장은 "북한에 의한 납치의 의심이 충분히 농후하다"고 답했다. 가지야마가 이 같은 발언을 할 수 있었던 근거는 당시 일본 경찰이 확보하고 있었던 무선 도청정보 때문이었다고 한다.[1] 일본 정부가 남녀 세 쌍의 실종사건과 북한이 연관되었을 가능성에 대해 본격적으로 주목하기 시작한 것이다.

오사카에 본사를 둔 아사히 방송**의 기자 이시타카 겐지石高健次(1951~)도 1990년대 초부터 수상한 일본인 실종사건에 관심을 갖고 취재를 이어왔다. 효모토도 그랬지만 이시타카도 납치문제가 불거지기 이전부터 북한에 대해 흥미를 갖고 다양한 활동을 해왔다. 그의 첫 관심은 일본 내 재일조선인에 대한 차별 문제였다. 이시타카는 1981년 자이니치들의 민족차별 문제를 다룬 다큐멘터리 〈어떤 손의 물음〉ある手の問いかけ을 제작했고, 그 이후에는 1959년 시작된 재일동포 귀국사업(북송사업)으로 관심 영역을 넓혔다. 그리고 이 같은 취재 과정 속에서 당시는 의혹 수준이었던 일본인 납치문제와 맞닥뜨리게 됐다. 그는 앞서 언급한 세 쌍의 실종 사건과 영국 런던에서 행방불명된 또 다른 납치 피해자인 아리모토 게이코有本恵子의 사연을 취재해

* 국정 전반 또는 국정의 특정 분야를 대상으로 의원이 정부에게 하는 질문을 말한다.

** '테레비 아사히'의 자회사다.

1995년에 다큐멘터리 〈어둠의 파도로부터-북조선발 대남공작〉闇の波涛から-北朝鮮発 対南工作을 제작했고, 이듬해 『김정일의 납치지령』金正日の拉致指令이라는 책도 출간했다. 책을 낸 뒤 이시타카는 생소한 이름의 한반도 문제 전문잡지인 『현대코리아』現代コリア로부터 원고 청탁을 받았다. 가벼운 마음으로 청탁에 임한 그는 1996년 10월호에 취재는 했지만 '팩트 확인'이 되지 않아 기사에는 담지 못했던 열세 살 일본인 소녀의 납치 의혹 사건에 대해 언급했다. 다음과 같은 내용이었다.

> 이 글을 읽고 뭐든 정보가 있는 분들은 꼭 알려주시기를 바라는 마음으로 여기에 소개한다. 이 사건은 매우 처참하고 잔혹하다. 피해자가 어린이이기 때문이다. 이 사실을 1989년 말 한국에 망명한 한 사람의 북한 공작원으로부터 들었다. 일본의 해안에서 아베크족들이 연이어 납치된 1~2년 전이니 아마 1976년 정도였을 것이라고 한다. 열세 살 소녀가 일본의 해안에서 북한에 납치됐다. 그 해안이 어느 해안인지까지는 그 공작원도 알지 못했다.

이시타카는 취재를 위해 이따금 서울에 방문했는데, 그때 만났던 한국 안전기획부 간부가 전해준 정보였다. 충격적인 내용이었다. 그러나 이 소녀가 누구인지 특정하는 작업은 쉽지 않았다. 이시타카는 일본 각 신문의 축쇄판을 구해 필사적으로 추적했지만, 정보 부족으로 이 소녀의 정체를 확인하는 데 실패했다. 그래서 기사나 책에 쓰지 못한 소녀의 사연을 혹시나 하는 마음으로 잡지 기고문에 담은 것이다.

『현대코리아』의 편집장이자 나중에 '북한에 납치된 일본인을 구출하기 위한 전국협의회'(이하 '구원회') 대표를 맡게 되는 사토 가쓰미佐藤勝巳(1929~2013)는 이 잡지가 나온 직후인 1996년 12월 14일 강연을 위해 니이가타현을 방문했다. 모임이 끝나고 시내의 한 식당에서 뒤풀이가 열렸다. 이 석상에서 이시타카의 기고가 술자리 화제로 올랐다. 당시 모임에 동석해 있던 니이가타현 경찰 간부가 소녀의 사연을 듣고 반사적으로 소리를 질렀다.

그거 메구미짱의 얘기가 아닌가!

이후 일본인 납치문제의 상징적 존재가 되는 '열세 살 소녀' 요코타 메구미横田めぐみ가 역사의 전면에 등장하는 순간이었다. 요코타는 이시타카가 기고하기 19년 전인 1977년 11월 15일, 하교길에 홀연히 모습을 감췄다. 그해 4월 입학한 니이가타의 요리이寄居중학교에서 수업 후 배드민턴을 연습하고 집으로 돌아가던 길이었다.

소녀의 갑작스런 실종에 지역사회에서는 큰 소동이 벌어졌지만 전국적인 관심을 불러 모으지는 못했고, 그 결과 사람들의 기억에서 잊혀지고 말았다. 사토는 '메구미짱'에 대한 지역 경찰의 제보를 실마리 삼아 『니이가타신문』의 당시 기사를 찾아냈다. 그리고 요코타가 한국으로 망명한 북한 공작원이 언급한 '열세 살 소녀'일 가능성이 매우 높다는 결론에 이르게 된다. 이후 수소문 작업을 거쳐 요코타의 부모가 확인됐다. 일본은행 니이가타 지점에 근무하던 시게루滋와 사키에早紀江 부부였다. 열세 살의 순진무구한 소녀가 북한에 의해 납치됐을 가능성이 높다는 놀라운 사연은 1997년 2월 3일 아사히 방송, 『산케이신문』 그리고 아사히신문사가 발행하는 주간지 『AERA』 등에 나란히 보도됐다. 이 보도로 인해 북한을 혐오하는 '음모론자'들의 과잉반응 정도로 치부되던 납치문제에 대한 일본사회의 인식이 단숨에 뒤바뀌게 된다.

요코타의 사연이 보도된 지 한 달 만인 1997년 3월 25일, 도쿄 미나토港구의 호텔 아쥬르 다케시마アジュール竹芝에서 '북한에 의한 납치 피해자 가족연락회'(이하 '가족회')가 결성됐다. 1970년대 말 일본 곳곳에서 발생했던 수상한 실종사건 피해자 가족들이 20년 만에 처음으로 모여 목소리를 낼 수 있게 된 것이다.

가족회는 결성 이튿날인 3월 26일 도쿄의 관청가인 가스미가세키霞ヶ関에 위치한 외무성과 경찰청을 방문했고 오후에는 국회가 있는 나가타초永田町의 참의원 회관에서 기자회견을 열었다. 가족회가 세력화될 때까지 20년이나 걸린 데는 그만한 이

유가 있었다. 피해 가족들 입장에서도 북한의 공작원이 일본까지 와 사람을 납치해갔다는 사실을 도무지 믿을 수 없었기 때문이다. 2002년 10월 귀국한 납치 피해자 하스이케의 형 도루透는 당시 상황에 대해 "나도 부모님도 동생이 외국의 정보기관에 의해 납치됐다고는 생각할 수 없었다. 우리에게 동생이 외국의 정보기관에 납치됐다는 것은 상상의 범위를 뛰어넘는 일"[2]이었다고 회고했다.

요코타의 등장으로 납치문제의 진실이 조금씩 알려지게 되면서 일본 열도는 거대한 분노에 휩싸였다. 그리고 납치문제는 고이즈미의 평양 방문을 계기로 다시 한번 큰 전기를 맞게 된다.

평양선언

2002년 9월 17일 오후 6시 반경, 김정일 북한 국방위원장과 역사적인 북일 정상회담을 마친 고이즈미가 평양 고려호텔에 마련된 기자회견장에 입장했다. 북한 당국으로부터 일본인 납치자와 관련된 충격적인 조사 결과를 통고받은 탓이었는지 웃음기를 일절 찾을 수 없는 험악한 표정이었다. 당시 기자회견에서 고이즈미는 다음과 같이 말했다.

오늘 김정일 국방위원장과의 회담에서 납치문제와 관련해

〔납치자들의〕 안부를 확인할 수 있었다. 귀국하지 못하고 숨진 분들을 생각하면 통한의 극치이다. 가족분들의 마음을 생각해볼 때 뭐라 말씀을 드려야 할지 모르겠다.

나는 오늘 이런 문제가 두 번 다시 일어나도록 해서는 안 된다는 결의를 갖고, 이 지역에 안정적인 평화를 구축하는 큰 한 걸음을 내딛기를 바라며 평양에 왔다.

김정일 국방위원장과는 솔직하게 회담하고 의견을 교환했다. 나는 김정일 국방위원장에게 특히 두 가지를 강조했다.

첫째, 일본은 〔국교〕 정상화 교섭에 진지하게 임할 용의가 있다는 것. 그러나 정상화를 추진하기 위해서는 납치문제를 비롯한 안전보장상의 문제 등 여러 현안에 대해 북한 쪽이 성의를 갖고 나서는 게 필요하다는 것.

둘째, 동북아시아 지역의 평화와 안정을 위해 미국과 한국 등 국제사회와 대화를 촉진할 필요가 있다는 것. 특히 납치문제와 안전보장상의 문제에 대해서는 그쪽〔북한 쪽의〕의 결단을 강하게 촉구했다.

납치문제는 국민의 생명과 안전에 관련된 중대한 문제로, 이번에 납치 의심이 있는 사안에 관해 정보를 제공받았고 김정일 국방위원장에게 강하게 항의했다. 김 국방위원장은 과거에 북한 관계자가 행한 일임을 솔직히 인정하고 유감스러운 일이라며 사죄한다고 말했다.

(중략)

이것으로 일조 간의 여러 현안이 해결된 것은 아니다. 여전히 중요한 우려가 남아 있다. 그러나 여러 현안의 포괄적인 촉진을 꾀할 수 있는 전망이 생겼다고 판단한다. 문제해결을 확실히 하기 위해서라도 정상화 교섭을 재개하기로 했다.

(중략)

나는 북한과 같은 가까운 국가와 현안을 불식하고 상호 위협을 끼치지 않는 협조적인 관계를 갖는 게 일본의 국익에 부합하며 정부의 책무라고 믿는다.

2002년 9월에 이뤄진 고이즈미의 방북은 동아시아의 국제 질서를 뒤바꿀 수도 있었던 거대한 모험이었다. 고이즈미가 방북하기 2년 전인 2000년 6월, 김대중은 북한을 방문해 김정일과 사상 첫 남북 정상회담을 실현하고 역사적인 6·15 남북공동선언(이하 '6·15 공동선언')에 서명했다. 6·15 공동선언은 "남과 북은 나라의 통일 문제를 그 주인인 우리 민족끼리 서로 힘을 합쳐 자주적으로 해결해나가기로 했다." "남과 북은 통일을 위한 남측의 연합제 안과 북측의 낮은 단계의 연방제 안에 공통점이 있다고 인정하고, 앞으로 이 방향에서 통일을 지향해가기로 했다"는 내용이 포함된 역사적인 문서였다.

남북이 6·15 공동선언을 통해 관계를 획기적으로 개선하고, 북일이 국교정상화에 성공한다면 동아시아의 적대적인 냉전 구도가 단숨에 해체될 수 있었다. 2002년 김정일과 회담을 마치고 진행된 기자회견 발언을 봐도 북한과의 오랜 적대 관계를 정상화하고 새로운 동아시아 질서를 구축하려 했던 고이즈미의 대담한 결심을 읽을 수 있다.

그러나 김대중과 고이즈미의 '위대한 도전'은 두 가지 결정적인 돌발 변수에 의해 좌절되고 만다. 첫째는 2001년 9·11 참사를 겪고 난 조지 W 부시George W. Bush(1946~) 미국 대통령의 강경한 대외정책이었다. 부시는 2002년 1월 연두교서에서 이라크·이란·북한을 '악의 축'이라 선언하며 대결 자세를 분명히했다. 평양선언과 2차 북핵 위기*에 대해 다룬 뛰어난 저작

* 북핵문제의 시기 구분은 어려운 주제 가운데 하나다. 일반적으로 북한이 국제원자력기구IAEA의 핵 사찰을 거부하고 1993년 3월 핵확산금지조약NPT 탈퇴선언을 한 뒤 한반도 위기가 고조되자, 1994년 6월 지미 카터Jimmy Carter(1924~) 대통령의 극적인 방북과 같은 해 10월 제네바 합의를 통해 이 위기를 해결한 것을 1차 북핵 위기라고 칭한다. 제네바 합의를 통해 북한은 미국으로부터 경수로와 중유를 제공받는 대가로 핵 개발을 포기하기로 약속했다.
제2차 북핵 위기는 2002년 10월 제임스 켈리 국무부 동아태 차관보의 방북을 계기로 제네바 합의가 파기되면서 시작됐다. 재발한 북핵문제 해결을 위해 2003년 남북한과 그 주변 4개국이 모여 6자회담을 개최했지만 결과적으로 문제를 풀지 못했다. 가장 큰 원인은 오바마의 부작위였다. 오바마는 집권 8년 동안 북한이 비핵화와 관련해 전향적인 입장을 보일 때까지 대화하지 않는다는 '전략적 인내' 정책을 펼쳤다. 그 결과 북한의 핵과 미사일 능력이 비약적으로 향상됐다. 북한은 마침내 2017년 7~8월 자신들이 미국 본토를 직접 타격할 수 있는 대륙간탄도미사일을 쏘아 올릴 능력이 있음을 입증해냈다.

인 후나바시 요이치船橋洋一(1944~)의 『더 페닌슐라 케스천』(국역본은 『김정일 최후의 도박』, 오영환 옮김, 중앙일보시사미디어, 2007)을 보면, 일본이 고이즈미의 방북 사실을 미국에 전달한 것은 고이즈미 방북 직전인 8월 말이었다. 다케우치 유키오竹內行夫(1943~) 외무성 차관은 그해 8월 27일 미일 전략대화를 위해 일본을 찾은 리처드 아미티지Richard Armitage(1945~) 국무부 부장관에게 이 사실을 처음으로 알렸다. 그러자 미국의 뜻밖의 개입이 시작됐다. 하워드 베커Howard Henry Baker Jr(1925~2014) 주일 미국대사가 고이즈미의 방북 전날인 9월 16일, 후쿠다 야스오福田康夫(1936~) 관방장관에게 북한의 고농축우라늄HEU 개발에 주의를 환기하라는 부시의 메시지를 전해왔던 것이다.

이 무렵 미국은 한국 정부에도 북핵 개발 의혹을 내세워 대북 정책 재검토를 요구하고 있었다. 김대중의 '햇빛정책' 입안자인 임동원(통일부 장관, 국정원장)은 자신의 저서 『피스메이커』(창비, 2015)에서 "고이즈미의 방북 합의와 남북한 철도도로 연결 착공 일정 합의 등 남북 관계의 급진전이 미국 네오콘 강경파들에게는 충격으로 받아들여"졌다고 밝혔다. 임동원은 이어 미국 내 대북 강경정책을 주도했던 존 볼튼John Bolton(1948~) 국제안보 담당 차관이 8월 29일 국방장관과 외교통상부차관보를 만나 "북한이 1997년부터 추진해온 고농축우라늄 개발이 우려할 만한 수준에 이르렀다"며 압력을 가했음을 증언하고 있다.

결국 터질 일이 터지고 말았다. 고이즈미의 방북 직후인 10월 3일 북한을 방문한 제임스 켈리James A. Kelly(1936~) 미 국무부 동아대 차관보는 평양에서 만난 강석주 북한 외무성 제1부상이 "HEU 프로그램 보유 사실을 시인했다"고 주장했다. 켈리의 이 방북으로 1차 북핵 위기를 틀어막았던 북미 간 '제네바 합의'에 사실상 사형선고가 내려졌다. 김대중의 6·15 공동선언과, 고이즈미의 야심찬 '평양선언'이 휴지조각으로 변한 순간이기도 했다.

둘째는 납치문제였다. 고이즈미의 방북을 추진하던 일본이 가장 신경을 썼던 문제는 북일 간 최대 현안이었던 납치문제*였다. 납치문제의 부상은 일본사회에 매우 복합적이고 미묘한 영향을 끼쳤다. 그 중심에 자리한 것은 '피해자 일본'을 상징하는 가족회, 그리고 불쌍하고 가련한 열세 살 소녀 요코타였다.

가족회가 북한에 대해 항의하고 사죄와 배상 등 적절한 조처를 요구하는 것은 피해자 입장에서 너무나 당연한 반응이라

* 고이즈미의 평양 방문을 위한 교섭이 시작된 것은 방북 1년 전인 2001년 9월부터였다. 일본 외무성의 다나카 히토시田中均(1947~) 아시아대양주 국장은 '미스터X'(류경 전 국가안전보위부 부부장. 그는 2011년 처형됐다)로 알려진 북한 국방위원회 소속의 수수께끼 같은 인물과 고이즈미 방북 협상을 진행했다. 후나바시에 따르면 둘이 처음 얼굴을 마주한 것은 2001년 11월 17일 중국 다롄에 자리한 다롄스위스호텔의 꼭대기층인 35층 스위트룸에서였다.

할 수 있다. 문제는 가족회에 절대적인 영향력을 행사하게 된 지원회의 존재였다. 고이즈미의 평양 방문 당시 지원회를 이끌던 이들은 사토 현대코리아연구소 소장, 니시오카 쓰토무西岡力(1956~)『현대코리아』 편집장 등이었다.

사토가 소장으로 있던 현대코리아연구소의 전신은 전설적인 일본공산당 당원이었던 데라오 고로寺尾五郎(1921~1999)가 만든 일본조선연구소였다. 열성적인 공산당 활동가였던 데라오는 1958년 9월, 북한 건국 10주년을 맞아 북한을 처음 방문해 김일성과 만났다. 그는 이때의 방북 경험을 살려 『38도선의 북쪽』을 썼다. 이 책에는 북한의 발전된 모습을 대대적으로 찬양하는 내용이 담겨 있다. 이후 데라오는 조선 문제를 제대로 연구해 보겠다는 취지에서 1961년 일본조선연구소를 창립했다. 이 연구소는 당시 한일 간에 추진되던 한일회담 반대 운동에 이론적 틀을 제공하는 한편 매달 『조선연구』라는 간행물을 출간했다. 이후 데라오는 1968년 중국의 문화혁명을 공개적으로 지지했다가 일본공산당으로부터 제명 처분을 당했다.

데라오 등이 썰물처럼 빠져나간 연구소를 이어받은 사람이 사토였다. 그도 처음에는 당시 진행 중이던 북한의 재일동포 귀국사업을 지원하거나 일본의 조선인 차별에 항거해 인질극을 벌였던 김희로 사건(1968년 2월)을 적극적으로 돕는 등 북한과 재일조선인에게 우호적인 활동을 벌였다. 그러나 1980년대 들어 북한체제를 저주하는 우파 논객으로 변했다. 그와 함께 연구소의 명칭도 일본조선연구소에서 '현대코리아연구소'로 바꿨다. 그리고 2002년 고이즈미가 방북할 무렵 사토는 "김정일체제를 붕괴시켜야 한다"는 명확한 신념을 가진 인물로 변해 있었다. 그는 일본의 대북 쌀 지원이나 북일 국교정상화 교섭을 맹렬히 반대하며 "김정일 정권이 존재하는 한 납치문제의 해결은 곤란하다. 김정일 정권의 붕괴가 절대 필요조건"이라 주장했다. 문제는 이 같은 극단적인 주장이 일본 국민 다수의 동정 어린 시선을 받고 있던 가족회의 입을 통해 일본사회에 전파되기 시작했다는 점이다.

이 같은 여론 속에서 평양 방문을 결단했던 고이즈미의 속내는 복잡할 수밖에 없었다. 게다가 일본은 고이즈미가 평양으로 향하는 순간까지 북한으로부터 납치문제에 대한 조사 결과도 통보받지 못했다. 역사적인 북일 정상회담은 2002년 9월 17일 오전과 오후, 두 차례에 걸쳐 이뤄졌다. 북한이 일본에게 납치 피해자들에 대한 조사 결과를 전달한 것은 오전 정상회담이 열리기 직전이었다. 마철수馬哲洙 북한 외교부 아시아국장이 다나카 히토시에게 일본이 조사를 요청한 12명 가운데 "다섯 명 생존, 여덟 명 사망"*이라는 '충격적인' 결과를 통보했다. 납치 피

* 인원수가 맞지 않은 이유는 북한이 일본이 조사를 요구한 12명 외에 소가 히토미曽我ひとみ라는 추가 피해자가 있다고 밝혔기 때문이다. 소가는 고이즈미의 평양 방문 직후 일본에 귀국했다.

해자 여덟 명이 "사망했다"는 충격적인 소식에 일본 정부는 망연자실했다. 오전 회담에서 고이즈미가 이 같은 조사 내용에 대해 강력히 항의했지만 김 위원장은 분명한 입장을 밝히지 않았다.

당시 고이즈미를 비롯한 평양 방문단이 얼마나 큰 충격을 받았는지는 후나바시의 책 초반부에 실감나게 묘사돼 있다. 오전 회담이 끝난 뒤 고이즈미, 아베, 다카노 도시유키高野紀元(1944~) 외무심의관, 다나카, 이지마 이사오飯島勲(1945~) 총리비서관, 히라마쓰 겐지平松賢司(1956~) 동북아시아과장, 벳쇼 고로別所浩郎(1953~) 총리비서관 등이 평양 백화원 영빈관 1층 총리 특별대기실에 집결했다. 모두 큰 충격을 받은 상황에서 입을 연 것은 아베였다. 그는 오후 회담에서도 "〔사망자에 대한〕 실태 설명과 사죄가 없다면 공동선언에 서명하지 않는 게 좋다. 그때는 자리를 박차고 돌아자가"며 강경론을 주도했다. 다행히도 김정일의 사과는 오후 정상회담에서 이뤄졌다. 다음과 같은 발언이었다.

> 납치문제에 대해 설명하고 싶다. 〔이와 관련해〕 내부 조사도 했다. 이번 사건의 배경에는 수십 년 동안 이어진 적대 관계가 있었는데 참으로 불행한 일이었다. 1970~80년대 초 특수기관의 일부가 망동주의, 영웅주의에 빠져 이 같은 일을 벌였다고 생각한다. 이런 일이 벌어진 데는 두 가지 이유가 있었다. 하나는 특수기관에서 일본어 학습을 하기 위해, 또

하나는 신분을 이용해 남에 들어가기 위해서였다. 나는 이 같은 사실을 알게 된 뒤 이와 관련해 책임이 있는 사람들을 처벌했다. 앞으로는 절대 하지 않겠다. 이 자리에서 유감스러운 일이 있었음을 솔직히 사죄하고 싶다.

고이즈미는 김정일의 사죄를 받아들이고 역사적인 평양선언에 서명했다. 평양선언에서 일본은 "과거 식민지배로 인해 조선 인민에게 다대한 손해와 고통을 준 역사적 사실을 겸허하게 받아들이며 통절한 반성과 마음속으로부터 사죄의 뜻을 표명"했고, 북한은 "조일 사이에 존재하는 제반 문제들에 성의 있게 임한다"고 약속했다. '조일 사이에 존재하는 문제'는 다름 아닌 납치문제였다. 식민지배에 대한 사죄와 납치문제 해결을 교환하는 방식으로 양국이 "2002년 10월 중에 조일 국교정상화 회담을 재개한다"는 결론에 이른 것이다.

2002년 9월 17일 회담을 마친 뒤 김정일과 고이즈미는 서로 아래와 같이 작별 인사를 건넸다.

국교정상화가 되면 또 만납시다. 당신의 활동에 큰 성과가 있기를 바랍니다.(김정일)

그때를 기다리겠습니다. 서로 최선을 다합시다.(고이즈미)

아베와 납치

평양선언이 발표된 뒤 일본의 여론은 고이즈미가 예상치 못한 방향으로 치닫기 시작했다. 일본사회가 납치 피해자 가운데 "여덟 명이 사망했다"는 충격적인 조사 결과를 받아들이지 못했기 때문이다. 특히 요코타가 1994년 4월에 자살했다는 소식이 여론을 결정적으로 악화시켰다. 이런 여론 흐름을 주도한 것이 "김정일 정권 타도"라는 신념으로 뭉쳐 있던 '구원회'였다. 이들은 고이즈미의 방북 이틀 뒤 "생존자와 사망자 발표에 어떤 객관성도 없다. 사망했다는 여덟 명도 생존해 있을 가능성이 높다"는 주장을 펼치기 시작했다. 북한이 숨졌다고 밝힌 여덟 명도 살아 있으니 이들도 구해오라는 주장이었다.

당시 일본사회의 분노가 얼마나 대단했는지를 보여주는 일화가 있다. 평양선언 직후에 진행된 2002년 9월 26일 참의원 예산위원회에 다나카가 증인으로 불려 나왔다. 평소 바늘로 찔러도 피 한 방울 안 나올 것 같은 분위기를 풍기던 다나카는 일본 의원들의 거센 추궁을 이기지 못하고 "17일 여덟 명이 숨졌다는 정보를 접했을 때의 마음이 지금까지도 남아 있다"며 눈물을 보였다. 이후 '건국의용군 국적 정벌대'라는 이름의 우익 단체는 2003년 9월 다나카의 자택 차고에 폭발물을 설치하는 테러를 저질렀다. 납치문제에 대해 잘못 입을 놀리면 매국노로 몰려 테러를 당할 수 있는 살벌한 분위기가 조성된 것이다.

일본사회를 뒤흔든 정치적 소용돌이 속에서 자신의 이득을 극대화한 인물이 평소 대북 강경책을 주도해온 아베(당시 관방부장관)였다. 그가 납치문제를 처음 알게 된 때는 아버지의 비서로 근무하던 1988년이었다.

제가 납치사건과 관계를 맺기 시작한 것은 아버지의 비서로 일하던 때부터입니다. 아버지가 자민당 총무회장일 때 아리모토 게이코상의 부모님인 아키히로明弘와 가요코加代子 씨가 우리 사무소에 오셔서 '우리 딸이 영국에서 납치당한 게 아닌가 싶다'고 호소했습니다. 1988년의 일입니다.

사무소에서 아리모토 씨의 부모님을 경찰청과 외무성에 데려다 줬습니다만 만족스런 대응이 아니었습니다. 당연한 일이지만, 부모님이 매우 맥이 풀려서 가셨습니다. 저는 그 일 이후 납치문제가 존재한다는 것을 늘 머리에 담고 있었습니다.

그 뒤 제가 국회의원으로 처음 당선된 후인 1997년 2월 3일 니시무라 신고西村真吾 의원이 국회에서 요코타의 실명을 언급해가며 납치문제에 대해 질문했습니다. 이를 계기로 납치문제가 크게 클로즈업되었습니다.

이미 '가족분들을 지원하는 의원 연맹을 만들자'는 움직임이 있어서 4월 '북조선 납치 의혹 일본인 구원 의원연맹'이 발족했습니다. 초기 회장은 나카야마 마사아키中山正暉(1932~)였고, 저는 사무국장이었습니다. 2002년 4월 25

일 북한에 납치된 일본인을 조기에 구출하기 위해 행동하는 의원연맹이 재결성돼 활발히 활동하고 있습니다."[3]

고이즈미는 평양 방문을 위한 물밑 접촉 과정에서 아베를 철저히 배제했다. 북한에 대해 매파적 입장을 가진 아베가 협상 과정에 끼어드는 게 도움이 되지 않는다고 판단했기 때문이었다. 아베가 고이즈미의 평양 방문 사실을 처음 통보받은 때는 공식 발표일인 8월 30일을 겨우 하루 앞둔 29일이었다.

그러나 평양 방문 이후 분위기가 180도 뒤바뀌었다. 북한에 대해 강경론을 주장해온 아베가 납치문제로 충격을 받은 일본사회에서 '믿을 수 있는 정치가'라는 이미지를 획득했기 때문이다. 무게중심이 아베에게 기운 것은, 평양선언의 성과로 10월 15일 하스이케 등 납치 피해자 다섯 명이 일본에 일시 귀국한 뒤부터였다. 당시 북한이 이들의 방일을 허용한 명목은 '영구 귀국'이 아닌 북에서 낳은 아이들을 놔두고 1~2주일 정도 일본을 방문한 뒤 돌아오는 '일시 귀국'이었다. 일본 내에서는 이후 이들을 약속대로 북한에 돌려보내야 하는가를 두고 치열한 논쟁이 벌어졌다. 애초 일본 정부의 입장은 북한 귀국 여부에 대한 판단을 납치 피해자 본인에게 맡기자는 것이었다. 그러나 아베는 "납치 피해자들에게 북한에 돌아갈지 일본에 영주 귀국할지 스스로 결정하라고 요구하는 것은 국가가 책임을 방기하는 것"이라고 강력하게 주장하며, 나카야마 교코中山恭子(1940~) 내각관방 참여*와 함께 가족들을 설득하기 시작했다.

긴박한 분위기 속에서 일본 정부의 방침이 결정된 것은 10월 23일과 24일 사이였다. 아베는 "본인들이 결정하게 해야 한다"는 일본 정부 내 신중론을 꺾고, "국가의 의사로 다섯 명을 돌려보내지 않겠다"는 결론을 이끌어냈다. 10월 24일 이 같은 결론이 북한에 통보됐다. 북한은 맹 반발했지만 일본 정부의 결정을 뒤집을 수는 없었다. 그리고 2004년 5월 22일 고이즈미의 2차 평양 방문을 통해 납치 생존자들이 북한에 남겨두고 온 자녀들의 귀국도 실현됐다. 2년 만에 고이즈미와 얼굴을 마주하게 된 김정일은 평양선언 이후 일본에서 진행된 사태에 대한 자신의 복잡한 심경을 털어놓았다. 이 발언을 보면 김정일이 2002년 9월 평양선언 이후 일본과의 국교정상화에 얼마나 큰 기대를 했었는지, 그리고 이후 일본에서 벌어진 사태 전개에 얼마나 당황했는지 알 수 있다.

> 〔고이즈미 총리께서〕 다시 방북한 것은 좋은 일이지만, 내가 좀 우려하는 점을 말씀드리겠다. 지난 회담을 한 뒤 그 내용이 전부 뒤집힌 것처럼 됐다. 나는 총리를 상대로 연극에 출연한 꼴이 됐고 그 이후 어떤 좋은 것도 남지 않게 되었다.

* 교코는 이후 아베 1차 정권에서 납치문제를 담당하는 총리보좌관을 역임했다.

우리가 지난번에 용감한 조처〔납치문제에 대한 인정과 사죄〕를 취했기 때문에 납치문제는 그것으로 끝났다고 생각했다. 그러나 총리가 귀국하자마자 복잡한 문제가 발생해 우리들은 실망했다. 민주 사회에서도 정상의 권한이라는 게 있을 거라 생각했지만, 정상인 총리의 권한이 이렇게 간단히 무너질 수 있단 말인가. 실망하지 않을 수 없다.[4]

납치문제를 통해 신뢰할 수 있는 강력한 정치 지도자라는 입지를 굳힌 아베는 계속 강경한 대북 정책을 주도해나갔다. 북한에 대한 압박 정책을 통해 북핵과 납치문제를 동시에 해결할 수 있다고 주장했다. 이 노선에 따라 일본 정부는 2006년 10월 북한의 1차 핵실험 이후 북한산 물품의 수입을 전면 금지했고, 2009년 5월 2차 핵실험 이후에는 대북 수출도 전면 금지했다. 그로 인해 2005년 한때 214억 엔에 달했던 북일 간 무역량이 2017년 7월에는 완전히 사라졌다.

납치문제를 계기로 자신에 대한 국민적 지지가 급등하자 아베의 정치적 야심이 빛을 발하기 시작했다. 고이즈미도 납치문제에 대한 여론을 잠재우기 위해 아베에 대한 의존도를 높여갔다. 고이즈미는 2005년 10월 아베를 정권의 이인자라 할 수 있는 관방장관으로 임명했다. 사실상 아베를 자신의 후계자로 지목한 것이었다.

결국 아베는 납치문제를 계기로 일본의 총리의 자리에 오르게 되지만 그가 이 문제해결에 얼마나 현실적인 공헌을 했는지에 대해서는 부정적인 의견이 많다. 평양선언의 주역인 다나카의 입장은 냉소적인 편이다. 그는 "납치문제로 인해 전후 오랜 시간 한반도에 대해 '가해자'라는 의식을 가졌던 일본의 입장이 처음으로 '피해자'로 바뀌었다. 가해자에게 반성하는 마음이 있으면 내셔널리즘은 발로하지 않는다. 그런데 가해자가 피해자의 입장에 서는 순간 일종의 내셔널리즘적인 퍼블릭 센티먼트(대중정서)가 매우 강하게 터져 나온다. 그런 감정의 발로 앞에 합리적인 국익 계산과 외교의 바람직한 모습이라는 게 도외시됐던 것은 부정할 수 없다"[5]고 말했다. 일본 여론이 납치문제에 너무 민감하게 반응하고 아베 같은 정치가들이 이런 대중정서에 적극 영합하면서 일본의 대북 외교가 국익과는 먼 방향으로 휘둘리고 말았다는 지적이다.

다나카의 지적대로 아베는 납치문제에 대한 비이성적인 대중정서를 조장하면서 정치적 몸집을 키워 총리의 자리에 올랐다. 그러나 북한에게 납치문제를 인정하게 하고, 다섯 명의 생존자들과 가족들의 귀국을 현실화시킨 것은 고이즈미와 다나카의 대화와 협상 노선이었다.

납치 피해자 가족인 하스이케 도루의 의견도 비슷하다. "지금까지 납치문제는 늘 정치적으로 이용돼왔다. 그 전형적인 예가 아베다. 먼저 북한을 악이라는 편협한 내셔널리즘의 먹잇감으로 활용해 우익적인 생각을 갖고 있는 이들로부터 지지를 끌어냈다. 아시아의 가해국으로 존재해왔던 일본이 자신이 피해국임을 주장할 수 있는 유일한 문제가 납치였다. 〔아베 외에〕 다른 많은 정치가들도 이를 이용해왔다. 그러나 그런 '애국자'들은 과연 정말 납치문제를 해결해야 한다고 생각하고 있는가."[6]

4장

1차 내각

아베는 2006년 9월 쉰두 살로 일본의 90대 총리 자리에 올랐다. 아베 1차 내각이 내세운 두 개의 정책은 '전후체제로부터의 탈각'과 '아름다운 나라' 만들기였다. 아베는 미국이 일본을 점령하던 시절 강요했던 헌법과 교육기본법 등의 족쇄에서 벗어나, 천황을 중심으로 한 일본의 전통을 소중히 하는 아름다운 나라를 만들겠다는 소신을 실천하려 했다. 그러나 아베 1차 내각은 서투른 국정 운영, 내각의 잇따른 비리 의혹, 일본의 역사 수정주의를 봉인한 미 하원의 위안부 결의안, 아베 본인의 건강문제 등으로 1년 만에 공중 분해됐다.

위 사진은 아베가 1차 정권을 쟁취한 뒤 첫 기자회견에 나섰던 당시 모습이다.

'아름다운 국가'

납치문제를 통해 국민적인 지지를 끌어모은 아베는 2006년 9월 26일 일본 90대 내각총리대신에 취임했다. 그때 그의 나이는 전후 일본의 총리대신 가운데 가장 젊은 쉰두 살이었다. 전쟁을 직접 겪지 않은 전후 세대 총리의 첫 출현이기도 했다. 출범 직후 아베 1차 내각은 반석 위에 올라선 듯 보였다. 퇴임 때까지 인기가 높았던 전임자 고이즈미의 도움을 받아 65퍼센트의 안정적 지지율[1]로 정권을 시작했기 때문이다. 아베는 취임 당일 기자회견에서 "전후에 태어난 첫 총리대신으로서 확실히 올바른 방향으로 리더십을 발휘해가겠다. 일본을 활력과 기회와 상냥함이 넘치는 국가로 만들겠다. 오늘부터 새로운 국가 만들기를 향해 출발하겠다"고 말했다.

아베의 극우적 성향을 떠올려볼 때 그가 만들겠다는 '새로운 국가 만들기'의 모습은 명확했다. 아베 1차 내각이 내세운 구호는 '아름다운 국가 만들기'와 '전후체제로부터의 탈각'이었기 때문이다. 전후체제로부터의 탈각은 연합군총사령부가 점령 기간(1945~1952) 중에 일본에 강요한 헌법 등 여러 제도적 틀을 해체하겠다는 의미였다. 그렇다면 '아름다운 국가'라는 추상적이기 짝이 없는 개념은 무슨 의미일까?

당시 이를 접한 일본 기자들도 똑같은 의문을 품었던 것 같다. 아베의 취임 기자회견 모두 발언이 끝난 뒤 터져 나온 첫 질문이 "총리가 말하는 '아름다운 국가'가 무엇이냐"는 것이었기 때문이다. 아베는 이에 대해 "〔자민당 총재에〕 입후보했을 때 기자회견 자리에서도 말했지만, 먼저 아름다운 자연과 일본의 문화, 역사, 그리고 전통을 소중히 하는 국가라고 생각한다. 자연을 확실히 보호하고 그런 가운데 배양된 가족의 가치관을 재인식해야 할 필요가 있다. 또 자유로운 사회를 기반에 둔 확실히 독립된 늠름한 국가를 목표로 삼아야 한다. 이를 위해서는 교육 개혁이 필요할 것이다. 그리고 경제는 규범을 지켜야 한다"고 답했다. 여전히 추상적인 표현이 많은 답이기에 무엇을 하겠다는 것인지 명확히 알 수 없지만, 이해를 위해 97~98쪽에서 소개한 일본회의의 설립선언문을 떠올려보기 바란다. 이를 참조해 약간의 해석을 가미해보면, 아베가 추구하는 '아름다운 나라'란 천황을 중심으로 한 일본의 전통을 지키는 나라, 미국이 강요한 여러 제도적 틀로부터 늠름히 독립한 나라, 아이들에게 이 같이 자랑스러운 일본의 역사와 문화를 가르칠 수 있는 '교육 제도'를 갖춘 나라라고 추정해볼 수 있다.

아베는 취임 후 넉 달이 지난 2007년 1월 26일 국회 시정 연설에서 또 다른 구호인 '전후체제로부터의 탈각'의 중요성을 강조하며, "지금이야말로 원점으로 거슬러 올라가 전후체제를 대담히 수정하고 새로운 출범을 해야 할 때"라고 말했다. 연합군총사령부가 강요한 전후체제로부터 탈각해 일본을 다시 한번 '아름다운 나라'로 되돌리기 위해 아베가 추진한 것은 아이들에게 올바른 가치관을 심어 주기 위한 '교육 개혁', 외할아버지 기시의 염원이었던 '개헌' 그리고 역대 일본 정부가 계승한다는 입장을 밝혀온 고노 담화와 무라야마 담화 등 역사 담화의 '수정'이었다.

교육기본법 개정과 국민투표법 제정

아베는 전후 연합군이 일본에게 강제한 두 개의 속박을 '헌법'과 전후 일본 교육의 근간이었던 '교육기본법'이라고 받아들였다. 그는 1차 정권 발족 직전에 출판한 저서 『아름다운 나라에』에서 "헌법은 물론 교육방침의 근간인 교육기본법까지 점령 시대에 만들어진 것"[2]이라고 말했고, 2004년 10월 교육기본법 개정을 요구하는 집회에서도 "점령 기간 중에 만들어진 교육기본법과 헌법으로 전후체제가 만들어졌다. (이 둘이) 지금까지 이어지고 있는 점령 시대의 잔재"라고 발언했다. 그렇다면 아베는 왜 헌법뿐 아니라 교육기본법까지 문제를 삼았던 걸까.

1945년 9월 일본 점령을 시작한 연합군최고사령부가 가장 관심을 기울였던 정책은 개헌과 일본의 교육 개혁이었다. '천황을 위한 충량한 신민' 양성을 목표로 삼았던 일본의 군국주의 교육이 일본을 전쟁의 참화로 이끌었다고 판단했기 때문이다. 일본 정부가 이를 위해 활용한 정책 수단은 교과서의 국정화였다. 일본 정부는 검정교과서 채택을 둘러싼 비리가 사회에 만연해 있다는 것을 구실 삼아 교과서 국정화를 본격적으로 추진해가기 시작했다. 1903년 1월 3일 이에 대한 안이 각의에 제출됐고, 석 달 뒤인 4월 13일 소학교령이 개정돼 '수신', '일본 역사', '지리', '국어' 네 과목의 국정화가 실현됐다. 국정교과서가 시도한 것은 천황가의 '신격화'였다. 시가대학 부속도서관이 2006년 11월에 펴낸 『근대 일본 교과서의 발자취-메이지기부터 현재까지』近代日本の教科書のあゆみ—明治期から現代までを 보면 "그동안 많은 검정교과서가 신대神代*를 생략해왔지만, 국정교과서에서는 일부러 신대부터 시작하는 역사교육을 부활시켰다"고 지적하고 있다. 이는 일본 아이들이 자국의 역사를 석기시대라는 '고고학적 사실'이 아닌 "(일본의 창조신인) 아마테라스 오미카미天照大神는

* 일본의 역사에서 신화의 시대에 해당되는 시기.

우리 천황 폐하의 선조"라는 '주관적인 신화'로부터 배우기 시작했음을 뜻한다.

국가가 주도하는 교육은 자연스럽게 일본의 전쟁을 정당화하는 데 활용됐다. 전쟁 말기에 사용된 『초등과 국사』 하권은 일본이 일으킨 만주사변과 대동아전쟁을 "동양 평화를 확립하기 위한 것"이었다고 정당화하며, "우리는 열심히 공부해 훌륭한 신민이 되어 천황 폐하를 위해 진력을 다해야 한다"는 호소로 끝맺고 있다. 그리고 천황절대주의 교육은 야스쿠니 사상 등과 결합돼 "일본은 신국神國이기 때문에 절대 전쟁에서 지지 않는다." "천황을 위해 죽어 야스쿠니에서 만나자"는 맹목적인 국가관으로 이어졌다. 이 같은 일본의 교육 현실을 목도한 연합군최고사령부가 취한 첫 조치는 기존 교과서에서 아마테라스 오미카미로부터 시작하는 일본의 건국신화나 전쟁 미담을 지우도록 명령한 것이었다. 연합군최고사령부는 이어 일본 정부의 개입을 배제한 채 민간 학자가 참여한 새로운 교과서 편찬에 나섰다.

일본의 역사학자 이에나가 사부로家永三郎(1913~2002) 등 네 명의 학자가 도쿄대 사료편찬소에 집결한 것은 1946년 5월 17일이었다. 이들은 연합군최고사령부 소속의 미군 장교와 함께 ① 특정한 이데올로기를 선전하지 않는다. ② 군국주의·초국가주의적 신도 교육을 하지 않는다. ③ 천황의 업적이 역사의 전부가 아니다. ④ 경제·문화 부분의 민중의 역사를 다룬다는 네 가지 원칙에 따라 새로운 초등학교용 역사교과서인 『국가의 발자취』를 집필했다. 당시 작업의 의미에 대해 이에나가는 1977년에 방송된 NHK 특집 다큐멘터리 〈국가의 발자취-전후 교육의 시작〉에서 "부족한 교과서였지만, 일본 역사가 신의 강림이 아닌 석기시대부터 시작하는 것으로 바뀐 점은 큰 의미가 있다"[3]고 말했다. 이후 일본은 1948년 교과서 국정제를 폐지하고 검정제를 부활시키며 본격적인 전후 역사교육에 나섰다.

연합군최고사령부의 교육 철학은 1947년 3월 31일 공포·시행된 교육기본법에 담겼다. 여기에는 "영원히 계속될 황실의 운명을 돕도록 하라"는 옛 교육칙어教育勅語(1890년 제정)와 달리 "개인의 존엄을 중시하고 진리와 평화를 추구하는 인간의 육성을 기하는 것과 함께 보편적이고 개성이 넘치는 문화를 창조하는 것"을 일본 교육이 나아가야 할 목표로 삼았다. 이 법을 통해 일본인들은 천황의 '신민'臣民이 아닌 진리와 평화를 추구하는 '개인'의 지위를 확보했다. 아베는 이런 교육기본법을 점령군의 잔재라고 공격하며 개정에 나선 것이다. '교육의 헌법'이라 불린 교육기본법 개정을 위해 아베는 자신과 비슷한 정치사상을 가진 야마타니 에리코山谷えり子(1950~)를 교육기본법 개정 담당 총리보좌관으로 임명했다. 일본 시민사회는 법 개정에 저항했지만 아베의 기세를 막지 못했다. 법은 결국 2006년 12월 15일 개정됐다.

개정된 교육기본법의 가장 큰 특징은 '복고주의'였다. 개정법 전문에는 이전에 없던 "공공 정신의 존중"과 "전통의 계승" 등의 내용이 포함됐고, 2조에도 "전통과 문화의 중시"와 "국가와 향토에 대한 마음" 등이 언급됐다. 또 10조에서는 "부모 등은 자녀의 교육에 대해 1차 책임을 진다"며 가정교육의 중요성을 강조했다. 옛 교육칙어 같이 노골적인 황국사상의 냄새는 나지 않지만, 개인보다 공동체의 가치에 무게중심이 실렸음을 확인할 수 있다. 법이 개정되던 날 아베는 담화를 발표해 "오늘 성립한 교육기본법의 정신에 따라 개인의 다양한 가능성이 꽃피고, 뜻있는 국민이 자라나 품격 있는 아름다운 일본 만들기가 가능하도록 〔앞으로는〕 교육재생을 추진해가겠다"고 밝혔다.

교육기본법의 뒤를 잇는 조처는 '개헌'이었다. 현행 일본 헌법 96조는 일본의 개헌 절차를 "각 의원〔중의원·참의원〕의 총 인원 중 3분의 2 이상이 찬성하면 국회가 이것〔개헌안〕을 발의해 국민에게 제안하여 승인받아야 한다. 이 승인은 특별한 국민투표 또는 국회가 정한 선거 때 이뤄지는 투표에 의해 과반수의 찬성을 얻어야 한다"고 규정하고 있다. 그러나 이 헌법 규정에 따라 '특별한 국민투표'를 어떻게 시행해야 하는지에 대한 구체적인 규정은 없었다. 아베는 이 공백을 메우기 위해 국민투표법을 2007년 5월 14일 성립시켰다.

국민투표법에 따라 헌법개정을 위한 상세 절차가 정해졌다. 개헌을 하려면 먼저 중·참 양의원에 헌법심사회를 설치해야 한다. 이 심사회가 헌법개정안을 논의하는 상임위원회 같은 역할을 맡는다. 헌법개정안은 중의원 100명, 참의원 50명 이상의 찬성을 받아 발의한 뒤 헌법심사회에서 과반수의 찬성을 얻어 본회의에 부의한다. 그럼 본회의에서는 재적의원 중 3분의 2 이상의 찬성을 받아 개헌안을 확정한다. 국회에서 안이 확정되고 60~180일 이내에 국민투표를 통해 과반수의 찬성을 받으면 개헌 작업이 마무리 된다. 이 법은 성립 뒤 3년간의 유예기간을 거쳐 2010년 5월부터 시행됐다. 아베는 이를 통해 개헌 달성을 위한 중요한 교두보를 확보했다.

안보 분야에서도 여러 조처가 이뤄졌다. 아베는 2006년 12월 기존의 방위청을 독립 부처인 '방위성'으로 승격했다. 이어 개헌으로 가기 위한 예비조처인 집단적 자위권 행사를 위한 준비에 나섰다. 집단적 자위권 행사를 위해서는 역대 일본 정부들이 유지해왔던 정부의 헌법 해석을 바꿔야 했다. 아베는 2007년 1월 국회의 시정방침 연설에서 "세계의 평화와 안정에 한층 더 공헌하기 위해 시대에 맞는 안전보장을 위한 법적기반을 재구축할 필요가 있다. 어떤 경우에 헌법에서 금지한 집단적 자위권을 행사할 수 있는지 개별 유형에 대한 연구를 진행해가겠다"고 말했다. 그에 따라 2007년 4월 총리 자문기구인 '안전보장의 법적기반 재구축에 관한 간담회'가 설치됐다. 그러나 개헌을 향한 아베 1차 정권의 도전은 딱 거기까지였다. 머잖아 터져 나온 각료들의 여러 비리 의혹과 각종 스캔들 등으로 정권이 하루 앞을 걱정해야 하는 위기에 봉착했기 때문이다. 이 간담회는 아베 1차 정권이 붕괴된 뒤인 2008년 6월 24일 보고서를 발표했지만 큰 주목을 받지는 못했다.

역사 뒤집기

다음 공격 대상은 고노 담화와 무라야마 담화였다. 아베의 총리 당선 가능성을 우려스러운 눈으로 관찰하던 와다 교수(당시 아시아 여성기금 전무이사)는 일본 진보세력의 성채라 할 수 있는 월간지 『세카이』世界* 2006년 10월호를 통해 공개편지를 보냈다. 질문 내용은 크게 세 가지였다. 첫째, 총리가 되면 무라야마 담화를 견지할 것을 서약하는가. 둘째, 총리가 되면 위안부 문제에 대한 고노 담화를 견지하고 역대 총리가 위안부 피해자들에게 보낸 '사죄 편지'의 정신을 계승할 것인가. 셋째, 총리가 되면 평양선언을 견지하겠는가.

첫 번째 질문에 대한 답변은 의외로 빨리 나왔다. 평소 아베의 태도에 비춰봤을 때 놀랄 정도로 간명하고 긍정적인 답변이었다. 아베는 총리 취임 직후인 10월 2일, 국회 답변에서 "무라야마 담화를 답습한다"고 말했다. 악화된 중일 관계를 회복해야

* 일본의 대표적인 진보출판사 이와나미서점岩波書店이 출판하는 월간지를 말한다. 박정희 군사정권 시절 장기 연재했던 '한국으로부터의 통신'과 같이 한국 민주화운동의 동향을 소개하거나 재야세력을 응원하는 글이 많이 실렸다.

한다는 현실적 이유 때문이었다. 고이즈미는 취임 첫해인 2001년 8월 13일을 시작으로 임기 동안 무려 6번이나 야스쿠니 신사를 참배했다. 그로 인해 당시 한일 관계는 물론 중일 관계까지 최악의 상황에 놓였다.

중국은 1972년 일본과 국교를 회복한 뒤, 중일 관계를 우호적으로 발전시키기 위해 중국을 침략한 일본의 'A급 전범'들과 선량한 다수 '일본 국민'을 구별해야 한다는 논리를 통해 반일감정을 억눌러왔다. 그러나 일본 총리가 A급 전범들이 합사된 야스쿠니 신사를 참배하면 이 같은 설명이 무너지게 된다. 이를 명확히 인식했던 인물이 나카소네 전 총리였다. 나카소네는 1985년 8월 15일 야스쿠니 신사를 딱 한 번 공식 참배한 뒤 이후 다시는 신사를 찾지 않았다. 자신의 신사참배로 인해 그동안 깊은 신뢰관계를 쌓아 왔던 후야오방胡耀邦(1915~1989) 중국 공산당 총서기가 중국 내부에서 엄청난 비판에 시달리는 곤란한 상황에 놓였기 때문이다. 그는 2016년 8월 7일 『요미우리신문』에 기고한 글에서 당시 상황에 대해 "공식 참배 이후 'A급 전범 합사'에 대한 비판이 중국에서 끓어올랐다. 당시 친일적이었던 중국 공산당의 후야오방이 내 참배로 곤경에 놓였다는 소식과 함께 참배를 환영할 수 없다는 중국의 의향이 전해져 왔다. 그런 상황에 공식 참배를 중단하자고 판단했다"고 증언했다. 안정적인 중일 관계를 구축하기 위해 신사 참배라는 자신의 신념을 일부 희생했던 것이다. 아베의 판단도 비슷했다. 아베는 취임 직후인 10월

8일, 중국을 방문해 고이즈미 정권 시절 얼어붙었던 중일 관계를 회복하려고 노력했다. 그는 방문 직후 기자회견에서 "일중 관계를 고도의 관계로 발전시키고, 전 세계의 과제 해결에 대응하는 전략적 호혜관계를 구축하는 데 양국이 일치했다"고 밝혔다.

남은 것은 고노 담화였다. 아베는 무라야마 담화에 대해서는 계승한다는 뜻을 밝혔지만 고노 담화에 대해서는 인정할 수 없다는 태도를 보였다. 그가 공격의 대상으로 삼은 것은 고노 담화가 인정한 위안부 동원과정의 강제성*이었다. 사실 아베는 총리가 되기 전부터 위안부 제도를 둘러싼 강제성을 '광의의 강제성'과 '협의의 강제성'으로 나누고, 협의의 강제성은 없다는 주장을 되풀이해왔다. 강제성에 대한 아베의 주장은 식민지 시기 조선사회에 만연했던 빈곤이나 가부장제적 사회 관습에 의해 여성들이 자신의 뜻과 무관하게 위안부가 됐을 수는(광의의 강제성) 있으나, 일본 관헌이 직접 여성의 집에 들어가 인간 사냥을 하듯 머리채를 잡고 끌어내는 일(협의의 강제성)은 없었다는 것으로 요약할 수 있다. 그리고 '협의의 강제성'을 확인할 수 없다면 일

* 고노 담화는 위안부 동원과정의 강제성에 대해 다음과 같이 인정했다. "위안소는 당시 군 당국의 요청에 따라 설치된 것이며 위안소의 설치, 관리 및 위안부의 이송에 관해서는 구 일본군이 직접 또는 간접적으로 관여했다. 위안부 모집은 군의 요청을 받은 업자가 주로 맡았으나 그런 경우에도 감언, 강압에 의하는 등 본인들의 의사에 반해 모집된 사례가 많았으며 더욱이 관헌이 직접 가담한 경우도 있었다는 것이 밝혀졌다."

본 정부가 위안부 피해 할머니들에게 져야 할 법적 책임이 없는 것이고, 그에 따라 사죄와 배상은 물론 위안부 문제를 교과서에 기술하는 것 같은 후속 조처를 취할 필요가 없다는 결론으로 이어졌다.

아베는 총리 취임 직후 이 같은 지론을 다시 강조했다. 첫 무대는 첫 취임 후 한 달도 지나지 않은 2006년 10월 6일, 중의원 예산위원회에서였다. 그는 "예전에 일본 중학교 교과서에서 위안부 기술을 빼야 한다고 말한 적이 있냐"는 시이 가즈오志位和夫(1954~) 일본공산당 위원장의 질문에 대해 "고노 담화를 계승하고 있다"고 말하면서도 "이른바 협의의 강제성은 없었던 게 아닌가"라고 답했다. 협의의 강제성이 없으니 위안부 문제에 대한 일본 정부의 책임은 없고, 교과서에도 실을 필요가 없다는 주장이었다.

미국의 개입

이 같은 상황에 개입한 세력이 있었다. 미 의회였다. 미 하원은 2007년 7월 위안부 문제에 대한 일본 정부의 책임을 부인하려는 아베의 역사 수정주의에 결정적인 제동을 걸었다. 1991년 8월 김학순 할머니의 역사적인 증언 이후 위안부 문제는 여성에 대한 씻을 수 없는 전쟁 범죄임을 국제사회를 상대로 호소해온 한국 여성운동의 노력이 결실을 맺는 순간이었다.

첫 움직임은 2006년 말에 있었다. 그해 9월 미 하원 국제관계위원회는 제2차 세계대전 당시 이뤄진 일본군의 위안부 강제 동원과 관련해 일본이 역사적 책임을 져야 한다는 내용을 촉구하는 결의안을 통과시켰다. 이 결의안에는 "위안부 동원 사실을 분명하게 시인하고 역사적 책임을 받아들일 것", "현재세대와 미래세대에게 반인간적이고 끔찍한 범죄에 대해 교육할 것" 등을 일본 정부에 요구하는 내용이 포함돼 있었다. 그러나 이 결의는 일본 정부의 저지 공작으로 인해 본회의에 상정되지 못하고 폐안에 이르고 만다.

그러나 이는 사태의 종결이 아닌 새로운 시작을 의미했다. 일본의 불온한 역사 수정주의 움직임에 분노를 느낀 미국 여론이 본격적으로 움직이기 시작했기 때문이다. 반격은 2007년 1월 31일에 시작됐다. 그 주인공은 일본계 미국인인 마이크 혼다 Mike Honda(1941~) 민주당 하원의원이었다. 그는 이날 "일본을 후려치거나 모욕을 주려는 게 아니라 그런 악행〔위안부 제도〕에서 살아남은 몇 남지 않은 사람들에게 정의를 되찾아주고, 오랫동안 모른 채 넘겨왔던 중대한 인권침해를 조명하자는 것"이라며 위안부 결의안을 다시 제출했다. 이 결의안은 위안부가 분명한 성노예sexual slavery였다는 인식을 명확히 밝히는 동시에 "일본 정부가 역사적 책임을 명백하게 공식 인정하고 사과할 것"을 촉구한 지난해 결의안에서 한 걸음 더 나아가, "일본 총리가 공개성명을 통해 공개적으로 사과할 것"*까지 요구했다.

이어 2007년 2월 15일 하원 외교위 아시아태평양환경소위에서는 '위안부 인권 보호'에 관한 청문회가 개최됐다. 청문회에 참석한 이들은 이용수, 김군자 할머니와 네덜란드 출신 얀 루프 오헤른Jan Ruff O'Herne 할머니였다. 미 하원 사상 처음으로 위안부 피해 할머니들이 청문회의 증인으로 출석해 자신의 피해 경험을 증언한 것이다. 이용수 할머니는 "지난 16년 동안 사과 촉구 시위를 하고 있지만, 공식 사과를 받지 못했다"고 말했고, 김군자 할머니는 "많은 할머니들이 세상을 떠났지만 역사는 살아 있을 것이다. 망가진 내 인생은 돈으로도 보상할 수 없다"고 증언했다. 오헤른 할머니도 "일본은 1995년 아시아 여성기금을 만들어 보상한다고 했지만, 정부가 아닌 민간의 보상은 모욕이라고 생각해 거부했다. 일본은 전쟁에서 저지른 잔학행위를 인정하고 후세에게 올바른 역사를 가르쳐야 한다"고 말했다.

그러나 아베의 강경발언은 그치지 않았다. 아베는 3월 1일 기자회견에서 "강제성을 뒷받침할 자료가 없었다. 증거가 없

* 이 부분의 원문은 다음과 같다. "일본 정부가 총리의 공식 성명을 통해 사죄한다면 지금까지 발표한 성명의 진실성과 그 지위에 대해 거듭되어 온 의문을 해소하는 데 기여할 수 있을 것이다"Would help to resolve recurring questions about the sincerity and status of prior statements if the Prime Minister of Japan were to make such an apology as a public statement in his official capacity.

다는 것은 사실이 아닐까 생각한다"고 말한데 이어, 3월 5일 참의원 예산위원회에서는 "위안부를 사냥하듯 끌어낸 것 같은 강제성, 관헌에 의한 강제연행이 있었음을 증명하는 증거는 없다"고 말했다. 아베는 이어 16일에는 쓰지모토 기요미辻元清美(1960~) 민주당(현 민진당) 의원의 질문에 답하는 방식으로 일본 정부의 "조사로 발견된 자료 가운데서는 군과 관헌에 의한 이른바 강제연행을 직접 보여주는 것과 같은 기술이 발견되지 않았다"는 답변을 제출하고 이를 각의결정했다.

이 같은 일본의 움직임을 지켜본 미국 정부의 압박이 본격화되기 시작했다. 톰 케이시Tom Casey(1921~2003) 미 국무부 부대변인은 같은 달 26일, "우리는 일본이 자신이 저지른 범죄의 중대성을 인정하는 솔직하고 책임 있는 태도로 대처하는 것을 지켜보기를 희망한다"고 말했다. 이어 『뉴욕타임스』, 『워싱턴포스트』, 『월스트리트저널』 등 미국 주요 언론들, 그리고 존 토머스 쉬퍼John Thomas Schieffer(1947~) 주일 미국대사까지 "일본이 고노 담화로부터 후퇴하는 중이라고 미국 내에서 받아들이게 된다면 파괴적인 영향이 있을 것"이라는 강도 높은 경고를 날렸다.

이러한 미국의 태도에 당혹한 아베가 사태 해결에 나섰다. 아베는 4월 3일 부시와의 전화 통화에서 "나는 〔위안부 문제에 대한〕 일본 정부의 기존 입장을 유지할 것〔고노 담화를 수정하지 않겠다는 의미〕이라고 말했으며, 위안부 피해자들에게 마음으로부터 우러나오는 연민을 밝혔다. 또 그들이 고통을 감내해야 했다는 사실에 대해 사과의 뜻을 밝혔다"고 설명했다. 아베는 이어 4월 27일 부시와의 정상회담에서도 "인간으로서, 총리로서 〔위안부 피해 할머니들을〕 마음 깊이 동정하고 있다. 죄송하다는 생각이다"라고 말했다. 이에 대해 부시는 "미국 내에서 총리의 발언이 매우 솔직하고 마음에서 우러나온 것이라는 평가가 나오고 있다"고 말했지만, 국제사회의 여론은 싸늘했다. 『아사히신문』은 위안부 문제를 두고 부시에게 거듭 유감의 뜻을 밝히는 아베를 겨냥해 "총리가 사죄해야 할 상대는 〔미국 대통령이 아니라〕 위안부가 아닌가"라는 물음을 던졌다.

아베의 방미 이후 일본에 대한 미국의 비난 여론은 다소 잦아들었다. 아베가 방미 때 만난 미국 주요 인사들에게 납작 엎드리는 자세를 보인데다, 고노 담화를 수정하지 않겠다는 입장을 밝혔기 때문이다. 이 시점에서 미국의 여론을 단숨에 악화시킨 '자살골'이 터졌다. 일본의 극우 인사 사쿠라이 요시코櫻井よしこ(1945~) 등과 자민당·민주당에 속한 45명의 국회의원들이 6월 14일 『워싱턴포스트』에 '사실'THE FACTS이라는 전면 광고를 게재한 것이다. 이들은 광고에서 "일본 육군이 여성들의 의사에 반해 매춘을 강제했다는 것을 분명히 보여주는 문서는 없다." "위안부 할머니들의 증언은 지금까지 극적으로 달라져 왔다." "일본군 위안부는 지금 보도되는 것 같은 성노예가 아니었다" 등 자신들이 주장하는 5개 '사실'을 강력한 어조로 주장했다.

즉, "일본군이 젊은 여성들을 성노예로 내몰았다"는 미 하원의 결의안은 역사적 사실과 다르다는 항변이었다. 분노한 미 하원은 빠르게 움직였다. 이 광고가 게재된 12일 후인 6월 26일, 미 하원 외교위원회에 일본군 위안부 결의안(121호 결의)이 상정됐다. 그리고 표결에서 찬성 39표, 반대 2표로 가결됐다. 낸시 펠로시Nancy Pelosi(1940~) 하원의장은 결의안이 통과된 뒤 성명을 내어 "하원 본회의에서도 이 결의안을 통과시켜 일본군 위안부 피해자들이 겪은 엄청난 고통을 우리가 잊지 않을 것이라는 강력한 메시지를 전달해주기를 기대한다"고 밝혔다.

궁지에 몰린 일본 정부는 말을 아꼈다. 아베는 결의안이 미 하원 외교위원회를 통과한 뒤인 27일 기자회견에서 "미국 방문 때 내 생각은 이미 밝혔다"고 말했고, 시오자키 야스히사塩崎恭久(1950~) 관방장관도 "다른 나라 의회의 일이기 때문에 정부가 코멘트할 입장이 아니다"는 논평을 내놓았다. 그러나 일본 정부는 물밑에서 이 결의를 저지하기 위해 바쁘게 움직이고 있었다. 가토 료조加藤良三(1941~) 주미 일본대사가 6월 22일 펠로시 하원의장 등 하원 지도자 다섯 명에게 서한을 보내 "위안부 결의안 통과는 분명 양국이 현재 누리고 있는 깊은 우호관계와 신뢰, 광범위한 협력에 장기적 악영향을 미칠 것"이라고 주장한 것이다.

그리고 사태가 정리됐다. 7월 30일 현지시각으로 오후 3시, 위안부 결의안에 대한 본회의 표결이 이뤄졌다. 33분에 걸친 의원들의 지지 연설에 이어 표결 없이 의원들의 합의를 묻는 구두 투표가 이뤄졌다. 반대 목소리는 없었다. 현장을 지키고 있던 이용수 할머니는 "역사적 한을 풀어준 펠로시 하원의장, 혼다 의원 등 여러 의원들과 미국에 사는 교민들에게 감사드린다"고 말했다. 미 하원의 위안부 결의는 역사의 진실을 바로 세우려는 한일 시민사회에게는 커다란 승리였지만, 일본 우익에게는 씻기 힘든 치욕적인 패배로 기록됐다. 이때 겪은 쓰라린 패배의 경험이 아베 2차 정권 때 이뤄진 위안부 문제에 대한 국제적 대응에 적잖은 영향을 끼치게 된다.

정권 붕괴

그러는 사이 아베 정권은 내부에서도 무너져 내리고 있었다. 아베 1차 정권은 능력을 기준으로 선별된 인물들보다 아베의 측근들이 다수를 점하고 있어 출범 당시부터 '친구 내각' 혹은 '전리품 내각'이라는 야유를 받아왔다. 각료들의 경험이 부족했던 만큼 크고 작은 시행착오와 스캔들이 이어졌다. 아베는 이런 문제가 발생할 때마다 사태를 조기 수습하기보다 시간을 끌며 버티다 문제를 키우는 미숙한 모습을 보였다.

가장 먼저 사고를 친 인물은 혼마 마사아키本間正明(1944~) 정부세제조사회 회장이었다. 그가 하라주쿠原宿의 국가공무원 숙사에서 시세보다 훨씬 낮은 이용료로 여성과 동거하고 있었다는 사실이 밝혀진 것이다. 여론의 호된 비판을 받은 혼마는 결국 2006년 12월 21일 사임했다. 이어 사다 겐이치로佐田玄一郎(1952~) 행정개혁 담당상, 마쓰오카 도시가쓰松岡利勝(1945~) 농림수산상의 정치자금 문제가 터졌다. 특히 마쓰오카의 경우 조속한 해임 결정이 이뤄지지 않아 거의 매일 그의 비리 의혹을 지적하는 언론보도가 쏟아졌다. 이는 정권에 큰 부담을 줬을 뿐 아니라 마쓰오카 개인에게도 비극이 됐다. 그는 2007년 5월 28일 중의원회관 숙소에서 목을 매 숨진 채 발견됐다. 이런 흉흉한 분위기 속에서 각료들의 망언이 속출했다. 야나기사와 하쿠오柳澤伯夫(1935~) 후생노동상은 2007년 1월 시마네島根현 마쓰에松江시에서 열린 강연에서 저출산 문제를 언급하면서 여성을 "애를 낳는 기계"에 빗댔다. 또한 규마 후미오久間章生(1940~) 방위상은 6월 30일 지바의 한 대학 강연에서 나가사키 원폭 투하에 대해 "어쩔 수 없는 것이었다"고 말했다. 이처럼 물의를 일으킨 인물들에 대한 인사 조처가 늦어지면서 60퍼센트대였던 내각 지지율이 20~30퍼센트대로 곤두박질쳤다. 결정타를 날린 것은 7월 참의원 선거를 앞두고 벌어진 아카기 노리히코赤城徳彦(1959~2009) 신임 농림상의 정치자금 문제였다. 아카기를 둘러싼 의혹은 양파와 같았다. 하나의 의혹을 설명하는 과정에서 또 다른 의혹이 불거지고, 이를 설명하는 과정에서 다시 새로운 의혹이 추가됐기 때문이다. 이렇게 양파 껍질이 하나씩 벗겨질 때마다 아베 내각의 지지율은 큰 폭으로 하락을 거듭했다.

암담한 분위기 속에서 2007년 7월 29일 참의원 선거가 치러졌다. 이 선거에서 자민당은 전체 121석 가운데 단 37석만을 획득하는 참패를 기록했다. 도이 다카코土井たか子(1928~2014) 사회당 위원장이 "산이 움직였다"는 말로 승리를 자축한 1989년 참의원 선거의 '대패'에 필적하는 뼈아픈 참패였다. 이 패배로 자민당은 1955년 이후 처음으로 참의원에서 1당을 넘겨주게 됐다. 또한 이 패배로 인해 일본 중의원과 참의원에서 다수당이 일치하지 않는 '네지레 현상'이 발생했다. 대통령제인 한국에서는 여당이 국회의 과반의석을 확보하지 못하면 정국 운영에 큰 어려움을 겪는다. 중의원과 참의원으로 구성된 양원제 내각책임제 국가인 일본에서는 네지레가 발생하면 똑같은 문제가 생긴다. 총리의 주도로 중의원을 통과한 법안이 참의원에서 부결될 수 있기 때문이다. 선거 이후 자민당내에서는 아베를 향해 "총리직을 내려놓아야 한다"는 목소리가 터져 나오기 시작했다.

그러나 아베는 물러설 수 없었다. '전후체제로부터 탈각'해 '아름다운 나라'를 만들겠다는, 할아버지로부터 물려받은 '위대한' 사명이 있었기 때문이다. 아베는 8월 26일, 국정 쇄신을 위한 개각을 단행했다. 총리직을 계속 수행하겠다는 결의의 표현이었다. 아베가 9월 10일 국회에서 진행한 소신표명 연설은 커다란 정치적 위기에 직면한 극우 정치인의 '진심'이 절절이 묻어난다는 점에서 잠시나마 음미해볼 필요가 있다.

민심이 이렇게까지 싸늘하다는 것을 확인했고, 퇴진해야 한다는 의견도 있다는 것도 충분히 알고 있다. 그러나 인구감소와 전 지구적인 경쟁의 격화, 학교 수업과 가정교육의 수준 저하, 일본을 둘러싼 안보환경의 변화에 직면해 있는 일본이 풍요로운 국민생활과 밝은 미래를 손에 넣기 위해서는 경제·행재정의 구조개혁은 말할 것도 없고, 교육재생이나 안전보장체제의 재구축을 포함해 전후 오랫동안 이어져 온 여러 제도를 원점으로 다시 돌아가 대담하게 수정하는 개혁, 즉 '전후체제로부터 탈각'이 반드시 필요하다. '일본의 장래를 위해, 아이들을 위해, 이 개혁을 멈추면 안 된다'는 그 한마음으로 총리직을 계속 수행하기로 결의했다.

이 연설을 발표하고 이틀 뒤인 9월 12일, 아베는 또 한번 기자회견을 자청했다. 이번에는 "총리직을 내려놓기로 결의했다"는 사임 회견이었다. 그는 '왜 지금 사임을 하느냐'는 기자들의 질문에 명확한 이유를 밝히지 않은 채 "테러와의 싸움을 계속해가는 것은 매우 중요하다. 내가 그만둠으로써 국면을 전환하는 게 좋겠다고 결단했다"는 영문을 알 수 없는 답을 내놓았다. 아베 정권의 핵심 브레인 중 한 명인 기타오카 신이치北岡伸一(1948~) 도쿄대 교수마저 당시 『요미우리신문』과의 인터뷰에서 "좀 심한 말이지만 정권을 내던지는 방식이 매우 무책임하다"며 아베를 맹비난했다. 야당의 비난은 더 신랄했다. 이후 민주당 정권의 두 번째 총리로 3·11 원전참사를 겪게 되는 간 나오토菅直人(1946~)는 "애초에 도련님에 지나지 않았다. 아니 그 이하일지도 모른다"고 말했고, 와타베 고조渡部恒三(1932~) 전 중의원 부의장은 "38년 동안 의원으로 있는 동안 가장 놀라운 일이었다. 아베가 올해 안에 그만두겠다고는 생각했지만, 왜 지금이냐"는 반응을 보였다.

사임 이후 아베는 당내에서 참의원 선거를 망쳐 정권의 기반을 약화시킨 '전범' 취급을 받았다. 일본 국민들도 그를 외할아버지인 기시의 흉내를 내다 선거에서 참패하자 정권을 내던진 무책임한 도련님 정치가로 인식하기 시작했다. 극우 정치인 아베의 부활을 예측하는 이는 아무도 없었다. '아름다운 나라'의 부활을 목표로 했던 아베의 아름답지 못한 퇴장이었다.

5장

재기

© 연합뉴스

1차 정권에서 처참하게 실패한 아베는 중일 갈등이 본격화되는 과정에서 재집권할 수 있는 계기를 마련했다. 2012년 9월 일본 정부는 센카쿠열도를 국유화하겠다고 밝혔고, 중국은 이에 맹반발했다. 이 과정에서 고양된 민족주의는 아베를 일본의 총리로 다시 소환해냈다.

위 사진은 2012년 8월 19일 한 중국인이 센카쿠열도를 둘러싼 갈등에 반발하며 반일시위를 하는 모습이다.

총리사임의 원인

2007년 9월 갑작스레 총리직을 내던지고 자취를 감췄던 아베는 해를 넘긴 2008년 초 사임의 진짜 이유를 밝혔다. 그는 일본 보수계열의 월간지 『분게슌쥬』의 2008년 2월호에 「나의 고백, 총리사임의 진상」이라는 수기를 발표해, 당시 심정을 털어놓았다.

> 저는 궤양성대장염이라는 병을 앓고 있었습니다. 그러나 그동안 이 사실을 밖에서 얘기한 적은 없었습니다. 정치가에게 병은 터부이고, 병명이나 병의 상황이 공개되면 정치 생명이 위태로워지기 때문입니다. 그러나 이번 사임에 대해 〔여러 분들께서〕 이해해줬으면 좋겠다고 생각했습니다. 궤양성대장염은 후생노동성이 특정 질환으로 지정하고 있는 난치병입니

> 다. 지금까지 병의 원인이 해명되지 않고 있습니다. 그 병이 처음 발병한 것은 열일곱 살 때였습니다. 그때의 충격을 지금도 잊을 수 없습니다. 매우 큰 복통을 느껴 화장실로 뛰어들어 갔습니다. 그리고 엄청난 하혈을 했습니다.[1]

아베는 열일곱 살에 궤양성대장염이 발병한 이후, 병을 다스려가며 정치생활을 이어왔다. 그러나 2007년 7월 중의원 선거 참패 등 정치적 시련을 겪는 과정에서 병 상태가 급속히 악화됐다. 그럼에도 총리직을 계속 수행해가겠다고 결심했다. 그러나 2009년 9월 10일 국회 소신표명 연설을 계기로 자신이 더 이상 고된 총리직을 감당할 수 없는 몸 상태임을 깨달았다. 연설 중에 저지른 실수 때문이었다.

> 무리해서 강행한 소신표명 연설은 최악의 결과를 낳았습니다. 처음 중의원에서 연설했을 때는 아직 힘 있는 목소리로 〔연설문을〕 읽을 수 있었지만, 참의원에서 연설해야 하는 상황에서는 체력적으로 상당히 힘들다는 것을 통감했습니다. 집중력이 이어지지 않아 결국 연설 초고에 있던 세 줄 정도를 빼먹고 읽고 말았습니다. (중략) 20분도 되지 않는 소신표명 연설에서도 이런 흉한 모습을 보인다면 이후 이어질 대표 질문, 예산위원회는 도저히 견딜 수 없는 게 아닌가 싶었습니다. 대표 질문에서는 3시간, 예산위원회에서는 7시간을 붙들

려 있어야 합니다. 이런 상태에서 총리대신으로서 직책을 수행하는 게 가능할까, 올바른 판단이 가능할까, 국회에서 충분히 〔의원들의 질문에〕 대응하는 게 가능할까. 스스로를 돌아보니 정말 안타깝지만 그것은 불가능하다고 인정할 수밖에 없었습니다. 그게 사임을 결단한 가장 큰 이유입니다.[2]

2007년 9월 12일, 기자회견을 통해 사임 의사를 밝혔던 아베는 다음날 오전 도쿄 시나노마치信濃町에 자리한 게이오대 병원에 입원했다. 그는 9월 23일 치러진 후임 자민당 총재선거에도 참가하지 않고, 9월 말까지 입원해 치료를 받았다. 그 뒤 퇴원해 집으로 돌아왔지만 몸과 마음은 정상적인 생활을 할 수 없을 만큼 망가져 있었다. 이 무렵 아베 집에 방문했던 측근 의원들은 "아베에게 말을 걸 상황이 아니었다. 뭐랄까. 아베에게 혼이 빠져나간 듯한 느낌이었다. 전혀 생기가 없었다"[3]고 입을 모았다. 아베의 비서인 니시야마 다케시西山猛는 초췌한 아베의 모습을 보며, 췌장암으로 예순일곱 살에 세상을 떠난 그의 아버지 신타로를 떠올릴 지경이었다.

아베는 1993년 7월 처음 중의원 의원으로 당선된 뒤 줄곧 순탄한 길을 걸어왔다. 기시와 신타로라는 강력한 '핏줄'에 힘입어 초선 시절부터 우익적 역사관을 가진 당내 원로들의 총애를 받았기 때문이다. 그런 아베에게 주변의 싸늘한 시선은 난생 처음 겪는 견디기 힘든 고통이었다. 아베는 극우 작가 햐쿠타 나오키百田尚樹(1952~)*와의 대담에서 당시 고통스러웠던 심경을 이렇게 털어놓았다.

> 어떤 칼럼리스트가 학교에서 '아베한다'는 단어가 유행하는 현상에 대한 글을 썼다. '아베한다'는 도중에 일을 내던지는 뜻이라고 했다. 이 기사를 읽었을 때 〔학교에 아베〕 성을 쓰는 소년소녀가 있을 텐데 그 아이들이 어떤 생각을 할까 싶어 매우 슬픈 기분이 되었다."[4]

궁지에 내몰린 아베는 정계 은퇴를 심각하게 고민했다. "일본 전체로부터 심한 비난을 받고 있다는 생각이 들었다. 재기는 커녕 정치가로 살아갈 수 있을까 자문자답하던 날들이 이어졌다"[5]. 아베의 부인 아키에는 남편이 "밖에 나가는 것도 무서웠다"[6]는 말로 당시 절박한 상황을 증언했다.

총리직을 내던진 뒤 두문불출하던 아베는 12월이 되면서 외출을 시작했다. 처음 찾은 곳은 산이었다. 그에게 등산을 권한 사람은 측근인 하세가와 에이이치長谷川榮一(1952~ , 현 내각홍보관)였다. 아베는 12월 2일 하세가와와 경호원 두 명을 대동하고 도쿄 인근의 다카오高尾산에 올랐다. 중간에 이따금 쉬기

* 가미카제 특공대의 사연을 담은 소설인 『영원의 제로』를 쓴 작가로 유명하다.

도 했지만 해발 559미터인 다카오산 산행을 무사히 마칠 수 있었다. 그보다 아베를 더 기쁘게 한 것은 그를 맞이하는 시민들의 반응이었다. "돌연 총리직을 떠난 내게 '건강하세요', '걱정했습니다'라고 말을 걸어"[7]줬던 것이다. 예상 외로 따뜻한 시민들의 반응에 실의에 빠져 있던 아베는 큰 용기를 얻었다.

아베는 정신적인 상처를 가다듬기 위해 자민당의 동료 의원인 야마모토 유지山本有二(1952~, 현 농림수산상)의 권유로 좌선도 시작했다. 아베와 유지는 한 달에 한 번씩 도쿄 야나카谷中의 전승암全勝庵이라는 사찰을 방문해 좌선에 몰두했다. 절의 주지 히라이 쇼슈平井正修는 처음 아베를 봤을 때 "좌상座相이 좀 나쁘다"[8]고 평했다. 좌선 중에 몸이 좌우로 흔들리고 기침을 하거나 침을 삼키는 모습을 보였기 때문이다. 당시 아베의 심적 동요가 상당했음을 짐작할 수 있다.

아베는 조금씩 몸과 마음을 추스르면서 자신이 실패했던 원인을 자문자답하는 '반성 노트'를 작성하기 시작했다. 이 과정에서 그가 가장 절실히 느낀 것은 "내가 하고 싶은 것과 국민들이 해주기를 원하는 것이 반드시 일치하지는 않았다"[9]는 사실이었다. 아베는 '전후체제로부터 탈각'해 일본을 '아름다운 나라'로 만들려고 했지만, 일본 국민들이 원한 것은 '잃어버린 20년'에서 벗어날 수 있는 실리적인 경제 대책이었다. 이런 시간을 거치며 상처 난 아베의 자존심이 조금씩 회복되기 시작했다. 병으로 신음하던 몸도 마찬가지였다. 난치병이었던 궤양성대장염은 '아사

콜'Asacol이라는 획기적인 신약을 통해 깔끔하게 치료됐다.

이윽고 아베는 재기를 위한 활동에 나섰다. 당면 목표는 2009년 8월 중의원 선거였다. 아베는 총리로 복귀한 지 1년이 지난 2013년 12월 NHK와의 인터뷰에서 "한 번 더 〔자민당〕 총재를 목표로 해볼까라는 생각을 하게 된 계기는 2009년 중의원 선거였다. 총리직에서 내려오고 첫 선거였다. 이 선거에서 압도적으로 승리하지 못하면 이번 임기를 끝내고 은퇴해야 겠다고 결의했었다"[10]고 말했다.

뼈를 깎는 선거전이 시작됐다. 아베는 2008년 가을부터 시간이 날 때마다 지역구인 야마구치 4구(시모노세키시·나가토시)로 돌아가 집집을 개별 방문하는 저인망식 선거전으로 밑바닥 민심을 훑기 시작했다. 심지어 자신에게 투표할 가능성이 전혀 없는 공산당 지지자의 집을 찾을 때도 있었다. 집회 때는 꼭 "여러분의 지지를 받아놓고 1년도 되지 않아 사임했던 점에 대해 드릴 말씀이 없습니다"[11]라는 사죄 인사로 말문을 열었다.

이 같은 아베의 선거운동에 모두가 지지를 보낸 것은 아니었다. 야마구치 4구는 간과 신타로에 이어 아베 가문이 삼대째 의석을 차지하고 있는 지역이었다. 지역 주민들은 정치 신인도 아닌 총리 경험자가 이 같은 선거운동을 하는 것을 이례적으로 받아들였다. 오랫동안 아베 가문을 지지했던 한 시민은 "총리 경험자가 그렇게까지 하다니 창피하다. 기시도 사토 에이사쿠도 그런 짓은 하지 않았다"[12]며 화를 내기도 했다. 그래도 아베는 굴하지 않았다. 만나는 사람마다 심지어 아이들에게도 명함을 뿌렸다. 이때 뿌린 명함이 무려 2만 장이나 됐다. 결국 아베는 민주당이 대승을 거둬 정권을 차지하게 된 2009년 8월 중의원 선거에서 64.3퍼센트의 높은 득표율로 당선했다. 민주당 후보와 정면 대결한 지역구 중에서 자민당 후보가 얻은 가장 높은 득표율이었다. 2위는 2012년 9월 총재 선거에서 아베와 대결하게 되는 이시바 시게루石破茂(1957~)(돗토리 1구)였다.

아베노믹스의 등장

선거의 승리로 재기의 발판을 마련한 아베는 공부도 시작했다. 학습 주제는 그가 평소 깊은 관심을 가져왔던 개헌이나 위안부가 아닌 '경제'였다. 아베가 경제에 관심을 갖게 된 직접적인 계기는 2011년 3월 11일에 발생한 동일본대지진이었다. 일본 동북부 지역을 강타한 규모 9.0의 대지진으로 쓰나미가 발생해 무려 1만 5,894명이 숨졌고 수십만 명이 피난을 떠나야 했다. 그뿐만이 아니었다. 쓰나미가 도쿄전력 후쿠시마 제1원전을 덮쳐, 작동을 멈추고 있었던 4호기를 제외한 1·2·3호기에서 노심용융*이 발생해 엄청난 양의 방사능 물질이 외부로 유출됐다.

* 원자로 압력용기 안의 온도가 급격히 올라가면서 중심부인 핵연료봉이

옛 소련 시절 발생했던 체르노빌 참사에 이어 인류가 겪게 된 사상 최악의 원전 사고였다.

아베에게 등산을 권했던 측근 하세가와는 대지진 직후인 3월 중순, "집단적 자위권이나 개헌도 중요하다. 그러나 앞으로 중요한 것은 경제와 생활"이라고 제언했다. 대장성大藏省 출신 야마모토 고조山本幸三(1948~ , 지방창생상 역임)의 의견도 마찬가지였다. 그 역시 아베에게 "천하를 다시 한번 취하기 위해서는 지금 국민들의 최대 관심사가 뭔지 제대로 파악해 호소해야 한다. 헌법의 아베, 교육의 아베, 안전보장의 아베만으로는 안 된다. 경제의 아베를 팔지 않으면 정권에 복귀할 수 없다"[13]고 말했다.

3·11 원전참사 이후 석 달이 지난 2011년 6월 16일, 한동안 뉴스의 중심에서 벗어나 있던 아베가 다시 한번 전면에 나섰다. 당시 여당이었던 민주당 의원을 포함한 여야 211명의 의원으로 구성된 '증세에 의존하지 않는 부흥재원을 요구하는 모임'이 출범한 것이다. 아베가 이 모임의 회장을 맡았고, 사무국장은 "경제의 아베를 내세워야 한다"고 주장한 야마모토가 맡았다. 이날 모임이 공개한 성명서에는 아베가 2012년 12월 재집권에 성공한 뒤 본격적으로 추진하게 되는, '아베노믹스'의 원형이 담겨 있었다. 이에 대한 박상준 와세다대 경제학과 교수의 평가를 들

녹아내리는 것을 말한다.

어보자.

> 성명서는 정부가 발생한 부흥국채를 일본은행이 전액 구매하면 화폐발행액이 증가하고, 이는 디플레이션으로부터의 탈출, 엔고〔엔화 강세〕의 시정, 명목성장률의 상승을 유도할 것이라고 주장했다. 〔아베가 집권 뒤 시행하게 되는 경제 정책인〕 아베노믹스 제1의 화살*과 다를 바 없는 주장이다. 그 후 2012년 9월의 자민당 총재 선거까지 아베는 줄기차게 양적완화를 주장하면서 뉴스의 중심으로 복귀했다. (중략) 〔2011년 6월 16일 기자회견은〕 건강을 회복한 이후 꾸준히 정치가로서 존재감을 되살리기 위해 노심초사하던 아베가 당면한 경제현안에 분명한 목소리를 내는 순간이었고, 정치인으로 복권되는 순간이기도 했다.[14]

2011년 6월 성명서를 공개할 무렵 고조는 아베를 '일은법 개정으로 디플레이션·엔고를 해소하는 모임'이라는 연구모임에도 초청했다. 이 모임을 통해 아베는 이와타 기쿠오岩田規久男(1942~ , 일본은행 부총재), 이와타 가즈마사岩田一政(1946~ , 일본경제연구센터 이사장·전 일본은행 부총재), 하마다 고이치浜田宏一(1936~ , 내각관방참여·미 예일대 명예교수), 이토 다카토시伊

* 아베노믹스는 '세 개의 화살'로 불리는 세 개의 큰 정책으로 구성돼 있다.

藤隆俊(1950~ , 정책연구대학원대학 교수) 등과 같은 경제 전문가들을 만났다. 아베 주변에는 이전에도 혼다 에쓰로本田悦郎(1955~ , 내각관방참여), 다카하시 요이치高橋洋一(1955~ , 가에쓰대학嘉悦大学 교수), 나카하라 노부유키仲原伸之(1934~ , 전 일본은행 심의위원) 등 경제 브레인들이 있었다. 이들은 과감한 양적완화를 통해 인플레이션을 일으켜 일본 경제를 불황의 늪에서 구해내야 한다는 생각을 공유하고 있었다. 이들과의 교류를 통해 아베는 '개헌의 아베'에서 '아베노믹스의 아베'로 거듭나게 됐다. 당시 아베와 공부모임을 함께했던 나카하라는 "언젠가 기회가 올 때를 대비해 공부를 하라고 했다. 〔일본 경제를 위해 양적완화가 필요하다는 수장이 아베에게〕 도움이 됐을 것이다. 왜냐면 〔이를 통해〕 민주당이나 타당과의 대립점을 가장 명확히 드러낼 수 있었기 때문"[15]이라고 말했다. 야마모토도 "2011년 여름에서 가을에 걸쳐 〔아베가〕 금융완화 이론을 몸에 익힌 것으로 보인다"[16]고 밝혔다.

아베노믹스라는 새로운 무기를 장착한 아베에게 금융시장은 민감하게 반응하기 시작했다. 2012년 12월 중의원 선거를 앞둔 2012년 11월 15일, 일개 야당이었던 자민당의 총재 아베가 "2~3퍼센트의 인플레이션을 목표로 설정하고 이를 향해 무제한의 금융완화 정책을 펴가겠다"고 선언하자, 8,000엔대에 머물던 일본의 주가지수가 이튿날 단숨에 9,000엔대로 폭등했다. 아직 총리직에 오르지도 않은 야당 총재의 발언에 시장 전체가 들썩이게 된 것이다. 이 시점에서 이미 중의원 선거의 승패는 가려진 것이나 마찬가지였다.

센카쿠열도 갈등

"어이, 멈춰, 멈춰서!" 2010년 9월 7일, 긴박하게 목소리를 높이는 일본 해상보안청 직원의 경고에도 중국 어선의 기세는 꺾이지 않았다. 곧이어 어선은 해상보안청 순시선의 후미를 강하게 들이받았다. "멈춰!" 배 위에 있던 해상보안청 직원들의 다급한 외침이 이어졌지만, 어선은 순시선 주변을 뱅글뱅글 돌며 위협적인 움직임을 거두지 않았다. 오랫동안 잠복해 있던 센카쿠열도를 둘러싼 중일 갈등이 표면화되는 불길한 순간이었다.

일본 해상보안청은 결국 이 어선을 제압하고 장톈슝張天雄 선장과 선원 열 명을 불법조업 혐의로 체포하는 데 성공했다. 일본 외무성은 사건 다음날인 8일, "이번 일은 일본 영해 내에서 발생한 공무집행 방해이다. 이번 사건이 일중 관계에 악영향을 끼치는 일은 없을 것"이라는 원칙적인 입장을 밝혔고, 이시가키石垣 해안보안부는 9일 선장을 공무집행방해 혐의로 나하那覇 지방검찰청 이시가키지부에 송치했다. 그러나 사태는 예상치 못한 방향으로 전개됐다. 체포된 선장의 법적 처리를 놓고 중국이 일본의 예상을 뛰어넘는 강경대응을 쏟아냈기 때문이다. 중국 외무부는 11일, 2008년 중일 양국이 합의했던 동중국해 지역의 가스전 공동개발을 위한 교섭을 중단했다. 또한 19일에는 각료급 교류의 정지를 선언했다. 이어 23일에는 허베이성河北省 스좌장시石家莊市 공안 당국이 중국군의 관리 지역에 들어갔다는 이유로 후지타藤田 건설의 다카하시 사다무高橋定 등 네 명의 일본 민간인을 체포했다. 그뿐이 아니었다. 전자제품을 만드는 데 필수적인 재료여서 '미래산업의 비타민'으로 불리는 희토류의 대일 수출이 소리 소문 없이 끊겼다. 중국은 어선 충돌이 발생한 7일부터 16일까지 다섯 번이나 주중 일본대사를 불러 항의했고, 여덟 차례 항의성명을 발표했다. 우여곡절이 많았던 중일 관계의 긴 역사 속에서도 좀처럼 선례를 찾기 힘든 거칠고 일방적인 대일 압박이었다.

이 같은 중국의 압박을 상대해야 했던 이는 간 나오토가 이끄는 민주당 정권이었다. 간 정부의 대응은 어디까지나 억제적이었다. 센코쿠 요시토仙谷由人(1946~) 관방장관은 9월 21일 정례 기자회견에서 "무엇보다 중요한 것은 일본과 중국 모두 서로 편협하고 극단적인 내셔널리즘을 자극하지 않는 일"이라는 교과서적인 입장을 밝혔다. 당시 일본에서 쟁점이 된 것은 중국 어선이 일본 해상보안청의 순시선을 들이받는 현장 영상을 공개할지 여부였다. 센코쿠는 영상 공개를 요구하는 자민당의 요구에 대해 '공개 불가' 입장을 밝혔다. 영상을 공개하면 중국을 바라보는 일본 여론이 악화될 게 불 보듯 뻔했기 때문이다. 이어나하 지방검찰청은 24일 기자회견을 열어 29일까지 구류를 연장했던 중국인 선장을 '처분 보류'로 석방한다는 방침을 밝혔다. 중국과의 외교적 대립을 회피하려는 민주당 정권의 타협적인 선택이었다.

민주당 정권의 미온적인 대응에 일본 내 불만 여론이 쌓여갔다. 여기에 불을 붙이는 돌발 사건이 발생했다. 중국인 선장의 석방 조처에 분노한 해상보안청 직원이 11월 5일 일본 정부가 비공개 결정을 내린 영상을 인터넷을 통해 무단공개한 것이다. 다시 한번 정부의 대처를 질타하는 일본 내 여론이 들끓었다. 그와 함께 센카쿠열도를 둘러싼 중국과 영토 분쟁에 대해 좀 더 적극적인 대응을 요구하는 목소리가 커지게 됐다.

이후 살얼음판 같이 유지되던 중일 관계를 파국으로 몰고 간 인물이 있었다. 주인공은 일본의 대표적인 극우 인사인 이시하라 신타로石原愼太郎(1932~) 도쿄 도지사였다. 그는 2012년 4월 미국 워싱턴에서 "센카쿠열도에 있는 민간 소유의 섬을 도쿄도가 사들여 관리하겠다"는 방침을 밝혔다. 2년 전 어선 충돌 사건에 대한 미온적인 대응으로 커다란 비난을 받았던 민주당 정권은 이시하라의 이 같은 움직임에 적극 대응하지 않을 수 없었다. 당혹한 노다 요시히코野田佳彦(1957~) 내각은 "필요하다면 그런 발상〔센카쿠열도의 국유화〕도 충분히 고려할 수 있다"(후지무라 오사무藤村修(1949~))는 입장을 내놨다.

일본 정부가 센카쿠열도를 국유화하겠다는 방침을 밝히자

중국은 맹반발했다. 후진타오胡錦濤(1942~) 중국 국가 주석이 직접 나섰다. 그는 2012년 9월 9일 러시아 블라디보스토크에서 열린 아시아태평양경제협력체APEC(이하 'APEC') 정상회담에서 노다를 만나 "센카쿠열도의 국유화를 중지할 것"을 요구했다. 험악한 양국관계 탓에 정식 정상회담도 열지 못하고 마주본 채 구두로 던진 경고 메시지였다. 이에 대한 노다의 대응은 너무나 아마추어적이었다. 후진타오의 직접 경고를 받은 지 겨우 이틀 뒤인 11일, 센카쿠열도의 국유화를 단행했기 때문이다. 상대에 대한 최소한의 외교적 배려도 찾을 수 없는 난폭한 조처였다.

중국은 이를 노다가 후진타오의 얼굴에 대놓고 먹칠한 것으로 받아들였다. 모욕을 느낀 중국 정부가 실력 행사에 나섰다. 중국에서는 이후 걷잡을 수 없는 반일시위가 이어졌다. 이 같은 대규모 시위는 중국 정부의 묵인 없이는 불가능한 일이었다. 국유화 결정이 이뤄진 지 3일 만인 15일, 수천 명의 시위대가 베이징 일본대사관을 둘러쌌다. 이튿날인 16일에는 이 같은 반일시위가 중국 내 80개 지역으로 확대됐다. 반일시위는 폭력도 동반했다. 일부 시위대들이 중국에 진출한 일본 기업들을 습격해 방화와 폭력을 저지르기 시작했던 것이다. 한 예로 중국 칭따오青島에 진출한 일본 슈퍼 체인 '이온'은 중국 시위대 수천 명의 습격을 받아 무려 25억 엔 이상의 재산 피해를 입었다. 이 슈퍼의 책임자인 오리구치 후미아키折口史明는 당시 NHK와의 인터뷰에서 "이것은 더 이상 시위가 아니라 테러리즘"이라며 패닉에 빠진 반응을 보였다. 상하이上海에서는 길을 걷다 일본인이라는 이유로 폭행을 당하는 일도 발생했다.

중국의 도를 넘는 반일시위에 일본사회는 공포를 느꼈다. 이 같은 공포의 이면에는 중일 간 국력이 역전될지도 모른다는 일본사회의 불안감이 숨어 있었다. 중국의 국내총생산GDP(이하 'GDP')은 2010년 일본을 뛰어넘어 세계 2위*가 됐다. 예전 같으면 충분히 대화로 해결할 수 있었을 양국 간 대립이 일본에게 "이대로 가다가는 센카쿠열도를 중국에게 빼앗길 수 있다"는 구체적인 안보 위협으로 인식되기 시작한 것이다.

이런 국제 정세의 변화는 극우 정치가인 아베에게 유리한 정치적 환경을 제공했다. 아베는 일본에 대한 주변국들의 위협에 제대로 대처할 수 있는 사람은 자신밖에 없다는 사실을 강조하기 시작했다.

> 지금 일본을 둘러싼 사회 정세를 보면, 북방 영토에 〔드미트리 메드베데프Dmitry Medvedev(1965~)〕 러시아 총리가 두 번이나 상륙했고, 센카쿠열도에 중국이 기세를 더하며 강

* 2010년 8월 16일, 일본 내각부는 2010년 2분기(4~6월) 일본의 GDP가 1조 2,883억 달러로 중국의 1조 3,369억 달러에 미치지 못했다고 발표했다. 일본이 1968년 독일을 제치고 미국 다음가는 세계 2위의 경제대국으로 부상한 뒤 42년 만에 중국에게 2위 자리를 내준 것이다. 일본사회는 이 같은 순위 변동을 매우 심각하게 받아들였다.

경한 자세를 취하는 중이다. 또한 한국의 이명박 대통령은 독도를 방문했고, 서울의 일본 대사관 앞에는 종군위안부상이 만들어져 있다고 한다. 자민당 정권 때에는 생각할 수 없었던 모욕적 행위가 횡행하고 있다. 이런 상황을 빨리 바로잡는 일은 민주당은 물론 낡은 자민당으로서도 할 수 없다. 창당 때의 정신으로 돌아가 '신생 자민당'이 도전해야 할 과제다. 지금까지 자민당은 역대 정부의 정부 답변이나 법 해석 등을 계승해왔지만 신생 자민당은 그런 제약에 구애받지 않고 새로운 시작을 할 수 있다.[17]

아베는 2012년 9월 자민당 총재 선거 기간에 "센카쿠열도에 대해 중국이 야심을 감추려 하지 않는다. 진정한 의미에서 일본의 안전을 지키기 위해서는 개헌에 도전하지 않으면 안 된다"고 주장했다. 나아가 12월 치러진 중의원 선거 때에는 센카쿠열도에 "자위대나 해상보안청 직원들을 상주시켜 섬에 대한 실효지배를 강화해야 한다"는 공약도 내놓았다. 일본을 둘러싼 안보환경 변화에 불안을 느끼기 시작하던 일본인들에게 이 같은 아베의 과격한 주장이 조금씩 먹히기 시작했다. 문제는 이런 공약이 현실을 고려하지 않은 무책임한 내용이었다는 데 있다. 실제로 아베는 총리가 된 뒤 센카쿠열도에 자위대를 배치하겠다는 공약을 지키지 않았다. 일본이 실제 이런 조처를 취할 경우 중국과 또 한 차례 격렬한 외교 전쟁을 각오해야 했기 때문이다.

아베의 대승

아베가 정권 탈환을 꿈꿀 무렵 민주당 정권은 하루 앞을 내다볼 수 없는 혼란을 겪고 있었다. 민주당이 정권을 맡는 동안(2009년 9월~2012년 12월) 일본에서는 총 세 명의 총리가 탄생했다. 초대 총리인 하토야마 유키오는 오키나와현 후텐마普天間 기지 이전을 둘러싼 문제로 혼미를 겪다가 8개월여 만에 정권을 내려놓았고, 후임인 간 나오토 역시 3·11 원전참사에 대한 대응 실패로 인해 국민들의 호된 질타를 받고 단명 총리가 됐다. 이 같은 악조건 속에서 2011년 9월, 정권을 이어받은 노다는 일본이 직면해 있는 막대한 국가 부채라는 '난제'를 해결해 민주당에 대한 국민들의 신뢰를 회복하려 했다. 이를 위해 그가 꺼내든 것은 '소비세 증세' 카드였다. 그러나 국민 대다수가 꺼려하는 '증세'를 통해 지지를 회복해보겠다는 노다의 구상은 기본 전제부터 잘못된 것이었다.

노다와 맞선 '야당' 자민당의 총재는 다니가키 사다카즈谷垣禎一(1945~)였다. 고이즈미 정권 시절 재무상을 지냈던 다니가키는 일본의 미래를 위해 '소비세 인상'이 필요하다는 점에서 노다와 기본 인식을 공유하고 있었다. 문제는 다니가키의 임기가 얼마 남지 않았다는 점이었다. 다니가키의 후임 총재를 뽑는 선거는 2012년 9월 26일로 예정돼 있었다. 노다 정권의 지지율은 NHK의 8월 여론조사를 기준으로 28퍼센트까지 추락해 있었기 때문에 차기 자민당 총재가 다음 중의원 선거에서 승리해 총리가 될 수 있다는 기대감이 높아진 상황이었다. 이시바 전 정조회장, 이시하라 노부테루石原伸晃(1957~) 간사장 등 당내 쟁쟁한 인물들이 출마를 준비하고 있다는 얘기가 흘러나오기 시작했다. 이 선거에 아베가 나설 가능성은 높지 않다는 게 일반적인 관측이었다. 그도 그럴 것이 전후 일본에서 두 번에 걸쳐 총리가 된 이는 요시다 시게루 한 명밖에 없었다. 게다가 아베는 1차 정권 시절 무책임하게 정권을 내던져 자민당의 몰락을 불러온 '원흉'으로 지목받고 있었다. 그 때문에 일본 언론들은 당시 선거가 이시바와 이시하라의 양자 대결이 될 것이라며, '이시-이시 대결'石-石対決이라는 신조어를 만들기도 했다. 당연히 아베 본인도 이런 상황을 잘 알고 있었다. 한 번 총리를 경험한 사람이 또다시 총재 선거에 나와 패하면 정치 생명이 끝날 수도 있었다. 그러나 아베의 출마를 강력히 원한 이들도 있었다. 일본 우익 세력이었다. 『세론』, 『WiLL』 등 일본 우익의 정서를 반영하는 잡지들은 아베의 복귀를 실현시키기 위해 다양한 기획 기사들을 쏟아냈다.

흔들리던 아베의 마음을 '출마' 쪽으로 돌린 것은 기시의 지역구를 물려받았던 후키다 아키라吹田愰(1927~2017) 전 자치상인 것으로 알려져 있다. 그는 7월 25일 야마구치시에서 아베를 만나 선거 출마를 강하게 요청했다. 아베가 "입후보를 할 수 있는 상황이 아니다"라는 반응을 보이자 후키다는 그가 직접 목격했던 기시의 '깊은 회한'을 아래와 같이 털어놓았다.

> 기시 선생은 '헌법개정을 하지 못해 정치가로서 완전히 연소하지 못했다'고 몇 번이나 말했습니다. 그 기시 선생이 말이오.

이 말을 들은 아베는 다음과 같이 응답했다.

> 정치가라면 국가에 목숨을 바친다는 게 당연합니다. 지금 해주신 이야기를 확실히 마음에 품고 돌아가겠습니다.[18]

외할아버지 기시의 회한이 아베의 마음을 움직였던 것일까. 아베는 출마 쪽으로 마음을 굳혔다. 그러나 가족 대부분은 이를 만류했다. 유일하게 아베의 편을 들어준 사람은 부인 아키에였다. 아베는 한 언론과의 인터뷰에서 당시 아키에의 반응을 다음과 같이 소개했다.

> 당신이 고심한 끝에 결정했다면 나가도 좋아. 그로 인해 정치 생명이 끝난다 해도 어쩔 수 없는 일이야. 중요한 것은 당신이 나가는 게 국가를 위한 일인지 여부야. 결과는 운명으로 받아들이면 된다고 생각해.[19]

선거를 한 달여 앞둔 8월 15일 최종 결단이 이뤄졌다. 아베는 이날 오전 야스쿠니 신사를 참배한 뒤 훗날 2차 내각의 관방장관에 오르게 되는 스가 요시히데菅義偉(1948~)에게 "여기서 결과를 두려워해 손을 들지 않으면 정치가로서 가치가 없다"[20]며 출마의 뜻을 밝혔다. 하필이면 이날 홍콩의 우익 활동가들이 여러 척의 배에 나눠 타고 센카쿠열도에 상륙하는 데 성공했다. 해상보안청 직원들이 허둥거리며 이들의 뒤를 쫓아다니는 장면이 일본 전역에 중계됐다. 해안보안청 직원들은 홍콩 활동가들의 선박이 접근할 때만 해도 충분히 이들의 상륙을 저지할 수 있다며 자신감을 보였지만, 결과는 상륙 허용이었다. 일본인들은 홍콩 활동가들이 섬 이곳저곳을 뛰어다니며 오성홍기를 휘날린 이번 사태를 매우 모욕적으로 받아들였다. 당시 일본 우익이 받은 충격을 이해하려면 독도에 일본인들이 무단 상륙해 일장기를 흔드는 광경을 떠올려보면 된다. 아베의 출마 소식은 8월 29일 『요미우리신문』 1면을 통해 대대적으로 보도됐다.

아베에게는 '갈망'이 있었다. 1차 정권에서 이루지 못한 '전후체제로부터의 탈각'을 완수해 '아름다운 나라'로 만들고 싶다는 갈망이었다. 그리고 시간이 흘러 그 갈망은 준비 없이 시작했던 1차 정권 때와는 비교할 수도 없이 커져 있었다. "〔1차 정권의 실패로〕 하지 못하고 남겨둔 것을 생각하면서, 한 번 더 〔총리를〕 하고 싶다고 생각하게 됐다. 아무도 모르게 조용히, 정말로 한 번 더 총리가 되는 것을 갈망하게 됐다. 그 갈망은 자민당이 정권을 잃은 뒤 더 강해졌다. 어떻게 해서든 총리대신으로 부활하고 싶다는 생각이 6년 전과 비교했을 때보다 1,000배 이상 커졌다."[21] 그리고 그 갈망의 중심에는 외할아버지와 자신이 "〔완수〕하지 못하고 남겨 놓은 헌법개정"[22]이 있을 터였다.

9월 26일 자민당 총재 선거가 치러졌다. 1차 투표에서는 이시바가 1위, 아베가 2위를 기록했다. 당원 투표에서는 이시바가 앞섰지만 국회의원 투표에서는 아베가 앞선 구도였다. 이어진 결선 투표에서 대역전이 일어났다. 국회의원만이 투표권을 갖는 2차 선거에서 아베가 이시바를 108 대 89로 꺾은 것이다. 자민당 총재 선거에서 1차에서 2위였던 인물이 2차에서 역전한 것은 무려 56년 만에 있는 일이었다. 또한 총리를 역임한 인물이 다시 총리로 부활한 것은 1955년 창당 이후 처음 있는 일이었다. 이시바가 패배한 이유는 당내 기반의 차이였다. 아베에게 자민당은 자신의 외할아버지가 만든 '우리 당'이었고, 그가 속한 파벌은 기시와 부친인 신타로가 오랫동안 갈고 닦은 당내 최대 파벌*이었다. 자신을 지지하는 강력한 파벌이 없었던 이시바는 자민당의 '이너 서클'인 아베를 당해낼 수 없었다. '포스트 아베'를 노렸던 이시바는 2015년 9월 결국 수이게츠카이水月会라는 독자 파벌을 결성하게 된다.

* 현재 아베가 몸담은 호소다파는 95명의 의원을 거느린 당내 최대 파벌이다. 호소다파는 아베의 부친인 신타로가 회장일 무렵에 '아베파'라 불렸다.

필자가 도쿄에서 특파원 생활을 하는 3년 반 동안 아베가 다시 총리로 부활할 것을 예상했냐는 질문에 "그렇다"고 답하는 일본인을 한번도 본 적이 없다. 한국과 같은 직접 선거제였다면 아베는 결코 총리로 복귀할 수 없었을 것이다. 자민당의 총재로 복귀한 아베는 2012년 12월 14일 중의원 선거에서 대승을 거뒀다. 3년 3개월 동안 이어진 민주당 정권의 허무한 종말이자, 극우 정치인 아베가 화려하게 일본의 총리로 복귀하는 순간이었다. 아베는 2008년 2월, 『분게슌쥬』 수기에서 실패한 1차 정권에 대해 다음과 같은 평가를 남겼다.

> 아베 정권은 전후체제로부터의 탈각을 주장했다. 헌법개정을 위한 국민투표법, 교육기본법 개정, 방위청의 방위성 승격 등을 하나하나 달성하는 게 가능했다. 한편 전선을 지나치게 확대했다는 지적도 있었다. 고이즈미는 한 가지 이슈를 돌파하는 정치 수법으로 성공했다. 〔모든 이슈를 싸잡아〕 전면돌격·전면전개하면서 욕심내는 게 아니라, 전략적 우선순위를 생각하는 노회함이 필요했던 것 같다.

1차 정권의 처절한 실패와 5년여에 걸친 담금의 시간을 거치며 아베는 좀 더 성숙하고 좀 더 전략적인 인물이 되어 있었다. "나에 대해 매파라고 비판하지만 전혀 신경 쓰지 않는다"[23]고 말하던 젊은 우익 정치인은 어려우면 멈추고, 불가능하면 돌아가며 오랜 경험과 능력이 있는 관료 조직을 다룰 줄 아는 노련한 정치인이 됐다. 또 자신의 간판 정책인 '전후체제로부터의 탈각' 외에도 일본 국민 모두가 지지할 수 있는 '디플레이션으로부터의 탈각'(아베노믹스)이라는 정책까지 탑재하는 데 성공했다.

그러나 아베의 기본적인 사상이 바뀐 것은 아니었다. 총리 관저의 한 직원은 아베의 속내를 이렇게 설명했다. "아베가 정말로 하고 싶어 하는 것은 안전보장이나 헌법개정이다. 그러나 그것을 해내기 위해서는 경제가 잘 굴러가고 지지율이 유지되어야 한다."[24] 아베 자신도 이 같은 사실을 인정하고 있다. 그는 2013년 12월 NHK와의 인터뷰에서 "헌법개정은 내 '라이프 워크'〔필생의 과업〕다. 〔1차 정권 때〕 국민투표법은 만들었지만 개헌까지는 달성하지 못했다. 내가 무엇을 위해 정치가가 됐는지를 생각하면서, 〔해야 할 일은〕 무슨 일이 있어도 하고 싶다고 생각한다"고 말했다. 개헌을 위해 '전략적 우선순위'를 생각할 수 있게 된 아베 2차 정권이 시작된 순간이었다.

6장

'개헌'이라는 필생의 과업

© 연합뉴스

2016년 7월 11일, 일본 주요 신문은 10일 실시된 참의원 선거 결과를 1면에 보도했다. 일본 언론은 자민당과 공명당으로 구성된 연립여당과 개헌에 찬성하는 군소 야당을 합친 '개헌세력'이 개헌안 발의에 필요한 참의원 의석의 3분의 2를 차지하게 됐다는 것에 주목했다. 이는 아베가 '필생의 과업'이라고 밝힌 개헌을 추진하는 데 결정적인 교두보를 확보했다는 의미로 볼 수 있다.

왜 개헌인가

아베가 일본의 총리대신으로 복귀한 이유는 '필생의 과업'인 개헌을 달성하기 위해서였다. 그는 현행 일본국헌법을 "미국이 연합군총사령부 쪽의 국익을 위해 일본이 다시는 미국과 유럽이 중심인 〔국제〕질서에 도전하지 못하게 하려는 강한 의지를 갖고" 만든 '족쇄'이자 사라져야 할 '흉물'로 여겼다.

아베는 지금까지 나온 여러 대담집과 자신의 저서 『아름다운 나라에』 등을 통해 개헌을 해야 하는 이유로 크게 세 가지를 꼽아왔다. 첫째는 기시의 지론이었던 '강요된 헌법론'이다. 이 주장의 핵심은 현행 헌법은 연합군최고사령부가 단기간에 틀을 잡아 일본에게 강요한 것이기 때문에 이를 거부하고 일본인 자신의 손으로 독립적인 헌법을 새로 써야 한다는 것이다.

둘째는 '변화된 시대론'이다. 한국은 1948년 7월 헌법을 제정한 뒤 아홉 차례 개정했지만, 일본은 1946년 11월 3일 헌법 공포 이후 한 차례도 바꾸지 않았다. 아베는 특히 무력의 사용, 군대 보유, 교전권 등을 금지한 헌법 9조에 대해 "현실에 맞지 않는 조문"이기 때문에 개정해야 한다고 거듭 주장해왔다. 자민당은 개헌에 대한 일본사회의 거부 반응을 완화하기 위해 지난 70여 년 동안 이뤄진 일본사회의 변화를 반영해 ①환경권 ②긴급사태* ③재정건전화 관련 조항을 헌법에 추가할 필요가 있다는 논리를 제시하고 있다. 마지막 논리는 '미래지향'이다. 왜 그런지는 알 수 없지만 아베는 "새로운 시대에 적합한 새로운 헌법을 우리 손으로 만든다는 창조적인 정신이 있어야만 일본인이 스스로의 미래를 개척해나갈 수 있다"고 주장해왔다.

문제는 이 같은 아베의 신념을 일본사회에 어떻게 침투시킬 것인가였다. 아베는 2차 정권이 시작된 뒤 한동안 개헌 관련 발언을 자제하는 모습을 보였다. 2012년 12월 26일 취임 기자회견에서도, 해를 넘긴 1월 4일 신년 기자회견에서도 개헌에 대해 언급하지 않았다. 개헌에 대한 첫 발언이 나온 것은 2013년 2월 정기국회 개원에 맞춘 시정방침 연설에서였다. 이 자리에서 아베는 ①3·11 원전참사 복구 ②경제성장 ③외교안보 정책 등 여러 긴급 현안들에 대해 언급한 뒤, 가장 마지막에 "〔국회〕 헌법심사회의 논의를 촉진해 헌법개정을 향한 국민적 논의를 깊게

* 한국의 계엄령으로 보면 된다.

해가자"고 말했다. 1차 정권의 연두 기자회견 때 나왔던 "올해는 헌법이 시행된 지 60년이 된다. 새로운 시대에 적합한 헌법을 만들어가겠다는 의지를 지금이야말로 명확히 해야 한다"는 주장보다는 확실히 억제된 발언이었다.

일본 헌법의 역사

헌법은 한 나라의 존재양식과 정체성을 내외에 알리는 일종의 '자기소개서' 같은 역할을 한다. 대한민국 헌법은 한국의 정체성을 "3·1운동으로 건립된 대한민국임시정부의 법통과 불의에 항거한 4·19 민주이념을 계승한다"고 규정하고 있고, 1조 1항에서는 "대한민국은 민주공화국"임을, 2항에서는 "대한민국의 주권은 국민에게 있고, 모든 권력은 국민으로부터 나온다"고 밝히고 있다.

그러나 일본 헌법의 내용은 사뭇 다르다. 일본국헌법도 전문에서 "주권은 국민에게 존재한다"고 선언하지만, 이어지는 1조부터 8조까지의 조항은 천황의 지위와 역할을 규정하는 내용으로 구성돼 있다. 일본국헌법 1조는 "천황은 일본국의 상징이며 일본 국민 통합의 상징으로 그 지위는 주권을 가진 일본 국민의 총의에 기반한다." 2조는 "황위는 세습하는 것으로 국회가 결의한 황실전범이 정하는 바에 따라 계승한다"고 명시돼 있다. 두 나라의 헌법을 비교해 읽어보면, 공화국인 대한민국과 천황제 국가인 일본은 완전히 다른 국체를 갖고 있음을 절감할 수 있다.

천황과 관련된 조항이 모두 끝난 뒤 비로소 일본국헌법의 '평화 조항'인 9조가 나온다. 9조는 "일본 국민은 정의와 질서를 기초로 하는 국제평화를 성실히 희구하고, 국권의 발동에 해당하는 전쟁과 무력에 의한 위협 또는 그 행사를 국제분쟁의 해결 수단으로 영원히 포기한다"(1항), "전항의 목적을 달성하기 위해 육해공군과 그 밖의 전력은 보유하지 않는다. 국가의 교전권은 인정하지 않는다(2항)"는 내용으로 구성돼 있다. 따라서 일본 헌법을 개정하려면 가장 먼저 천황의 지위와 역할에 대해, 그 다음에는 9조를 어떻게 처리할지를 두고 의견을 모아야 하는 구조인 셈이다. 일본 헌법의 주요 내용을 확인하면서 헌법의 변천사를 따라가보자.

〈일본 헌법 조문 비교〉

	대일본제국헌법(1889년)	일본국헌법(1946년)	자민당의 헌법개정 초안(2012년)
천황의 지위	1조 대일본제국은 만세일계萬世一系의 천황이 이를 통치한다.	1조 천황은 일본국의 상징이며 일본 국민 통합의 상징으로 그 지위는 주권을 가진 일본 국민의 총의에 기반한다.	1조 천황은 일본의 원수이며 일본 및 일본 국민 통합의 상징으로, 그 지위는 주권을 갖는 일본 국민의 총의에 기반한다.

	3조 천황은 신성하며 (그 권위 등이) 침범되어서는 아니된다.	3조 천황의 국사에 대한 모든 행위는 내각의 조언과 승인을 필요로 하고 내각이 그 책임을 진다.	3조 국기는 일장기이고 국가는 기미가요이다. 일본 국민은 국기와 국가를 존중해야 한다.
	4조 천황은 국가의 원수로서 통치권을 총람하고, 헌법의 조문에 의해 이를 시행한다.	4조 천황은 국정에 관한 권능은 갖지 않는다.	4조 연호는 법률에 정하는 바에 따라 황위의 계승이 있을 때 제정한다.
군의 지위	11조 천황은 육해군을 통수한다.	9조 일본 국민은 정의와 질서를 기초로 하는 국제평화를 성실히 희구하고, 국권의 발동에 해당하는 전쟁과 무력에 의한 위협 또는 구 행사를 국제분쟁의 해결 수단으로 영원히 포기한다(1항). 전항의 목적을 달성하기 위해 육해공군과 그 밖의 전력은 보유하지 않는다. 국가의 교전권은 인정하지 않는다(2항).	9조 일본국민은 정의와 질서를 기조로 하는 국제평화를 성실히 희구하고, 국권의 발동에 해당하는 전쟁을 포기하며, 무력에 의한 위협 및 무력의 행사는 국제분쟁을 해결하는 수단으로서 사용하지 않는다(1항). 전항의 규정은 자위권의 발동을 제한하는 것은 아니다(2항). 9조의 2 우리 나라의 평화와 독립 및 국가와 민족의 안전을 확보하기 위해 내각총리대신을 최고지휘관으로 하는 국방군을 보지한다. 2. 국방군은 전항의 규정에 의한 임무를 수행할 때는 법률이 정하는 바에 따라 국회의 승인과 그 외의 통제에 복종한다. 3. 국방군은 1항의 규정하는 임무를 수행하기 위한 활동 외에도 법률이 정하는 바에 따라 국제사회의 평화와 안전을 확보하기 우한 국제적인 협조로서 이뤄지는 활동 및 공공의 질서를 유지하고 또 국민의 생명 또는 자유를 지키기 위한 활동을 시행하는 게 가능하다.

	12조 천황은 육해군의 편제와 상비병의 수를 정한다.	12조 이 헌법이 국민에게 보장하는 자유와 권리는 국민의 부단한 노력에 의해 보지保持되어야 한다. 또 국민은 이를 남용하면 안 되며 항상 공공의 복지를 위해 이를 이용할 책무를 진다.	
인권 관련 조항		13조 모든 국민은 개인個人으로서 존중받는다. 생명, 자유 및 행복 추구에 대한 국민의 권리는 공공의 복지에 반하지 않는 한 입법, 그 밖의 국정에서 최대한 존중할 필요가 있다. 97조 이 헌법이 일본 국민에게 보장하는 기본적 인권은 인류의 오랜 자유 획득의 노력의 성과이며 이 권리는 과거 여러 시련을 견뎌낸 현재 및 미래의 국민에 대해 침해 불가능한 영구의 권리로 신탁되어진 것이다.	13조 모든 국민은 사람人으로서 존중받는다. 생명, 자유 및 행복 추구에 대한 국민의 권리는 공익 및 공공질서에 반하지 않는 한 입법 및 그 밖의 국정에서 최대한 존중해야 한다. 97조 삭제

일본 헌법이 제정된 때는 1889년 2월이다. 메이지유신으로 서구 열강과 어깨를 나란히 하는 근대국가를 만들려 했던 일본은 당시 세계 조류에 따라 성문화된 헌법을 만드는 작업에 돌입했다. 1882년 세계 각국의 헌법을 시찰하고 돌아온 이토 히로부미가 맞닥뜨린 가장 큰 난제는 천황을 근대적인 성문법 체계 속

에 어떻게 위치 지을까였다. 초안 작성에 나섰던 법제국 관료 이노우에 고와시井上毅(1843~1895)는 이 문제를 해결하기 위해 천황이 일본 역사에서 어떤 위치였는가에 대해 연구했다. 그가 주목했던 것은 초대 진무천황(기원전 660년 즉위)으로부터 메이지 천황까지 한번도 끊기지 않고 이어져 온 천황가의 순수한 혈통이었다. 그래서 1889년 공포된 '대일본제국헌법'의 1조는 "대일본제국은 만세일계萬世一系의 천황이 이를 통치한다"로 정해졌고, 11조에서는 "천황은 육해군을 통수한다"고 못 박아 오직 천황만이 군에 대한 통수권을 갖는다고 명문화했다. 그러면서도 4조에서는 "천황은 국가의 원수로서 통치권을 총람하고, 헌법의 조문에 의해 이를 시행한다"고 정해 일본이 천황 개인의 독단이 아닌 법률에 의해 지배되는 입헌군주국임을 명확히 했다.

그러나 이후 일본의 역사가 증명하듯 천황의 절대권을 강조한 헌법 1·11조와 천황의 지배도 법률에 의한 것이어야 한다는 4조는 양립할 수 있는 게 아니었다. 천황의 뜻이 우선일까? 국민의 손에 의해 선출된 국회의 뜻이 우선일까? 아슬아슬하게 이어지던 둘 사이의 긴장이 폭발한 계기는 1930년 런던 해군군축조약을 둘러싸고 터진 '통수권 논란'이었다. 이 조약에 의해 해군이 보유할 수 있는 함선 수가 제한을 받게 되자 일본 우익은 "정부가 군에 대한 천황의 통수권을 침범했다"며 거세게 반발했다. 조약 추진의 책임자였던 하마구치 오사치濱口雄幸(1870~1931) 총리가 1930년 11월 우익의 총격을 받아 쓰러졌고, 이후 등장한 이누카이 쓰요시犬養毅(1855~1932) 총리도 관동군이 상부의 허가 없이 저지른 1931년 9월 만주사변의 승인을 거부하다 황도파 청년 장교들에게 참살당했다. 천황의 통수권을 명분으로 누구로부터도 감시받지 않는 무소불위의 권력을 쥔 군부가 탄생한 것이다. 결국 천황의 절대 권위를 등에 업은 군부는 미국을 상대로 무모한 전쟁을 일으켜 국가 전체를 패망의 길로 이끌게 됐다.

일본국헌법의 제정

앞에서 설명했듯이 일본이 전쟁의 참화 속으로 빠져들게 된 원인은 대일본제국헌법 내에 존재하는 천황 규정의 모순 때문이었다. 이 모순을 합리적으로 해소하는 게 연합군최고사령부가 추진한 대일 점령정책의 핵심 목표일 수밖에 없었다. 일본헌법의 개정 작업은 두 단계의 우여곡절을 거쳐 마무리됐다. 1단계는 일본이 자체적으로 개헌을 시도하는 과정이었다. 1945년 제2차 세계대전에서 승리해 일본을 점령한 더글러스 맥아더 Douglas MacArthur(1880~1964) 연합군최고사령관은 일본을 파멸적인 전쟁으로 몰아넣은 대일본제국헌법을 근본적으로 개정해야 한다고 판단했다. 패전 직후인 1945년 10월 취임한 시데하라 기주로幣原喜重郎(1872~1951) 총리는 이 같은 맥아더의 의향을 받아 안아 1945년 10월 25일, 상법 전문가인 마쓰모토 조지松本烝治(1877~1954) 박사를 위원장으로 하는 헌법문제조사연구회를 발족해 개헌 작업을 시작했다.

마쓰모토 위원회가 제시한 헌법개정의 원칙은 "천황이 통치권을 총람한다"는 기존 헌법의 뼈대에는 손대지 않는다는 것이었다. 그 때문에 마쓰모토안은 천황 주권에 대한 옛 헌법 조문이 그대로 유지된 수구적인 내용이 될 수밖에 없었다. 군부가 천황의 권위를 등에 업고 폭주하게 만든 11조 통수권 규정에 대해서도 '육해군'을 '군'으로 수정하는 정도의 미세조정에 그치고 말았다. 마쓰모토안은 1946년 2월 1일 『마이니치신문』의 단독 보도를 통해 외부로 공개됐다.

2단계는 연합군총사령부가 직접 개헌에 개입하게 되는 국면이다. 언론 보도를 통해 공개된 마쓰모토안에 크게 실망한 맥아더는 일본의 개헌 작업에 직접 개입하기로 결심했다. 그는 2월 3일 "일본이 헌법을 잘 개정하도록 우리가 도와줄 수 있다"며 코트니 휘트니Courtney Whitney(1897~1969) 민정국장을 불러 ① 천황의 지위는 보전한다 ② 국가의 주권적 권리인 전쟁을 폐기한다 ③ 일본의 봉건제도를 폐지한다는 3대 원칙을 담은 총사령부의 독자안을 만들 것을 명령했다. 휘트니의 지시를 받은 민정국 직원 25명은 4일부터 12일까지 9일 동안 초안을 완성했다. 그리고 이 안은 2월 13일 요시다, 마쓰모토 등 일본 정부 대표단에게 전달됐다. 아베 등 일본 우익이 일본 헌법을 두고 "며

칠 안에 날림으로 만들어진 것"이라고 비하하는 것은 이 때문이다.

맥아더안을 받아 든 일본 정부는 일본의 실정에는 마쓰모토안이 더 적합하다고 항의했지만 받아들여지지 않았다. 일본 정부는 3월 2일 맥아더초안을 기초로 한 일본 정부안을 완성해 연합군총사령부와 문안 조정을 거쳐 4월 17일에 공개했다. 이 안은 중의원·귀족원의 의결, 히로히토 천황의 재가 등을 거쳐 11월 3일에 공포됐다.

새 헌법에서 천황의 지위는 일본의 통치권을 총람하는 국가원수에서 "일본국의 상징이며 일본 국민 통합의 상징으로 그 지위는 주권을 가진 일본 국민의 총의에 기반"(1조)하는 것으로 바뀌었다. 그와 함께 누구도 천황의 권위를 빌려 폭주하지 못하도록 4조에서는 "천황은 국정에 관한 권능은 갖지 않는다"고 못 박았다. 또 9조에는 평화조항을 삽입했으며, 13조에는 "모든 국민은 개인個人으로서 존중받는다. 생명, 자유 및 행복 추구에 대한 국민의 권리는 공공의 복지에 반하지 않는 한 입법, 그 밖의 국정에서 최대한 존중할 필요가 있다"는 내용을 넣었다. 그러면서 97조에서는 "이 헌법이 일본 국민에게 보장하는 기본적 인권은 인류의 오랜 자유 획득의 노력의 성과이며 이 권리는 과거 여러 시련을 견뎌낸 현재 및 미래의 국민에 대해 침해 불가능한 영구의 권리로 신탁되어진 것"이라는 '기본적 인권' 조항도 포함시켰다.

대부분의 일본인들이 개정된 헌법을 기쁜 마음으로 받아들

였다. 새로운 헌법의 등장으로 '천황주권' 사회였던 일본이 비로소 '국민주권' 사회가 됐고, 천황의 충량한 신민에서 모든 국민이 "개인으로 존중"(13조)받는 사회로 거듭났기 때문이다. 일본의 평화헌법을 수호하기 위한 '9조의 모임'9条の会을 만들어 활동하고 있는 노벨문학상 수상자(1994년)인 오에 겐자부로大江健三郎(1935~)는 당시 상황을 아래와 같이 회상했다.

> 전쟁이 끝나고 2년이 지나 내가 열두 살이 됐을 때 지금의 새로운 헌법이 만들어졌다. 당시 학교 선생님께서 새로 만들어진 헌법에는 '개인의 권리에 관한 내용과 앞으로 일본이 전쟁을 하지 않겠다는 맹세가 들어 있다'는 얘기를 해줬다. 그런 얘기가 매우 신선하게 들렸고, 덕분에 매우 큰 희망을 갖게 됐다. 그래서 나는 공부를 하고 대학을 가기로 결심했다.
>
> 나는 어릴 때부터 아시아에서 일본이 어떻게 살아갈 것인가를 세계에서 일본이 어떻게 살아갈 것인가보다 늘 먼저 생각해왔다. 일본은 중국을 침략했고 한국의 땅과 사람을 일본의 것으로 만들었다. 그럼에도 아시아에서 일본이 저지른 일에 대한 속죄가 전혀 이뤄지지 않았다. 적어도 전쟁을 기억하고 있는 우리들은 평생 아시아에서 일어난 일을 기억하고 속죄해야 한다는 게 내 생각의 근본이다. 그 정신이 평화헌법 9조에 표현된 것이다.[1]

오에가 이 발언을 남긴 것은 2014년 6월 13일 도쿄 세타가야구의 자택에서 김영호 경북대 명예교수와 함께 『한겨레』 대담을 진행하는 과정에서였다. 오에처럼 직접 전쟁을 경험한 세대가 현행 헌법에 대해 갖고 있는 자긍심과 고마움 등을 뼈저리게 느낄 수 있었다.

오에와 같은 연배인 아키히토明仁(1933~) 천황도 같은 마음이었다. 그는 2013년 12월, 80세 생일을 맞아 진행한 기자회견에서 지난 인생에서 가장 기억에 남는 일을 '전쟁'으로 꼽으며, "앞날에 꿈을 가진 많은 젊은이들이 젊은 날에 목숨을 잃은 사실을 생각하면 너무 가슴이 아프다. 평화와 민주주의를 반드시 지켜야 하는 소중한 것으로 생각해 일본 헌법을 만들었고 여러 개혁을 시행해 오늘에 이르렀다. 전쟁으로 황폐해진 국토를 재건하려고 여러 사람들이 쏟아부은 노력에 깊은 감사의 마음을 갖고 있다"고 말했다. 천황이라는 엄격한 신분 제약 속에서도 현행 헌법에 대한 고마움과 지지를 최선 다해 표현한 것이다.

아베는 평화헌법이 '강요된 것'이라고 주장했지만 당시 일본인들은 그렇게 생각하지 않았다. 결과적으로도 일본은 평화헌법 아래서 전후 70년이 넘는 시간 동안 단 한 번도 전쟁을 겪지 않은 '평화 국가'로 남을 수 있었다. 연립여당인 공명당에서 개헌 문제를 담당하는 기타가와 가즈오北側一雄(1953~) 의원마저도 아베가 주장하는 '강요론'에 대해 "헌법은 국민들에게 넓게 침투해 지지를 받아왔다. 강요된 헌법이라는 주장 자체는 이제와 의미가 없다"는 견해를 밝혔다.

헌법 96조

개헌에 대한 아베의 침묵은 오래 지속되지는 않았다. 그가 1차적으로 생각해낸 것은 정공법이 아닌 우회로였다. 일본에서 헌법을 발의하려면 헌법 96조 규정에 따라 중·참의원 모두에서 3분의 2 이상의 의석을 확보해야 한다. 그러나 당시 자민당-공명당 연립정권은 개헌 의석을 확보하지 못한 상태였기에 개헌을 추진하려면 96조라는 장애물을 제거할 필요가 있었다. 복선은 이전부터 예고돼 있었다. 자민당이 야당 시절이었던 2012년 4월에 발표한 헌법개정안을 보면, 96조의 개헌 요건을 '3분의 2 이상'에서 '과반수 이상'으로 바꾸자고 제안하고 있다. 아베는 이 내용을 2012년 12월 자민당의 중의원 선거 공약집에도 넣었다.

아베가 개헌 정족수를 완화하는 '96조 개헌'을 추진하고 있다는 사실이 2013년 3월부터 일본 언론 보도를 통해 새어 나오기 시작했다. 공식적인 입장이 나온 것은 그로부터 한 달 정도가 지난 뒤였다. 아베는 4월 23일 참의원 예산위원회에서 독일 등 다른 패전국들과 달리 일본이 지금까지 한번도 개헌을 하지 못했던 이유는 96조의 "개정 조항이 매우 엄격"하기 때문이라고 지적했다. 그러면서 "96조의 개정에 대해 많은 의원들로부터 찬성을 얻는 게 가능하지 않을까 한다. (중략) 자민당의 총재로서 꼭 이 96조의 개정에 도전하고 싶다"고 선언했다. 또한 7월에 치를 참의원 선거에서 96조 개헌을 주요 공약으로 내세우겠다는 뜻도 함께 밝혔다.

이에 대한 여론의 반응은 싸늘하기 그지없었다. 헌법학자인 고바야시는 "절대 안 된다. 〔아베는〕 헌법이 뭔지 전혀 알지 못하는 듯하다"(『아사히신문』, 4월 9일 인터뷰)고 반대 의사를 분명히 했고, 저명한 헌법학자인 하세베 야스오長谷部恭男(1956~) 와세다대 교수(당시 도쿄대 교수)도 "절차를 용이하게 하면 그 당시 다수파의 당파적 생각에 따라 〔개헌안이〕 발의될 가능성이 있다"며 경계의 목소리를 높였다. 일반 여론도 마찬가지였다. 4월 초 진행된 『아사히신문』의 설문조사에서 아베의 '96조 개헌'에 대한 반대 의견은 과반을 넘는 52퍼센트(찬성은 39퍼센트)를 기록했다.

결국 아베는 '작전상 후퇴'를 선택했다. 1차 정권의 처절한 실패를 통해 배운 유연한 자세였다. 아베는 5월 14일 참의원 예산위원회에서 "96조 개정에 대해 반대 의견이 많은 게 사실이다. 3분의 2가 찬성을 해서 국민투표에 붙인다 해도 〔국민들이 반대한다면 개헌안이〕 부결될 것"이라고 말했다. 결국 자민당은 2013년 7월 21일 참의원 선거에서 '96조 개헌'이 아닌 아베노믹스 등 경제 정책을 전면에 내세워 다시 한번 대승을 거뒀다.

개헌인가, 괴헌인가

일본 헌법학의 석학인 히구치 요이치樋口陽一(1934~) 도쿄대 명예교수와 고바야시는 2016년 3월 『헌법개정의 진실』이라는 흥미로운 대담집을 출간했다. 이 대담집은 '아베 개헌론'의 본질을 노련한 헌법학자의 시선을 통해 분석하고 있다는 점에서 일독해볼 만한 가치가 있다. 이 대담집에서 가장 흥미로운 부분은 1980년대부터 30여 년 동안 자민당의 헌법 관련 연구모임에 참여해왔던 고바야시가 고발하는 자민당 우파 의원들의 '왜곡된' 헌법관이다. 애초 고바야시가 자민당의 개헌론에 참여했던 이유는 "시대의 변화에 맞게 헌법을 개정해가는 것 자체가 결코 금기는 아니"[2]라는 철학 때문이었다. 그러나 시간이 지나면서 그는 지금의 아베 정권이 진행하는 개헌은 개헌改憲이 아닌 헌법을 파괴한다는 의미의 '괴헌'壞憲이라며 "절대로 개헌을 하게 해서는 안 된다"고 "온몸을 바쳐 저항"[3]하는 중이다.

고바야시는 헌법이 다른 법률과 달리 중요한 특징을 갖는다고 강조한다. 일반 법률이 '국민들이 무엇을 해야 하는지 혹은 무엇을 하지 말아야 할지'를 규정한다면, 헌법은 국민이 아닌 권력의 활동을 제약하기 때문이다. 그러나 자민당에는 이 같은 사실을 "몇 번이고 설명을 해도 이해를 하지 못하는"[4] 사람들이 있었다. 그들은 "국민이 자신의 권리만을 주장하고 공공을 생각하는 마음을 잊어버리고 말았다." "일본국헌법에는 '권리'라는 말은 20여 회 나오지만, 국민에게 부과된 의무는 세 개뿐이다." "국회의원에게는 헌법옹호의무라는 귀찮은 것도 부과돼 있다"[5]는 말들을 당당히 쏟아냈다고 한다. 심지어 이런 일도 있었다. 고바야시는 2006년 중의원 '일본국헌법에 관한 조사특별위원회'에 참고인으로 불려간 적이 있다. 고바야시는 평소 지론대로 "권력은 늘 남용되는 것이고, 실제 남용되어 온 역사적 사실이 있다. 그럴수록 헌법은 국가권력을 제약해 국민의 인권을 지켜야 한다"고 말했다. 그랬더니 아베의 최측근 가운데 한 명인 다카이치 사나에高市早苗(1961~ , 총무상 역임)가 "저는 그런 헌법관을 취하지 않겠다"[6]고 공개적으로 반발했다. 국가가 국민의 생명·영토·독립 등을 지키기 위해서는 "국가에게 새로운 권한을 줄 필요가 있다"는 이유에서였다. 이는 다카이치만의 생각이 아니었다. 아베도 2014년 2월 3일 중의원 예산위원회에서 헌법이 "국가권력을 속박하는 것이라는 사고방식이 있지만, 이것은 예전에 왕권이 절대 권력을 갖고 있던 시대의 주류적인 사고"라고 말했다. 아베가 추진하려는 개헌 방향이 권력자를 제한하려는 게 아니라 국민을 제약하기 위한 것임을 분명히 드러낸 셈이다.

고바야시에 따르면 2000년대 중반까지만 해도 자민당이 공식적으로 밝히는 헌법 인식에는 큰 문제가 없었다. 자민당에서 개헌 논의를 이끌어 온 의원들 가운데 나카야마 다로中山太郎(1924~)와 같이 '온건하고 열심히 공부하는' 정치인들이 많았기 때문이다. 2009년 8월, 중의원 선거의 참패로 자민당이 민주당에게 정권을 뺏기자, 자민당의 헌법관이 일그러지기 시작했다. 이 선거에서 온건한 성향의 '자수성가형' 의원들은 대거 낙선하고, 머리는 나쁘지만 대대로 이어온 강력한 지역 기반 덕분에 선거에서는 필승을 거두는 '세습의원'만이 생존했기 때문이다. 고바야시는 "이를 통해 자민당 의원들의 평균적인 레벨이 크게 떨어졌다"고 한탄했다. 그리고 이 같은 자민당의 질적 저하는 2012년 4월 자민당이 내놓은 '헌법개정 초안'에 그대로 반영된다.

이 헌법개정안을 만든 자민당 헌법개정추진본부의 면면을 살펴보자. 최고 고문에 아베, 아소 다로麻生太郎(1940~) 부총리, 부회장에 유력한 차기 총리 후보인 이시바 등이 이름을 올리고 있다. 이 추진본부의 실무를 담당했던 사무국장은 2015년 10월 한국을 방문해 한민구 국방장관에게 "한국이 영향을 끼치는 영역은 휴전선 이남"이라고 발언해 물의를 빚은 나카타니 겐中谷元(1957~) 전 방위상이다. 이제 개정 내용을 살펴보자. 개정안의 1조에는 "천황은 일본의 원수"라는 표현이 포함됐고, 3조에는 "국기는 일장기이고 국가는 기미가요다. 일본 국민은 국기와 국가를 존중해야 한다"며 애국심을 강조하고 있다. 9조에서는 1항의 전쟁을 포기한다는 구절을 유지하면서도 이것이 "자위권의 발동을 제한하는 것은 아니다." "내각총리대신을 최고지휘관으로 하는 국방군을 보지한다"는 구절을 새로 추가했다.

한국에서는 일본의 개헌을 논할 때 9조의 변경에만 초점을 두는 경향이 있다. 이 조항이 훼손되면 일본이 다시 '전쟁할 수 있는 나라'가 되어 동아시아 정세에 불안 요인이 될 수 있기 때문이다. 그러니 자민당 초안은 9조뿐 아니라 다른 조항에서도 헌법이라 부르기 힘든 여러 근본적인 결함을 안고 있다. 특히 히구치와 고바야시가 우려하는 것은 이 개정안이 일본국헌법에 존재했던 '개인'이라는 개념을 삭제하고 있다는 점이다. 일본국헌법의 13조는 아래와 같다.

> 모든 국민은 개인個人으로서 존중받는다. 생명, 자유 및 행복 추구에 대한 국민의 권리는 공공의 복지에 반하지 않는 한 입법, 그 밖의 국정에서 최대한 존중할 필요가 있다.

그런데 자민당은 이를 다음과 같이 바꾸자고 제안했다.

> 모든 국민은 사람人으로서 존중받는다. 생명, 자유 및 행복추구에 대한 국민의 권리는 공익 및 공공질서에 반하지 않는 한 입법 및 그 밖의 국정에서 최대한 존중해야 한다.

이에 대해 두 학자는 "모든 국민이 개인으로서 존중받는다는 것이 현행 헌법의 가장 중요한 점"이라며, 이를 '사람'으로 바꿀 경우 인간의 가치가 각각의 개성을 가진 '개인'이 아닌 "개, 고양이, 돼지, 원숭이와 다른 종류의 생물"이라는 정도로 위축되고 만다고 지적했다.

12조 국민의 책무 조항도 적지 않은 문제를 안고 있다. 우선 현행 헌법은 아래와 같다.

> 이 헌법이 국민에게 보장하는 자유와 권리는 국민의 부단한 노력에 의해 보지保持되어야 한다. 또 국민은 이를 남용하면 안 되며 항상 공공의 복지를 위해 이를 이용할 책무를 진다.

이를 자민당의 개정 초안은 다음과 같이 변경했다.

> 이 헌법이 국민에게 보장하는 자유와 권리는 국민의 부단한 노력에 의해 보지되어야 한다. 국민은 이를 남용하면 안 되며 자유와 권리에는 책임과 의무가 따른다는 점을 자각해 항상 공익과 공공의 질서에 반해서는 안 된다.

히구치는 이에 대해 "국민은 애초 인권을 갖고 있다. 국가는 이를 존중하고 옹호해야 할 의무가 있다. 따라서 〔자민당 초안이 주장하듯〕 '국민은 권리를 갖고 있으니 국가에 대해 의무를 지는 것은 당연하다'는 논리는 성립하지 않는다"고 비판했다. 또 자민당 초안은 현행 일본국헌법의 중요한 특징 가운데 하나인 97조 '기본적 인권' 조항을 전면 삭제했다. 두 교수는 이 같은 이유를 들어 2012년 자민당 초안은 "헌법이라 부를 수도 없는 것"(히구치)[7], "근대 헌법으로서 결격"(고바야시)[8]이라는 혹평을 내렸다. 그렇다면 이 같은 질 낮은 개정 초안이 만들어진 이유는 무엇일까. 고바야시의 설명을 들어보자.

자민당 국회의원은 대부분 외교부회나 후생노동부회 등 수십 명 단위로 구성된 당내 부회〔의원 모임〕에 소속돼 있다. 헌법과 관련된 모임으로는 〔2012년 4월 개헌안을 내놓은〕 헌법개정추진본부가 있다. 헌법은 다른 분야와 달리 이권이 개입되지 않아 표도 돈도 되지 않는다. 따라서 추진본부는 지역 기반이 강해 〔별 다른 어려움이 없이 선거에서〕 이길 수 있는 세습의원들로 채워지는 경향이 있다. 이 흐름을 더 강화시킨 것이 2009년 중의원 선거의 대패였다. 아쉽게도 나카야마 의원과 같은 실력파 의원이 낙선해 현재 추진본부에는 2세뿐 아니라 3세, 4세 등 세습의원에다 공부도 안 된 주제에 헌법 개정에 집착하는 '개헌 마니아'들만 남게 됐다. 이것은 무엇을 의미할까. 현재 자민당 내에서 헌법에 대해 집중적인 연구를 하는 의원 대부분은 전쟁 전의 기성establishment층, 즉 보수 지배층의 자손 혹은 그 추종자들이라는 것이다.[9]

개헌 마니아인 세습의원들이 추구하는 일본사회는 그들의 조상이 청운의 품을 꿈꿨으며, 일본이 아시아 각 지역에 정력적으로 세력을 확장해가던 '메이지시대'의 일본이다. 고바야시는 이를 근거로 "전쟁 전의 메이지 헌법(대일본제국헌법) 시대로 돌아가고 싶어 견딜 수 없는 이들이 마치 메이지 헌법과 같은 고색창연한, 근대 헌법으로부터 일탈된 초안을 만들었다. 옛 체제로 복귀하겠다는 것이 이 초안의 정체"라는 결론을 내린다. 히구치의 반응은 그보다 더 신랄하다. 그는 메이지 헌법을 만드는 과정에서 이토 히로부미가 남긴 발언("헌법을 만드는 정신은 제1은 군권을 제한하고 제2는 신민의 권리를 보호하는 것"[10])을 소개하며, 현재 자민당 세습의원들의 헌법관이 메이지시대 정치가들 수준에도 미치지 못한다는 사실을 폭로했다.

자민당의 헌법개정 초안

96조 개헌을 포기한 아베는 한동안 개헌 논의에서 발을 뺐다. 그 대신 역대 일본 정부가 오랫동안 "행사할 수 없다"는 일관된 입장을 지켜온 집단적 자위권을 행사할 수 있도록 '헌법 해석'을 변경하는 움직임에 나섰다. 일본의 입헌 민주주의를 훼손했다는 엄청난 비판 속에서 이 작업이 마무리된 때는 2015년 9월이었다. 그리고 집단적 자위권을 둘러싼 논란이 어느 정도 잠잠해진 2016년 7월 10일, 참의원 선거가 치러졌다. 이 선거에서 아베는 민진당·공산당·생활당·사민당 등 '야권 연대'의 견제를 꺾고 다시 한번 대승을 거뒀다. 그 결과 자민당·공명당으로 구성된 연립여당과 개헌에 찬성하는 보수 야당을 합친 '개헌 세력'은 중·참의원 모두에서 개헌 정족수인 '3분의 2 이상'의 의석을 확보하는 데 성공했다. '개헌'을 당시로 삼고 있는 자민당이 1955년 11월 창당 이후 처음으로 실제 헌법을 개정할 수 있는 절체절명의 기회를 잡은 것이다.

일본 헌정 사상 처음으로 '개헌이 가능한' 의석을 확보하게 된 아베는 선거 다음날인 11일 기자회견에 나섰다. 이날 아베의 입에서 튀어나온 단어는 다름 아닌 '2012년 자민당의 헌법개정 초안'이었다. 그는 "헌법과 관련해 우리는 이미 초안을 갖고 있다. 〔자민당〕 헌법개정 초안을 '베이스'〔기초〕로 삼아 3분의 2의 동의를 구축하겠다"고 말했다. 헌법학자들로부터 헌법이라 볼 수도 없다고 혹평받아온 개정 초안을 기초로 개헌을 추진해 가겠다는 각오를 밝힌 것이다. 일본 여론은 이 발언을 싸늘하게 받아들였다. 『아사히신문』은 물론이고 개헌에 호의적이었던 『요미우리신문』 등 보수 언론마저 자민당의 헌법개정 초안을 "철회할 것"을 요구하는 사설을 내보냈다. 그러자 아베는 다시 개헌에 대해 '신중 모드'로 돌아섰다. 아베는 8월 3일 기자회견에서 "헌법개정은 보통 법률과 달리 3분의 2가 찬성하면 발의하는 것으로 국회가 그 역할을 담당한다. 그러나 국회는 발의만 할 뿐이며, 국민투표를 통해 과반수의 찬성을 얻어야 한다. 여당이 찬성한다고 〔개헌을〕 할 수 있는 것은 아니다"라고 말했다. 그는 9월

26일 국회 소신표명 연설에서도 "헌법이 어떤 모습을 갖춰야 하는지를 결정하는 것은 국민"이라고 한껏 몸을 낮췄다. 이에 호응하듯 야스오카 오키하루保岡興治(1939~) 자민당 헌법개정추진본부장도 10월 18일 자민당 헌법개정 초안을 "헌법심사회에 그대로 제출할 생각은 없다"고 말했다. 이로써 자민당이 2012년 4월 초안을 기초로 개헌 논의를 주도해갈 가능성은 일단 사라지게 됐다.

개헌을 둘러싼 급박한 흐름 속에서 일본에서는 두 개의 매우 '미묘한' 변화가 일어났다. 첫째는 아베의 임기 연장이다. 그동안 일본사회에서는 개헌을 둘러싼 다양한 주장이 이어져왔다. 그러나 개헌 세력의 정족수가 확보되지 않은 상황에서 나왔던 이전의 개헌론은 자신의 정치적 선명성을 밝히기 위한 '선언적' 성격이 짙었다. 그러나 이제는 상황이 달라졌다. 개헌이 현실적인 정책 목표로 떠오른 것이다. 그러자 자민당은 2017년 3월 당규를 개정해 총재 임기를 '2기 6년'에서 '3기 9년'으로 연장했다. 이를 통해 아베의 임기는 2018년 9월에서 최장 2021년 9월까지로 늘어났다. 아베 입장에서는 충분한 시간을 갖고 개헌에 도전할 여유를 갖게 된 셈이다.

둘째는 천황의 움직임이다. 참의원 선거가 치러지고 사흘이 지난 2016년 7월 13일, NHK는 매우 기묘한 특종을 내놓는다. 아키히토가 살아생전에 왕위를 아들인 나루히토德仁에게 물려주고 싶다는 뜻을 밝혔다고 보도한 것이다. 필자도 13일 밤 갑작스레 튀어나온 이 보도를 보고 허겁지겁 기사를 썼던 기억이 난다. 천황의 '생전퇴위' 의사 표명이 아베가 추진하는 개헌을 견제하려는 것이라고 단정할 수는 없다. 그러니 천황이 생전퇴위 의사를 밝힌 뒤 아베 발 개헌 논의가 다소 지체되고 있는 것은 사실이다.

일본 내 개헌 논의의 방향을 예측하려면 앞으로 두 가지 움직임에 주목해야 한다. 하나는 개헌안을 심의하는 헌법심사회의 동향이다. 아베는 2017년 1월 5일 자민당 시무식에 참석해 "새로운 시대에 적합한 헌법은 어떤 모습일지에 대한 논의를 심화해 올해에는 그 기본적인 틀을 만들고 싶다"고 말했다. 이어 일본의 헌법기념일인 5월 3일 『요미우리신문』과 진행한 인터뷰에서 "자위대 합헌화가 내 시대의 사명이다. 2020년을 '새로운 헌법'이 시행되는 해로 삼고 싶다"며 처음 구체적인 개헌 시점을 못 박았다. 아베는 7월 2일 치러진 도쿄도 의회 선거에서 고이케 도지사가 이끄는 '도민 퍼스트회'에 참패한 이튿날, 『마이니치신문』과 진행한 인터뷰에서도 "자위대가 헌법 위반인지 아닌지에 대한 논의를 내 세대에서 종지부 찍어야 한다고 결의했다"며 개헌에 대한 뜻을 꺾지 않았다.

또 하나는 일본회의의 동향이다. 103쪽에서 언급했듯이 일본회의는 2014년 10월 '국민의 모임'이라는 별도 조직을 만들어 아베의 개헌 작업을 지원하기 위한 태세를 갖췄다. 아베가 이따금 개헌과 관련해 "국민적 논의를 심화해가는 게 중요하다"고 말하는 것은 이들의 존재가 있기 때문이다. 이에 맞서 일본 진보 진영은 2015년 9월 안보법제 반대 투쟁을 이끌었던 '9조의 모임'과 '전쟁을 시키지 않는다·헌법을 부수지마! 총결집행동실행위원회' 등의 조직을 만들었다.

아베가 2020년을 앞둔 어느 시점에 개헌을 결심하는 순간, 일본에서는 일본회의와 호헌단체 사이에 도요토미豊臣 가문과 도쿠가와徳川 가문이 천하를 걸고 싸운 세키가하라関が原 전투* 에 필적할 만한 대격전이 벌어질 것이다. 기시의 오랜 염원이 아베를 통해 실현될 수 있을까? 파국은 생각보다 가까이에 있는지도 모른다.

* 1600년 9월 15일(양력으로는 10월 21일), 일본 중부 노비평야의 세키가하라에서 벌어진 전투를 말한다. 풍전등화와 같은 운명의 도요토미 가문을 위해 떨쳐 일어선 이시다 미쓰나리石田三成의 서군 8만 4,000여 명과 '덴카토리'(천하를 취할)의 야심을 구체화해가던 도쿠가와 이에야스가 이끈 동군 7만 4,000여 명이 이 벌판에서 맞붙었다. 역사는 이날을 히데요시 사후 일본의 운명을 가른 '결정적인 하루'로 기억하고 있다.

7장

12·28합의

© 연합뉴스

장기간 지속됐던 한일 간 위안부 문제는 2015년 12월 28일, 일본의 완벽한 승리로 끝났다. 일본 정부는 위안부 피해 할머니들이 오랜 시간 요구해온 법적 책임을 끝내 인정하지 않았고, 아베는 할머니들에게 사죄 편지 보내기를 거부했다. 그럼에도 일본 정부는 10억 엔이라는 '푼돈'으로 위안부 문제를 "최종적 그리고 불가역적"으로 해결하는 데 성공했다.

12·28합의가 발표되고 사흘 뒤인 새해 첫날(2016년 1월 1일), 서울 중학동 주한일본대사관 앞 소녀상을 찾은 시민이 손으로 얼굴을 어루만지고 있다.

아베와 위안부 문제

"지금까지 이 발언〔위안부에 대한 사죄 발언〕을 아베 총리로부터 직접 들은 적이 없다. 한번쯤은 자신의 언어로 말해야 한다고 생각하는데 어떤가?"(오가타 린타로緖方林太郎 의원)

"지난 외상 간 회담과 박근혜 대통령과의 전화 통화에서 내 생각을 전했다. 몇 번이고 질문을 받을 때마다 〔사과〕 답변을 한다면 이 문제는 최종적으로 끝나지 않는다."(아베)

"〔그래서〕 말하고 싶지 않다는 거냐."

"앞서 말한 대로 박 대통령에게 말했다. 같은 문제를 2년, 3년 뒤에도 말하라고 요구하면 위안부 문제는 최종적이고 불가역적으로 끝나지 않게 된다. 중요한 것은 책임을 갖고 이 문제에 마침표를 찍는 것이다."

"한 번만이라도 대외적으로 말을 해야 한다는 것이다."

"국가의 대표로 박 대통령에게 이미 말했다."

"〔총리가〕 자신의 언어로 말하지 않으면 최종적으로 해결하겠다는 의지가 있는지 불투명해진다."

"〔한일 모두〕 각자의 국익이 있고 국민들의 감정도 있다. 나는 박 대통령에게 성의를 갖고 발언했다. 오가타 의원, 외교에는 여야가 없다. 이를 다시 들춰내 문제가 있는 것처럼 하면 안 된다."

일본군 위안부 문제에 대한 한일 정부 간 12·28합의는 무엇이었을까. 합의가 이뤄진 지 8일이 지난 2016년 1월 12일, 중의원 예산위원회에서 아베와 오가타 사이에 오갔던 위의 대화는 12·28합의의 의미를 돌아보는 데 적지 않은 시사점을 제공한다. 오가타는 아베가 공개 석상에서 단 한 번만이라도 위안부 피해 할머니들에게 직접 사죄해야 한다고 요구했지만 소용이 없었다. 결국 아베의 직접 사죄에 대한 둘의 공방은 접점을 찾지 못하고 평행선으로 끝나고 말았다.

아베가 2차 정권 복귀를 앞두고 위안부 문제에 대한 일본군의 관여와 동원과정의 강제성을 인정한 고노 담화를 수정하겠다는 명확한 입장을 밝힌 것은, 2012년 9월 15일 일본기자클럽이 주최한 자민당 총재 후보자 토론회 석상에서였다. 당시 사회자가 "다섯 분의 총재 후보 가운데 아베 후보만 좀 두드러지게 고노 담화를 수정해야 한다는 입장"이라며, 아베의 생각을 묻자 그는 다음과 같이 답했다.

이른바 위안부 문제에 대해 저는 동료들과 계속 공부를 해왔습니다. 그 결과 이〔위안부의 강제연행〕를 보여주는 증거는 전혀 없었습니다. 〔위안부 할머니들의〕 증언에 대해서도 '이를 검증하는 조사'裏づけ調査가 이뤄지지 않았습니다. 고노 담화는 어떤 의미에서는 정치적, 외교적으로 배출된 것이었습니다. 고노 담화에 의해 일본은 강제적으로 군이 사람의 집에 들어가 여성을 유괴하듯 끌어내 위안부로 삼았다는 불명예를 지고 가게 됐습니다. 〔1차〕 아베 정권 때 그 강제성을 증명할 수 있는 게 없다는 내용을 각의결정했지만 많은 사람들이 이를 모르고 있습니다. 또 미국이나 해외에서도 이런 사실이 공유되지 않고 있습니다. 지금 미국에서는 한국계 미국인이 성노예 비를 만들기 시작하는 일까지 벌어지고 있습니다. 그 근거의 하나로 고노 담화가 사용되고 있는 게 사실입니다. 그래서 이를 〔강제성을 증명하는 자료가 없다는 2007년 3월 각의결정을 통해〕 어느 정도 수정했지만 또 한번 확정할 필요가 있지 않나 생각합니다. 우리 아들이나 손자 대에도 〔사죄를 되풀이하는〕 그런 운명을 지게 해서는 안 된다고 생각합니다.

이날 토론회에서 아베가 언급한 "우리 아들이나 손자 대에도 〔사죄를 되풀이하는〕 그런 운명을 지게 해서는 안 된다"는 발언은 12·28합의가 이뤄진 직후 도쿄 총리관저에서 진행된 간이 기자회견에서 다시 등장했다. 그는 이번 합의의 의미를 묻는 기자들의 질문에 "박 대통령과 방금 전화회담을 통해 〔위안부 문제에 대한〕 합의를 확인했다. 우리 아들이나 손자 들에게 계속 사죄할 숙명을 지워서는 안 된다. 지금 살아가는 세대로서 〔위안부 문제를 최종적 그리고 불가역적으로 해결한다는〕 책임을 다하는 게 가능했다"고 말했다. 아베에게 12·28합의라는 위안부 문제를 '최종적 및 불가역적'으로 끝내, 일본이 다시는 이 문제와 관련해 사죄를 하지 않게 하려는 '망각을 위한 합의'였던 것이다.

아시아 여성기금과 1차 봉인

위안부 문제가 여성 인권과 관계된 국제사회의 중요 현안으로 떠오른 결정적인 계기는 81쪽에서 서술했듯이 1991년 8월 14일 이뤄진 김학순 할머니의 실명 기자회견이었다. 김 할머니가 자신이 옛 일본군 위안부였음을 처음으로 밝히면서 오랜 시간 어둠 속에 묻혀 있던 일본군 위안부 문제가 비로소 역사의 전면에 부상했다. 그 이전에도 위안부 문제의 진실규명을 요구하는 목소리는 이어져 왔지만 그때마다 일본 정부가 보인 반응은 치졸하기 그지없었다. 1990년 6월 6일 참의원 예산위원회에서 이뤄진 모토오카 쇼지本岡昭次(1931~2017) 의원(사회당)의 질의에 대해 당시 후생노동성 직업안전국장이었던 시미즈 쓰타오清水傳雄는 "노인들의 얘기를 종합해서 들어보면 민간 업자가 그런 분들을 군과 함께 데리고 다녔다는 것을 알 수 있다. 그 실태에 대해 〔일본 정부가〕 조사해 결과를 내놓는 것은 솔직히 말해 불가능할 것이라 본다"고 답했다. 위안부 제도를 만들고 운영한 것은 어디까지나 '민간'이라고 주장하며 정부의 책임을 부정한 답변이었다. 이 같은 일본 정부의 비겁한 태도에 분노했던 김학순 할머니는 결국 증언을 결심했고, 1991년 12월 도쿄 지방재판소에 일본 정부의 사죄와 배상을 요구하는 소송을 제기했다.

김학순 할머니가 소송을 제기하기 한 달 전인 1991년 11월 5일, 일본에서는 미야자와 내각이 발족했다. 미야자와는 요시다 시게루와 이케다 하야토로 이어지는 일본의 온건한 '보수 본류'를 상징하는 고치파宏池会의 적자였다. 일흔두 살이 되어 처음 총리직에 오른 미야자와는 취임 후 첫 방문지로 한국을 택했다. 실제로 그는 한일 간에 여러 복잡한 문제가 발생할 때마다 전면에 나서서 이를 해결해온 인물이기도 했다. 미야자와는 1974년 다나카 가쿠에이 내각 때 외무상으로 있으면서 1973년 8월 김대중 납치사건 이후 냉각된 한일 관계를 정상화했고, 1980년 김대중이 전두환 신군부에 의해 사형 판결을 받았을 때는 스즈키 젠코 내각의 관방장관으로서 형 집행을 막기 위해 여러 노력을 했다. 1982년 교과서 파동이 터진 직후에는 "아시아 주변국들과 우호·친선을 위해 이런 비판에 충분히 귀를 기울이며 정부가 책임을 지고 시정하겠다"는 '미야자와 담화'를 내놓기도 했다. 이 담화에 따라 일본 정부는 그해 11월 교과서 검정기준을 개정해 교과서를 집필할 때 "일본의 침략과 가해의 역사를 왜곡하지 않겠다"는 '근린제국조항'을 새로 만들었다.

미야자와가 취임 후 첫 외국 방문지로 한국을 택했다는 것은 한일 관계를 소중히 발전시키겠다는 나름의 철학을 반영한 결정이었다. 그러나 방한 직전 뜻밖의 사태가 터졌다. 『아사히신문』이 1992년 1월 11일 일본 방위청연구소 도서관에서 일본군이 위안부 제도를 만드는 데 깊숙이 개입했음을 보여주는 문서가 발견됐다고 보도했기 때문이다. 바로 일본의 위안부 연구자인 요시미 교수가 발굴한 6점의 위안부 관련 문서였다. 그동안 위안부 문제에 일본군이 관여했음을 부정해온 일본 정부는 '멘붕'에 빠졌다.

어수선한 분위기 속에서 이뤄진 미야자와의 방한은 결국 '사죄의 방한'이 되고 말았다. 미야자와는 1월 17일 한국 국회 연설에서 "최근 이른바 종군위안부 문제가 〔언론을 통해〕 다뤄지고 있다. 나는 이 문제에 대해 진심으로 마음이 아프며 참으로 드릴 말씀이 없다"고 말했다. 미야자와 정권은 이후 위안부 문제에 대한 실태 조사를 거쳐 1993년 8월 4일* 역사적인 고노 담

* 당시 미야자와 정권은 1993년 7월에 치러진 중의원 선거에서 참패하며

화를 발표했다. 일본 정부가 고노 담화를 통해 인정한 것은 크게 세 가지였다. 첫째, 일본은 '위안소'와 관련해 "군 당국의 요청에 의해 설치됐다"는 점을 인정했다. 둘째, '위안부 모집과정'에 대해서도 "군의 요청을 받는 업자가 이것을 담당했"으며 "위안소의 설치, 관리 및 위안부의 이송에 대해 옛 일본군이 직접 또는 간접적으로 관여했다"는 사실을 받아들였다. 셋째, '위안부 모집과정의 강제성'이었다. 이 점에 대해서도 일본 정부는 "한반도는 일본의 통치 아래 있었기에 〔위안부의〕 모집, 이송, 관리도 감언, 강압에 의하는 등 대체로 본인들의 의사에 반해 행해졌다"며 강제성을 명확히 시인했다.

이는 일본 정부가 그때까지 위안부 문제와 관련해 밝혀온 견해와 비교했을 때 매우 획기적이고 진일보한 인식이었다. 그러나 피해자의 시선에서 볼 때 100퍼센트 만족스러운 담화는 아니었다. 위안부 문제는 일본의 '국가 범죄'이기 때문에 일본 정부가 '법적 책임'을 져야 하며 당연히 피해자들에게 '배상'을 해

정권을 내놓게 된 상황이었다. 와다 교수는 당시 이렇게 평가했다. "이런 상황에서 정부가 위안부 문제의 조사 결과를 발표하는 게 용납될 수 있는가라는 의문이 정치가의 입장에서 당연히 생겨났을 것이다. 그러나 미야자와에게는 전후 일본을 담당해온 자민당 정권의 수장으로서 위안부 문제에 대한 조사를 완결해야 한다는 생각이 있었던 게 아닌가 한다. 이것은 일본 정부의 책임을 자각한 보기 드문 결단이었다"(和田春樹, 『アジア女性基金と慰安婦問題——回想と検証』, 明石書店, 2016, 88쪽).

야 했지만, 거기까지는 이르지 못했기 때문이다. 그렇지만 담화는 "위안부로서 많은 고통을 겪고 몸과 마음에 치유할 수 없는 상처를 입은 모든 분들께 진심으로 사죄와 반성의 마음을 전한다"며 "그런 마음을 어떻게 표현할 것인가에 대해서는 전문가들의 의견을 구하면서 앞으로 진지하게 검토"하겠다고 약속했다.

이 공약에 따라 1994년 6월에 출범한 자-사-사 연립정권인 무라야마 정권에서 후속 조치가 검토되기 시작했다. 무라야마 정권의 관방장관은 사회당에서 사할린 잔류 한인 문제* 등 전후 보상 문제해결을 위해 적극적으로 노력해왔던 이가라시 고조五十嵐広三(1926~2013)였다. 일본 정부는 그 무렵 외무성을 중심으로 총 1,000억 엔에 달하는 '전후 50년 평화우호교류사업'을 준비하고 있었지만 그 안에 위안부 관련 대책은 빠져 있었다. 이가라시는 이 사업에 위안부 대책을 추가하기 위해 관료들과 연립여당의 다수파인 자민당을 설득하기에 나섰다.

1994년 말 자민당의 도라시마 가즈오虎島和夫(1928~2005), 사회당의 우에하라 고스케上原康助(1932~), 신당 사키

* 일본은 1905년 러일전쟁에서 승리한 뒤 사할린의 북위 50도 이남의 땅을 러시아로부터 할양받았다. 일본이 제2차 세계대전에서 패했을 때 강제동원되어 이 지역에 살고 있던 한반도 출신자들은 4만 3,000여 명이었다. 전쟁 직후 일본은 사할린에 남은 한국인들을 내팽개치고 일본인들만 귀환시켰다. 이렇게 사할린에 남겨진 한반도 출신자 문제를 '사할린 잔류 한인 문제'라 한다.

가케의 아라이 사토시荒井聰(1946~)를 공동좌장으로 하는 '전후 50년 문제 프로젝트팀'이 출범했다. 그 밑에 다케베 쓰토무武部勤(1941~)를 위원장으로 하는 '종군위안부 문제 등 소위원회'가 설치됐다. 당시 위안부 문제의 올바른 해결을 가로막았던 가장 큰 장벽은 '1965년 한일협정'이었다. 한일 양국은 1965년에 체결된 한일 기본조약의 부속 협정인 '재산 및 청구권에 관한 문제의 해결과 경제협력에 관한 협정'에서 일본이 한국에게 5억 달러에 달하는 유·무상의 경제지원금을 제공하는 대가로 한국인의 청구권 문제는 "완전히 그리고 최종적으로 해결한다"라고 확인한 바 있다. 12월 2일에 나온 소위원회의 다케베 시안이 지적한 것은 이 점이었다. 시안에는 결국 "한국과는 1965년 협정에 의해 일한 양국 및 그 국민 사이의 청구권에 관한 문제가 완전히 최종적으로 해결됐다고 확인된다. 그에 따라 국제법상으로도 외교상으로도 위안부 문제에 대해 일본 정부가 국가 간 배상을 하는 것은 불가능하다"는 내용이 담겼다. 또한 7일 나온 최종 보고서에는 "일본은 도의적 입장에서 그 책임을 다해야 한다. 이런 마음을 국민 한 사람 한 사람이 이해하고 서로 나누어갈 수 있도록 폭넓은 국민 참여의 길을 요청해나가자는" 결론이 포함됐다. 일본이 감당해야 할 책임은 '법적 책임'이 아닌 '도의적 책임'이기 때문에 위안부 사업에 일본 정부의 예산을 직접 투입할 수는 없고, 대신 국민 모금과 같이 '폭넓은 국민 참여의 길'을 찾아가겠다는 이야기였다.

그러나 1965년 협정으로 해결된 것은 한일이 분리되면서 발생하는 재산상의 대차 문제를 해소한 청구권이었을 뿐 일본이 한국에게 행한 비인도적인 범죄행위에 대한 배·보상 책임은 아니라는 게 보편적 인권의 관점에서 볼 때 더 타당한 결론이라 할 수 있다.* 이것이 이 소위원회의 결론에 동의하기 힘든 이유다. 당시 일본의 국정 최고 책임자였던 무라야마는 2015년 필자와의 인터뷰에서 당시 상황에 대해 다음과 같이 증언한 적이 있다.

> 위안부 문제와 관련해서는 〔1993년 위안부 동원의 강제성과 군의 개입을 인정한〕 고노 담화가 있다. 고노 담화는 〔일본 정부가〕 위안부 문제에 대한 경과를 조사해, 관련 사실을 시인한 뒤 이는 잘못된 일이라고 사죄한 것이다. 이후 〔1994년 6월 무라야마 내각이 출범할 때〕 후계 내각으로서 이 문제에 대한 책임을 받아들여 어떻게 해결할지 논의했다. 정부나 자민당에서 '〔1965년 체결된〕 일한조약으로 배상 문제는 해결

* 예를 들어 부부가 이혼하면, 남녀는 재산분할을 해야 한다. 어디까지가 남편의 재산이고, 어디까지가 부인의 재산인지 구분하는 것은 청구권과 관련된 문제다. 그런데 남편이 결혼생활 중 부인에게 폭력을 행사한 적이 있다고 가정해보자. 이때 남편은 재산분할과 별개로 이에 대한 처벌을 받고 별도의 위자료를 지급해야 한다. 이 같은 논리선상에서 보자면, 1965년에 해결된 문제는 재산분할과 관련된 청구권에 불과하다. 일본이 위안부 피해 할머니들에게 저지른 범죄행위까지 청구권으로 해결됐다는 일본 정부의 논리는 인권과 정의의 관점에서 성립하기 힘들다.

됐다. 지금 와서 〔배상은〕 불가능하다'는 주장이 강해 그 벽을 부술 수 없었다. 그래서 그 이외에 〔다른 방식으로〕 뭔가 속죄할 방법이 없을까 생각한 결과, 정부가 돈을 내지 않는다면 국민이 대신 속죄를 하자는 선의의 마음으로 국민 모금을 하는 '아시아 여성기금'을 만들게 됐다. 그러나 모금 자체로는 돈이 부족하니까 정부가 보험이나 의료 문제 등에는 돈을 지원했다. 그래서 모금〔일인당 200만 엔의 속죄금〕과 정부의 돈〔일인당 300만 엔의 의료지원금〕 양쪽을 더해 드리게 됐다. 그러나 그것만으로는 나쁘니까〔부족하니까〕 총리의 사죄 편지를 넣어서 가능하다면 상처받은 분들의 명예를 회복하고 싶다는 의미를 더했다. 그러나 속죄금〔쓰구나이킨·償い金〕* 이라는 말에 대해 의심하는 목소리가 나오면서 〔한국에서는 속죄금을〕 '위로금'〔미마이킨·見舞金〕으로 받아들였다. 그래서 한국의 정대협〔한국정신대문제대책협의회〕은 '위로금 같은 돈은 받으면 안 된다. 정부가 책임을 지고 제대로 보상을 해

* 아시아 여성기금의 전무이사를 지냈던 와다는 일본어로 '償い金'이라고 부르는 이 단어를 위로금이 아닌 '속죄금'으로 해석하는 게 더 적합하다고 말한다. 와다는 이 단어가 위로금이라 해석되면서 한국의 위안부 피해 할머니들이 아시아 여성기금의 성격을 오해해 이를 받아들이지 못하게 됐다고 해석한다. 그러나 위안부 문제의 원칙적인 해결을 요구하는 쪽에서는 쓰구나이킨이 애초부터 전쟁범죄에 대한 배상적 성격의 돈이 아니기 때문에 어떻게 번역을 하더라도 위안부 문제의 근본적인 해결과는 거리가 멀다고 주장한다.

야 한다'고 주장했다. 그 말의 의미는 알겠다. 〔한일 간의 배·보상 문제는 1965년의 한일협정으로〕 남김없이 전부 다 해결됐다는 전제가 있어서 어쩔 수 없이 아시아 여성기금을 진행했지만 한국에서는 정대협의 반대로 3분의 1 정도밖에 받아들여지지 않았다. 그래서 미해결로 끝나고 만 것이다.[1]

1995년 6월 14일 '아시아 여성기금'의 출범을 알리는 이가라시 관방장관의 담화가 발표됐다. 이 기금은 '법적 책임'이 아닌 '도의적 책임'에 따른 조처였기 때문에 "종군위안부였던 분들에 대한 국민적인 보상을 하기 위한 자금은 민간으로부터 기금을 통해 모금"하고, "의료, 복지 등의 사업에는 정부의 자금"을 사용한다는 구분이 이뤄졌다. 그에 따른 논리적인 귀결로 할머니들에게 지급되는 일시금(200만 엔)의 성격은 '배상금'이 아닌 '속죄금'으로 정해졌다. 그러나 속죄금과 별도로 지급된 인도적 지원 차원의 의료지원금(300만 엔)에는 일본 정부의 예산이 쓰였다. 이로써 일본은 1965년 한일협정을 근거로 위안부 제도라는 국가 범죄에 대한 피해자들의 배·보상 요구를 봉인하는 데 성공했다. 이 같은 봉인의 논리를 '65년체제'라 부른다. 위안부 문제에 대해 가해진 1차 봉인이었다.

아시아 여성기금은 적잖은 역사적 의미가 있음에도 한국에서는 받아들여지지 않았다. 위안부 제도가 국가 범죄임을 인정하고 일본의 국가 책임을 인정한 해결책이 아니었기 때문이다.

와다 교수는 2014년 2월 28일 『마이니치신문』을 통해 "한국 정부가 〔당시까지〕 인정한 피해자 207명 가운데 위로금을 받은 피해자는 29퍼센트인 60명"이라고 밝혔다.

봉인의 해체

아시아 여성기금을 통해 위안부 문제의 올바른 해결을 요구하는 피해자들의 목소리는 1차적으로 봉인됐다. 그러나 한국 시민사회는 포기하지 않았다. 대신 운동의 방향이 바뀌었다. 기금이 나올 때까지 일본 정부를 향했던 창끝은 이제 한국 정부를 향하게 됐다. 일본 정부가 주장하듯 1965년 한일협정이 위안부 문제에 대해 일본의 '법적 책임'을 면해준 것이라면 "당시 협정에서 무슨 얘기가 오간 것인지 공개하라"는 외교문서 공개소송(2002년 10월)이 시작된 것이다. 이 같은 한국 시민사회의 요구에 응답한 이는 노무현 전 대통령이었다. 노무현 정부는 2005년 1월과 8월 두 차례로 나눠 한일협정에 관한 전체 외교문서를 공개했다. 그리고 8월 26일 '민관합동위원회'를 열어 ① 일본군 위안부 문제 ② 사할린 잔류 한국인 문제 ③ 원폭 피해자 문제 등 세 가지 사안은 지난 한일협정으로 해결되지 않았다는 정부 견해를 내놓았다. '65년체제'에 따라 "개인 청구권이 소멸됐다"던 한국 정부의 견해가 위안부 문제 등 세 가지 문제는 "해결되지 않았다"는 쪽으로 수정된 것이다. 65년체제에 뚫린 결정적 '구멍'이었다.

위안부 문제가 아직 '미해결된 것'이라면 한국 정부는 일본을 상대로 문제해결을 위한 교섭에 나서야 했다. 그러나 한국 외교부는 움직이지 않았다. 그러자 최봉태 변호사(전 국무총리산하 일제강점하 강제동원피해진상규명위원회 사무국장)는 생존 피해자 할머니들과 2006년 7월 한국 정부가 위안부 문제의 해결을 위해 일본 정부를 상대로 교섭하지 않는 것은 위헌이라는 위헌심판을 제기했다. 그리고 재판이 이어지는 동안 한국에서는 정권교체가 이뤄졌다. 5년에 걸친 심리 끝에 2011년 8월 헌법재판소는 원고들의 주장을 받아들여 "위안부 문제 해결을 위해 일본과 외교 교섭하지 않는 국가의 부작위는 위헌"이라는 결정을 내놓았다. 이로서 위안부 문제에 대한 1차 봉인은 완전히 해체되기에 이른다.

헌재 결정에 의해 한국 정부는 위안부 문제의 해결을 위해 일본과 외교 교섭을 벌여야 하는 중대한 의무를 떠안게 됐다. 그 첫 무대는 2011년 12월 18일 교토에서 열린 한일 정상회담이었다. 이 자리에서 이명박은 예정 시간의 거의 절반 이상을 사용하며 노다에게 "위안부 문제는 일본 정부가 인식을 달리하면 당장 해결할 수 있다. 큰 차원의 정치적 결단을 기대한다"고 주장했다. 노다는 이에 맞서 주한 일본대사관 앞의 소녀상 문제를 언급하며 강력하게 반발했다. 그러나 당시 일본의 권력을 쥐고 있던 것은 온건한 역사인식을 가진 민주당이었다. 결국 한일 양국은 서로에 대한 불만을 억눌러가며 문제해결을 위한 타협책을 찾았다. 당시 한일 사이의 공방을 자세히 보도했던 『홋카이도신문』 2012년 5월 12일 기사를 보면, 사이토 쓰요시斎藤勁(1945~) 일본 관방부장관이 2012년 4월 한국을 방문해 ① 노다가 이명박에게 사죄하고 ② 무토 마사토시武藤正敏(1948~) 주한대사가 위안부 할머니들을 방문해 사죄하며 ③ 정부 예산을 들여 보상한다는 안을 제시했다고 적혀 있다. 그러나 이 안을 받아든 천영우 청와대 외교안보 수석비서관은 "위안부 지원 단체의 의향을 들어보라"며 난색을 표한 것으로 전해진다. 일본 정부가 위안부 문제에 대한 '법적 책임'을 인정하지 않은 이 안으로는 한국 여론을 설득할 수 없다고 판단한 것으로 보인다. 그리고 석 달 뒤인 8월 10일 이명박 대통령의 '화풀이성' 독도 방문이 이뤄졌다.

일본은 당황하고 분노했다. 이후 일본 정부는 세계 무대에서 독도와 관련된 자국의 영토 주장을 노골적으로 강화했다. 그와 동시에 일본사회에서는 혐한 시위가 본격화됐다.

악화된 여론 속에서도 양국 간 물밑 절충은 계속 이어졌다. 당시 협상 과정에 관여했던 와다 교수는 『세카이』 2014년 9월호에서 "이 대통령의 독도 방문으로 한일 관계가 험악해진 절박한 상황에서 양국이 최후의 노력을 했다"고 서술했다. 즉, 사이토가 10월 28일 도쿄에서 이동관 대통령 특사와 만나 ① 한일 정상회담 합의 내용을 정상회담 공동 코뮈니케로 발표하고

②문언에 '도덕적 책임'이라는 표현을 빼고 '국가나 정부의 책임'을 인정하는 내용을 포함시키며 ③일본 대사가 피해자를 만나 사죄문·사죄금을 건네고 ④제3차 한일 역사공동연구위원회에서 위안부에 대한 공동 연구를 한다는 내용에 합의했다는 것이다. 와다는 이에 대해 "이 대통령은 이 안을 받아들였지만, 노다 총리가 최후의 순간에 결단을 내리지 못했다"고 증언했다.

일본이 '법적 책임'을 인정하지 않은 첫째 안은 한국이, 이를 인정한 둘째 안은 일본이 반대했던 것이다. 그리고 2012년 12월 민주당 정권이 무너지고 일본에서는 '극우' 아베 정권이 등장했다. 그리고 두 달 뒤인 2013년 2월 한국에서는 박근혜가 대통령에 취임했다.

고노 담화의 계승

위안부 문제를 둘러싸고 박근혜 정권과 아베 정권 사이에서 진행된 3년간의 대립은 1965년 한일 국교정상화 회담 이후 양국이 국력을 총동원해 펼친 전방위적인 외교전이었다고 평가할 수 있다. 세계 3위의 경제대국과 세계 10위권의 신흥국이 양국의 자존심을 걸고 한판 대결을 벌였으니 그 여파는 상당할 수밖에 없었다. 그에 따라 이 문제를 수습하는 일도 동아시아의 힘의 역학관계를 반영한 복잡한 맥락 속에서 이뤄졌다.

아베 2차 정권의 고노 담화 흔들기는 1차 정권 때와 달리 좀 더 교묘한 방식으로 이뤄졌다. 1차 정권 때는 아베 자신이 '광의의 강제성'과 '협의의 강제성' 논의를 주도하며 국내외의 비판에 직접 노출된 데 비해 2차 정권 때는 강력한 대리인을 내세웠기 때문이다. 대리전의 주인공은 『산케이신문』이었다. 고노 담화에 대한 일본 우익의 본격적인 공세가 시작된 것은 2차 정권이 시작되고 열 달 정도가 지난 2013년 10월 16일이었다. 『산케이신문』은 이날 고노 담화 작성 과정에서 일본 정부가 한국인 위안부 할머니 16명을 상대로 진행한 '면담 조사' 기록을 입수해, 증언에 허점이 많아 "역사적인 자료로 사용하기 힘들다"는 주장을 펼쳤다. 또 고노 담화 작성에 직접 참여했던 이시하라 노부오石原信雄(1926~) 전 관방부장관을 등장시켜 일본 정부가 할머니들의 증언을 들은 뒤 이의 진위 여부를 확인하는 검증조사를 하지 않았다는 증언을 이끌어냈다. 즉, 검증조사도 하지 않는 엉터리 증언에 근거해 만들어진 고노 담화는 폐기하거나 최소한 수정해야 한다는 주장이었다. 이에 대해 일본 진보진영에서는 아베 정권이 고노 담화를 공격하기 위해 오랫동안 비공개로 처리돼온 할머니들의 증언을 『산케이신문』 쪽에 '리크'했다는 의혹을 제기했다.

위안부 피해 할머니들의 '엉터리' 증언을 일본 정부가 '검증'도 없이 고노 담화에 활용했다는 『산케이신문』 보도는 일본 사회에 큰 충격을 안겼다. 이 국면의 최대 분수령은 2014년 2월

20일 이뤄진 중의원 예산위원회였다. 담화 공격의 선봉에 나선 이는 일본유신의 모임의 의원(현 자민당 참의원)이었던 야마다 히로시山田宏(1958~)였다. 그는 이시하라를 국회 증인으로 소환해 할머니 16명의 증언에 대한 "검증조사를 벌인 적은 없다"는 공개 증언을 끌어냈다. 그는 이 기세를 모아 스가를 몰아붙여 "기밀을 유지하는 가운데 〔고노 담화의 검증에 대한〕 검토를 하겠다"는 답변도 받아냈다. 스가는 이후 28일 중의원 예산위원회에서 "정부 안에 비밀을 철저히 지킬 수 있는 검토팀을 만들어 이 문제를 어떻게 할지 제대로 조사하려고 한다"는 입장을 재차 확인했다. 고노 담화에 대한 검증에 나서겠다는 일본 정부의 공식적인 의사 표명이었다.

그러나 아베 2차 정권은 그렇게 단순하지 않았다. 고노 담화 검증에 대한 국내외의 비판을 누그러뜨리기 위해 아베 정권이 또 다른 카드를 빼 들었기 때문이다. 아베는 3월 14일 중의원 예산위원회에서 고노 담화에 담긴 역사적 사실을 어떻게 받아들이느냐는 측근 아리무라 하루코有村治子(1970~) 의원의 질문을 받고, "위안부 문제에 관해서는 필설로 다할 수 없는 고통을 경험한 분들에 대해 가슴 아프게 생각한다. 이 점은 역대 내각과 다름 없다. 위안부 문제에 대해서는 이른바 고노 담화가 있다. 아베 내각에서 이를 수정할 생각이 없다"고 말했다. 이것은 명백히 담화를 "계승하겠다"는 선언이었다. 그렇다면 담화를 검증하는 작업을 중단하겠다는 뜻인가? 그것은 또 아니었다. 같은 자리에서 스가는 "고노 담화의 작성 과정의 실태를 파악하는 게 필요하다. 한국과 의견을 맞춘 가능성에 대해 검증할 필요가 있다"며 검증 작업은 그대로 이어가겠다는 방침을 유지했기 때문이다. 담화는 '검증'하지만, '계승'도 하겠다는 상식적으로 이해하기 힘든 상황이 만들어진 것이다.

아베는 왜 이 같은 애매모호한 태도를 취한 것일까. 미국의 견제 때문이었다. 아베는 1차 정권 시절 고노 담화에 대한 공격에 나섰다가 2007년 7월 미 하원 결의라는 엄중한 '경고장'을 받은 적이 있다. 미국에는 "담화를 계승한다"는 뜻을 밝혀 자신이 역사 수정주의자가 아님을 보여주는 동시에 담화 검증을 통해 자신을 지지하는 우익의 불만을 누르는 두 마리 토끼 잡기에 나선 것이다.

당시 오바마는 위안부 문제를 둘러싸고 장기화되는 한일 갈등에 애를 태우고 있었다. 한미일 3개국이 일치단결해 중국의 부상에 적극 대응해야 하는데, 역사문제를 둘러싼 갈등을 극복하지 못해 3각동맹 구축에 애를 먹고 있었기 때문이다. 결국 오바마는 2014년 3월 24일, 네덜란드 헤이그에서 열린 핵안보정상회의에서 한미일 3개국 정상회담을 열겠다는 강한 의지를 밝히며 한일 양국에게 관계 개선을 요구했다.

아베가 선제적으로 "고노 담화를 계승한다"는 입장을 밝힌 이상 박근혜도 더 이상 버틸 수 없었다. 박근혜는 일본의 담화 계승 방침에 대해 "다행이다"는 반응을 내놓으며, 오바마의 중재 아래 처음으로 아베와 얼굴을 마주했다. 이 과정을 통해 아베가 수정하려던 '고노 담화'는 형식상으로는 유지됐다. 위안부 문제와 관련해 일본이 넘을 수 없는 하한선이 '고노 담화'임이 확인되는 순간이었다. 그러나 이는 한국 스스로의 외교력으로 얻어낸 성취가 아닌 미국의 도움을 받아 가까스로 얻어낸 성과였다.

이후 일본은 고노 담화를 큰 틀에서 유지하기 위한 사후 조처를 진행했다. 아베 정권은 6월 20일 「위안부 문제를 둘러싼 한일 간의 공방의 경위」라는 보고서를 발표했다. 이 보고서가 공개된 직후 한국에서는 "고노 담화를 부정하려는 것"이라는 평가가 나왔지만, 실은 그렇지 않다. 21쪽에 달하는 보고서의 전체 내용을 보면, 일본이 고노 담화를 아슬아슬하게 살려냈다는 결론을 내릴 수밖에 없다. 그동안 일본 우익이 고노 담화를 공격하며 내걸었던 여러 논점들을 하나하나 제거하고 있기 때문이다. 가장 대표적인 것이 위안부 피해 할머니 16명의 증언에 대한 "검증 조사가 이뤄지지 않았다"는 『산케이신문』의 공격이다. 일본의 우익 역사학자 하타 이쿠히코秦郁彦(1932~)까지 참여한 이 검증팀이 내놓은 보고서는, 할머니들의 증언에 대한 검증조사가 이뤄지지 않은 이유에 대해 "진실규명을 하기보다 일본 정부가 당사자들에게 〔직접〕 청취조사를 시행하여 진상규명에 대한 일본 정부의 진지한 자세를 보여"주는 데 주력했기 때문이라고 결론짓는다. 즉, "청취조사가 이뤄지기 전에 이미 담화의 원안이 작성"되어 있었고, 그럼에도 할머니들을 직접 만난 것은 일본 정부가 "위안부들에게 다가서고 그 마음을 깊이 이해하려"는 자세를 보여주려는 목적 때문이었다는 것이다. 이런 견해를 따르면, 일본 정부는 독자적인 문헌조사를 바탕으로 고노 담화의 결론에 도달한 것이고, 할머니들을 만난 일은 일본 정부의 성의를 보이기 위한 일종의 요식 행위로 의미가 축소된다. 그에 따라 할머니들의 증언 내용을 굳이 검증하지 않았다는 결론이다. 그 대신 보고서는 내용의 3분의 1 정도를 고노 담화가 나온 뒤 일본 정부가 내놓은 해결책인 아시아 여성기금에 대한 설명에 할애하고 있다. 이 부분에서는 한국 정부가 일본 정부의 신의를 저버리고 얼마나 자주 입장을 뒤바꿔왔는지에 대해 매우 자세히 설명했다.

한국 정부는 1993년 8월 고노 담화가 나온 직후부터 여러 치명적인 외교적 실수를 저질렀다. 먼저, 담화 공개 직후인 1993~1994년 한국 정부는 위안부 문제가 1965년 한일협정에 의해 해결됐음을 일본 쪽에 전달했다. 또 1995년 6월, 일본 정부가 아시아 여성기금을 통해 위안부 문제를 해결하겠다는 뜻을 밝혔을 때에도 "환영한다"는 성명을 내놓았다. 그러나 이에 대한 한국 내 여론이 악화되자, 입장을 뒤집기 시작했다. 그러면서 일본에는 "겉으로 일본 정부와 협력하는 것은 어렵지만 수면 아래서는 협력하고 싶다."[2]. "〔아시아 여성기금이〕 국가보상과 같이 보이도록 하는 건 불가능할까?"[3]와 같은 말들을 전했다. 고노 담화가 나온 직후 적극적으로 문제해결을 위해 노력하기보다 정대협 등 관련 단체를 핑계 삼아 납작 엎드렸던 한국 정부의 모습을 일본 정부가 낱낱이 까발린 것이다.

「위안부 문제를 둘러싼 한일 간의 공방의 경위」라는 보고서가 공개된 이후 스가는 "고노 담화를 수정하라"는 자민당 내 일부 압력에 대해 "고노 담화를 수정할 의사가 없다"고 밝혔다. 동시에 "위안부 문제에 대해 일본 정부가 추가적인 조처를 내놓을 의사도 없다"는 입장도 함께 밝혔다. 담화를 수정하지는 않겠지만, 한국의 요구에 따른 추가적인 조처를 내놓지도 않겠다는 자세는 한동안 일본 정부의 공식 입장으로 유지됐다.

해결 시도

1라운드 대결은 한국의 승리였다. 이를 통해 아베 정권이 넘볼 수 없는 한국 쪽의 '하한선'(고노 담화)이 확인됐기 때문이다. 그러나 2라운드에서는 그 정반대의 작업이 이뤄졌다. 한국이 넘볼 수 없는 일본 쪽의 단단한 암반이 드러났기 때문이다.

2014년 3월 헤이그에서 한일 정상이 만난 것을 계기로 2014년 4월부터 위안부 문제해결을 위한 한일 국장급 협의가 시작됐다. 이후 양국 국장들은 한두 달에 한 번 꼴로 도쿄와 서울을 오가며 위안부 문제해결을 위한 대화를 이어갔다. 그러나 이 회담은 별다른 성과를 내지 못했다. 위안부 문제해결을 위해 일본의 성의 있는 '선 조처'를 요구하는 한국 정부와 "추가 조처는 없다"는 일본의 입장이 정면으로 맞부딪혔기 때문이다. 한일 갈등이 장기화되자 미국의 개입이 다시 시작됐다. 고노 담화 수정 국면에서는 적어도 '중립적'이었던 미국의 입장은 2015년 봄으로 접어들며 일본 쪽으로 기울었다. 아베가 "고노 담화 계승" 입장을 밝힌 뒤에도 박근혜가 일본의 '선 조처'를 요구하며 아베와 정상회담을 거부하는 등 경직적인 자세를 바꾸지 않았기 때문이다.

미국의 첫 개입은 미 국무부의 삼인자인 웬디 셔먼Wendy Sherman(1949~) 사무차관으로부터 나왔다. 그는 현지시각으로 2월 27일 워싱턴 카네기 평화재단에서 열린, 제2차 세계대전 종전 70주년을 맞아 동북아를 소재로 한 연설에서 "한국과 중국이 이른바 '위안부' 문제를 놓고 일본과 다투고 있으며 역사교과서의 내용, 심지어 여러 바다의 명칭을 놓고도 이견이 표출되고 있다. 물론 민족주의 감정이 여전히 이용될 수 있으며, 어느 정치 지도자든 과거의 적을 비난함으로써 값싼 박수를 받는 것은 어렵지 않다. 그러나 그런 도발은 진전이 아니라 마비를 초래한다"고 말했다. 위안부 문제에 집착하는 한국에 대한 노골적인 비판이었다. 이어 애슈턴 카터Ashton Carter(1954~) 미 국방장관은 4월 8일에 보도된 『요미우리신문』과의 인터뷰에서 "〔한일 간〕 협력에 의한 잠재적 이익이 과거에 있었던 긴장이나 지금의 정치 상황보다 중요하다. 미국은 이 관계〔한일 관계〕에 존재하는 역사적 민감함을 충분히 이해한다. 그러나 우리 세 나라(한미일)는 미래로 눈을 돌려야 한다"고 말했다.

때마침 4월 말 아베의 미국 방문이 예정돼 있었다. 아베는 이 방미를 통해 미일동맹을 기존의 '지역동맹'에서 '글로벌동맹'으로 바꾸기 위한 미일 방위협력지침 개정 작업을 마무리했다. '미국의 쇠퇴와 중국의 부상'이라는 거대한 힘의 변화가 진행 중인 동아시아에서 일본의 전략적 중요성은 미 하원 결의안이 나왔던 2007년과 비교할 수 없을 정도로 커져 있었다. 아베는 미국 방문을 앞두고 『워싱턴포스트』(3월 27일)와 진행한 인터뷰에서 위안부 피해 할머니들을 지칭하며 "인신매매trafficking(트래피킹)로 괴롭힘을 당하고 헤아릴 수 없는 고통과 형언할 수 없는 아픔을 겪은 이들을 생각할 때 가슴이 아프다"고 말했다. 영어로 '트래피킹'은 국가 등 공공기관에 의해 저질러진 범죄라는 어감을 주지만, 이를 한자로 '人身賣買'라고 쓰면 민간에 의한 범죄라는 의미가 강하다. 아베는 '트래피킹'이라는 묘한 단어를 선택해 미국의 여론 주도층으로부터 일본이 위안부 문제에 대해 나름대로 반성하고 있다는 반응을 이끌어내는 데 성공했다.

미국의 여론이 일본 쪽으로 넘어갔다는 사실이 확인되자 한국 정부의 운신의 폭이 좁아졌다. 박근혜는 2015년 11월 2일 한중일 3개국 정상회의에 참석하기 위해 서울을 방문한 아베와 취임 후 첫 정상회담에 나섰다. 이 자리에서 박근혜는 "위안부 문제가 양국 관계 개선에 걸림돌이 되고 있다. 위안부 문제가 피해자가 수용할 수 있고 우리 국민이 납득할 만한 수준으로 조속히 해결되어야 한다"고 강조했다. 이어 양국 정부는 "양 정상은 올해가 한일 국교정상화 50주년이라는 점을 염두에 두고, 가능한 한 조기에 위안부 문제를 타결하기 위한 협의를 가속화하자고 지시했다"는 합의 내용을 발표했다.

정상회담 합의 내용에 대한 아베의 해설은 당일 저녁 방송된 비에스BS 후지 인터뷰를 통해 이뤄졌다. 아베는 이 방송에 직접 출연해 "〔위안부 문제에 대한〕 일본 정부의 기본적인 입장은 1965년 일한 청구권협정에 의해 해결됐다는 것이다. 〔그러나〕 이 문제가 일한 관계에 장애물이 되고 있다는 인식 아래, 양 국민이 완전히 납득하는 결론을 내기는 매우 어렵더라도 교섭을 계속하면서 일치점을 이끌어내는 협상을 가속화하자는 데 의견이 일치했다"고 말했다. 이 발언은 아베 입장에서는 적잖은 입장 변화였다. 한국에게 "추가 조치는 없다"던 일본 정부의 입장이 한일 관계 발전의 장애물을 제거하기 위해 "교섭을 계속하면서 일치점을 이끌어내는 협상을 가속화 하자"는 쪽으로 바뀌었기 때문이다. 아베의 대표적인 측근인 하기우다 고이치萩生田光一(1963~) 관방부장관도 "총리와 일본 정부도 〔위안부로서〕 인권이 유린된 여성의 존재에 대해 인정하고 있다. 보상이 끝났다는 문제와 인도적 견지에서 여러 후속조처를 하는 것을 분리해 인식해줬으면 한다"고 말했다. 그는 11월 5일 『교도통신』과의 인터뷰에서는 한국 정부가 이 문제해결을 위한 안을 먼저 제시해줬으면 한다는 의견을 밝히기도 했다.

아베의 입장이 변한 것은 위안부 문제에 대한 평소의 소신이 달라졌기 때문은 아니었다. '양보'의 이유는 자신이 밝혔듯 '한일 관계의 발전' 때문이었다. 그가 말하는 한일 관계의 발전이란 북핵과 미사일 위협 또는 중국의 부상에 맞서 한일이 군사협력을 강화하는 것을 뜻했다. 위안부 문제가 걸림돌이 되어 한일 간 군사협력이 심화되지 못하고 있으니, 평소 소신을 조금 포기하고 한국의 요구를 일정 부분 받아들여 이 문제에 마침표를 찍고 싶다는 메시지였다.

2차 봉인

그렇지만 여전히 문제해결의 전망은 밝지 않아 보였다. 이 같은 암시를 준 인물은 이상덕 당시 외교부 동북아시아국장이었다. 그는 2015년 12월 15일 도쿄 지요다구 외무성에서 이시카네 기미히로石兼公博(1958~) 일본 아시아대양주국장과 11차 국장급 회담을 끝낸 뒤 기자들과 만나 "지난해 11월 서울에서 있었던 한일 정상회담에 이어 심도 있는 협의를 가졌다. 가능한 한 조기에 서울에서 이시카네 국장과 다시 만나 협의를 계속하기로 했다"고 말했다. 그를 둘러싼 한일 기자들이 "올해 안에 차기 회담이 열리느냐"고 물었다. 이에 대한 이 국장의 답은 "연말이니까 올해 안에 하기는 어렵지 않나 싶다"였다. 당시 현장에 있던 기자들은 이를 "한일 합의 연내 무산"이라는 의미로 받아들였다. 실제로 이는 합리적인 예측이었다. 박근혜는 "피해자들이 납득할 수 있는 해결책"이라는 표현을 입버릇처럼 말했지만, 실제로 한국 정부는 협상 내용을 할머니들에게 설명하고 이해를 구하기 위한 노력을 거의 하지 않았다. 대부분의 전문가들은 한국 정부가 일본을 상대로 '완승'은 거두지 못하더라도, 피해 할머니들을 충분히 설득해 할머니들도 '공감하는' 분위기 속에서 합리적인 결단을 내릴 것으로 내다봤다. 이런 의사소통 작업을 하려면 연내 타결은 현실적으로 어림도 없는 일이었다.

그러나 이후 사태는 급격히 요동쳤다. 이상덕이 비관론을 내비친 지 이틀 뒤인 17일, 한국 정부는 아베가 신경을 쓰고 있던 장애물을 하나 제거했다. 박근혜의 '세월호 7시간'에 대한 인터넷용 칼럼을 썼다가 기소된 가토 다쓰야加藤達也(1966~) 전 『산케이신문』 서울 지국장에게 한국 법원이 무죄를 선고한 것이다. 아베는 이 사건의 진행 경과를 실시간으로 확인하며 지대한 관심을 기울였다고 한다. 한국 법원의 판결이 나온 직후 아베는 총리관저에서 기자들과 만나 "무죄 판결이 나온 것을 환영한다. 일한 관계에 긍정적인 영향이 나오기를 기대한다"고 밝혔다. 그러나 이것이 위안부 문제 해결로 이어져 연내 합의가 가능할 것이라는 관측은 많지 않았다. 그러나 잠시 뒤 이런 회의론을 단숨에 뒤흔든 아베의 기습공격이 이뤄졌다. 2015년을 고작 일주일 남겨둔 12월 24일, 아베가 느닷없이 기시다 외무상을 한국으로 보내 한일 외교장관 회담을 열겠다고 밝혔기 때문이다. 위안부 문제에 대한 한일 간 협상 과정에 비상한 관심을 갖고 지켜보던 와다 교수는 이를 "아베의 기습공격"으로 받아들였다. 위안부 문제의 연내 해결을 요구해온 박근혜가 거절할 수 없도록 2015년을 며칠 앞두고 전격적인 승부수를 띄웠다고 분석한 것이다. 이와 관련해 『한겨레』는 2016년 11월 22일 "윤병세 장관이 '석 달만 시간 여유를 주면 개선된 합의를 이끌어내겠다'고 대통령에게 요청했으나 받아들여지지 않았다. 박근혜가 윤병세의 추가 협상 요청을 받아들이지 않고 합의 타결 발표를 강행하라고 지시한 이유가 무엇인지 모르겠다"는 정부 핵심 관계자의 증언을 단독 보도했다.

그러나 아베가 왜 이런 결론에 도달한 것인지, 이 과정에서 한일 간에 어떤 구체적인 외교적 의사소통이 있었는지는 여전히 베일에 가려져 있다. 일본에서는 12·28합의가 이뤄진 직후 이병기 당시 청와대 비서실장과 아베의 외교 책사인 야치 쇼타로谷内正太郎(1944~) 일본 국가안전보장국장 사이의 '비선 라인'이 가동됐다는 보도를 내놓기도 했지만 정확한 진실은 여전히 미궁 속에 있다. 어찌됐든 아베의 '기습 공격'은 12·28합의라는 놀라운 결과를 불러왔다.

2015년 12월 28일은 한국의 대일 외교사에서 잊히지 않을 불행한 날로 기억될 것이다. 한일 외무장관 회담을 마친 윤병세와 기시다가 기자회견을 위해 연단에 올랐다. 먼저 윤병세가 입을 열었다. 그는 "전날 있었던 12차 국장급 협의를 포함해 그간 양국 간 다양한 채널을 통해 진행한 협의 결과를 발표한다"고 말했다. 그리고 마이크를 이어받은 기시다의 발언이 이어졌다.

1.

위안부 문제는 당시 군의 관여하에 다수 여성의 명예와 존엄에 깊은 상처를 입힌 문제로서, 이러한 관점에서 일본 정부는 책임을 통감한다. 아베 내각총리대신은 일본국 내각 총리대신으로서 다시 한번 위안부로서 많은 고통을 겪고 심신에 걸쳐 치유하기 어려운 상처를 입은 모든 분들에 대해 마음으로부터 사죄와 반성의 마음을 표명한다.

2.

일본 정부는 지금까지도 본 문제에 진지하게 임해왔으며, 그러한 경험에 기초하여 이번에 일본 정부의 예산에 의해 모든 전前 위안부 분들의 마음의 상처를 치유하는 조치를 강구한다. 구체적으로는, 한국 정부가 전 위안부 분들의 지원을 목적으로 하는 재단을 설립하고, 이에 일본 정부 예산으로 자금을 일괄 거출하고, 일한 양국 정부가 협력하여 모든 전 위안부 분들의 명예와 존엄의 회복 및 마음의 상처 치유를 위한 사업을 행하기로 했다.

3.

일본 정부는 상기를 표명함과 함께, 상기 2의 조치를 착실히 실시한다는 것을 전제로, 이번 발표를 통해 동 문제가 최종적 및 불가역적으로 해결될 것임을 확인한다. 또한, 일본 정부는 한국 정부와 함께 향후 유엔 등 국제사회에서 동 문제에 대해 상호 비난·비판하는 것을 자제한다.

다음은 윤병세의 발언이다.

한국 정부는 일본 정부의 표명과 이번 발표에 이르기까지의 조치를 평가하고, 일본 정부가 앞서 표명한 조치를 착실히 실시한다는 것을 전제로, 이번 발표를 통해 일본 정부와 함께 이 문제가 최종적 그리고 불가역적으로 해결될 것임을 확인한다. 한국 정부는 일본 정부가 실시하는 조처에 협력한다.

한국 정부는 일본 정부가 주한 일본대사관 앞의 소녀상에 대해 공관의 안정과 위협의 유지라는 관점에서 우려하고 있는 점을 인지하고, 한국 정부로서도 가능한 대응 방향에 대해 관련 단체와의 협의 등을 통해 적절히 해결되도록 노력한다.

한국 정부는 이번에 일본 정부가 표명한 조치가 착실히 실시된다는 것을 전제로, 일본 정부와 함께 향후 유엔 등 국제사회에서 이 문제에 대해 상호 비난 비판을 자제한다.

이것이 이른바 12·28합의였다. 이 합의는 매우 기묘한 구조를 띠고 있다. 한일 정부가 그동안 갈등을 벌여온 핵심 쟁점은 위안부 문제에 대한 일본군의 '법적 책임'이었다. 위안부 문제에 대한 올바른 해결을 요구해온 한일 시민단체들과 피해 당사자들은 일본군 위안부 문제가 일본 정부가 국가정책으로 시행한 '국가 범죄'이기에 일본 정부가 '법적 책임'을 져야 하고 그 당연한 논리적 연장선상에서 '배상'을 해야 한다고 주장해왔다.

그러나 이 합의에는 일본군 위안부 제도가 무엇인지, 즉 일본의 국가 범죄인지 아닌지에 대한 '사실 인정' 부분이 빠져 있다. 그리고 느닷없이 "위안부 문제는 당시 군의 관여하에 다수 여성의 명예와 존엄에 깊은 상처를 입힌 문제"라는 평가를 내리며, "일본 정부는 책임을 통감한다." "마음으로부터 사죄와 반성의 마음을 표명한다"는 발언을 이어갔다. 이처럼 사실 인정이 빠져버렸기에 일본 정부가 감당하기로 한 것이 '법적 책임'인지 '도덕적 책임'인지 알 수 없게 되어 버렸다. 여기에 더해 일본 정부의 기존 입장이었던 '도덕적 책임'에서 '도덕적'이라는 단어를 삭제해 "책임을 통감한다"는 표현을 사용했다. 이를 통해 한국 정부가 이 합의에 대해 국내적인 설명을 할 때 최소한의 유연성을 확보할 수 있는 장치를 마련했다. 실제로 한국 정부는 합의에 대해 설명하는 과정에서 "일본이 '사실상' 법적 책임을 인정한 것으로 볼 수 있다"는 어법을 구사했다. 또 다른 문제는 위안부 제도를 만들고 운영해온 주체가 불명확하다는 점이다. 합의문은 위안부 문제를 “당시 군의 관여하에 다수 여성의 명예와 존엄에 깊은 상처를 입힌 문제”로 규정했다. 여기서 문장의 주어가 ‘군이’ 아닌 ‘군의 관여’라는 점에 주목해야 한다. 요시미는 12·28 합의 직후 필자와의 인터뷰에서 이 부분에 대해 다음과 같은 해석을 내렸다.

> 여러 문제가 있지만 가장 큰 것은 역시 ‘위안부 제도를 만들어 여성에게 커다란 인권침해를 한 주체가 누구인가’라는 점이다. 책임의 주체가 여전히 애매하다. 〔기시다가 2015년 12월〕 28일에 발표한 내용을 보면, ‘위안부 문제는 군의 관여하에 다수 여성의 명예와 존엄에 상처를 입힌 문제’라는 표현이 나온다. 〔이 부분에서는〕 ‘군의 관여’가 아니라 ‘군이’라고 주어를 분명히 해야 한다. 업자가 개입된 경우라 해도 주체는 군이고, 업자는 종속적인 역할을 한 것이다. 군에 책임이 있다면 정부는 피해자들에게 ‘배상’을 해야 한다. 그러나 기시다는 10억 엔의 출연금이 ‘배상이 아니다’라고 말했다. 일부 사람들은 ‘일본 정부는 책임을 통감한다’는 표현에서 〔이전과 달리〕 도의적이라는 표현을 뺐다고 좋아한다. 그러나 〔이 모든 것은〕 결국 배상도 아니고 법적 책임을 인정한 것도 아니다. 일본이 통감하는 책임이 무엇이냐는 의문이 생길 수밖에 없다. 업자가 나쁜 짓을 했는데 정부가 이를 제대로 단속하지 못해 사과한다는 것에 불과하다.

물론 12·28합의에는 고노 담화와 비교했을 때 진전된 부분도 있었다. 1995년 아시아 여성기금 때는 피해자들에게 지급되는 속죄금이 '국민 모금'으로 마련됐지만, 이번에는 일본 정부가 국가 예산으로 10억 엔을 지급하기로 했다. 그러나 피해자 할머니들이 끈질기게 요구했던 '법적 책임'은 끝내 인정받을 수 없었다. 한국 정부가 모든 외교적인 자원을 동원해 지난 4~5년 동안 처절한 외교전을 펼쳤지만 끝내 일본 정부로부터 위안부 제도는 국가 범죄라는 사실 인정을 끌어내지는 못한 것이다. 즉, 한국이 끝내 돌파할 수 없었던 일본 쪽의 단단한 암반은 일본군의 '법적 책임'이었던 셈이다.

조금 더 시야를 넓혀 보면, 1965년 이후 이어진 한국의 전후 보상 투쟁은 한일협정으로 한국인의 개인 청구권이 "완전히 그리고 최종적으로 해결됐다"는 '65년체제'를 허물기 위한 싸움이었다고 평가할 수 있다. 그러나 일본은 12·28합의를 통해 '65년체제'를 방어해냈다. 이 사실을 증명하듯 아베는 2016년 1월 18일 참의원 예산위원회에서, "10억 엔은 배상금이 아니다" "〔이번 합의를 통해〕 전쟁범죄에 해당하는 종류의 것을 인정한 것은 아니다"라고 말했다. 한국 시민사회가 오랜 투쟁으로 돌파해낸 위안부 문제에 대한 1차 봉인을 아베 정권이 12·28합의를 통해 '재봉인'(2차 봉인)하는 데 성공한 것이다.

합의 이후 아베 정권은 위안부 문제에 대한 기억 지우기를 진행하는 중이다. 일본 정부가 '전가의 보도'로 내세우는 것은 합의에 포함된 위안부 문제의 "최종적 그리고 불가역적으로 해결"이라는 구절이다. 아베는 지난 12·28합의 이후 한 번만이라도 할머니들에게 사과해달라는 2016년 1월 오가타의 요구나 할머니들에게 사죄 편지를 보내달라는 10월 오가와의 요구를 거부했다. 그리고 2017년 일본에서 위안부 문제는 12·28합의를 이행하는 문제, 즉 주한 일본대사관 앞의 소녀상을 철거하는 문제로 치환돼 있다.

고노 담화의 후반부에는 이런 내용이 포함돼 있다. "우리는 이러한 역사적 진실을 회피하지 않고 오히려 이를 역사의 교훈으로 직시해가고자 한다. 우리는 역사 연구, 역사교육을 통해 이런 문제를 오래도록 기억하고 같은 잘못을 결코 반복하지 않겠다는 굳은 결의를 다시 한번 표명한다." 실제로 이를 통해 일본의 역사교과서에 위안부 관련 기술이 포함됐고 부족하기는 해도 아시아 여성기금이 설립됐다. 12·28합의 이후에도 고노 담화는 형식적으로는 유지됐지만, "위안부 문제를 역사의 교훈으로 삼자"는 담화의 기본 정신은 크게 훼손되고 말았다. 그런 의미에서 12·28합의의 본질은 위안부 제도를 우리의 기억에서 지우려는 '망각을 위한 합의'라고 결론 내리지 않을 수 없다.

해를 넘겨 2016년이 되자, 한국에서는 이 합의를 이행하려는 거친 시도들이 이어졌다. 2016년 7월 28일 일본 정부로부터 받은 10억 엔을 위안부 피해 할머니들에게 나눠주기 위해 한국의 화해·치유재단이 설립됐다. 일본 정부는 8월 31일 재단에 돈을 입금했고, 재단은 2017년 2월 할머니 34명(2016년 12월 전체 생존자 39명) 가운데 31명에게 현금 지급을 마쳤다. 그리고 일본은 10억 엔을 한국에 입금했다는 '도덕적 우위'를 앞세워 한국에 소녀상 철거를 요구하는 중이다.

8장

아베 담화

아베는 일본의 패전 70주년을 맞아 무라야마 담화가 인정한 침략과 식민지배에 대한 사죄와 반성을 사실상 부정한 아베 담화를 발표했다. 위 사진은 2015년 8월 15일 광복절, 주한 일본 대사관 앞에서 우리겨레하나되기운동본부 회원들이 아베의 담화문을 비난하며 신발을 던진 모습이다.

시바 사관과 야스쿠니 사관

일본에게 2015년은 여러 모로 시끄러운 한 해였다. 아베가 전후 일본의 평화주의를 훼손하는 안보 관련법의 제·개정을 시도하자, 위협을 느낀 시민들이 그해 여름부터 거리로 쏟아져 나왔다. 일본 시민들은 도쿄 나가타초의 국회 앞에서 치열한 반대 집회를 이어갔다. 정치에 그다지 관심이 없는 것으로 여겨졌던 대학생들은 실즈SEALDs(자유와 민주주의를 위한 학생긴급행동)로, 학자들은 '안전보장 관련법에 반대하는 학자의 모임'으로, 엄마들은 '안보법제에 반대하는 엄마의 모임'으로 단체를 만들어 투쟁의 목소리를 높였다. 그러나 일본 시민들의 저항은 오래가지 못했다. 아베 정권이 그해 9월 집단적 자위권 행사를 허용하는 안보 관련법을 날치기로 통과시키자 광장에 집결했던 군중들은 쉽게 흩어지고 말았다. 연말이 되자 시위대가 떠난 거리에는 패배의 음울한 분위기가 흘러넘쳤다. 이런 분위기는 한일 관계에서도 마찬가지였다. 일본군 위안부 문제에 대한 한일 정부 간 12·28합의와 패전 70주년을 맞아 아베의 수정주의적 역사 인식을 집대성한 '전후 70주년 담화'(아베 담화)가 나왔기 때문이다.

아베 담화는 일본의 패전일인 8월 15일을 하루 앞둔 14일에 공개됐다. 공개 직전까지 '극비'로 취급돼 입수하는 데 상당히 애를 먹을 수밖에 없었다. 필자가 일본의 동료 기자로부터 담화를 받은 것은 오후 6시가 조금 지나서였다. 분석 기사를 쓰기 위해 담화를 급하게 읽어 내려가다, '러일전쟁'을 언급하는 부분에서 딱 멈추고 말았다. 그리고 도무지 형언할 수 없는 치욕감이 밀려왔다. 바로 아래와 같은 내용 때문이었다.

> 100여 년 전 세계에는 서구 국가들을 중심으로 한 광대한 식민지가 펼쳐져 있었습니다. 압도적인 기술 우위를 배경으로 식민지배의 물결은 19세기의 아시아까지 밀려왔습니다. 그 위기감이 일본 근대화의 원동력이 되었음은 틀림없습니다. 일본은 아시아 최초로 입헌정치를 내세우며 독립을 지켜갔습니다. 일러전쟁은 식민지배하에 있던 많은 아시아인과 아프리카인 들에게 용기를 주었습니다.

조선이 일본의 식민지가 된 결정적인 계기는 1904~1905

년 러일전쟁이었다. 이 전쟁의 전후 처리를 위해 러시아와 일본이 포츠머스조약을 체결하고 약 두 달 후인 1905년 11월 8일, 한 남자가 부산을 통해 조선에 입국했다. 일본의 특파대사인 이토 히로부미였다. 9일 밤 특별열차 편으로 경성에 도착한 이토는 손탁호텔(지금의 이화여고 100주년기념관 터)에 여장을 풀었다. 그리고 이튿날인 10일 낮 12시 30분, 이토는 걸어서 5분 거리에 있는 경운궁(덕수궁) 수옥헌(지금의 중명전)으로 찾아가 고종 황제를 알현한 뒤, "〔을사조약은〕 일본 정부의 확정된 의결사항이므로 결단코 변경할 수 없다. 거부할 경우에는 그 결과가 어찌될 것인지 생각해야 한다"고 위협했다. 고종은 "외교의 형식만이라도 유지하게 해달라"고 주장했지만 받아들여지지 않았다.

이토는 15일에 다시 고종을 만났으나 원하는 답을 얻지 못하자 이튿날부터 하야시 곤스케林權助(1860~1939) 공사와 함께 대한제국 각료들을 대상으로 회유 작업에 돌입했다. 이토와 하야시는 이틀 동안 손탁호텔과 일본공사관 등으로 대한제국 대신들을 불러 모아 설득한 뒤, 17일 오후 이들을 강제로 입궐시켜 어전회의를 열게 했다. 그러나 오후 3시부터 7시까지 열린 회의에서도 결론은 달라지지 않았다. 대신들이 다시 거부 방침을 밝히자, 하야시는 급히 이토의 입궁을 요청했다. 이토는 하세가와 요시미치長谷川好道(1850~1924) 조선주차군 사령관(훗날 2대 조선 총독) 등을 대동하고 수옥헌으로 들어섰다. 무장한 일본 헌병들이 경운궁 주변을 빽빽이 둘러싼 뒤였다.

을사조약은 이토의 끈질긴 회유에 분노한 한규설 참정대신(총리대신)이 졸도하는 진통 끝에 하루를 꼬박 넘긴 18일 새벽 2시에 체결됐다. 앞에서 말했듯이 일본이 한국의 외교권을 빼앗고 이후 국권까지 빼앗게 된 결정적인 계기는 러일전쟁이었다. 그런데 아베 담화는 이 전쟁이 "아시아인과 아프리카인 들에게 용기를 주었습니다"라고 밝히고 있는 것이다. 그런 의미에서 아베 담화는 일본이 과거에 식민지배했던 대한민국, 조선민주주의인민공화국, 중화민국 등에 대해 그 어떤 정치적 배려도 없이 쓰인 문서라고 할 수 있다.

일본에는 자신들이 저지른 식민지배와 침략을 바라보는 다양한 역사관이 존재한다. 대표적인 예가 일본의 저명한 소설가 시바 료타로司馬遼太郎(1923~1996)가 완성한 이른바 '시바 사관'이다. 시바 사관이 명확히 드러나는 작품은 1968년 4월부터 『산케이신문』에 연재됐던 대하소설 『언덕 위의 구름』이다. 소설은 현재의 에히메愛媛현에 해당하는 이요마쓰야마伊予松山번 출신인 세 젊은이의 성장담으로 구성돼 있다. 근대화에 성공한 '메이지 일본'에서 청운의 꿈을 품은 이들은 각각 일본 육·해군의 장교와 저명한 문필가로 성장한다. 이 젊은이들이 맞닥뜨린 시대적 과제는 러시아와의 전쟁이었다. 러시아 제국주의의 마수가 조선에 뻗쳐오는 것을 막기 위해 일본은 싸워야 했고, 마침내 이겼다는 것이 소설이 말하는 큰 주제다. 이런 역사관으로 보면, 메이지시대 일본이 조선을 병합하기 위해 결행한 청일전쟁과 러일전쟁은 좋았던 시절의 아름다운 기억이 된다. 한반도에서 저지른 식민지배에 대해 사죄와 반성을 언급하기가 어려워지는 것이다.

그렇다면 아베가 담화에 러일전쟁이 “아시아인과 아프리카인 들에게 용기를 주었습니다”라는 문장을 구태여 꾸겨 넣은 이유는 무엇일까. 여기에 다시 기시의 그림자가 어른거린다. 아래 인용문은 아베가 우익인사 오카자키와 진행한 대담 중 일부다.

> 당시〔패전 이후〕 일본인의 감각에서 보면 역사는 전쟁과 패전으로 단절된다. 그러나 기시에게 역사는 계승되는 것이었다. 특히 남아시아 3개국의 사람들은 일러전쟁 이후 일본을 ‘아시아의 희망의 별’이라 추앙했다. 그리고 대동아전쟁의 직접적인 영향으로 독립을 달성했다.(오카자키)
>
> 할아버지가 인도를 방문했을 때 자와할랄 네루Javāharlāl Nehrū 총리는 야외 대집회 도중 수만 명의 인도 민중들 앞에서 ‘이 분이 러일전쟁에서 승리해 아시아 사람들에게 희망을 준 일본이라는 국가의 총리’라고 소개했다고 한다. 그래서 열광적인 갈채를 받았다는 얘기를 들은 적이 있다.(아베)[1]

지난 메이지시대를 자랑스러워하는 일본인들의 일반적인 역사인식을 떠올려볼 때 식민지배의 잘못에 눈감는 ‘시바 사관’

에 대해서는 그리 큰 질타를 받지 않고 넘어갈 수 있었다. 문제는 만주사변 이후의 '침략전쟁'까지 미화하는 또 하나의 역사관인 '야스쿠니靖国 사관'이다. 야스쿠니 사관에 입각하게 되면 일본의 침략은 자위를 위한 '방위전쟁'이자 서구의 아시아 침략을 막고 식민지를 해방하기 위한 성전聖戰(대동아전쟁)이 되고 만다. '시바 사관'에 분노하는 이들은 일본의 식민지배로 고통받았던 남북한과 대만 정도라 할 수 있다. 그러나 '야스쿠니 사관'을 전면에 내세우게 되면 동맹국인 미국뿐 아니라 중국의 반발까지 상대해야 한다.

'침략'이라는 문제

일본이 한반도에서 저지른 식민지배에 대해 처음으로 명확히 반성적인 입장을 밝힌 것은 1965년 2월 한일회담 성사를 앞둔 시점에서였다. 당시 시이나 에쓰사부로椎名悦三郎(1898~1979) 외상은 2월 17일 서울 김포공항에 내려선 뒤 "양국 간의 긴 역사 가운데 불행한 시기가 있었다는 것은 참으로 유감이다. 깊이 반성한다. 지금이야말로 이 수천 년에 이르는 역사적인 교류를 배경으로 또 긍정적인 자세로 항구적인 선린우호 관계를 확립해야 한다"고 말했다.

이후 일본은 한국 대통령이 방일할 때마다 총리나 천황이 지난 식민지배에 대해 유감과 반성의 뜻을 밝혀왔다. 한 예로 히로히토 천황은 1984년 9월 6일 한국 대통령으로는 처음으로 일본을 공식 방문한 전두환에게 "금세기의 한 시기에 양국 간의 불행한 과거가 있었던 것은 진심으로 유감이며 다시 반복되어서는 안 된다고 생각한다"고 말했다. 이 같은 일본의 반성적 역사관은 1995년 8월 무라야마 담화를 통해 집대성됐다. 그러나 담화가 도출되는 과정은 결코 쉽지 않았다.

사회당 출신인 무라야마가 일본의 81대 총리에 오른 것은 1994년 6월이었다. 무라야마 정권은 안정된 정치적 기반을 갖지 못한 취약 정권이었다. 원내 과반수를 확보하지 못한 자민당이 1993년 8월에 등장한 8개 정당·정파에 의한 연립정권을 무너뜨리고 정권에 복귀하기 위해 소수파인 사회당을 연정 상태로 끌어들여 만든 정권이기 때문이다. 자민당은 한때 대립하던 정당이었던 사회당을 연정에 끌어들이기 위해 무라야마를 총리로 옹립하는 고육책까지 마다하지 않았다.

연립정권의 소수파로 총리대신의 자리에 올랐지만 무라야마에게는 커다란 포부가 있었다. 일본 헌정 사상 처음으로 사회당 출신이 총리대신이 됐으니 그에 걸맞은 역사적 유산을 남겨야 한다고 생각한 것이다. 이를 위해 무라야마가 처음 시도한 것은 '종전 50주년 국회결의'였다. 그러나 이 결의는 2장에서 다뤘듯 아베 등 자민당 우파 의원들의 집단 보이콧으로 사실상 실패로 끝나고 말았다. 이 같은 상황을 두고 볼 수 없었던 무라야마는 자신이 직접 리더십을 발휘하는 '총리 담화'를 발표하기로 마음을 굳힌다. 무라야마 정권은 사회당과 자민당이 합친 연정이었기 때문에 각료 가운데 히라누마 다케오平沼赳夫(운수상), 에토 다카미江藤隆美(총무상) 등 극우 인사들도 포함돼 있었다. 1장에서도 언급했듯이 일본의 각의는 '전원일치'로 의사결정을 하기에 단 한 명이라도 반대자가 나오면 결정이 이뤄질 수 없다. 그런 경우 총리가 해당 각료를 그 자리에서 해임하고, 자신이 그 대신의 지위를 겸임한 뒤 결정을 강행하면 된다. 그러나 무라야마는 내각의 소수파였기 때문에 이 같은 수법을 쓰는 것이 불가능했다. 따라서 담화 발표를 위해서는 주요 각료들을 상대로 한 사전 정지작업을 진행할 수밖에 없었다.

무라야마가 사전 작업을 벌일 때 가장 공들인 이는 그의 뒤를 이어 일본의 82대 총리 자리에 오르는 하시모토 류타로橋本龍太郎(1937~2006) 통산상이었다. 무라야마가 하시모토에게 전화를 건 것은 담화를 공식 발표하기 4일 전인 8월 11일이었다. 그가 각의결정에 동의해줄 것을 요청하자 하시모토는 담화의 초안을 보내달라고 요구했다. 잠시 후 회신 전화가 걸려 왔다.

"그 문안을 보셨습니까."(무라야마)

"봤습니다."(하시모토)

"이견은 없습니까."

"딱히 없습니다. 그러나 굳이 말하자면 그 문언文言을 보니까 '종전'과 '패전'이라는 두개의 용어가 사용되고 있던데 한 쪽으로 통일하는 게 좋지 않을까요."

"어느 쪽이 좋나요?"

"'패전' 쪽이 좋지 않나요?"[2]

무라야마는 하시모토의 조언을 더해 담화 초안의 핵심 내용을 확정했다. 아래와 같다.

> 우리나라는 멀지 않은 과거의 한 시기, 국가정책을 그르치고 전쟁의 길로 나아가 국민을 존망의 위기에 빠뜨렸으며 식민지지배와 침략으로 많은 나라들 특히 아시아 제국의 여러분들에게 다대한 손해와 고통을 주었습니다.
>
> 저는 미래에 잘못을 하지 않도록, 의심할 여지도 없는 이와 같은 역사의 사실을 겸허하게 받아들이고 여기서 다시 한 번 통절한 반성의 뜻을 표하며 진심으로 사죄의 마음을 표명합니다. 또 이 역사로 인한 내외의 모든 희생자 여러분에게 깊은 애도의 뜻을 바칩니다.

이 담화 초안에서 눈에 띄는 표현이 있다. 바로 '침략'이라는 단어다. 사실상 실패로 끝난 1995년 6월 국회결의 때는 '침략적 행위'라는 표현을 넣었지만, 이번 담화에는 좀 더 명확한 개념인 '침략'이라는 단어를 사용한 것이다. 무라야마 담화의 초안을 쓴 다니노 사쿠타로谷野作太郎(1936~) 내각 외정심의실장이 "침략적 행위라는 표현에 강한 위화감이 들어"[3] 이를 침략이라는 표현으로 바꾼 것으로 전해진다. 그 때문에 20년 뒤 일본에서는 이 '침략'이라는 단어를 새로 만들어지는 아베 담화에 쓸지 말지를 두고 치열한 논쟁이 벌어지게 된다.

담화를 확정하기 위한 각의는 8월 15일 오전 10시에 시작됐다. 각의가 시작되기 직전 하시모토, 모리 요시로森喜朗(85·86대 통리, 1937~) 건설상 등 여덟 명의 자민당 각료가 야스쿠니 신사를 참배했다. 담화에 대한 무언의 항의였다. 각의가 열리고 담화가 낭독됐다. 낭독자는 후루카와 데이지로古川貞二郎(1934~) 내각 관방부장관이었다. 낭독이 끝나자 자민당 각료들 사이에 찬물을 끼얹은 듯한 어색한 침묵이 흘렀다. 다행히도 반대 목소리는 나오지 않았다.

결국 담화는 각의결정됐다. 이때 확정된 담화의 핵심 내용은 1998년 한일 파트너십 선언과 중일 파트너십 선언, 2005년에 나온 고이즈미 담화 등에 그대로 계승됐다. 일본이 한국과 중국 등 아시아 주변국들과 선린 우호관계를 심화해가는 데 무라야마 담화가 흔들리지 않는 기반으로 자리 잡은 것이다. 이어 간 나오토는 일본이 조선을 강제병합한 지 100년이 되는 2010년 8월에 간 담화를 내놓았다. 이 담화에는 "3·1 운동 등의 격렬한 저항에서도 나타났듯이 당시 한국인들은 그 뜻에 반하여 이루어진 식민지배에 의해 국가와 문화를 빼앗기고, 민족의 자긍심에 깊은 상처를 입었다"는 구절이 포함됐다. 일본의 식민지배가 한국인의 뜻에 반해 이뤄졌음을 인정한 담화였다. 한국에서는 이 담화에 대해 "식민지배의 불법성을 인정하지 않았다"는 비판 의견도 나왔지만 일본 입장에서는 용기를 낸 선언이었다고 평가할 수 있다.

담화 뒤집기

아베는 1차 정권에서 실패한 뒤인 2009년 2월, 측근인 야마타니 에리코 의원과 진행한 대담에서 무라야마 담화를 대체하는 새 역사 담화를 내고 싶다는 생각을 했던 적이 있다고 털어놓았다. 당시만 해도 아베가 다시 총리로 부활할 수 있을 거라고 예상한 이들은 거의 없었기에 이 발언은 큰 주목을 받지 못했다.

> "역대 일본 총리 가운데 침략이라는 용어를 사용한 사람은 불안정한 연립정권을 맡았던 호소카와 총리가 처음이 아닐까 싶습니다."(야마타니)
>
> "그렇습니다. 1993년에 자민당이 야당으로 전락할 때까지는 어떤 총리도 침략이라는 용어를 사용하지 않았습니다. 다케시타 총리도 〔그 용어까지는 사용하지 않고〕 참았습니다. 그러나 무라야마 담화 이후 정권이 바뀔 때마다 〔담화를〕 계

승하도록 압박받았습니다. 말 그대로 사상검증踏み絵입니다. 그래서 저는 무라야마 담화를 대체하는 아베 담화를 낼까 생각한 적이 있습니다."(아베)

"아베 담화란 무엇인가요?"

"무라야마 개인의 역사관에 일본이 언제까지고 속박되어서는 안 됩니다. 그래서 총리가 필요에 따라 독자적인 담화를 내면 좋겠다고 생각한 것입니다. 물론 무라야마 담화가 너무나 일면적이기 때문에 좀 더 균형 잡힌 담화를 만들면 좋겠다는 생각도 있었습니다.

그런데 생각지도 못한 함정이 기다리고 있었습니다. 중국 장쩌민 국가주석이 방일했을 때 발표한 일중공동선언에 '〔일본은〕 1995년 8월 15일 내각총리대신 담화를 존중하고 과거 한 시기 중국을 침략한 것으로 인해 중국 국민들에게 다대한 재난과 손해를 끼친 책임을 통감하며'라는 문언이 포함돼 있었던 것입니다. 이 공동선언은 1972년 일중공동성명과 1978년 일중평화우호조약에 이어 중국이 중시하고 있는 문서이기 때문에 국제신의상 일본이 이를 일방적으로 폐기할 수는 없었습니다."

"꼬여 버린 것이군요."

"결국 저는 내각총리대신으로 무라야마 담화를 계승한다고 표명할 수밖에 없었습니다. 그러나 동시에 '정치가 역사인식을 확정하게 해서는 안 된다. 역사의 분석은 역사가의 역할이다'라고 국회에서 답변했습니다. 그러자 야당으로부터 '무라야마 담화를 계승했다고 할 수 없다'는 비판을 받았습니다. 전후체제로부터 탈각한다는 게 얼마나 어려운지 다시 한번 실감했습니다."[4]

아베는 재집권한 뒤 한동안 역사문제와 거리를 두는 모습을 보였다. 그러나 침묵은 오래가지 못했다. 아베는 2013년 4월 23일 참의원 예산위원회에서 "'침략'의 정의에 대해서는 학문적으로도 국제적으로도 정해져 있지 않다고 생각한다. [무엇이 침략인지 아닌지는] 국가와 국가의 관계 가운데 어느 입장에서 볼지에 따라 다르다. 따라서 무라야마 담화에 대해 문제제기가 나오는 것도 사실이라 생각한다"고 말했다. 국회 내 공식 답변을 통해 일본의 '침략'전쟁을 사실상 부인하고, 무라야마 담화의 의미를 깎아내린 것이다. 그리고 이러한 아베의 역사인식에 대한 우려의 목소리가 커지는 가운데 2015년 새해가 밝았다. 아베는 1월 5일 미에현의 이세신궁伊勢神宮을 참배한 뒤 진행한 연두 기자회견에서 아베 담화를 발표하겠다고 공식 선언했다.

아베 내각은 무라야마 담화를 포함해 역사인식에 관한 역대 내각의 입장을 전체적으로 계승하고 있다. 전후 70주년을 맞아 지난 대전에 대한 반성, 전후 평화 국가로서의 발걸음, 그리고 이후 일본이 아시아-태평양 지역과 세계를 위해 어떤 공헌을 해나갈 것인지에 대해 영지를 집결해 생각해 새로운 담화를 발표하겠다.

이는 매우 교묘한 발언이었다. 아베는 무라야마 담화를 계승하겠다고 했지만, '전체적으로'라는 단서를 붙였다. 그러자 일본 내에서는 '그렇다면 부분적으로는 계승하지 않는다는 거냐'라는 비판이 쏟아졌다. 무라야마 담화의 핵심은 일본이 과거에 저지른 식민지배와 침략에 대해 사죄하고 반성한다는 것이다. 아베가 계승에 난색을 보이는 '부분적'에 해당하는 것은 무라야마 담화의 핵심인 '식민지배', '침략', '통절한 반성', '마음으로부터의 사죄' 등 4개의 키워드였다.

이어 아베는 1월 25일 NHK의 아침 토론 프로그램인 〈일요토론〉에서 자신의 속내를 조금 더 솔직히 밝혔다. '종전 70년을 맞아 발표할 예정인 아베 담화에 무라야마 담화와 고이즈미 담화 때처럼 식민지배, 침략, 사죄, 반성 등의 핵심 키워드를 사용할 것이냐'는 질문에 "그동안 써온 문구를 사용하느냐 마느냐가 아니라 아베 정권이 〔패전〕 70주년에 대해 어떻게 생각하느냐에 대한 관점에서 담화를 내고 싶습니다"라고 답한 것이다. 그는 '예전 담화에 담긴 키워드를 반드시 사용하지는 않겠다는 뜻이냐'는 사회자의 추가 질문에 "그렇지 않을 것입니다"〔사용하지 않겠다는 의미〕라고 말했다. 아베의 측근인 하기우다는 2월 9일 비에스 후지에 출현해 "무라야마가 사용한 단어를 '일언일구'도

바꾸지 말라는 것은 사전 검열과 같은 얘기입니다. 이에 대해서는 (총리의) 전권 사항으로 하면 됩니다"고 말했다. 『요미우리신문』 정치부가 2015년 12월에 펴낸 책 『아베 관저 Vs 시진핑』을 보면 아베는 담화에서 사용할 문구에 대해 다음과 같은 말들을 쏟아냈다고 한다.

> 담화에 사과お詫び라는 용어는 쓰지 않겠다. 내가 사과라는 말을 넣으면 전후 80년, 90년, 100년 담화에도 영원히 사과라는 말을 포함시키며 고개를 숙여야 한다. 그러면 담화를 내는 의미가 없어진다.

> 고이즈미는 자기 담화에서 무라야마 담화를 답습해버리고 말았다. (그렇지만) 무라야마 담화에 나온 '국책을 그르쳐'라는 게 대체 뭘 말하는 것인지 알 수 없다. 일본이 미국을 상대로 전쟁을 벌였다는 것을 의미하는 것인가. 후세 사람들은 (제멋대로) 뭐든 말할 수 있다. 그러나 (지난 전쟁에) '사과한다'는 것은 당시 사람들에 대한 실례다.

> 사과라는 단어를 사용하지 않고, 사과하고 있다는 것을 알 수 있게만 하면 된다. 이 부분은 작문의 세계다.[5] (작문을 잘해서 그럴듯하게 보이면 된다는 의미다.)

무라야마 담화를 무력화하면서 아베가 사용한 수법은 고노 담화 때와 똑같았다. 겉으로는 "담화를 계승한다"고 말하면서 실제로는 이를 철저히 훼손하는 방식이었다. 문제는 이 같은 내용의 담화를 발표했을 때 미국이 보일 반응이었다.

두 가지 절차

무라야마 담화의 껍데기만 남기겠다고 마음먹은 아베에게 남은 것은 두 가지 절차였다. 하나는 자신의 속내를 감추기 위한 효과적인 '작문', 두 번째는 이에 대한 '미국의 동의'였다.

작문을 위해 필요한 것은 '의견 수렴'이었다. 아베는 이를 위해 '20세기를 돌아보고, 21세기 세계 질서와 일본의 역할을 구상하기 위한 유식자 간담회'(이하 '21세기 간담회')라는 긴 이름의 전문가 위원회를 만들었다. 아베의 외교·안보 분야의 '가정교사'라 불리는 기타오카 교수가 이 위원회의 좌장대리를 맡았다.

두 번째 절차는 미국의 추인이었다. 미국은 아베가 2013년 12월 야스쿠니 신사를 전격 참배했을 때 "실망했다"는 표현으로 일본의 역사 수정주의적 움직임에 경종을 울린 적이 있다. 그러나 중국의 부상을 억제하기 위해 미일동맹을 강화한다는 전략적인 판단을 내린 2015년 봄, 미국의 입장은 달라져 있었다. 미국이 아베의 '애매한' 역사인식을 추인한 결정적인 장면은 2015년 4월 29일 미 상·하원 합동 연설에서였다. 아베는 일본이 과거 미국에 끼친 피해인 진주만 공습, 필리핀 전선에서 잡은 미군 포로들에 대한 학대 사건인 '바탄 죽음의 행렬'Bataan Death March 등을 열거하며 "역사는 실로 돌이킬 수 없는 가열苛烈한 것입니다. 저는 깊은 회오悔悟를 가슴에 안고 잠시 동안 그 자리에 서서 묵도를 올렸습니다. 친애하는 친구 여러분. 일본과 일본 국민을 대신해 지난 전쟁으로 인해 숨진 미국인들의 혼에 깊은 인사를 올렸습니다"라고 말했다. 일본이 과거 미국을 상대로 벌인 여러 잘못에 대해서 철저히 '반성'한다는 뜻을 밝힌 것이다. 그러나 무라야마 담화와 달리 연설에서는 '사죄'로 읽힐 만한 표현은 사용하지 않았다.

아베는 이어 일본이 한국과 중국 등 아시아 국가들에 끼친 피해에 대해서는 "전후 일본은 지난 대전에 대한 통절한 반성을 가슴에 담고, 역사 발걸음을 이어왔습니다. 저희의 행동이 아시아 여러 국가들에게 고통을 끼친 사실로부터 눈을 돌리지 않겠습니다. 이 점에 대한 생각은 역대 총리들과 변함이 없습니다"라고 말했다. 역대 총리들의 생각과 자신의 생각이 "변함이 없"다는 점을 밝히며 무라야마 담화를 계승하겠다는 인상을 줬다. 그러나 담화가 인정한 식민지배에 대한 언급은 없었고, 침략에 대한 명확한 사죄 어구도 빠져 있었다. 그 자리를 메운 것은 "1980년대부터 한국, 대만, 아세안 국가들이 발전하고 이후 중국이 부흥했습니다. 그때 일본이 헌신적으로 자본과 기술을 투자해 그들의 성장을 도왔습니다"라는 '자화자찬'이었다. 연설 말미에 아베가 힘줘 강조한 것은 미일동맹의 강화였다. 아베는 아시아-태평양 지역의 평화와 안전을 위해 미국의 '재균형' 정책을 지지한다고 했고, 미일동맹 강화를 위해 필요한 일본의 안보 관련법 개정 작업을 "올 여름까지 마무리할 것"이라고 약속했다. 이어 아베는 미일동맹을 앞으로는 '희망의 동맹'이라고 부르자고 제안하며 연설을 맺었다. 이 연설은 무라야마 담화의 핵심 내용을 철저히 무시했지만, 미국의 전략적 이해에 부합하는 내용인 동맹 강화를 위한 구체적인 조처들을 언급했다는 점에서 미국에서는 매우 좋은 평가를 받았다.

그러나 뜻하지 않은 곳에서 강력한 '견제구'가 연이어 날아들기 시작했다. 첫 번째 견제구는 아베가 직접 만든 21세기 간담회의 보고서였다. 간담회는 담화 공표를 코앞에 둔 8월 7일 총리관저에 A4로 38쪽 분량의 보고서를 제출했다. 이 보고서는 아베가 사실상 부정하고 있는 '침략'에 대해 "일본이 만주사변 이후 대륙에 대한 '침략'을 확대했다"고 지적하며 정면으로 반기를 들었다. 보고서는 이어 일본이 "무모한 전쟁으로 아시아 등 여러 나라에 피해를 끼쳤다." "1930년대 이후 정부와 군 지도자의 책임은 실로 무겁다." "전쟁 과정의 행위에 대해 '통절히 반성'한다" 등의 표현을 써가며 일본의 지난 침략을 강력히 비판했다.

그러나 이 보고서 역시 일본의 한반도 식민지배에 대해서는

"1920년에 일정의 '완화'(3·1운동 이후의 문화통치)도 있었고, 경제성장도 실현됐지만 1930년대 후반부터 과혹화過酷化됐다" 고 언급하는 데 그치고 만다. 일본의 참혹한 식민지배와 강제동원의 역사는 '과혹화'라는 한마디로 정리됐고, 황민화 교육, 창씨개명 강요, 조선말 사용 금지 등의 정책에 대해서는 일절 다루지 않았다.

물론 간담회가 일본의 침략을 인정한 이런 결론을 내기까지는 적잖은 갈등이 있었다. 기타오카 좌장대리 등 대부분의 위원들이 "일본의 행위는 침략행위"였다고 주장한 데 반해 보수적인 역사관을 가진 일부 위원들이 "현재의 가치관으로 '침략'이라 단정하는 게 좋은지에 대해 의문이 있다"며 맞섰기 때문이다. 아베가 직접 모은 16명의 위원 가운데 이 같은 견해를 고집한 이들은 나카니시 데루마사中西輝政(1947~) 교토대 명예교수 등 두 명이었다. 결국 보고서에는 "일본은 만주사변 이후 대륙에 대한 침략을 확대했다"는 구절 앞에 "두 명 이상의 위원으로부터 침략이라는 표현을 사용하는 것에 이의가 있다는 취지의 의견 표명이 있었다"는 '각주'가 달렸다. 그러나 기타오카는 기자회견에서 "이것(일본의 지난 전쟁이 침략이라는 견해)이 메인 스트림(주류)" 이라는 분명한 입장을 밝혔다. 일본 주류 보수가 지난 전쟁이 일본의 침략임을 부정하는 아베의 위태로운 '야스쿠니 사관'에 명확한 반대 의견을 제시한 것이다.

이와 함께 보고서에는 한일 관계가 악화된 원인에 대한 일본 나름의 진단이 담겨 있다. 보고서는 양국 간 알력의 원인을 노무현 정권을 이끌었던 한국 386의 지나친 민족주의에서 찾고 있다. 다음의 인용문을 보자.

> 우호적인 일한관계는 김대중 정권을 이은 노무현 정권에 접어들며 변화한다. 노무현 정권에는 '386세대'가 다수 참가하고 있었다. 1960년대에 태어나 1980년대에 대학을 졸업하고 1990년대에 30대였던 '386세대'는 1980년에 이성을 중시하며 국내의 감정을 억압했던 강권적 정권에 크게 반발한 세대이다. 이들은 노무현 정권 내에서도 매우 반일적인 이념을 주장했다. 노무현은 대통령 취임 당시에 고이즈미 총리와 정상 간 셔틀 외교에 합의하는 등의 자세를 보이기도 했지만, 이윽고 여론에 몰려 2005년 3월 3·1절 기념식전의 연설에서는 일본에 사죄와 반성을 요구하며 보상의 필요성에 대해서도 언급했다. 노무현 정권이 대일 자세를 변화시킨 배경에는 '386세대'가 정권 내에서 반일적인 주장을 전개했던 요인도 있었지만, 당초 일본 쪽의 움직임이 한국의 국민감정을 자극한 면도 있었다.

마지막으로 아베를 견제한 것은 일본 보수의 '원로'이자 전 총리였던 나카소네였다. 나카소네는 담화가 나오기 직전인 7일 『요미우리신문』, 『산케이신문』, 『분게슌주』, 『주오고론』 등 보수

매체에 자신의 인터뷰와 수기를 게재해 아베 담화를 견제했다. 나카소네의 지적도 21세기 간담회의 내용과 대동소이했다. 일본의 지난 전쟁은 침략이라는 것이었다. 직접 그 내용을 보자.

> 한편, 아시아 여러 국가에 대해서는 침략행위도 있었다. 특히 중국에 대해서는 1915년 '대중 21개 요구' 이후 침략성이 매우 강했다. 군부가 중국 내에서 사변을 확대해 중국 민족의 감정에 큰 상처를 줬다고 말할 수 있다. 자원 획득을 위해 동남아시아 여러 국가에 진출한 것도 현지 사람들의 입장에서 보면 일본군이 맨발로 집에 들어온 것으로 명백한 침략행위였다.
>
> (중략)
>
> 특히 중한 양국과 그 사이에서 발생하는 역사문제의 알력에는 신중한 태도로 임해야 한다. 과거에 대한 솔직한 반성과 함께 언동도 엄히 신중해야 할 필요가 있다. 민족이 입은 상처는 삼대 100년 동안은 사라지지 않는다고 생각해야 한다. 일본의 장래를 생각해 중장기에 걸쳐 근린국과 안정된 관계를 구축하려면 끊임없는 대화를 통해 더 깊은 상호 이해와 협력의 길을 걸어야 한다.
>
> (중략)
>
> 〔아베 담화는〕 국제관계나 외교관계를 고려해 현직 총리가 판단하고 결단하는 것으로 내가 언급할 문제는 아니다. 그러

나 과거 역사를 직시하고 무라야마 담화, 고이즈미 담화를 답습한 다음에 일본이 〔국제사회에 전할 수 있는〕 성의 있는 표현을 시대의 흐름 속에서 담아야 한다고 본다.

그동안 무라야마가 아베에게 "담화를 계승해야 한다"는 의견을 밝힌 적은 많았다. 그러나 보수의 존경을 받는 나카소네의 작심 발언은 일본사회에 비교할 수 없는 큰 충격을 던졌다. 『요미우리신문』도 이날 사설에서 "이번이 마지막이라는 마음으로, 무라야마 담화의 견해를 인용하는 간접 표현 방식으로라도 침략과 식민지배에 대한 마음으로부터의 사죄를 전하는 표현을 넣어야 한다"고 조언했다. 아베는 어떤 결단을 내리게 될까. 머잖아 나오게 될 아베 담화의 내용에 대해 일본은 물론 전 세계가 마른 침을 삼켰다.

아베 담화의 발표

8월 14일에 공개된 아베 담화는 이전의 무라야마 담화, 고이즈미 담화와는 형식부터 달랐다. 지난 담화가 1,200자 정도로 짧았던 데 반해, 아베 담화는 그보다 무려 세 배나 긴 3,400자였기 때문이다. 담화는 먼저 서구 제국주의 열강이 세계를 제패하던 100년 전으로 되돌아가 그때부터 지금에 이르기까지 세계사의 흐름과 이와 연관된 일본의 움직임을 상세히 서술했다. 다소 길지만 중요 부분을 소개한다.

> 압도적인 기술 우위를 배경으로 식민지배의 물결은 19세기 아시아에도 밀려왔습니다. 그 위기감이 일본 근대화의 원동력이 되었음은 틀림없습니다. 아시아 최초로 입헌 정치를 내세우며 독립을 지켜냈습니다. 일러전쟁은 식민지배하에 있던 많은 아시아인과 아프리카인 들에게 용기를 주었습니다.
>
> 세계를 휩쓸었던 제1차 세계대전을 거쳐 민족 자결의 움직임이 확산되면서 그간의 식민지화에 제동이 걸렸습니다. 이 전쟁은 1,000만 명이나 되는 전사자를 낸 비참한 전쟁이었습니다. 사람들은 평화를 강력히 바라며 국제연맹을 창설했고 부전조약을 탄생시켰습니다. 전쟁 자체를 위법화하는 새로운 국제사회의 조류가 생겨났습니다.
>
> 당초에는 일본도 보조를 함께했습니다. 그러나 세계공황이 일어나고 구미 여러 국가가 식민지 경제를 휩쓴 경제 블록화를 추진하자 일본 경제는 큰 타격을 입었습니다. 그런 가운데 일본의 고립감이 심화되어 외교적, 경제적인 경색을 힘의 행사로 해결하려 했습니다. 국내 정치 시스템은 이를 제어하지 못했습니다. 이렇게 해서 일본은 세계의 대세를 보지 못하게 되었습니다.
>
> 만주사변, 그리고 국제연맹 탈퇴. 일본은 점차 국제사회가

엄청난 희생 위에서 구축하려 했던 '새로운 국제질서'의 '도전자'가 되어갔습니다. 나아가야 할 방향을 그르쳐 전쟁의 길을 걸어갔습니다.

그리고 70년 전 일본은 패전했습니다.

(중략)

사변, 침략, 전쟁, 어떠한 무력의 위협과 행사도 국제분쟁을 해결하는 수단으로 두 번 다시 사용해서는 안 됩니다. 식민지지배로부터 영원히 결별하고 모든 민족 자결의 권리가 존중되는 세계로 만들어야 합니다.

지난 대전에 대한 깊은 회오의 마음과 더불어 일본은 그렇게 다짐했습니다. 자유롭고 민주적인 나라를 만들고 법의 지배를 존중하며 오로지 부전의 맹세를 견지해왔습니다. 70년간에 이르는 평화국가로서의 행보에 우리는 조용한 자부심을 가지며 이 움직이지 않는 방침을 앞으로 관철해가겠습니다.

일본은 지난 대전에서의 행동에 대해 거듭 통절한 반성과 진심 어린 사죄의 마음을 표명해왔습니다. 그 마음을 실제로 보여주기 위해 인도네시아, 필리핀을 비롯한 동남아시아 국가들, 대만, 한국, 중국 등 이웃 아시아인들이 걸어온 고난의 역사를 가슴에 새기며 전후 일관되게 그 평화와 번영을 위해 힘을 다해왔습니다.

이러한 역대 내각의 입장은 앞으로도 흔들림이 없을 것입니다.

(중략)

일본에서는 전후 태어난 세대가 바야흐로 인구의 80퍼센트를 넘어섰습니다. 그 전쟁과는 아무런 상관없는 우리 아이들과 손자 그리고 다음 세대의 아이들에게 계속 사죄의 숙명을 짊어지게 해서는 안 됩니다. 그러나 그래도 역시 우리 일본인들은 세대를 넘어 과거 역사와 정면으로 마주해야 합니다. 겸허한 마음으로 과거를 계승하고 미래로 넘겨줄 책임이 있습니다.

이 담화를 읽고 느낀 첫 감정은 "참으로 졸렬하다"는 실망감이었다. 인정하고 싶지 않은 것들을 인정해야 하는 아베의 심정을 대변하듯 여러 '꼼수'가 담화 곳곳에 도사리고 있었기 때문이다. 아베 담화에는 무라야마 담화의 핵심 키워드라 불리는 '식민지배', '침략', '반성', '사죄' 등의 표현이 포함돼 있다. 그러나 단어의 사용법은 실로 교묘했다. 먼저 담화는 일본이 저지른 식민지배에 대해서는 전혀 언급하지 않았다. "식민지배로부터 영원히 결별해야 한다"는 주어가 누구인지 알 수 없는 선언구 안에 '식민지배'라는 단어가 등장할 뿐이다. 가장 관심을 모은 '침략'이라는 단어도 "사변, 침략, 전쟁, 어떠한 무력의 위협과 행사도 국제분쟁을 해결하는 수단으로 두 번 다시 사용해서는 안 됩니다"라는 주어가 누구인지 알 수 없는 문장 안에 숨어 있다. 대신 일본이 저지른 '침략'이라는 용어를 사용해야 하는 부분에는

“무력의 위협과 행사”, “‘새로운 국제질서’의 도전자”, “지난 대전에서의 행동” 등의 교묘한 표현이 쓰이고 있다. 그로 인해 나카소네마저 “침략”이라고 분명히 언급한 만주사변 이후 일본의 ‘침략행위’에 대해 아베가 어떻게 인식하고 있는지 전혀 알 수 없게 되어 버렸다.

아베는 담화 발표 직후 이뤄진 기자회견에서 ‘침략’이라는 단어의 사용방식에 대한 질문이 나오자 “이번 담화는 간담회의 명망가 분들과 공유한 인식과 이들이 제출한 보고서에 근거해 작성된 것입니다. 보고서에서 언급하고 있듯 그 안에는 침략이라고 평가되는 행위도 있었다고 생각합니다. 그래서 담화에서는 사변, 침략, 전쟁이라는 용어를 사용하면서 어떠한 무력의 위협과 행사도 국제분쟁을 해결하는 수단으로 두 번 다시 사용해서는 안 된다는 것을 지난 전쟁에 대한 깊은 회오의 마음과 함께 맹세하며 표현했습니다”라고 말했다. 이 말도 얼핏 들으면 아베가 일본의 지난 침략을 인정한 것으로 들리지만, 문장의 구조를 자세히 보면 “보고서에서 언급하고 있듯”이라는 표현을 통해 일본의 지난 행동을 침략이라 평가한 것은 아베 자신이 아님을 암시하고 있다. 아베는 결국 일본의 지난 침략을 끝까지 인정하지 않은 것이다.

‘사죄’라는 단어의 사용방식은 그보다 더 교묘하다. 무라야마 담화는 “저는 여기서 다시 한번 통절한 반성의 뜻을 표하며 진심으로 사죄의 마음을 표명합니다”라는 표현을 사용해 통절한 반성과 사죄를 하는 주체가 무라야마 본인임을 분명하게 했다. 그러나 아베 담화는 "일본은 지난 대전의 행동에 대해 거듭 통절한 반성과 진심 어린 사죄를 표명해왔습니다"는 문구를 썼다. 사죄하고 있는 주체는 '일본'이라는 불특정 다수일 뿐 '아베'가 아닌 것이다.

담화는 또 위안부 문제에 대해서는 위안부라는 용어를 직접 언급하는 대신 "전쟁터의 뒤안에는 명예와 존엄이 크게 손상된 여성들이 있었던 것도 잊어서는 안 됩니다." "20세기 전시하에 수많은 여성들의 존엄과 명예가 크게 손상된 과거를 우리 가슴속에 새기겠습니다"라는 표현을 넣었다. 그러면서 "전쟁과는 아무런 상관없는 우리 아이들과 손자 그리고 그 다음 세대의 아이들에게 계속 사죄의 숙명을 짊어지게 해서는 안 된다"는 아베의 지론을 강조했다. 아베 담화를 끝으로 일본이 더 이상 국제사회에 '사죄'하는 일은 없을 것이라는 선언이었다.

이 담화에 대해 무라야마는 불쾌감을 감추지 않았다. 무라야마는 아베 담화를 평가하는 대담에서 "아베는 애초 무라야마 담화에 반대했다. 그러니 〔아베 담화에〕 식민지배, 침략, 사죄라는 말을 더 이상 넣고 싶지 않아 했다. 그렇기 때문에 이런 단어들은 일본이 한 일을 사죄하는 맥락이 아니라 〔지난〕 역사를 돌아보고 일반화하는 형식으로 사용되고 있다. 이에 대해 나는 문제가 있다고 생각한다"[6]고 말했다.

물론, 미국의 반응은 달랐다. 담화가 발표된 뒤 캐롤라인 케

네디Caroline Kennedy 주일 미국대사는 "흠잡을 데 없는 내용이다. 훌륭하다"는 입장을 밝혔고, 미국의 국가안전보장회의NSC도 "평가한다"는 공식 견해를 내놓았다. 미국의 입장이 정해진 상황에서 한국이 움직일 수 있는 공간은 많지 않았다. 박근혜는 이튿날 8·15 경축사에서 "어제 있었던 아베 담화는 우리로서 아쉬운 부분이 적지 않은 것이 사실입니다. 역사는 가린다고 되는 것도 아니고 산증인들의 증언으로 살아 있는 것입니다. 어제 그럼에도 불구하고, 일본의 침략과 식민지배가 아시아의 여러 나라 국민들에게 많은 손해와 고통을 준 점과 위안부 피해자들에게 고통을 준 데 대한 사죄와 반성을 근간으로 한 역대 내각의 입장이 앞으로도 흔들리지 않을 것이라고 국제사회에 분명하게 밝힌 점을 주목합니다"라고 밝혔다. 일본이 한국에서 저지른 식민지배에 대해 일절 언급하지 않는 담화를 수용하겠다는 선언이었다. 이후 박근혜는 11월 아베와 한일 정상회담을 연 뒤, 12월 말 12·28합의라는 '외교 참사'를 일으켰다.

아베는 담화에 대해 스스로 어떤 평가를 내렸을까. 이를 보여주는 흥미로운 대화가 있다. 담화가 발표되기 며칠 전 관련 내용을 전해들은 다카이치 전 총무상이 아베에게 따지듯 물었다. 다카이치는 이나다와 함께 아베의 측근 중에서 가장 우익적인 역사관을 가진 인물로 꼽힌다.

총리, '사죄'라는 표현이 들어 있잖습니까!

그러자 아베가 이렇게 답했다.

내가 할 수 있는 것은 여기까지가 최선입니다. 그 다음은 다카이치상이 총리가 된 뒤에 바꿔 주세요.[7]

아베와 야스쿠니

"아베상, 아리가토!"〔아베, 고맙습니다!〕

2013년 12월 26일 오전 11시 30분, 일본 도쿄 지요다구 야스쿠니 신사 경내의 도착전到着殿 앞. 아베를 태운 검은색 렉서스가 도착하자 보수단체인 일본유족회 회원들이 환호성을 지르며 박수를 쳤다. 아베는 유족회 관계자들과 짧게 인사를 나눈 뒤 신관들의 안내를 받아 건물 안으로 모습을 감췄다. 2006년 8월 고이즈미 이후 7년 4개월 만에 일본의 현직 총리가 일본의 침략전쟁을 미화하는 야스쿠니 신사참배를 결행한 것이다. 아베는 참배 뒤 기자들과 만나 "일본을 위해 소중한 목숨을 희생한 영령들에게 애도의 마음을 전하고, 이들이 편히 쉬기를 기원하며 두 손을 모았다"고 밝혔다. 그는 한국과 중국 등 주변국의 반발에 대한 질문에 "야스쿠니 신사참배가 이른바 전범을 숭배하는 행위라는 오해에 기반한 비판이 있지만, 지난 1년 동안 해온 일들을 영령께 보고하고, 두 번 다시 전쟁의 참화에 사람들이 고통받지 않게 하겠다는 결의를 전하려고 참배했다. 중국과 한국인들의 마음에 상처를 줄 생각은 털끝만큼도 없다"고 말했다.

그러나 이 참배에 대해 한일 양국 정부는 강력한 비판의 메시지를 던졌고, 주일 미국대사관은 참배가 이뤄진 지 30분 만에 "일본의 지도자가 주변 국가와 긴장을 악화시키려는 행동을 취한 것에 대해 미국 정부는 실망했다"는 이례적인 성명을 내놓았다. 여담이지만 아베의 참배가 이뤄지기 30분쯤 전 스가가 이병기 당시 주일 한국대사에게 전화를 걸어왔다. 일본어에 익숙하지 않은 이병기가 아베의 신사참배 소식을 전달받고 당혹스런 반응을 보이자, 바로 앞에 서 있던 김원진 정무공사가 "대사님 '쓰요쿠 고기시마스'(강하게 항의합니다)라고 하세요"라고 조언했다고 한다.[1]

아베는 야스쿠니 신사를 참배한 뒤 미국으로부터 "실망했다"는 비판을 받는 등 심각한 외교적 곤경에 빠졌다. 아베를 보좌하는 총리관저가 이 같은 리스크를 예측하지 못했을 리 없다. 그 때문에 스가 등 참모들은 "절대 참배해서는 안 된다. 하더라도 정권이 끝날 무렵에 하자"[2]는 말로 결사반대한 것으로 알려져 있다. 특히 이마이 다카야今井尚哉(1958~) 총리 비서관은 참배 직후 "이 정권에서 다시 참배가 이뤄지면 비서관을 사임하겠다"[3]며 강도 높은 항의의 뜻을 밝혔다.

일본 총리의 야스쿠니 신사참배는 안그래도 바람 잘 날 없던 동아시아 정세에 큰 부담을 주는 현안으로 자리 잡은 지 오래다. 일본 총리의 신사참배가 처음 국제 문제가 된 것은 1985년 8월 15일에 이뤄진 나카소네의 참배 때였다. 이후 고이즈미는 취임 중 무려 여섯 번에 걸쳐 신사를 참배하면서 중일 관계, 한일 관계를 위기로 몰아간 바 있다.

한국과 중국 등과 같은 일본의 주변국들이 일본 총리의 야스쿠니 신사참배를 반대하는 가장 큰 이유는 신사에 일본의 침략전쟁을 주도한 A급 전범들이 합사돼 있기 때문이다. 따라서 일본 총리가 신사참배를 하게 되면 일본의 침략으로 큰 피해를 입었던 한국과 중국 등 주변국 입장에서는 일본이 지난 침략을 반성하기는커녕 미화한다는 생각을 가질 수밖에 없다. 그러나 아베의 견해는 전혀 다르다. 다음 인용구를 보자.

> 극동군사재판〔도쿄 전범재판〕에 의한 A급 전범과 관련해 1978년에 14명이 〔현재 야스쿠니 신사에〕 합사됐다. 오히라 마사요시 총리는 다음해 봄 이후 세 번, 스즈키 젠코 총리는 그 뒤 여덟 번 참배를 했지만 중국은 이에 대해 반대하지 않았다.
>
> 'A급 전범이 합사되어 있으니 참배하면 안 된다.' 혹은 '〔A급 전범은〕 당찮은 사람이다'라고 국가가 판단하는 것은 매우 이상한 얘기다.
>
> 예를 들어 가야 오키노리賀屋興宣(1889~1977)나 시게미

쓰 마모루重光葵(1887~1967)도 A급 전범이었다. 그러나 그들은 이후 사면을 받고 정계에 복귀했다. 가야는 이케다 내각의 법무대신, 시케미쓰는 하토야마 이치로 내각의 외무대신이 되어 일본이 유엔에 복귀했을 때 일본 대표로 일했다. 그리고 시게미쓰는 전후 훈1등에 서훈되었다. 〔야스쿠니 신사에 A급 전범이 합사돼 있다고〕 비판하는 사람들은 이 같은 역사를 어떻게 하겠다는 것인가. 〔역사를〕 지우는 것은 불가능하다.

실제로 전후 국민들로부터 1952년 4월 28일에 발효된 대일강화조약〔샌프란시스코강화조약〕 이후에도 복역할 수밖에 없었던 전범을 조기 석방하라는 목소리가 높아졌다. 그로 인해 일본변호사연합회가 정부에게 제출한 의견서를 계기로 전국에서 4,000만 명의 서명이 모였다. 이런 국민여론을 배경으로 국회에서 1953년부터 단계적으로 전상병자전몰자유족 등 원호법〔원호법〕과 은급법, 미귀환자유수가족원호법 등이 개정됐다. 그로 인해 전쟁재판에 의한 사망자나 구금 중 상병자도 〔원호법 등의〕 적용 대상자로 인정받아 유족들에게도 일반전몰자와 같은 유족연금이 지불됐다.

〔이후〕 A, B, C 등*을 따지지 않고 전쟁재판에 의한 사망

* 제2차 세계대전이 끝난 뒤 전범국인 독일과 일본을 벌하기 위해 전범재판이 이뤄졌다. 전범재판에서 처벌한 것은 크게 세 가지 범죄였다. A급은

자를 일반전몰자와 동등한 전쟁에 의한 공무사로 인정했다. 또 전쟁재판 수형자 본인에 대한 은급도 종래 결격자로 인정했던 것을 법 개정을 통해 구금기간도 재직기간에 더해 지불하게 되었다. 한편 1953년 국회에서 전쟁범죄에 의한 수형자의 사면 결의가 통과되어 A급은 1956년 3월 31일, B와 C급은 1958년에 모두 석방됐다. 즉 명예회복이 이뤄져 죄가 없어진 것이다.[4]

아베의 A급 전범관에는 곱씹을 대목이 많다. 그가 말하고 있는 것은 크게 두 가지다. 첫째, 아베는 중국과 한국이 처음에는 총리의 신사참배에 대해 전혀 항의하지 않다가 어느 순간부터 이 문제를 정치 문제로 이용하고 있다고 봤다. 즉, 한국과 중국의 문제제기를 정치적 '트집' 정도로 치부하는 것이다. 둘째, A급 전범은 더 이상 범죄자가 아니라는 주장이다. 이는 일본의 침략을 침략으로 인정하지 않는 아베의 역사관과 연결된다. 따라서 아베가 임기 중 신사참배를 하는 것은 그의 역사관에 비춰 볼 때 필연이었다는 생각이 든다. 실제로 아베는 1차 정권 때 야스

전쟁을 일으킨 정치지도자를 처벌하기 위한 평화에 반한 죄, B급은 포로학대 등 통상의 전쟁 범죄, C급은 비인도적인 행위를 처벌하기 위한 인도에 반한 죄였다. 전쟁을 결정한 정치인을 처벌하는 근거가 되는 A급 범죄라는 개념은 제2차 세계대전 이후 뉴른베르크 전범재판과 도쿄 전범재판에서 처음 도입됐다.

쿠니 신사에 참배하지 못한 것에 대해 '통한의 극치'라는 표현을 쓰며 안타까워 했다. 그는 나아가 "국가를 위해 소중한 생명을 마친 영령들에게 손을 마주해 명복을 빌고 존숭尊崇의 뜻을 표현하는 게 당연하다고 생각한다. 이에 대해 이웃나라로부터 그만두라는 말을 들을 이유도 없고, 비난을 당할 이유도 전혀 없다"[5]고 말했다. 그는 2012년 12월 중의원 선거를 앞두고도 다시 한 번 "지난번 임기 때 참배하지 못한 것이 통한의 극치라는 게 내가 지금 말씀드릴 수 있는 전부"라는 말을 남겼다.

일본에서 오랫동안 정치부 기자 생활을 했던 다자키 시로田崎史郎는 "〔일본의〕 보수를 가르는 분수령 중 하나는 A급 전범이 합사된 야스쿠니 신사에 참배하느냐 마느냐이다. 야스쿠니 신사에 참배하는 사람은 '강경보수', 하지 않는 사람은 '온건보수'로 이름 짓고 싶다"는 견해를 밝힌 바 있다. 이 기준에 따른다면 아베는 딱 떨어지는 '강경 보수'[6]이다.

신사참배로 예상되는 커다란 정치적 위험을 감수한 뒤 아베는 총리관저로 돌아와 스가 관방장관과 악수를 나눈 뒤 이렇게 말했다.

"다행이다. 이것으로 이제 차분하게 일할 수 있게 됐다."[7]

한 나라 총리의 발언이라고 보기에는 너무 한심하고 유치해 쓴 웃음이 난다.

9장

안보 정책

© 길윤형

2015년 10월 1일, 미국의 최신예 항공모함인 로널드 레이건호가 일본 요코스카항에 등장하자, 일본 시민들이 "NO! CVN(로널드 레이건호, 반대!)"이라고 쓰인 플래카드를 들고 입항을 반대하고 있다. 미국이 로널드 레이건호를 일본에 배치한다는 것은 아시아-태평양 지역에서 벌어지고 있는 미국과 중국의 군사적 힘겨루기에 임하는 미국의 강한 결의를 보여주겠다는 뜻이다. 따라서 이날의 입항은 일본뿐 아니라 한국과 중국 등에게도 초미의 관심사였다.

로널드 레이건호 입항

2015년 10월 1일 오전 8시. 미국의 최신예 항공모함(항모) 로널드 레이건호CVN 76(길이 333미터, 배수량 9만 7,000톤)가 거대한 위용을 드러내자 미 해군 제7함대의 모항母港인 일본 가나가와神奈川현 요코스카横須賀항은 긴장에 휩싸이기 시작했다.

그날 오전 6시, 로널드 레이건호의 요코스카 입항에 항의하는 일본 시민들이 요코스카시항의 요트 선착장인 후카우라 보트 파크深浦ボートパーク에 집결했다. 이날 보트를 타고 바다로 나가 로널드 레이건호의 입항에 반대하는 집회를 열기 위해서였다. 삼삼오오 모여든 30여 명의 일본 시민들은 '요코스카 평화선단'의 이치카와 다이라市川平가 운행하는 오무스비호 등 세 척의 보트에 나눠 타고 새벽 어스름이 가시지 않은 항구를 출발했다. 도쿄 남쪽으로 45킬로미터 정도 떨어진 JR요코스카역에서 내려

항구를 마주 보면 바다 건너편으로는 세계 최강의 전력을 자랑하는 미 해군 제7함대가 그리고 육지와 맞닿은 부두와 부속 항구인 나가우라長浦항에는 일본 해상자위대 시설들이 빼곡이 들어선 광경이 눈에 안겨 온다.

보트에 탄 시민들은 머잖아 입항할 미 항모가 지나는 지점에 멈춰선 채 대기했다. 한 시간 정도 시간이 흐르자 항구 밖에서 항모의 움직임을 관찰하던 다른 시민들이 무선을 통해 "항모가 곧 진입한다"는 소식을 전해왔다. 이치카와는 탑승자들에게 "항모를 따라잡다 보면 배가 크게 흔들릴 수 있다"고 거듭 당부했다.

이윽고 항모가 모습을 드러내자 오무스비호는 내달리기 시작했다. 보트가 항모의 뒤를 좇아 속도를 내자 이를 경계하던 해상보안청 함정의 움직임도 덩달아 바빠졌다. 오무스비호가 항모에 가까이 따라붙으며 "오지 마, 원자력 항모" "NO, CVN" "필요 없다, 원자력 항모" 등의 구호가 적힌 플래카드를 꺼내 들었다. 이를 본 해상보안청의 함정 10척이 득달같이 보트 주변을 둘러싸고 전진을 가로막았다. 이치카와는 "위험하니 배를 너무 가까이 붙이지 말라"고 항의하다 더 이상의 접근을 포기한 채 엔진을 멈추고 말았다.

결국 로널드 레이건호는 예인선의 유도에 따라 오전 8시 38분쯤 미 항모의 전용부두인 12번 데크deck에 도착하는 것으로 역사적인 요코스카 입항을 마쳤다. 2015년 5월 조지 워싱턴호George Washington(CVN-73)가 연료 교체를 이유로 미 본토로 귀환한 뒤 다섯 달 만에 교대 작업이 마무리된 것이다. 일본뿐 아니라 한국과 중국 등 주변국들도 이날 로널드 레이건호의 요코스카 입항에 비상한 관심을 기울였다. 2003년 7월 취역한 로널드 레이건호는 미 해군 내에서 조지 부시호George H.W. Bush(CVN-77) 다음가는 두 번째 신형 항모다. 미국이 보유하고 있는 10척의 항모 가운데 두 번째 새 항모를 일본에 배치했다는 사실은, 아시아-태평양 지역에서 벌어지고 있는 미중 간 군사적 힘겨루기에 임하는 미국의 결의를 보여주는 상징으로 받아들여졌다.

이뿐만이 아니었다. 미국은 2015년 이후 요코스카를 모항으로 하는 미 제7함대에 대한 전력 강화 작업을 빠르게 추진 중이다. 2015년 6월에는 유도미사일 순양함 챈슬러즈빌Chancellorsville(CG-62), 그해 말에는 탄도미사일 방어능력을 가진 이지스 구축함 벤폴드Benfold(DDG-65)가 추가됐다. 요코스카에 미 함선이 새로 배치된 것은 1992년 이후 처음 있는 일이었다. 이어 2017년에는 같은 능력을 가진 이지스함 밀리어스Milius(DDG-69)도 추가 배치할 계획이다. 이 같은 작업이 끝나면 요코스카에 배치된 미 해군의 이지스함은 9척(이 가운데 탄도미사일 방어능력을 갖춘 함선은 5척)에서 12척(7척)으로 늘어난다. 리언 파네타Leon Panetta(1938~) 미 국방장관이 2012년 6월 "2020년까지 미국 군함 중 아시아-태평양 지역에 배치되는

중국 해상 방어 전략

비율을 현재의 50퍼센트에서 60퍼센트까지 늘리겠다"고 선언한 '재균형' 전략이 요코스카에서 소리 없이 진행되고 있는 것이다.

이 같은 미국의 압도적인 해군 전력에 대해 중국은 강화된 탄도미사일 능력을 기반으로 한 '접근저지·영역거부A2/AD 전략'으로 맞서는 중이다. 이 전략은 센카쿠열도-오키나와-대만-필리핀에 이르는 '제1열도선' 안으로 미국 전력의 진입을 허용하지 않으며(접근저지), 일본 오가사와라 제도-괌-파푸아뉴기니를 잇는 '제2열도선' 안에서는 미군의 자유로운 이동을 제약(영역거부)하겠다는 의미다. 그리고 중국은 자신들의 능력을 과시하기 위해 2015년 9월 3일 베이징 천안문 광장 앞에서 진행된 '항일 반파시스트 전쟁 승리 70돌 기념 열병식'에서 '항모 킬러'라고 불리는 지대함 탄도미사일 둥펑DF-21D를 사상 최초로 공개했다.

일본의 안보 정책

아베가 등장하기 전에도 일본의 방위 정책은 크고 작은 부침을 겪었다. 296쪽의 표는 1945년 8월 패전 이후 일본 안보 정책의 큰 변화를 정리한 것이다. 일본 외교·안보 정책의 기축이 되는 미일동맹에 첫 변화가 이뤄진 것은 1970년대 말이었다. 1장에서 설명한 대로 기시가 주도해 1960년에 개정한 미일 안보 조약은 일본이 침략을 받을 경우 "양국이 공동으로 대처한다"는 큰 원칙을 정해놨다. 그러나 미일이 구체적으로 무슨 역할을 어떻게 분담해야 하는지에 대해서는 명시해두지 않았다. 이런 '공백'을 깨달은 미일 양국은 냉전이 격화되는 시대적 상황에 맞춰 1978년 11월 미일동맹의 사용지침서에 해당하는 미일 가이드라인을 제정했다.

당시 일본의 가장 큰 안보 위협은 소련이었다. 미일 가이드라인에서 "일본은 원칙적으로 한정적이고 소규모의 침략은 독자적인 힘으로 배제한다. 그러나 침략의 규모와 형태 등에 따라 그것이 곤란한 경우에는 미국과 협력해 배제한다"는 큰 원칙을 정했다. 그러나 일본 유사사태가 아닌 일본 주변에서 발생하는 무

〈전후 일본 안보 정책의 변화 과정〉

1945년 8월	일본 항복
1947년 5월	평화헌법 시행(군 보유, 교전권 금지 명문화)
1950년 6월	한국전쟁 발발
1950년 8월	경찰예비대(자위대 전신) 설치
1952년 4월	대일강화조약 시행
1954년 7월	자위대 발족
1960년 6월	미일 안보조약 개정(미국의 일본 방위의무 명문화)
1965년 2월	미군 베트남 폭격 개시
1965년 6월	한일 국교정상화
1972년 5월	오키나와 반환
1972년 9월	중일 국교정상화
1978년 11월	미일 가이드라인 제정
1989년 12월	미소 냉전종결 선언
1991년 1월	제1차 걸프전쟁 시작(전쟁 종료 후 일본 해상자위대 페르시아만 기뢰제거작업에 투입. 전후 자위대의 첫 해외 파병)
1991년 3월	쿠웨이트 쇼크
1992년 6월	유엔평화유지활동PKO법 성립(일본 유엔평화유지활동부대 해외 파병 시작)
1996년 4월	미일 안보공동선언(냉전 후 미일동맹의 역할 재정의)
1997년 9월	미일 가이드라인 개정(한반도 유사사태에 대비한 주변사태 개념 도입)
1999년 5월	주변사태법 제정
2001년 9월	아프가니스탄전쟁 시작(테러대책특별법 제정(2001년 11월)–해상자위대 호위함 인도양에 파견)
2003년 3월	제2차 걸프전쟁(이라크 전쟁) 시작(이라크부흥지원특별법 제정(2003년 8월)–육상자위대 인도·부흥 사업에 투입)
2014년 7월	집단적 자위권 행사를 가능케 하는 헌법 해석 변경(전수방위 원칙의 사실상 사문화)
2015년 4월	미일 가이드라인 2차 개정(집단적 자위권 명문화. 미일동맹의 글로벌화)
2015년 9월	집단적 자위권 행사를 위한 안보관련법 제·개정

력 분쟁을 뜻하는 '극동사태'(사실상 한반도의 전쟁을 의미)는 "향후 연구과제"로 보류했다.

시간이 흐르며 예상했던 문제가 터졌다. 1993년에 시작된 1차 북핵 위기였다. 미국은 북한의 핵개발 의혹이 불거지자 영변 핵시설을 폭격하기 위해 일본에 1,500개에 달하는 지원 항목을 제시하며 협력을 요구했다. 다행히 1차 북핵 위기는 1994년 10월 미북 간 직접 대화를 통한 '제네바 합의'를 통해 해결됐다. 그러나 이 사태를 계기로 일본 유사사태뿐 아니라 한반도 유사사태가 발생했을 때 일본이 미국을 돕기 위해 어떤 역할을 담당해야 하는지를 명확히 정리해야 할 필요를 느끼게 됐다.

그에 대한 해답이 1997년 9월에 1차로 개정된 미일 가이드라인이었다. 새 안이 제시한 해법은 한반도 유사사태와 대만 유사사태 등을 뜻하는 '주변사태'였다. 주변사태가 발생할 경우 일본이 미국에 협조해야 하는 구체적인 임무로 ① 미군에 대한 보급·우송 등 후방지원 ② 전투로 조난된 이들에 대한 구조 ③ 정보지원 등의 내용이 정해졌다. 그러면서 일본 정부는 평화헌법과 미국의 무력행사를 지원하는 '후방지원' 사이의 모순을 극복하기 위해 일본이 후방지원을 할 수 있는 지역적 범위를 뜻하는 '후방지역'(비전투지역)이라는 개념도 만들었다. 일본 정부는 후방지역을 "일본의 영토 및 현재 전투행위가 이뤄지지 않고 있고, 활동이 이뤄지는 시기를 통틀어 전투행위가 이뤄지지 않는다고 인정되는 일본 주변의 공해"(주변사태법 3조2항)라고 정의했다. 그러면서 일본의 후방지원이 후방지역에서 이뤄진다면 미군의 무력행사와 일체화되지 않는 것이고 따라서 무력행사를 금지한 평화헌법을 위반한 게 아니라는 논리를 개발했다. 이후 오부치 게이조 정권은 바뀐 미일 가이드라인의 내용을 일본 국내법에 반영하기 위해 1999년 주변사태법을 제정했다.

그와 함께 일본은 '국제평화유지'를 위해서도 경제력에 걸맞는 역할을 감당할 것을 요구받았다. 첫 계기는 냉전이 해체된 뒤 처음 발생한 국제분쟁인 제1차 걸프전쟁이었다. 당시 일본 총리는 가이후 도시키海部俊樹(1931~ , 76·77대 총리), 외무상은 나카야마 다로였다. 당시 부시는 1990년 8월 14일 가이후에게 전화를 걸어 "일본이 우리의 공동 이익을 지키는 일에 완전히 참가하고 있다는 신호를 발신하는 게 매우 중요하다"며 전쟁 수행에 필요한 "소해정이나 급유함을 보내달라"[1]는 요구를 해왔다. 나카야마 외상도 2015년 NHK와의 인터뷰에서 당시 "베이커James Addison BakerIII 미 국무장관이 〔일본에게 전쟁 협력을 위해 필요한 여러 조처들에 대해〕 강한 요구를 해왔다"[2]는 증언을 남겼다.

가이후 내각은 이 같은 미국의 요구를 받아들여 자위대를 유엔의 평화유지활동에 파견하는 데 법적 근거가 되는 '유엔평화유지활동법'을 발의했다. 그러나 이 법안은 일본이 전후 반세기 넘게 지켜온 평화헌법에 위배되는 것이라는 야당의 맹렬한 반발을 이기지 못하고 폐안됐다.

자위대를 보낼 수 없게 된 일본에게 남은 유일한 선택은 자금 지원이었다. 일본은 이 전쟁에 총 130억 달러에 달하는 막대한 전비를 부담했다. 그러나 해방된 쿠웨이트는 1991년 3월 『뉴욕타임스』에 이 전쟁에 참여해준 30개국에게 감사의 뜻을 전하는 신문광고에서 일본의 이름을 빠뜨렸다. 이때 받은 충격을 일본에서는 '쿠웨이트 쇼크'라 부른다. 이 충격을 통해 일본사회는 국제평화유지 활동에서 인적 공헌이 얼마나 중요한지 깨닫게 됐다. 쿠웨이트 쇼크가 일본 안보 정책의 분기점이 된 것이다.

또한 그 결과 1992년 6월 미야자와 내각 때 전임 가이후 내각 시절 폐안됐던 유엔평화유지활동법이 성립됐다. 이 법에 따라 자위대는 캄보디아를 시작으로 유엔의 평화유지활동에 본격적으로 참여하게 됐다.

이후 일본 정부는 미국의 자위대 파병 요청이 이어질 때마다 그때그때 특별법을 만들어 대처해왔다. 고이즈미 정권은 2001년 9·11 테러 이후 부시 행정부가 벌인 아프가니스탄전쟁(2001년 10월)을 지원하기 위해 '테러대책특별법'을 만들었다. 이 법에 따라 자위대는 해상자위대의 함선을 인도양에 파견해 미군에 대한 급유 등 후방지원 업무를 담당했다. 또한 이라크전쟁(2003년 3월) 때는 이라크부흥지원특별법을 만들어 2004년 1월부터 이라크 중부 사마와Samawa에 지역의 부흥을 돕는 인도지원 부대를 파견했다. 당시 이 법안을 만든 이가 고이즈미 정권과 아베 1차 정권에서 안보 정책을 총괄했던 야나기사와 교지柳

沢協二(1946~) 전 관방부장관보다. 그는 2015년 4월 필자와의 인터뷰에서 "당시 정부의 헌법 해석으로는 이 법이 일본이 할 수 있는 한계라고 생각했다"고 말했다. 실제로 야나기사와뿐 아니라 대부분의 일본인이 그렇게 생각하고 있었다. 일본이 군사적 역할을 더 확대하려면 헌법 자체에 손을 대야 했고 이는 개헌을 뜻했기 때문이다.

일본사회는 고이즈미 정권의 이라크부흥지원특별법 제정에 큰 위기의식을 느꼈다. 이에 대한 반작용으로 일본 시민사회는 소설가 오에를 중심으로 2004년 '9조의 모임'을 만들어 일본의 평화헌법을 지키는 호헌 투쟁에 나서기 시작했다.

미일동맹

정권에 복귀한 아베의 헌법관은 평화헌법과 양립할 수 없는 것이었다. 그는 일본의 평화헌법을 일본이 중국의 부상에 맞서 동아시아에서 살아남기 위해 극복해야 하는 거대한 제약 요인으로 인식했다. 그렇지만 당장 개헌이 가능한 것도 아니었기에 아베는 현행 헌법의 제약을 사실상 무력화하고 일본이 군사적 역할을 확대할 수 있는 방법을 찾아가게 된다(이에 대한 자세한 내용은 10장에서 다루겠다).

아베 정권의 안보 정책은 세 가지 요소의 아슬아슬한 균형

위에서 현실화될 수 있었다. 첫째는 미일동맹을 '대등한 동맹'으로 바꾸겠다는 우익적 신념이었다. 기시는 1960년 기존의 미일 안보조약을 개정하는 과정에서 '쌍무성'이라는 개념을 만들었다. 미국이 조약 5조에서 일본을 방어하는 의무를 부담하면, 일본이 그에 대한 보답으로 6조에서 미국에게 군사기지를 제공하고 있으니, 미일은 권리와 의무를 공유하는 '쌍무적' 관계이며 이전보다 평등해졌다는 주장인 것이다. 그러나 기시의 '쌍무성'은 어디까지나 한정적인 개념에 불과했다. 일본이 미국에게 군사기지를 제공하지만 헌법 제약이 있는 탓에 직접 무력을 사용해 도울 필요는 없었기 때문이다. 아베는 여기서 한발 더 나아가 역대 일본 정부들이 "행사할 수 없다"는 견해를 보여온 집단적 자위권을 사용할 수 있도록 했다. 그러면 일본이 미국을 위해 무력을 사용할 수 있게 되고, 미일동맹은 기시 때보다 훨씬 더 대등한 모습으로 바뀔 거라고 생각한 것이다.

둘째 요소는 동중국해 등에서 진행 중인 중국의 위협에 맞서야 한다는 현실적인 필요였다. 중국은 2000년대에 들어서며 그동안 유지해온 도광양회韜光養晦 정책*에서 이탈해 해양 진출에 나섰다. 일본 방위성의 자료를 보면, 2008년에는 237회에 불과했던 항공자위대의 긴급발진 횟수가 중일 갈등이 가장 첨예했던 2014년에는 943건으로 폭증했다. 중국은 2013년 10월 센카

* 힘을 기를 때까지 조용히 때를 기다린다는 중국의 대외정책.

쿠열도를 포함한 동중국해의 너른 바다에 일방적으로 방공식별구역ADZ을 확대했고, 2016년 12월에는 중국 최초의 항모인 랴오닝遼寧을 몰고 제1열도선을 돌파해 서태평양 일대에서 원양 훈련을 진행했다.

셋째는 미국의 요청이었다. 미국은 중국의 부상에 맞서 동아시아 지역에 대한 미국의 관여를 확대하는 '재균형' 정책을 시행했다. 그러나 미국은 심각한 재정적자에 시달려 2010년 6,910억 달러를 최고점으로 해마다 적지 않은 국방예산을 삭감해왔다. 2016년 말, 미국의 국방예산은 전성기 때보다 15퍼센트나 줄어든 5,850억 달러에 머물고 있다. 이 같은 힘의 공백 상황에서 미국이 활용할 수 있는 가장 믿음직한 동맹국은 일본이었다.

일본에서는 미국 정부의 대 일본 정책에 큰 영향을 끼치는 이들을 '재팬 핸들러'japan handler라고 부른다. 대표적인 인물로 부시 행정부에서 국방부 부장관을 지낸 아미티지, 클린턴 행정부에서 국방부 차관보를 역임한 조지프 나이Joseph Samuel Nye(1937~ , 하버드대 석좌교수)가 있다. 이들은 미국의 외교·안보 분야 싱크탱크인 전략국제문제연구소CSIS를 통해 지금까지 세 번에 걸쳐 대 일본 정책 제언집인 '아미티지-나이 보고서'를 발간했다. 3차에 이르는 보고서는 모두 국제 환경의 변화에 일본이 적극적으로 대응해 군사적 역할을 확대해가야 한다는 내용을 담고 있다.

2000년 10월에 공개된 1차 보고서 「성숙된 파트너십을 향해」에서는 "미국의 민주적 동맹국인 일본은 미국이 아시아에 관여할 때 열쇠key가 된다. 미일동맹은 미국의 세계적 안전보장 전략을 짜는 데 중심"이라며 일본의 전략적 중요성을 강조했다. 그러면서 일본은 그동안의 헌법 제약을 해체하고 집단적 자위권을 행사해야 한다고 공개적으로 요구했다.

2007년 2월 내놓은 2차 보고서에서는 미일동맹을 미영동맹과 같이 발전시킬 것을 제안했다. 그래야 향후 중국을 미일이 만들어놓은 기존의 질서 틀 안에서 흡수할 수 있다는 주장이었다. 이어 2012년 8월에 내놓은 3차 보고서 「미일동맹: 아시아 안정의 닻」에서도 "일본이 1류 국가로 남을 것인가, 2류 국가로 만족할 것인가 중대한 국면을 맞고 있다"며 미일동맹의 역할 확대를 다시 한번 강한 어조로 요구했다.

아미티지-나이 3차 보고서에 대한 아베의 응답은 2차 정권이 시작된 직후 나왔다. 아베는 총리로 복귀한 직후인 2013년 2월 22일 미국을 방문해 오바마와 정상회담을 진행했다. 그리고 이후 전략국제문제연구소를 직접 방문해 다음과 같은 파격적인 연설을 남겼다.

> 지난해 아미티지, 나이, 마이클 그린Michael Green 등 여러 분들이 일본에 대한 보고서를 발표했습니다. 여기서 그들이 물은 것은 일본이 혹시 2류 국가가 되지 않을 것이냐는 우

려였습니다. 아미티지 씨, 제가 대답하겠습니다. 일본은 지금도, 앞으로도 2류 국가가 되지 않습니다. 저는 돌아왔습니다. 일본도 그럴 것입니다.

한 나라의 정상이 일본의 부장관, 차관보급 인사들의 이름을 직접 하나하나 언급하며 연설하는 광경은 일본 내에서도 이례적인 것으로 받아들여졌다. 이후 중국을 제어하기 위해 일본을 활용해야 한다는 미국의 '현실론'적 판단과 일본의 군사적 역할 확대를 원하는 아베의 '이념적' 욕망이 기묘한 화학적 결합을 일으켜 미일동맹은 이전보다 강화된 '글로벌동맹'으로 변모했다.

오바마의 약속, 아베의 결심

『아사히신문』 주필을 지냈던 후나바시는 2011년 9월 일본이 직면해 있는 다양한 과제를 조사·검증하는 민간 씽크탱크인 '일본재건이니셔티브'日本再建イニシアティブ, RJIF를 설립했다. 이 연구소의 '1호 프로젝트' 결과는 3·11 원전참사의 원인을 분석한 『후쿠시마 핵발전소 사고·조사 보고서』였다. 연구소는 그 다음 프로젝트로 일본에서 발생할 수 있는 아홉 개의 참사를 추려내 각각에 맞는 가장 현실적인 시나리오를 그린 책 『일본 최악의 시나리오-9개의 사각』을 내놓았다.

일본재건이니셔티브가 첫 번째 재앙으로 꼽은 것은 다름 아닌 센카쿠열도 충돌이었다. 책이 상정한 최악의 시나리오를 간추리면 다음과 같다.

○○○○년 9월 18일 정오 내각관방은 일본 해상보안청으로부터 "우오쓰리지마魚釣島* 등대 210도 6마일 부근에 중국 배로 생각되는 어선이 조업 중"이라는 제1보를 받는다. 6마일이면 일본이 주장하는 센카쿠 영해 안이다.

일본 해상보안청의 순시선이 출동한다. 그러나 중국 어선은 정선 명령을 무시하고 도주를 시도한다. 일본 해상보안청은 선장과 선원들을 체포하는 데 성공하지만 진압 과정에서 사고가 발생한다. 해상보안청 대원이 큰 부상을 당한 것이다. 이에 대해 일본 여론이 민감하게 반응한다. 결국 일본 당국은 중국의 반발을 무릅쓰고 선장을 기소한다.

그러자 이번에는 중국에서 대규모 반일시위가 발생한다. 중국 당국은 여론을 달래기 위해 1차로 10월 10일부터 10일 동안 대규모 해상훈련을 진행한다. 그래도 중국 내의 반일 시위는 사그라지지 않는다. 반일시위가 체제 불안 요인으로 확대될 수 있다고 판단한 중국 당국은 마침내 중대한 결심을 내린다. 그리고 11월 상순, 중국은 대규모 해상 군사훈련을 진

* 센카쿠열도에서 가장 면적이 큰 섬.

행하겠다고 발표한다. 이는 일본의 관심을 다른 곳으로 돌리기 위한 양동작전이었다. 일본의 해상자위대가 중국군의 해상훈련을 감시하기 위해 손발이 묶인 틈을 타 30척이 넘는 중국 어선은 센카쿠열도로 접근한다. 이 어선들은 차례로 센카쿠 우오쓰리지마에 도착해 군인인지 민간인인지 구별이 힘든 어민 복장의 남자들을 쏟아낸다.

중국이 던진 뜻밖의 카드에 일본은 허를 찔렸다. 어민들은 군인일까 아니면 민간인일까. 군인이라면 자위대, 민간인이면 경찰이 출동해 제압해야 한다. 일본 정부는 먼저 경찰 병력을 출동시킨다. 그러나 충분한 화력을 사용할 수 없는 경찰은 어민들의 강력한 저항에 막혀 진압 작전에 실패하고 만다. 어쩔 수 없이 일본 정부는 자위대 동원을 결심한다. 중일 간에 센카쿠열도를 둘러싼 국지전이 발생할 위기에 놓인 것이다. 마지막 순간 일본은 국지전이 전면전으로 확전될 가능성을 우려해 결단을 머뭇거린다. 결국 일본은 전쟁 대신 외교적 해결책을 시도한다. 주변국들의 반응은 일본에게 그리 호의적이지 않다. 사실상 센카쿠열도를 중국에게 빼앗긴 것이다.

현행 미일 안보조약 5조는 "체약국(즉, 미국과 일본)은 일본의 시정(통치) 아래 있는 영토에서 어느 한쪽(미국이든 일본이든)이 무력 공격을 받으면 이를 자국의 평화와 안정을 위협하는 것으로 인식하고, 자국의 헌법상 규정과 절차에 따라 공동의 위험에 대처하도록 행동하는 것을 선언한다"는 내용으로 구성돼 있다. 이를 센카쿠열도에 적용해보면, 섬이 외부의 무력 공격을 받을 경우 미국은 일본을 도와 함께 대처해야 한다는 뜻이다. 그러나 이 조문에는 두 개의 함정이 있다. 첫 번째는 '일본의 시정 아래'라는 표현이다. 일본의 시정 아래 있는 지역에 대한 공격이 이뤄지면 미국은 일본과 함께 싸워야 한다. 그러나 이미 중국이 섬을 점령해버렸다면(즉 일본의 시정권을 벗어나면) 미국의 방어 의무가 사라졌다고 해석할 여지가 있다.

두 번째는 '자국의 헌법상 규정과 절차' 부분이다. 미국 헌법상 대통령이 전쟁을 결심하려면 미 의회의 동의가 있어야 한다. 즉 미 의회가 센카쿠열도를 위한 참전을 거부하면 미국은 나설 수 없다. 실제로 센카쿠열도를 둘러싼 중일 갈등이 첨예화되자 미국에서는 이를 우려하는 목소리가 쏟아졌다. 가장 눈에 띄는 것은 미군 기관지인 『성조지』*Stars and Stripes*의 2013년 2월 3일 보도였다. 『성조지』는 센카쿠열도 갈등을 바라보는 미군 병사들의 심정을 대변하듯 "무인의 바위〔센카쿠열도〕를 둘러싼 중국과의 총 싸움shooting에 우리를 끌어들이지 말아 달라"[3] 고 호소했다. 현실적으로 별 쓸모없는 바위섬을 위해 미국 젊은이들의 목숨을 내걸 수 없다는 선언이었다.

미국의 센카쿠열도 안보 공약과 관련한 아베의 인식을 보여주는 발언이 있다. 중국의 센카쿠열도 위협에 맞서려면 미국에 앞서 일본이 적극적인 자세를 취해야 한다는 견해였다.

미일 안보조약 제5조에 '일본이 침략을 받을 때는 일미가 공동 대처한다'고 써 있다 해도, 〔막상 상황이 닥치면〕 실제 행동하는 것은 미국의 젊은 병사들이다. 그들이 일본을 위해 목숨을 걸게 된다. 그들의 가족, 애인 등 자신의 소중한 사람이 일본을 위해 목숨을 거는 것을 허용해주지 않는다면 동맹 관계는 유지될 수 없다. 그들의 양해를 얻기 위해서는 두 가지가 필요하다. 첫째는 신뢰관계, 또 하나는 예를 들어 센카쿠열도에 대해서 말하자면, 일본이 이 섬을 지키겠다는 결의와 각오를 보이는 것이다.

2년 전(2010년) 일미 안보조약 50주년을 기념해 미국을 방문했을 때 옛 친구인 아미티지 전 국무부 부장관과 만났다. 동행한 오노데라 이쓰노리小野寺五典(1960~) 의원*이 '중국군이 센카쿠열도에 상륙하면 미군은 센카쿠열도를 지키기 위해 출동하는가'라고 물었다. 그러자 아미티지가 '먼저 일본인이 목숨을 바쳐 섬을 지켜야 한다. 그게 아니라면 미국의 젊은이들에게 센카쿠열도를 위해 목숨을 바치라고 하지 못한다'라고 답했다. 전후 67년이 지나도록 이와 같이 당연한 것을 〔일본인들은〕 모르고 있다.[4]

* 아베 2차 정권에서 방위상을 역임했다. 그리고 2017년 8월 개각에서 방위상에 재기용됐다.

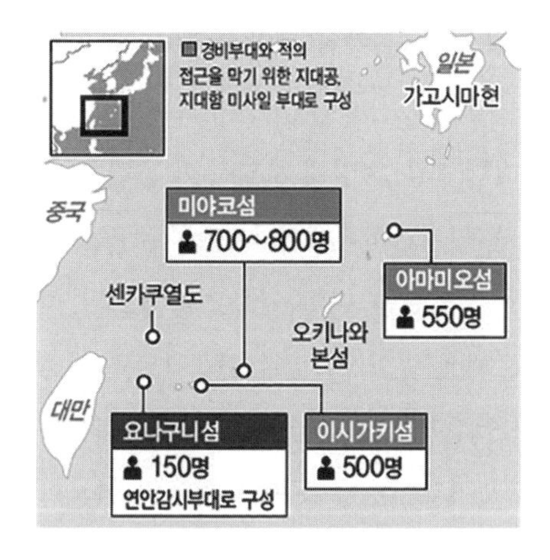

일본 난세이제도 자위대 배치 계획

이 같은 인식에 기초해 아베 정권의 대응은 두 가지 방향으로 진행됐다. 첫째, 센카쿠열도에 대한 일본의 방위능력 강화였다. 일본은 2013년 12월에 확정한 중기방위력정비계획(2014~2018)을 통해 "연안 감시 부대나 경비 부대를 새로 편성해 난세이제도南西諸島의 전력을 강화할 것"이라는 방침을 정했다. 난세이제도는 규슈의 최남단인 가고시마鹿児島에서 오키나와를 거쳐 대만에 이르는, 길이 1,200킬로미터의 열도선이다. 실제로 일본 정부는 일본의 최서단인 요나구니섬与那国島(150명)에 연안 감시 부대를, 아마미오섬奄美大島(550명), 미야코섬宮古島(700~800명), 이시가키섬石垣島(500명) 등에 경비 부대와 지대공·지대함 미사일 부대의 배치를 마쳤거나 추진 중이다. 또 2018년까지 섬 탈환 작전에 나설 수 있도록 3,000명 규모의 일본판 해병대인 수륙기동단을 창설할 예정이다.

둘째, 센카쿠열도에 대한 미국의 방위 공약을 좀 더 분명히 확인받는 작업을 진행했다. 일본의 끈질긴 요구에 오바마가 결단을 내렸다. 오바마는 2014년 4월 24일에 도쿄를 방문해 아베와 정상회담을 마친 뒤 진행한 기자회견에서 "센카쿠열도를 포함해 일본의 시정권이 미치는 영토는 미일 안보조약 5조의 적용 대상이다. 우리는 영토문제에 있어서 〔한쪽 편을 드는〕 결정적인 입장을 취하지 않지만 일방적으로 현상 변화를 시도해서는 안 된다"고 말했다. 미국은 센카쿠열도가 중국의 것인지 일본의 것인지에 대한 '영토문제'에서는 중립적인 입장을 취하지만 중국이 일본의 현상 지배를 일방적으로 변경하려 한다면 맞서 싸우겠다는 취지의 발언이었다. 미국 대통령이 센카쿠열도가 미일 안보조약의 대상이라고 명확히 언급한 것은 당시가 처음이었다. 이후 트럼프도 2017년 2월 10일 미일 정상회담 이후 발표한 공동선언에서 미국의 센카쿠열도 방위 의무를 명문화했다.

미국이 일본의 집요한 요구를 받아들여 센카쿠열도에 대한 방위공약을 분명해 했으니, 이제 일본이 성의를 보여야 할 차례가 됐다. 일본은 그동안 미국이 줄기차게 요구해온 집단적 자위권의 행사를 위해 구체적인 움직임에 나섰다. 이에 대해서는 10장에서 자세히 다루겠다.

10장

헌법 파괴

© 길윤형

일본은 1972년 10월 다나카 가쿠에이 내각 때부터 집단적 자위권을 보유하지만 행사할 수 없다는 견해를 유지해왔다. 40년 넘게 이어졌던 이 입장이 아베 정권의 '각의결정'에 의해 손바닥 뒤집듯 변경됐다. 아베는 이제 전쟁과 일본의 군대 보유를 금지한 헌법 9조를 개정하기 위해 호시탐탐 기회를 엿보고 있다. 이러한 아베의 극우적 횡보에 맞서 일본 시민들은 '9조의 모임' 등 다양한 호헌단체를 만들어 저항 중이다.
위 사진은 일본 시민단체들이 일본 국회 앞에서 아베가 추진하려는 집단적 자위권 행사를 위한 안보법제 제·개정에 반대하는 집회를 여는 모습이다. 플래카드에 "헌법 9조를 매장하려는 안보법제 간담회의 보고서를 용서할 수 없다"는 글귀가 적혀 있다.

집단적 자위권을 행사하기 위한 세 가지 조건

어느 날 정신을 차려보니 바이마르 헌법이 변해서 나치의 헌법이 되어 버렸다. 아무도 눈치채지 못하게 바뀌었다. 그 수법을 배워 보면 어떨까 한다.

아베의 '맹우'라 불리는 아소 부총리는 2013년 7월 29일 도쿄의 한 강연에서 듣는 이의 귀를 의심하게 할 만한 위와 같은 엄청난 '망언'을 쏟아냈다. 아돌프 히틀러Adolf Hitler가 이끌던 나치는 국가적 위기를 헤쳐가야 한다는 명분을 내세워 1933년에 제정한 하위법인 전권위임법Ermächtigungsgesetz을 통해 당시 세계에서 가장 민주적이던 바이마르 헌법을 무력화했다. 아소는 이 사실을 언급하면서, 일본도 이 같은 나치의 수법을 배워 평화 헌법을 무력화하자는 의견을 밝힌 것이다. 아소의 이 발언은 일본사회에서 큰 비난을 받았고 결국 관련 언급을 철회했다. 그러나 아베는 아소가 제안한 바로 그 방식을 활용해 일본 평화헌법의 가장 핵심적인 부분을 훼손하는 폭거를 저질렀다. 일개 정권의 각의결정을 통해 일본 역대 정권이 40년 넘게 유지해온 헌법 해석을 변경하는 이른바 '해석 개헌'을 시도한 것이다. 일본에서는 훼손된 일본의 입헌 민주주의를 회복하자는 시민저항 운동이 터져 나왔지만, 아베 정권의 폭주를 막지는 못했다.

아베의 헌법 파괴는 크게 3단계를 통해 진행됐다. 1단계는 아베 정권이 등장해 집단적 자위권을 행사할 수 있도록 헌법의 해석을 변경한 2014년 7월 1일 각의결정까지의 시기다. 첫 움직임이 시작된 것은 2013년 10월 3일 미국과 일본의 외교장관과 국방장관의 연석회의인 '미일안전보장협의위원회' 때였다. 이 회의에서 미국은 처음으로 일본의 "집단적 자위권 행사를 환영한다"고 말하며 이를 위해 "1997년의 미일 가이드라인을 개정"하겠다고 선언했다. 이와 함께 미국의 최신 무기들인 해병대용 신형 운송기 MV-22(오스프리Osprey), 최신예 대잠 초계기 P-8, 고고도 무인정찰기 '글로벌 호크'Global Hawk, 스텔스* 기능을 갖춘 미국의 5세대 전투기인 F-35의 파생형으로 미 해병대에 맞춰 수직 이착륙이 가능하도록 만들어진 F-35B의 일본 배치가 결정됐다.

* 적의 레이더에 포착되지 않는 기능.

그러나 일본이 집단적 자위권을 행사하기 위해서는 반드시 넘어야 할 장애물이 있었다. 역대 일본 정부의 헌법 해석이었다. 일본 정부가 집단적 자위권을 행사할 수 없다는 입장을 처음 밝힌 것은 1972년 10월 다나카 내각 때였다. 일본 정부는 당시 집단적 자위권을 "일본이 직접 공격을 당하지 않았는데도 일본과 밀접한 관계를 맺고 있는 외국이 무력 공격을 받으면 이를 실력으로 저지하는 것"이라고 정의한 뒤, 일본도 "주권국가로서 이 권리를 갖고 있지만 현행 헌법상 일본이 무력을 쓸 수 있는 경우는 일본에 대한 급박하고 부정한 침해에 대처하기 위한 경우뿐이다. 일본은 이를 행사할 수 없다"고 결론 내렸다. 일본 정부는 이후 일본도 집단적 자위권을 '보유하고 있지만 행사할 수 없다'는 견해를 40년 넘게 유지해왔다.

아베는 이 헌법 해석을 변경하기 위해 두 가지 조처를 취했다. 첫째, 내각법제국(한국의 법제처) 장관에 자신의 입맛에 맞는 인사를 기용했다. 일본의 내각법제국은 정부가 시행하는 법률과 각의결정 등이 헌법이나 다른 법률에 비춰 잘못된 것은 아닌지 심사하는 역할을 담당한다. 그 때문에 일본에서는 내각법제국을 법의 파수꾼〔番人〕이라 부른다. 역대 총리들은 내각법제국의 독립적 기능을 존중해 장관은 내부 인사로 충원하는 관행을 지켜왔다. 그런데 아베는 이런 인사 관행을 깨고 평소 집단적 자위권 행사를 강력히 주장해온 외무성 출신의 외부인사인 고마츠 이치로小松一郎(1951~2014)를 임명했다. 이로써 일본 평화헌법의 가치를 지키는 내각 내 '파수꾼'이 사라지게 됐다.

다음으로 아베는 헌법 해석 변경이 필요하다는 논리를 개발하기 위해 '안전보장의 법적기반 재구축에 관한 간담회'를 소집했다. 아베는 1차 정권 때도 같은 이름의 간담회를 만든 적이 있지만 1년 만에 정권이 붕괴되는 바람에 보고서가 공중에 붕 떴었다. 1년여에 걸친 논의 끝에 간담회는 2014년 5월 15일, A4 43쪽 분량의 보고서를 내놓았다. 예상대로 간담회는 "개별적 자위권만으로 국민의 생명과 국가의 존립을 유지할 수 있는지에 대한 검증이 필요하다. 개별적 자위권뿐 아니라 집단적 자위권 행사도 인정되도록 헌법 해석을 바꿔야 한다"는 결론을 내놓았다. 아베는 보고서가 공개된 직후 기자회견을 자청해 아이를 품에 안은 엄마의 모습을 담은 삽화를 보여주며 "해외에서 분쟁이 발생해 피난하는 일본인들을 동맹국인 미군이 운송할 때 일본 주변에서 공격을 당할 수 있다. 그런데도 〔현재의 헌법 해석대로라면〕 일본이 공격을 받지 않으면 자위대가 미 함선을 지키는 게 불가능하다"고 말했다. 일본의 군사 전문가들은 미국이 타 국민을 구하기 위해 자국의 함선이나 비행기를 제공하지 않는다고 반론했지만 일본 정부는 이를 무시했다.

해석 개헌에 대한 아베의 결단이 이뤄진 것은 7월 1일이었다. 아베 정권은 이날 집단적 자위권 행사를 금지해온 역대 정부의 헌법 해석을 수정하는 안을 각의결정했다. 일본 정부는 각의결정문에서 "일본을 둘러싼 국제정세가 근본적으로 변하고 있다. 더 이상 한 국가만으로는 평화를 얻을 수 없다. 〔집단적 자위권 행사를 통해〕 필요한 억지력을 강화하고 분쟁을 미연에 방지해 일본에 위협이 이르는 것을 방지할 필요가 있다"고 주장했다. 이어 일본 정부는 "일본에 대한 무력 공격이 발생했을 경우뿐 아니라 일본과 밀접한 관계에 있는 타국에 대한 무력 공격이 발생해, ① 일본의 존립이 위협받고 국민의 생명, 자유 및 행복추구권이 뿌리부터 뒤집히는 명확한 위기가 있으며, ② 이를 배제하고 일본의 독립을 지키기 위해 그리고 국민을 지키기 위해 다른 적당한 수준이 없을 경우에 ③ 필요 최소한도의 실력〔무력행사〕을 행사하는 것은 종래 헌법 해석의 기본적인 논리에 기초를 둔 자위를 위한 조처로서 헌법상 허용된다고 생각해야 한다"고 선언했다. 이 3대 요건이 만족되는 경우에는 일본이 직접 공격을 받지 않더라도 타국(예 미국)을 위해 무력을 사용할 수 있다는 결론을 낸 것이다. 이를 집단적 자위권 행사를 위한 '3대 요건'이라 부른다. 이 각의결정을 통해 나치식의 '해석 개헌'이 마무리됐다.

2단계는 집단적 자위권을 행사할 수 있게 된 아베 정권이 미일동맹의 사용 설명서인 미일 가이드라인을 개정하는 2015년 4월까지의 국면이다. 2013년 10월 일본이 집단적 자위권을 행사할 수 있도록 하자고 결정내린 미일 양국은 2014년 10월 8일 도쿄에서 외무·국방 국장급협의(방위협력 소위원회)를 개최해 미일 가이드라인의 '중간 보고안'을 발표했다. 이 문서에서 미일 양국은 "미일의 전략적 목표와 이익은 완전히 일치하며 아시아-

태평양과 '이를 넘어선 지역'의 이익이 된다"고 밝혔다. 데이비드 시어David B. Shear(1954~) 미 국방부 아시아-태평양 담당 차관보는 이날 기자회견에서 이번 안이 "매우 긍정적이고 충실"하다고 평가했다. 미일 양국은 아베의 미국 방문에 맞춘 2015년 4월 27일에 미일 가이드라인 개정 작업을 마무리했다.

3단계는 미일 가이드라인을 개정한 아베 정권이 국내 법령 정비에 나선 기간이다. 아베 정권은 개정된 미일 가이드라인 내용을 일본 국내법에 반영하기 위해 자위대법, 유엔평화유지활동법, 중요영향사태법, 선박검사활동법, 무력 공격·존립위기사태법, 미군 등 행동원활화법, 특정공공시설이용법, 외국군용품 등 해상유송규제법, 포로취급법, 국가안전보장회의설치법과 같은 열 개의 법을 개정하고, 국제평화지원법을 제정했다. 이 과정에서 아베 정권과 일본 시민사회의 치열한 대결이 펼쳐졌다. 안보법제 반대 투쟁의 분수령은 2015년 8월 30일이었다. 무려 12만 명의 시민들이 일본 국회의사당 앞에 몰려들어 "전쟁은 필요 없다" "아베 정권 즉시 퇴진" 등의 구호를 외치며 법안 폐기를 요구했다. 이 운동을 이끈 것은 일본 진보진영이 총 결집한 '전쟁을 시키지 않는다·헌법을 부수지마! 총결집행동실행위원회'였다. 그러나 언론의 이목을 끈 것은 실즈와 '안보법제에 반대하는 엄마의 모임'이었다. 일본의 입헌 민주주의가 크게 훼손될 위기에 놓이자 평소 정치에 관심이 많지 않았던 이들까지 거리로 뛰어나와 아베 정권의 폭주에 저항했던 것이다.

그러나 아베는 물러서지 않았다. 국회 내 과반 의석을 차지하고 있던 자민당은 9월 17일 참의원 특별위원회, 18일 심야에 열린 참의원 본회의에서 법안을 강행 통과시켰다. 특히 17일 특별위에서는 덩치 큰 자민당 위원들이 고노이케 요시타다鴻池祥肇(1940~) 특별위 위원장을 겹겹이 둘러싼 채 법안을 '날치기' 통과시켰다. 이 표결 직후 후쿠야마 데쓰로福山哲郎(1962~) 민주당(현 민진당) 의원은 분이 풀리지 않은 표정으로 "위원장이 뭐라고 했는지 듣지 못했다. 몇 명이 찬성했는지도 모른다. 이런 가결은 인정할 수 없다. 이것이 가결이라면 민주주의는 죽은 것"이라고 분노를 터뜨렸다. 그러나 결정은 번복되지 않았다. 이때 제·개정된 안보 관련법은 6개월 정도의 유예기간을 거쳐 2016년 3월부터 시행됐다.

개정된 미일 가이드라인

그렇다면 이 과정을 거쳐 자위대와 미일동맹은 어떻게 달라진 것일까. 2015년 4월에 개정된 미일 가이드라인을 분석해보자. 개정된 미일 가이드라인은 다음 다섯 가지 사항을 강조한다고 정해두고 있다.

1. 빈틈없고, 강력하고, 유연하고, 실효적인 미일 공동의 대

응
2. 미일 양국 정부의 국가안전보장 정책 간의 상승효과
3. 일체화된 동맹으로 거듭난 〔양국〕 정부의 대처
4. 지역, 다른 파트너 및 국제기관과의 협력
5. 미일동맹의 글로벌한 성격

이 강조사항을 통해 미일동맹이 다음 네 가지 면에서 이전과는 질적으로 다르게 변했음을 알 수 있다. 첫째는 활동범위의 확대다. 미일 가이드라인이 제시하는 지침 개정의 목적은 "일본의 평화와 안전을 확보하고 아시아-태평양 지역과 이를 넘어서는 지역이 안정을 유지하고 평화롭게 번영"하도록 만드는 것이다. 미일동맹은 처음에 일본 본토를 방어하는 게 주 임무였지만, 1997년 1차 미일 가이드라인 개정을 통해 한반도와 대만 등 주변사태에 대응하는 '지역동맹'으로 역할이 확장됐다. 이번 2차 개정에서는 여기서 한 걸음 더 나아가 "아시아-태평양 지역과 이를 넘어서는 지역"까지 활동 범위를 넓힌 '글로벌동맹'으로 위상이 강화됐다. 앞으로 자위대는 미국이 가는 곳이면 세계 어느 곳이든 따라가 미국의 활동을 지원할 수 있다. 이 같은 변화는 강조사항 5번에 나온 '미일동맹의 글로벌한 성격'이라는 표현을 통해 다시 한번 확인된다.

둘째는 동맹의 일체화다. 강조사항 1~3을 보면 미일동맹은 평시부터 긴급사태에 이르는 모든 상황에 '빈틈없이' 기능하

게 될 뿐 아니라 국가안전보장 정책까지 같이 짜는 '일체화된 동맹'으로 거듭나게 된다. 미일동맹이 '빈틈없이' 작동하려면 미일동맹에도 한미동맹의 한미 연합사처럼 미일 군 당국이 함께하는 상설 의사결정체제가 필요하다. 이를 위해 미국과 일본은 미일가이드라인에서 동맹조정메커니즘ACM이라는 조직을 만들기로 합의했다.

2015년 4월 합의된 약속은 6개월이 지난 11월이 되어서야 시행됐다. 카터 미 국방장관과 나카타니 일본 방위상은 11월 3일 말레이시아 쿠알라룸프르에서 만나 동맹조정메커니즘을 발족시킨다고 밝혔다. 동맹조정메커니즘의 일본 대표는 외무성 북미국장, 미국 대표는 주일미군 부사령관으로 정해졌다. 또 그 아래 정책면에서 조정을 진행하는 하부조직으로 동맹조정그룹ACG, 운용면에서 조정을 진행하는 하부조직으로 공동운용조정소BOCC가 설치됐다. 또 자위대와 미군이 각 군 레벨에서 연대할 수 있도록 각 군 간 조정소CCCs도 만들어졌다. 양국 정부는 같은 날 공동작전계획을 수립할 수 있는 '공동계획책정위원회'BMC도 만들었다. 이 조직에서는 한미동맹의 '작계'(작전계획)와 같은 역할을 하는 미일동맹의 '공동작전계획'을 수립하는 중이다. 『요미우리신문』은 2017년 1월 6일 "〔미일 양국이〕 공동작전계획을 책정하기 위해 여러 시나리오에 기초해 병력, 장비, 물자운송 등을 검토하고 있다. 이 작업은 2018년 3월쯤 완성을 목표로 하고 있다"고 전했다.

세 번째로 자위대는 오랜 헌법상 제약을 해체하고 집단적 자위권을 행사하게 됐다. 9장에서 언급했듯이 1997년에 1차로 개정된 미일 가이드라인은 일본을 둘러싼 사태를 '평시-주변사태-일본 유사사태'로 나누고 미일 양국이 구체적으로 어떤 임무를 수행해야 하는지 명시했다. 여기에 일본이 집단적 자위권을 행사하게 되는 상황을 의미하는, '일본 이외의 국가에 대한 무력 공격이 발생했을 경우'가 추가됐다. 미일 가이드라인은 일본이 행사하게 되는 집단적 자위권의 구체적인 예로 △장비 방어(자위대가 일본의 군함을 방어해주는 작전) △수색 구난 △해상 작전(기뢰 제거나 적의 무력행사를 지원하는 선박활동의 저지 등의 작전) △미사일 방어MD 협력 △후방지원 등 다섯 가지를 꼽았다. 이에 따라 자위대는 아미티지-나이 3차 보고서가 요구한 대로 중동전쟁으로 페르시아만이 봉쇄될 경우 소해 부대를 파견해 기뢰를 제거할 수 있게 된 것은 물론 미 군함도 방어할 수 있게 됐다. 또 북한이 미국령인 괌 등을 타격하기 위해 탄도미사일을 쏠 경우, 미군과 긴밀히 협력해 자위대가 실제 요격에 나서는 것도 가능해졌다.

네 번째로 강조점 4에서 확인되듯 '지역 및 다른 파트너 및 국제기관과의 협력'을 적극적으로 추진하게 됐다. 실제로 미일은 양자동맹뿐 아니라 한국, 호주, 인도 등 다른 주요국들을 포함한 3각·다각 군사협력을 강화해가고 있다. 이런 미일의 의도는 한반도에서는 사드를 배치하거나 한일 군사정보보호협정을 체결하는 등 한미일 '3각동맹'을 심화해가는 모습으로 구체화되고 있다.

자위대의 15개 임무

미일 가이드라인 개정을 통해 자위대는 이전에는 금지됐던 군사활동을 할 수 있게 됐다. 일본 정부는 2014년 5월 안보법제가 개정되면 자위대가 시행할 수 있게 되는 임무 15개를 공개한 바 있다. 구체적인 내용은 다음과 같다.

무력 공격에 이르지 않는 침해에 대한 대처

(1) 외딴 섬에서의 불법행위에 대한 대처

(2) 공해상에서 훈련을 하고 있는 자위대가 불법행위를 발견했을 때 이에 대한 대처

(3) 탄도미사일 발사를 경계하고 있는 미 함선에 대한 방어

유엔평화유지활동을 포함한 국제협력

(4) 침략행위에 대항하기 위한 국제협력에 대한 지원

(5) 출동경호

(6) 임무수행을 위한 무기 사용

(7) 영역국의 동의에 기초한 일본인 구출

무력 사용에 해당할 수 있는 활동

(8) 일본인을 호송 중인 미 함선의 방어

(9) 무력 공격을 받고 있는 미 함선의 방어

(10) 강제적인 선박검사

(11) 미국을 향해 일본 상공을 지나는 탄도미사일 요격

(12) 탄도미사일 발사 경계를 하고 있는 미 함선 방어

(13) 미 본토가 무력 공격을 받은 경우 일본 부근에서 작전 하고 있는 미 함선 방어

(14) 국제적 기뢰제거 활동 참가

(15) 민간선박의 국제공동방어

일본 정부가 열거한 실례를 살펴보면, 일본이 이번에 행사할 수 있게 한 집단적 자위권은 매우 '한정적'인 것임을 알 수 있다. 한국군이 베트남전쟁에서 했던 것처럼 자위대가 외국의 영토에 들어가 본격적인 군사 행동을 벌이는 내용은 애초 고려 대상에서 제외돼 있다. 자위대가 타국의 영토에 들어가 군사 행동을 하려면 "전쟁과 무력에 의한 위협 또는 그 행사를 국제분쟁의 해결 수단으로 영원히 포기한다"는 일본국헌법 9조를 개정해야 하기 때문이다. 이 점은 아베가 2015년 8월 24일 참의원 예산위원회에서 오가와 도시오小川敏夫(1948~) 민주당(현 민진당) 의원과 나눈 문답을 보면 분명해진다.

"〔집단적 자위권을 행사할 수 있는〕 존립위기사태란 일본과 밀접한 국가가 공격받을 때 이를 배제〔무력으로 해결〕하는 것이다. 이 경우 타국의 영역에는 들어가지 않겠다고 하는데 잘 이해가 되지 않는다."(오가와)

"예를 들어 주변국〔북한을 지칭〕이 미국을 공격한다. 그러면 A국〔북한〕과 미국은 전쟁 상태가 된다. 이후 A국의 미사일 공격을 경계하는 미국의 함선이 공격받을 경우, 이는 신3요건〔집단적 자위권 행사 요건〕에 해당할 가능성이 있다. 그래서 이 함선에 대한 공격은 〔집단적 자위권을 통해〕 저지할 것이다. 그러나 A국으로 자위대가 나가 미국과 함께 싸우는 일은 없다."(아베)

일본이 안보법제를 개정해 시행할 수 있도록 한 것은 주로 미사일 방어 관련 임무(⑶ ,⑾, ⑿)와 미 함선에 대한 방어(⑻, ⑼, ⑿, ⒁)에 관해서다. 그 때문에 일본에서는 이번에 허용된 집단적 자위권은 매우 한정적이라고 설명하고 있다. 흥미로운 것은 법제 정비가 마무리된 뒤 일본 정부가 보이는 뜨뜻미지근한 자세다. 15개의 임무 가운데 2016년 말, 시행을 위한 구체적인 계획이 마련된 부분은 평시에 이뤄지는 미 함선에 대한 방어(⑶)와 출동경호(⑸)밖에 없다. 출동경호란 유엔 직원 등 민간인들이 무장세력에 의해 공격받을 경우, 주변에 있는 자위대 평화유지활동 부대가 출동해 이들을 구하는 임무를 말한다. 일본 방위성은 2016년 11월 남수단에 파견되는 육상자위대 9사단 제5보통과 연대를 중심으로 하는 제11차 유엔평화유지활동부대에 처음으로 이 임무를 부여했다. 미 함선 방어에 관해서는 2016년 12월 22일 국가안전보장회의NSC를 열어 미일이 함께 탄도미사일에 대한 경계 감시활동을 하거나 양국이 공동훈련을 하고 있을 경우 이에 참여 중인 미 함선을 자위대가 방어할 수 있게 하는 지침을 만들었다. 이에 따라 미국이 자위대에 함선에 대한 방어를 요청하면 일본 방위상이 가부에 대한 판단을 내려 시행하게 된다.

법제 정비를 마친 뒤 일본이 뜨뜻미지근한 자세를 취한 이유는 무엇일까. 야나기사와 교지 전 관방부장관보는 아베 정권의 안보 정책을 비판한 내용을 담은 저서 『망국의 안보 정책』에서 "아베 정권의 가장 큰 특징은 안보 정책을 설명할 때 보이는 추상성, 비논리성"이라며, 결국 그가 원하는 것은 "미국과 함께 '피를 흘리는' 것을 통해 대등한 '피의 동맹'을 구축해 미국에 할 말을 하는 관계를 만드는 것"이라는 분석을 내놨다. 일본이 집단적 자위권과 관련된 제약을 해제한 것은 미국과 대등한 동맹이 되고 싶은 아베의 극우적 세계관을 현실화하기 위한 것일 뿐 일본을 지킨다는 현실적인 군사적 필요성과는 별 관계가 없다는 주장이다.

일본이 집단적 자위권을 행사해 미국과 함께 군사행동에 나서면 자위대가 피해를 입는다. 야나기사와는 이번에 일본이 행사하게 된 함선 방어 업무에 대해 “미군이 태평양 한가운데서 훈련을 할 때 공격해오는 상대가 있을 리가 없다. 〔미군으로부터 자위대에 함선 보호〕 요청이 있다는 것은 그만큼 적지와 가까운 장소에서 훈련을 한다는 뜻이다. 일촉즉발의 상황 아래서 제3국의 군사행동을 최전선에서 억제하기 위해 미군이 위협행동을 하는 훈련 등이 예상된다”[1]고 지적했다. 즉, 미국이 일본에게 방어를 요청하는 경우는 실전과 매우 가까운 훈련이 될 수밖에 없고, 이 경우 까딱하면 일본이 제3국과 무력 분쟁에 말려들어 큰 피해를 입을 가능성이 있음을 지적한 것이다.

일본은 아베의 극우적 신념을 만족시키기 위해 집단적 자위권을 행사하는 결정을 내렸지만, 그에 수반되는 고통을 감당할 준비는 되어 있지 않다. 일본은 지난 70년 동안 전쟁을 통해 ‘단 한 명도 죽이지 않았고, 단 한 명도 죽임을 당하지 않았다’는 사실을 자랑스럽게 여겨 왔다. 집단적 자위권을 행사하는 과정에서 자위대의 전사자가 발생한다면 아베 정권은 엄청난 정치적 타격을 입을 수 있다. 그 때문에 실제 무력행사에는 매우 신중한 자세를 유지하고 있는 것이다.

일본 정부가 말하지 않는 것들

그렇다면 이번 안보관련법 제·개정으로 자위대가 추가로 시행할 수 있게 된 임무는 앞서 언급한 15개뿐일까. 그렇지 않다. 이번 법 개정의 핵심은 일본 정부가 언급하지 않은 부분에 있다. 한 나라가 자신이 갖고 있는 군사적 옵션을 구체화하는 것은 매우 어리석은 일이다. 상대가 되는 주변국을 자극할 위험이 크기 때문이다. 이제부터는 일본 정부가 언급하지 않은 이번 제·개정의 핵심 포인트를 세 가지로 정리해보려고 한다.

일본은 이번 안보법제 정비를 통해 1999년에 제정된 '주변사태법'을 '중요영향사태법'으로 개정했다. 이 과정에서 두 가지 흥미로운 변화가 생겼다. 첫째, 9장 앞부분에서 설명한 대로 미일의 군사적 일체화를 막기 위해 설정됐던 '후방지역'이라는 개념이 사실상 사라졌다. 이전 법률에는 자위대가 미군을 후방지원할 수 있는 후방지역을 "일본의 영토 및 현재 전투행위가 이뤄지지 않고 있고, 활동이 이뤄지는 시기를 통틀어 전투행위가 이뤄지지 않는다고 인정되는 일본 주변의 공해"라고 정의했다. 이제는 이 개념이 사라지고 "현재 전투가 이뤄지지 않는 지역"이면 어디든 후방지원을 할 수 있게 됐다. 뒤에서 설명하겠지만, 이 변화로 인해 한반도에서 전쟁이 터지면 자위대가 한반도에 직접 상륙해 미국을 후방지원할 수 있게 됐다.

둘째, 그동안 금지해왔던 탄약의 보급이나 발진 중인 전투기에 대한 급유가 허용됐다. 이는 매우 사소한 변화 같지만 미일동맹의 작동 방식을 근본적으로 바꿀 수 있는 중요한 사안이다. 미국은 2017년 1월, 야마구치현에 자리한 미 해병대 이와쿠니岩国 기지에 수직이착륙이 가능한 F-35B를 10대 배치했다. 미군은 9월 이후 이 기체를 6대 추가 배치할 예정이다. F-35B는 수직이착륙이 가능한 기체이기 때문에 일본이 자랑하는 초대형 경항모 이즈모(배수량 1만 9,500톤)에 착륙한 뒤 필요한 탄약과 연료 보급을 받고 출격할 수 있다. 일본의 경항모가 주일미군 F-35B의 항모로 운용될 수 있게 된 것이다. 이는 미국과 일본의 무력행사가 완벽히 일체화됨을 의미한다. 해상자위대의 이즈모가 주일미군의 F-35B를 싣고 중국을 상대로 무력행사에 나선다면, 중국은 '항모 킬러'인 DF-21를 활용해 이즈모를 타격할 수 있다. 그로 인해 중일 간에 전면 전쟁이 일어날 수도 있다.

또 다른 주목 포인트는 동아시아의 '열점'인 남중국해다. 중국은 남중국해 곳곳에 산재한 무인도에 대한 매립과 군사기지화 작업을 진행해왔다. 미국은 이를 견제하기 위해 2016년 10월 이후 중국이 영유권을 주장하는 남중국해의 섬 12해리(22킬로미터) 안으로 최신예 군함을 진입시키는 '항행의 자유' 작전을 진행하고 있다. 문제는 미국이 자위대에게 이 정찰 업무를 분담해주기를 요구하고 있다는 점이다.

이번에 개정된 미일 가이드라인을 보면, 미일이 평시에 행사할 수 있는 협력 사항 가운데 '해양안전보장'이라는 항목이 추가돼 있다. 그 안에는 "미일 양국은 항행의 자유를 포함한 국제법에 기초한 해양 질서를 유지하기 위한 조처에 관해 상호 긴밀히 협력한다. 훈련, 연습을 통해 해양에 대한 미일 양국의 프레젠스를 유지, 강화하는 등 여러 대처에 협력한다"는 내용이 들어 있다. 이는 자위대가 미국과 함께 남중국해에 대한 정찰활동에 나설 수 있는 근거 규정으로 활용될 수 있다. 일본은 이에 대해 "남중국해 정세가 일본의 안보에 끼치는 영향이 확대되고 있다. 어떻게 대응해갈지 앞으로 충분히 검토가 필요한 과제"라며 아직까지는 모호한 태도를 유지하고 있다.

중국은 이런 미일의 움직임을 불안한 눈빛으로 바라보고 있다. 『도쿄신문』은 2016년 8월 21일에 중일 외교 소식통을 인용해, 청융화程永華(1954~) 주일 중국대사가 6월 중국이 남중국해에서 군사적 수단을 동원해서라도 대응할 수밖에 없는 '레드라인'을 제시했다고 보도했다. 청융화가 제시한 레드 라인은 다름 아닌 "중국 배제를 목적으로 하는 미일의 공동 군사행동"이었다. 청융화는 일본이 남중국해에서 미국과 공동 군사행동을 벌인다면 "〔일본이〕 용납할 수 없는 선을 넘은 게 된다. 중국은 주권 문제에서는 양보하지 않을 것이며 군사적인 도발도 두려워하지 않는다"고 강조했다. 중일 갈등에 대해서는 12장에서 좀 더 자세히 다루기로 한다.

문제는 앞으로다. 미국은 앞으로 일본에게 이번 가이드라인 개정과 안보법제 정비를 통해 확대·강화한 군사적 역할을 실제로 감당할 것을 요구할 전망이다. 아베는 2017년 2월 10일 트럼프와 정상회담을 마친 뒤 발표한 공동성명에서 "미일 양국은 2015년 미일 가이드라인에서 밝힌 것과 같이 앞으로도 방위협력을 실시·확대해갈 것"이라고 선언했다. 아베 정권은 일본 안보와 직접적으로 관련된 사안에 대해서는 적극적인 역할을 수행하겠지만, 그 외에 문제에 대해서는 신중한 자세를 유지할 것으로 보인다. 이 과정에서 일본이 더 많은 활동을 하기를 기대하는 미국과 신중한 자세를 유지하려는 일본 사이에 갈등이 발생할 소지가 있다.

일본의 군사 대국화와 한반도

아베 정권은 미일 가이드라인 개정을 통해 일본의 군사적 역할을 이전보다 확대·강화했다. 자위대의 이 같은 위상 변화는 한국에게 득이 되기도 하고 실이 되기도 한다.

단기적으로 일본의 군사적 역량이 강화되면 한국에게 도움이 된다. 당장 우리 눈앞에 닥친 최대 안보 위협인 북핵과 미사일 문제에서 한일이 공조할 여지가 많아지기 때문이다. 한 예로 현재 해상자위대는 북한의 탄도미사일을 감시·요격할 수 있는 이지스함을 4척 보유하고 있고, 이를 8척으로 늘릴 예정이다. 일본 이지스함 전력이 획득한 정보를 한국이 건네 받을 수 있으면 우리 안보에 유익하다. 그러나 이는 어디까지나 한반도 분단과 중국 봉쇄라는 '현상 질서'를 유지한다는 단기적인 관점에서다.

남북이 적대적으로 대립하는 현존 질서를 유지하는 게 한국이 추구해야 할 중장기적인 국가 목표가 될 수는 없다. 한일의 대북·대중관계에는 화해하기 힘든 심연과 같은 차이가 있다. 한국에게 북한은 현실적 안보 위협이지만, 언젠가 통일해서 함께 살아가야 할 피를 나눈 형제이다. 그러나 일본에게 북한은 핵과 미사일로 일본을 위협하는 '귀찮은 상대'일 뿐이다. 중국에 대한 시각도 마찬가지다. 한일 모두 중국의 부상에 불안을 느끼지만 그 느낌은 확연히 다르다. 한국은 좋든 싫든 중국과 우호·협력을 심화해가는 게 민족의 생존에 필요한 일이라고 본다. 이에 반해 중일 간의 전략적 갈등은 점점 더 심화되고 있다. 이런 상황에서 미국을 등에 업은 일본의 군사력이 강화되는 것은 한국이 향후 동아시아에서 독자적인 국익을 추구해가는 데 만만찮은 방해 요인이 될 수 있다.

아베 정권이 추진해온 안보 정책은 한반도에 어떤 영향을 끼치게 될까. 세 가지가 예상된다. 한국의 국익 관점에서 판단할 때 그리 좋지 않은 내용들이다. 첫째, 한미일 3각동맹 가속화다. 2015년 4월 미일 가이드라인 개정으로 미일동맹 강화 작업이 마무리되자 이제 미일은 한국을 포섭한 한미일 3각동맹 구축에 나섰다. 이를 상징하는 움직임은 한반도 사드 배치 결정과 한일 군사정보보호협정 체결이었다.

한국은 왜 일본과 군사협력 강화에 나선 것일까. 국방부의 공식적인 논리는 "고도화, 가속화, 현실화되고 있는 북핵, 미사일 위협 등에 일본의 정보능력을 활용해 우리의 안보이익을 제고"해야 한다는 것이었다. 국방부는 2016년 11월에 내놓은 보도자료 「한·일 군사비밀정보보호협정 체결 추진」을 통해 일본과 협정을 체결해 얻을 수 있는 이익으로, 일본이 운용하고 있는 5대의 정찰위성 정보와 세계 최고 수준을 자랑하는 일본의 대잠 초계 능력 등을 꼽았다. 특히 2016년 8월 북한의 잠수함발사탄도미사일SLBM이 무려 500킬로미터 가까이 비행하는 데 성공하자 일본의 잠수함 초계 정보를 확보해야 할 필요성을 강하게 느꼈을 것으로 추정된다. 2016년 일본 『방위백서』를 보면 일본은 대잠초계기 P-3C를 무려 68기, 그 후속 모델인 P-1는 9기 운용하고 있다.

한국이 정찰위성과 잠수함 초계 정보를 얻는 대가로 일본에 제공해야 할 대가는 뭘까. 한국의 이지스함 등이 북한과 가까운 동·서해에서 잡아 올린 탄도미사일 관련 정보와 탈북자들을 통해 채취하는 북한의 내부 정보(휴민트 정도)이다. 한일이 서로 원하는 정보를 교환하는 게 양국 모두에게 윈-윈이라는 게 협정 추진파들의 주장이다. 한일 군사정보보호협정 체결에 성공한 일본은 이제 양국이 군수물자를 상호 융통할 수 있는 상호군수지원협정ACSA을 체결하자고 요구해올 것으로 보인다.

그러나 2016년 11월 23일 군사정보보호협정이 체결된 뒤 일본 언론들이 보인 반응은 한국의 예상을 뛰어넘는 것이었다. 『마이니치신문』은 이번 협정으로 인한 정보 제공의 대상은 "핵과 미사일 이외의 정보도 포함된다. 방위성이 기대하는 것은 한반도 유사시〔한국에서 전쟁이 발발했을 때〕 미한의 작전계획에 관한 정보의 공유"라고 주장했다. 『아사히신문』도 "일본은 한반도 유사사태가 발생할 때, 주일미군에 대한 물자보급이나 수색구난 등 일본인 구조 활동에 필요한 정보의 제공을 요청할 전망"이라고 지적했다. 『마이니치신문』이 언급한 '미한의 작전계획에 관한 정보'는 한반도 전쟁에 대비한 한미 연합사의 작전계획인 '작계 5027'을 뜻하는 것으로 보인다.

이는 자연스럽게 두 번째 변화의 가능성을 암시한다. 자위대의 한반도 상륙 가능성이다. 아베가 제·개정한 안보 관련법으로 이뤄진 큰 변화 가운데 하나는 앞서 말했듯이 미군을 후방 지원할 수 있는 지역이 "일본의 영토 및 현재 전투행위가 이뤄지지 않고 있고 활동이 이뤄지는 시기를 통틀어 전투행위가 이뤄지지 않는다고 인정되는 일본 주변의 공해"에서 "현재 전투가 이뤄지지 않는 지역"으로 넓어졌다는 점이다. 과거에는 한반도에서 전쟁이 터지면 자위대가 일본 본토의 군사기지나 동해의 공해상 등에서 미국을 후방지원했을 뿐이지만, 이제는 현재 전투행위가 벌어지지 않는다는 것을 전제로 부산 등에 자위대의 후방지원(병참) 부대가 상륙할 수 있다. 자위대가 한반도에 상륙하게 되면 한미동맹의 '작계 5027'는 자위대가 효율적으로 후방지원을 하기 위해 반드시 파악해야 하는 필수 정보가 된다. 작계 5027은 이번 협정 체결로 일본에 제공할 수 있게 된 '2급 비밀'이기도 하다.

이 같은 자위대의 군사적 역할 확대는 한반도에 커다란 짐이 될 수밖에 없다. 미국은 1993년 1차 북핵 위기 때 일본에 무기·탄약의 제공, 미 함선의 방어, 민간 공항·항만의 이용 등 1,500여개 항목의 지원을 요청한 바 있다. 일본 정부는 당시 무력사용을 금지한 헌법 9조를 이유로 이를 거부했고 미국은 결국 군사행동을 포기했다. 그러나 일본이 미국을 더 적극적으로 후방지원 할 수 있게 되면 향후 미국이 내리게 되는 한반도와 관련된 군사적 판단에 부정적인 영향을 끼칠 가능성이 높아진다.

물론 한국 정부는 자위대의 한반도 상륙 가능성과 관련해 "한국의 동의 없는 상륙은 있을 수 없다"는 입장을 되풀이해 강조하고 있다. 그러나 한반도에서 전쟁이 터지는 순간 한국군의 작전권은 대한민국 대통령에서 주한미군 사령관으로 넘어간다. 자국군에 대한 작전권도 행사하지 못하는 한국 정부가 미국이 군사적 필요에 의해 자위대의 한반도 상륙이 필요하다고 주장하는데 이를 거부할 수 있을 리가 없다. 일본이 자위대의 한반도 상륙을 원하는 이유는 또 있다. 한반도에서 전쟁이 날 경우 한국에 살고 있는 3만여 명에 이르는 일본인들을 안전하게 구출해야 할 필요성이 있기 때문이다. 이는 일본 정부가 오랜 시간 한국 정부에게 요구해온 숙원 사업이기도 하다.

세 번째는 북한에 대한 직접 공격 가능성이다. 나카다니 겐 일본 방위상은 2015년 10월 서울에서 진행된 한일 국방장관 회담에서 "한국의 주권 범위는 휴전선 남쪽"이라고 발언해 큰 논란을 빚었다. 한국의 반발이 불 보듯 뻔한데도 일본이 이 같은 발언을 쏟아내는 이유는 북한이 탄도미사일로 일본을 공격할 가능성이 매우 농후하다고 느낄 경우 자위대가 직접 한국의 양해 없이 이 기지를 타격할 수 있는 자율성을 확보하기 위해서인 것으로 보인다. 현재 일본의 전 국토는 북한의 중거리 탄도미사일인 '노동'의 사정 범위에 들어 있다.

일본은 2013년 10월 미일 가이드라인 개정 논의가 시작된 직후부터 미국에게 일본이 향후 적기지 공격 능력을 행사할 수 있게 해달라는 요구를 이어왔다. 기존 미일 가이드라인은 "미군은 필요에 따라 타격력을 가진 부대의 사용을 고려한다"며 직접 적기지에 대한 타격에 나서는 것은 일본이 아닌 미국이라는 점을 분명히 하고 있다. 이에 반해 새 미일 가이드라인에서는 관련 언급이 "탄도미사일 공격의 징후가 있을 경우 자위대 및 미군은 일본을 향한 탄도미사일 공격에 대해 방위한다"로 바뀌었다. 이 구절은 이후 일본이 직접 북한 기지를 타격할 수 있다는 의미로 해석될 여지가 있다.

일본은 적기지 공격 능력을 어느 정도까지 갖추고 있을까. 일본은 탄도미사일을 보유하지 않고 있기 때문에 적기지를 공격하기 위해서는 일본의 항공 전력이 북한 영공에 진입해 정해진 목표물을 타격한 뒤 귀환해야 한다. 모리야 다케마사守屋武昌(1944~) 방위청 장관은 2003년 3월 참의원 외교방위위원회에서 적기지를 타격할 때 필요한 능력으로 △적의 방공 레이더 파괴 능력 △항공기의 저공 진입 능력 △공대지 유도탄 또는 순항미사일 등을 언급한 바 있다. 일본 항공자위대의 전투기가 적기지를 타격하고 무사히 귀환하기 위해서는 적의 기지를 특정할 수 있는 인공위성 등 정보 자산, 실제 작전에 투입될 전투기, 그 전투기에 장착할 공대지 유도미사일, 전투기의 장거리 비행을 지원할 수 있는 공중급유기, 적의 내륙에서 레이더와 요격기의 활동을 방해하는 전자전 전투기electronic warfare aircraft, 이 모든 작업을 통제하는 공중조기경보기AWACS 등의 장비 체계를 갖춰야 한다.

항공자위대는 F-2 전투기에 레이저 유도형 합동정밀직격탄(제이댐DAM)을 탑재한 상태다. F-2는 2014년 2월 괌에서 열린 미국·일본·오스트레일리아 연합 군사훈련에서 제이댐을 활용한 사격 훈련도 진행했다. 여기에 2018년부터 F-35 전투기가 본격 도입되면 일본의 적기지 타격 능력은 비약적으로 강화된다. 일본은 그밖에 공중급유기KC-767와 공중조기경보기E-767도 각각 4기씩 확보하고 있다. 나카타니는 2015년 6월 1일 중의원 특별위원회에서 현재 일본 자위대에 부족한 장비로 "타국의 방공용 레이더의 방해 무력화에 사용되는 전자전용 항공기"라고 답했다. 이런 정황들을 종합해보면 일본의 적기지 공격 능력이 사실상 완성의 8~9부 능선까지 도달했으며, 미국과 연합 군사 작전을 통해서라면 당장이라도 북한의 기지를 타격할 수 있다고 판단할 수 있다.

일본이 오랫동안 추진해온 한반도 정책의 핵심은, 한반도에 일본에 우호적(혹은 종속적)인 세력을 유지해 중국 등 대륙과의 갈등이 발생할 경우 그 피해가 일본에 미치지 않도록 완충지대로 삼는 것이다. 결국 일본이 목표로 삼는 것은 한국에 대한 군사적 관여의 폭을 키워 한국의 대중 접근을 막고, 한국을 반영구적인 미일동맹의 하위 파트너로 잡아두는 것이라고 추정해볼 수 있다. 이와 함께 북한이 일본에게 위협을 끼칠 만한 행동에 나설 경우 한국의 동의 없이 직접 타격할 수 있는 능력을 갖는 것이다. 이는 일본 자국에게는 커다란 전략적 승리가 되지만, 한국에게는 회복할 수 없는 치명적인 국익의 손실이 된다.

11장

스톡홀름 합의

© 연합뉴스

북한은 일본과 스톡홀름 합의를 체결해 납치문제를 비롯한 양국 사이의 여러 현안을 해결하고, 북일 국교정상화의 문을 열려고 했다. 그러나 아베에게 이 합의는 납치문제를 해결해 자신의 지지율을 끌어올리기 위한 도구에 지나지 않았다. 결국 합의는 파기됐고, 양국 관계는 이전보다 더 악화됐다.
위 사진은 2014년 7월 1일, 일본의 이하라 준이치 외무성 아시아대양주국장과 북한의 송일호 국교정상화교섭 대사가 중국 베이징의 북한 대사관에서 열린 회담을 위해 자리에 앉는 모습이다.

북한과 일본의 동상이몽

일본인 납치 피해자 문제를 조사하기 위해 북한이 2014년 7월에 만든 특별조사위원회(이하 '특별위')의 서대하 위원장(국가안전보위부 부부장)은 키가 작고 안경을 쓴 다부진 체격의 인물이었다. 그는 2014년 10월 28일 오전 9시 반, 평양 시내 중심부에 자리한 국가안전보위부 건물 앞에서 일본 쪽 대표인 이하라 준이치伊原純一(1956~) 일본 외무성 아시아대양주국장을 마중했다. 한국 국가정보원이 그동안 포착하지 못했던 서대하라는 수수께끼 같은 인물이 일본 언론 앞에 노출된 순간이었다. NHK 등 일본 언론들은 자국 대표단을 응대하는 북한 당국의 파격적인 모습을 현지 중계했지만 한국 언론들은 이 광경을 지켜볼 수 없었다. 남북 관계가 악화된 탓에 한국 언론의 평양 현지 취재가 불가능했기 때문이다.

서대하는 이날 모두 발언에서 "이하라 국장과 여러분의 우리나라 방문을 환영한다. 여러분의 방문과 관련해 일본에서 여러 엇갈린 주장이 있었던 것으로 안다. 이런 중에 여러분이 방문한 것은 조일(북일) 평양선언에 따라 조일 정부 간 스톡홀름 합의를 이행하려는 일본 정부의 의사를 반영한 좋은 걸음이라고 생각한다"고 말했다. 이에 반해 이하라는 "납치 피해자 등 모든 일본인에 대한 조사를 위한 특별조사위원회가 7월부터 활동을 시작해 4개월이 지났다. 일본 정부는 납치문제를 가장 중요한 일로 판단한다"고 답하는 데 그쳤다.

이날 공개된 양국 대표의 모두 발언은 2014년 5월 북일이 체결한 '스톡홀름 합의'에 대한 양쪽의 관점 차이를 명확히 드러내 보여주는 것이었다. 서대하가 언급한 조일 평양선언이란 고이즈미가 2002년 9월 17일 평양을 방문해 김정일 국방위원장과 체결한 '평양선언'을 뜻한다. 이 문서에서 북일은 "쌍방은 이 선언에서 제시된 정신과 기본원칙에 따라 국교정상화를 빠른 시일 안에 실현하기 위해 모든 노력을 기울이겠다"고 선언했다. 그리고 그가 두 번째로 언급한 '스톡홀름 합의'란 2014년 5월 26일부터 28일까지 스웨덴의 수도 스톡홀름에서 송일호 북일국교정상화교섭 담당대사가 이하라와 "일본인 납치자에 대한 포괄적이고 전면적인 조사를 진행하여 최종적으로 일본인에 관한 모든 문제"를 해결하겠다고 약속한 합의를 뜻한다. 이 합의에 따라 7월 4일 ① 일본인의 유골 및 묘지 ② 잔류 일본인(1945년 일본의 패전 이후에도 귀국하지 못하고 북한 지역에 남은 일본인) ③ 일본인 배우자(1959년 시작된 북한의 귀국 사업으로 재일동포 남편과 함께 귀국한 일본인 처) ④ 납치 피해자 등 "모든 일본인에 대한 포괄적인 조사를 전면적으로 동시병행"하는 특별위 조사가 시작됐다. 그러나 석 달이 지나도록 조사 결과에 대한 중간 통보 혹은 일본이 기대했던 만큼의 조사 성과가 없자, 애가 달아오른 일본이 북한에 대표단을 파견해 '어떻게 조사가 진행되고 있는 것이냐'며 닦달에 나선 것이다.

이런 일본의 심리를 보여주듯 이하라의 반응은 차갑기 그지없었다. 그는 서 위원장이 입에 올린 '평양선언'에 대해서는 일절 언급하지 않은 채 오로지 "납치문제가 가장 중요하다"고만 말했다. 북한이 이번 만남을 성공적으로 마무리해 스톡홀름 합의에서 약속했던 일본인 납치문제를 원만히 해결하고 그 다음 단계로 한동안 중단됐던 북일 국교정상화 회담을 재개하자는 의도를 명확히 드러낸 데 반해 일본은 오로지 납치문제를 해결하는 데만 관심을 집중시킨 것이다.

일본 외무성은 이하라의 방북 이후 이번 회담의 경과를 담은 보도자료를 냈다. '특별위와의 협의'라는 제목이 붙은 보도자료가 강조한 것도 '오로지 납치'라는 일본의 기본 입장이었다. 자료를 보면, 이하라는 28일 오전에 서대하 등 북한 특별위 책임자들과 2시간 반, 오후에는 김명철 부위원장(국가보위부 참사), 박영식 부위원장(인민보안부 국장) 등 특별위 당국자들과 다시 3

시간 동안 회담했다. 일본 대표단은 그래도 확인할 것이 남았는지 29일에도 오전 2시간 반, 오후 2시간 반에 걸쳐 북한 쪽에 추가 질의를 한 뒤 귀국 길에 올랐다.

이하라는 북한 특별위와의 회담에서 반복적으로 "납치문제가 가장 중요한 과제다", "모든 납치 피해자의 안전 확보와 즉시 귀국, 납치에 관한 진상규명과 납치 실행범의 인도가 필요하다", "하루라도 빨리 모든 납치 피해자들을 발견해 귀국시켜야 한다", "조사에 있어 투명성 및 신속성이 요구된다", "일본이 철저히 검증을 하겠다"는 뜻을 강조했다. 북한 특별위는 이에 대해 "증인과 물증을 중시해가며 객관적이고 과학적인 조사를 진행하고 있다", "과거의 조사에 구애받지 않고 새로운 각도에서 빈틈없이 조사를 심화하고 있다", "특별위는 북한의 최고 지도기관인 국방위원회로부터 특별한 권한을 부여 받고 있다", "특수기관에 대해서도 철저한 조사를 하고 있다", "납치문제에 있어서는 입경의 유무·경위·생활환경 등을 조사하고 있다", "피해자가 체제하고 있었던 초대소 터 등 관련 장소도 다시 조사하는 한편 새로운 증언·증인 등을 찾는 작업을 평행해 추진하고 있다"는 말 등으로 일본 쪽의 우려를 달래려 최선을 다했다. 그러나 사실상 이 만남을 끝으로 아베가 납치문제를 해결하기 위해 정력적으로 추진했던 '스톡홀름 합의'는 별다른 성과를 내지 못하고 사문화 수순으로 접어들고 만다.

협의의 시작

아베는 일본인 납치문제에 대한 강경한 태도를 통해 일본 정계에 스타로 떠올랐고, 그 힘을 토대로 2006년 9월 쉰두 살이라는 젊은 나이에 일본의 총리가 됐다. 이 같은 기세를 모아 아베는 1차 정권 시기인 2006년 9월 29일 총리대신을 본부장으로 하는 납치문제대책본부(이하 '납치본부')를 만들어 문제해결에 나서기 시작했다. 납치문제를 해결하기 위한 아베의 각오는 납치본부를 만들던 날 이뤄진 국회 소신표명 연설에 잘 표현돼 있다. 그는 "납치문제에 대한 종합적인 대책을 추진하기 위해 총리를 본부장으로 하는 대책본부를 설립했다. 대화와 압력이라는 방침 아래, 납치 피해자들이 전원 생존해 있다는 전제 아래 모든 납치 피해자의 생환을 강하게 요구해가겠다"고 말했다. 또 내각에는 납치문제 담당대신 자리를 신설해 시오자키 관방장관에게 겸임시켰고, 나카야마 교코를 납치문제 담당 총리 보좌관으로 임명했다. 납치본부는 10월 16일 "납치문제의 해결 없이는 북한과의 국교정상화는 없다"는 사실을 재확인하고 "정부가 하나 되어 모든 납치 피해자의 생환을 실현한다"는 방침을 결정했다. 이러한 일본 정부의 입장은 2002년 9월 김정일이 고이즈미에게 밝힌 납치 피해자에 대한 조사 결과가 '거짓' 혹은 '잘못된 것'임을 북한이 인정해야 하고, 그렇지 않으면 '국교정상화'는 할 수 없다는 뜻이었다. 북한 입장에서는 결코 받아들일 수 없는 주장이었기에 납치문제 해결에 가장 적극적인 아베 정권 아래서 결국 아무런 진전이 이뤄지지 않는 역설적인 상황이 벌어졌다. 결국 아베 1차 정권은 납치문제에 대해서는 아무런 성과도 내지 못한 채 1년 만에 붕괴됐다.

아베 2차 정권 들어 북일 사이에 모종의 접촉이 이뤄지고 있다는 얘기가 들려오기 시작한 것은 2014년 1월 무렵이었다. 『아사히신문』과 『도쿄신문』은 1월 28일 기사에서 북일 문제 관련 소식통을 인용해 이하라 등 세 명이 25~27일 사이에 베트남 하노이에서 북한 정부 관계자와 만난 것으로 보인다고 보도했다. 『도쿄신문』은 1면에서 "25~26일 일조 간의 극비 협의가 열렸다"고 단정했고, 『아사히신문』은 4면에서 "26~27일 일조 사이에 정부 간 협의가 이뤄지고 있다는 관측이 부상하고 있다"는 다소 조심스런 표현을 사용했다. 북한 대표와 관련해 『도쿄신문』이 송일호를 거론한 데 반해 『아사히신문』는 그 아래 급인 유성호 외교부 과장을 지목했다. 서로 다른 두 개 언론에 북일 접촉 관련 보도가 동시에 터져 나왔으니 움직임이 시작된 것은 분명해 보였다. 그러나 스가는 이 보도의 진위를 묻는 일본 기자들의 질문에 "그런 사실은 없다"고 딱 잘라 부인했다.

당시 북일 접촉은 북핵문제 해결이라는, 지역 전체가 마주한 좀 더 포괄적이고 전략적인 과제 앞에서 다소 뜬금없는 움직임으로 받아들여졌다. 김정일의 뒤를 이어 등장한 김정은 노동당 제1비서(현재 노동당 위원장)는 2013년 2월 3차 핵실험을 단행한 직후 3월 31일 조선노동당 중앙위 전체회의를 통해 북한이 앞으로는 경제건설과 핵개발을 동시에 추진해가겠다는 '병진 노선'을 채택했다. 이후 한미일 3개국뿐 아니라 중국과 러시아까지 나서서 북한이 '6자회담'에 복귀하도록 여러 설득과 압박의 수위를 높여갔다. 그런 와중에 이뤄진 북일 접근이었기 때문에 주변국들은 일본의 단독 플레이를 곱지 않은 시선으로 바라보았다.

2014년 1월 말에 나온 『아사히신문』의 보도가 오보가 아니었음은 그로부터 한 달 뒤에 증명됐다. 일본 외무성과 적십자사가 3월 3일 중국 선양瀋陽에서 '북한 내 일본인 유골과 묘지 참배 등의 문제'를 논의하기 위한 실무 담당자 회담을 연다는 발표를 내놓았기 때문이다. 일본 쪽 대표는 오노 게이치小野啓一 외무성 북동아시아 과장, 북한 쪽 담당자는 유성일 일본 담당 과장이었다. 당시 일본에서는 납치 피해자뿐 아니라 북한에 부모나 가족들의 묘지를 둔 이들이 "자유로운 묘지 방문을 허용해달라"는 청원 운동을 진행하고 있었다. 일본 외무성은 이번 북일 간 실무회담은 "북한의 요청에 의한 것으로 유골과 묘지 참배 문제에 대해 논의하려는 인도적인 관점에서 열리는 것"이라고 설명했다.

3월 3일 첫 만남 이후 북일 접촉이 속도를 내기 시작했다. 기시다는 첫 적십자 회담 직후인 3월 4일 기자회견에서 "일본인 납치문제에 대해 북한에 적극적인 대응을 요구하겠다"고 말했다. 양국 대화의 의제가 유골과 묘지 참배에서 납치문제로 확대된 것이다. 그리고 19~20일 중국 선양에서 2차 적십자 회담이 열릴 것이라는 발표가 나왔다. 이 시점에서 모두의 눈을 의심하게 만든 커다란 '외교 이벤트'가 발생했다. 일본인 납치문제의 상징인 요코타 메구미의 부모 시게루滋와 사키에早紀江가 3월 10~14일 몽골 울란바토르에서 메구미가 북한에서 낳은 딸인 김은경 씨(당시 26세)를 만났기 때문이다. 시게루는 17일 가와사키시川崎市에서 진행된 기자회견에서 "저쪽에서는 은경 씨 부부와 생후 10개월 된 아이와 통역 직원, 이쪽에서는 우리 부부와 외무성의 통역 직원이 나왔다. 꽤 긴 시간 얘기를 할 수 있었다"고 말했다. 사키에도 "나는 어쨌든 손녀가 보고 싶었다. 메구미의 모습을 떠올려가면서, '아 이 사람이 손녀구나'라는 생각을 했다. 예전부터 함께 있었던 것 같은 생각이 들 정도로 편안하게 얘기를 할 수 있어서 기뻤다"고 말했다. 활짝 웃으며 손녀와의 만남을 회상하는 부부의 모습이 전국에 중계됐다.

북한과 같이 베일에 덮여 있는 국가와 외교 교섭을 진행하려면 교섭 대표가 그 나라에서 얼마나 영향력을 갖고 있는지 확인하기 위한 '신뢰성 체크'를 해야 한다. 예비적인 물밑 회담 단계에서 양국이 합의한 내용을 북한이 실제로 이행하는지를 관찰해 교섭 당사자의 대표성은 물론 협상에 임하는 북한의 자세를 확인하는 것이다. 일본 정부는 그동안 외손녀를 만나고 싶다는 요코타 부부에게 "북한을 방문해서는 안 된다"고 자제시켰었다. 요코타 부부가 북한에 입국해 은경 씨를 만나고 은경 씨가 "엄마는 죽었다"고 말할 경우, 요코타가 숨졌다는 북한의 주장을 기정 사실화하는 결과로 이어질 수 있기 때문이었다. 정확한 진상은 알 수 없지만 북한의 교섭 대표는 김정은을 설득해 은경 씨를 북한 밖인 몽골로 보내 요코타 부부와 면담하도록 만드는 데 성공했다. 이를 통해 북한은 일본의 '신뢰성 체크'를 돌파해냈다.

이 만남 이후 북일은 적십자 회담을 정부 간 공식 협의로 격상시켰다. 송일호와 이하라는 3월 30일~31일 베이징에서 정부 간 회담을 개최했다. 그로부터 두 달 뒤 송일호와 이하라는 5월 26일부터 28일까지 중립국인 스웨덴의 수도 스톡홀름에서 다시 얼굴을 마주했다. 이 협의의 결과가 바로 '스톡홀름 합의'다.

스톡홀름 합의

북일이 일본인 납치문제에 대한 재조사를 실시하기 위해서는 2002년 9월 김정일이 고이즈미에게 공개했던 조사 결과를 스스로 뒤집어야 했다. 북한은 당시 일본이 확인을 요청한 납치 피해 추정자 13명 가운데 "네 명 생존, 여덟 명 사망, 한 명 입국 사실 확인 안 됨"이라는 결과를 내놓았다. 그러면서 일본 정부가 묻지 않았던 소가 히토미라는 추가 피해자를 공개했다. 이것이 북한이 당시까지 유지하고 있던 '다섯 명 생존, 여덟 명 사망'이라는 납치문제에 대한 공식 조사 결과였다. 그러나 일본은 요코타를 포함한 여덟 명의 피해자가 이미 숨졌다는 북한의 조사 결과를 믿을 수 없다며 '전원 생존'을 전제로 북한에 대해 문제해결을 촉구해왔다.

북일은 이 문제를 해결하기 위해 스톡홀름 합의에서 세 가지 장치를 고안해냈다. 첫째는 조사 대상 확대였다. 북한은 스톡홀름 합의를 통해 특별위를 만들고 이 특별위가 납치문제, 유골문제 등 모든 일본인 문제에 대한 '포괄적'인 조사를 할 수 있게 만들었다. 이렇게 되면 설령 납치문제에서 새로운 성과가 없더라도 다른 문제에서 거둔 성과로 일본 여론을 달랠 수 있게 된다. 이 특별위에는 북한의 여러 기관을 조사할 수 있는 '특별한 권한'이 부여됐다.

둘째는 북한의 '양보'였다. 북한은 스톡홀름 합의문에 "우리 측은 일본 측이 지난 시기 납치문제와 관련해 기울여 온 공화국의 노력을 인정한 것에 대하여 평가하면서, 종래의 입장은 있지만 포괄적이고 전면적인 조사를 진행한다"는 표현을 집어 넣었다. '종래의 입장'은 다름 아닌 김정일이 2002년 9월 공개한 조사 결과였다. "종래의 입장은 있지만"이라는 짧은 문구 속에서 납치문제를 해결해 북일 국교정상화로 나아가려 했던 북한의 간절한 속내를 읽을 수 있다. 그밖에 합의문에는 "생존자가 발생할 경우 귀국시키는 방향에서 거취문제를 협의한다"는 내용도 포함됐다. 이 구절을 확인한 일본 정부는 재조사가 이뤄지면 반드시 생존 피해자가 확인될 것이라는 기대감을 키우게 됐다.

셋째는 합의 이행을 촉진하기 위한 인센티브였다. 북한이 포괄적인 조사를 위한 특별위를 만들면 일본은 ① 양국 간의 인적왕래 규제 완화 ② 송금 및 휴대금액 규제 완화 ③ 인도주의적 목적의 북한 선박의 일본 입항 해제 등 일본이 독자적으로 취해온 일부 제재를 해제하기로 했다. 북한이 성의를 보이는 만큼 일본도 성의를 보인다는 '행동 대 행동'의 원칙을 명시한 것이다. 합의 내용이 공개되자 납치문제 해결에 대한 일본의 기대는 하늘을 찌를 듯 높아졌다. 아베는 5월 30일 스톡홀름 합의 내용을 공표하는 기자회견에서 "굳게 닫혀 있던 납치 피해자 구출의 문을 열 수 있었다. 〔북한이〕 과거 조사 결과에 구애받지 않고 새로운 각도에서 철저히 조사를 진행해가기로 했다"고 말했다. 스가도 "북한의 조사 결과는 길어도 1년 이내에 나올 것이다. 질질 끌 문제가 아니다"라며 기대감을 드러냈다.

일본 언론은 진위 확인이 힘든 희망적인 관측을 쏟아내며 이 같은 분위기에 기름을 부었다. 이 흐름을 주도한 것은 평소 신중한 보도로 인정받아온 『니혼게이자이신문』과 『아사히신문』이었다. 『니혼게이자이신문』은 5월 31일 보도에서 북한 대표자가 스톡홀름에서 일본 대표단을 향해 "재조사를 하면 반드시 결과가 나온다"고 강조했다고 전했고, 『아사히신문』도 같은 날 "이번 합의를 이끈 북쪽 인사는 2011년 일본 외무성에 접근했다. 그는 〔2002년 9월 평양선언을 이끌어낸〕 류경 전 국가안전보위부 부부장의 후계자임을 자칭했다"고 보도했다.

북일이 납치문제에 대해 예상보다 빨리 그리고 구체적인 성과를 내놓을 것으로 전망되면서 아베의 전격적인 방북을 점치는 목소리가 흘러나오기 시작했다. 기시다는 2014년 6월 3일 참의원 외교국방위원회에서 "〔납치문제 해결에〕 성과를 내기 위해 가장 효과적인 방법이 무엇일까. 그 가운데 〔하나의 선택으로〕 방북에 대해서도 생각해보겠다"고 말했다. 납치문제를 해결하는 데 있어 필요할 경우 아베가 고이즈미처럼 평양을 전격 방문할 수도 있다는 속내를 내비친 것이다.

7월 1일 일본의 이하라와 북한의 송일호는 베이징의 일본 대사관과 북한 대사관을 오가며 회담을 진행했다. 그리고 북한은 7월 2일 일본 정부가 오매불망 기다리던 특별위 구성과 관련된 내용을 일본에 통보했고, 일본은 이튿날인 3일 이 내용을 공개했다. 북한 관영통신사의 『조선중앙통신』도 4일 "조일 정부 간 합의에 따라 일본 정부는 2014년 7월 4일 인적왕래, 송금 및 휴대금액과 관련해 공화국에 취하고 있는 특별한 규제 등을 해제하는 것을 결정하고 공식 발표했다. 공화국도 4일부터 특별위를 조직해 모든 일본인에 대한 포괄적 조사를 할 것"이라고 보도했다. 통신은 이어 특별위의 권위에 대한 일본 정부의 우려를 지우려는 듯 "위원회는 공화국 국방위원회로부터 모든 기관을 조사할 수 있으며 필요에 따라 해당 기관 및 관계자들을 조사사업에 동원시킬 수 있는 특별한 권한을 부여받았다"는 사실을 재차 확인했다.

북일의 접근 속도가 예상보다 빨라지자 미국이 견제에 나섰다. 존 케리John Kerry(1943~) 미 국무장관은 7월 7일 기시다 외상에게 전화를 걸어 "방북을 하려면 '사전 통보'가 아니라 제대로 상담〔협의〕하기를 바란다. 미국과 일본은 동맹국이다. 북한과의 교섭에 대해 투명성을 갖고 사전에 충분히 상담〔협의〕해줬으면 한다"고 말했다. 북핵문제가 여전히 해결의 실마리를 잡지 못하는 상황에서 일본이 지나치게 튀는 모습을 보이면 국제공조가 무너질 수 있음을 우려한 발언이었다. 미국이 이렇게 노골적으로 개입에 나섰다는 것은 역으로 당시 일본 정부 내에서 아베 총리의 방북을 진지하게 검토했음을 보여주는 것이다.

이 무렵 일본사회의 분위기를 가장 잘 보여주는 보도는 7월 10일에 나왔다. 『니혼게이자이신문』은 이날 머리기사로 북한이 일본에 30명 정도의 생존 일본인 명단을 제시했으며, 이 가운데 일본 정부가 공식적으로 인정하고 있는 '두 명 이상'의 납치 피해자가 포함된 것으로 밝혀졌다고 전했다. 신문은 이어 북한 당국이 이 명단을 올해 초에 작성했고, 그 안에는 30여 명에 달하는 일본인의 이름, 생년월일, 직업, 가족 구성 등이 기재돼 있다는 사실도 밝혔다. 그러나 이 모든 기대가 깨지는 데는 그리 오랜 시간이 걸리지 않았다.

돌아보면 2014년 봄부터 가을에 이뤄진 북일 접근은 거대한 동상이몽이었다. 김정은은 일본에 접근해 외교적 고립을 돌파하고 오랫동안 정체 상태에 있는 북일 국교정상화 교섭의 물고를 트려고 했다. 반면에 아베가 노린 것은 납치문제 해결을 통해 지지율을 끌어올려 장기 집권의 문을 여는 것이었다. 한국을 포함한 동아시아의 주변국들은 이 같은 북일의 화려한 외교전을 침을 꼴딱 삼키며 바라보고 있었다. 그리고 북일의 달콤한 꿈이 깨지는 데는 그리 오랜 시간이 걸리지 않았다.

허무한 결과

일본 정부의 설명에 따르면 북한 특별위가 조사 결과를 내놓겠다고 밝힌 시점은 2014년의 "늦여름 또는 초가을"이었다. 그러나 8~9월이 됐는데도 결과는 나오지 않았다. 답답함을 견디지 못한 일본은 이 장의 서두에 밝힌 대로 10월 28~29일 이하라를 평양에 파견해 특별위 관계자들을 상대로 조사 진행 상황을 점검했다. 그러나 이 만남을 끝으로 북일 간 공식 회담은 다시 열리지 않았다. "조만간 나온다"던 특별위의 조사 결과도 마찬가지였다.

특별위 조사를 둘러싼 북일 간 공방은 여전히 많은 부분이 베일에 가려져 있다. 그러나 조사를 끝낸 북한이 결과를 통보하려 했지만 일본이 수령을 거부했다는 게 '정설'로 전해진다. 북한이 특별위까지 만들어 일본인과 관련된 여러 문제에 대한 조사를 진행했지만, 일본의 최대 중요 관심사인 납치문제에 대해서는 "추가 생존자 없음"이라는 종래 결론을 뒤바꾸지 않았기 때문이다. 그러자 일본이 결과 수령을 거부하면서 타협안으로 '보고 연기' 쪽으로 결론을 냈다는 것이다. 2015년 10월 말 북한을 방문했던 아리타 요시후有田芳生(1952~) 민주당 참의원은 2016년 2월 필자와의 만남에서 "북한이 이미 납치문제에 대한 보고서를 상당 부분 완성한 상태였다. 북한 당국이 조사에 대한 피로를 호소하며 특별위 구성원들이 원래 부서로 돌아가고 싶어 한다는 의견을 전하기도 했다"고 말했다. 그렇다면 일본이 기대했던 생존 피해자는 정말로 없는 것일까? 진상은 여전히 베일 속에 가려져 있다.

북일 사이에 납치문제와 관련된 치열한 물밑 공방이 오가던 2014년 11월 7일, 『동아일보』가 매우 기묘한 특종을 내놓는다. 1면에 일본 정부의 납치본부와 이들의 조사에 동행한 최성용 납북자가족모임 대표가 메구미의 사망을 목격한 북한 관계자와 제3국에서 면담한 내용을 담은 공동조사 보고서를 단독 보도한 것이다. 일본 납치본부가 만난 북한 관계자는 요코타가 숨진 것으로 알려진 정신병원 평양 49호 예방원의 직원 두 명이었다. 이들의 증언 내용에 따르면 요코타는 예방원 완전격리병동에 갇혀 있다가 서른 살이던 1994년 4월 10일에 사망했다. 충격적인 사실은 이들이 요코타가 "정신병 약인 정신 진정제와 수면제를 주사받았다"는 사실을 전하며 사망 당시 요코타의 온몸에서 독극물이나 지나친 용량의 약물을 먹거나 주사 처방받았을 때 나타나는 '청색반점'을 봤다고 증언한 점이다. 더 놀라운 것은 사망 이후 주검 처리였다. 숨진 요코타의 주검은 관에 담기지도 못한 채 다른 시신과 뒤섞여 사망 5일 뒤인 15일 인근 야산에 묻혔다. "시체는 〔국가안전〕보위부 당 조직 지시로 뜨락또르(트랙터) 적재함에 다른 시체 5구와 함께 실려 산으로 옮겨졌고 관도 없이 그냥 같은 구덩이에 묻혔다." 이 증언이 사실이라면 요코타는 2002년 9월 김정일이 설명했던 것처럼 '자살'이 아니라 북한 의료진의 고의 혹은 과실로 인해 발생한 약물 과다투여로 숨진 게 된다. 또 북한이 2004년 11월 일본에 제공한 요코타의 유골에서 채취했다고 밝힌 DNA가 실제 요코타의 DNA와 일치하지 않았던 원인을 일정 부분 설명해준다.

납치본부 본부장이 현직 총리였기 때문에 보고서는 당연히 총리관저에도 전달됐을 것으로 추정된다. 아베 정권이 이에 대해 보인 반응은 철저한 '무시'였다. 스가는 이날 정례 기자회견에서 관련 보도의 진위를 묻는 질문을 "신빙성이 없다"는 말로 일축했다. 더 놀라운 것은 일본 언론의 반응이었다. 이들도 관련 내용을 일절 보도하지 않은 채 침묵을 지켰다. 납치문제의 상징인 요코타가 숨졌다는 것을 인정할 경우, "사망자 전원 생존"을 전제로 추진돼온 아베 정권의 납치 대책이 뿌리부터 흔들리는 것은 물론 이 문제에 대한 일본인들의 관심이 급속히 사라질 것을 우려했기 때문으로 보인다.

이후 일본사회는 한동안 묘한 '침묵'을 이어갔다. 그리고 총련에 대한 노골적인 탄압이 시작됐다. 일본 경찰은 2015년 3월 북한산 송이버섯을 수입했다는 혐의로 허종만 총련 의장의 자택에 대한 압수수색까지 벌였다. 북일은 아직 국교정상화를 하지 않은 탓에 정식 수교가 없다. 그러나 지난 70여 년에 걸친 북일 간의 복잡다단한 역사 속에서 총련이 일본에서 북한의 대외공관 역할을 해온 것도 부정할 수 없는 사실이었다. 총련은 "총련 의장은 사실상 '공화국의 대사'와 마찬가지"라며 항의 기자회견을 열고 강력히 반발했다.

일본 정부의 노골적인 '총련 때리기'에도 불구하고 기대했던 북한의 입장 변화는 결국 이뤄지지 않았다. 그러자 일본 정부는 '출구 전략'에 나섰다. 『아사히신문』은 2015년 9월 23일 두 명 이상의 일본 정부 관계자를 인용해 북한 당국이 "일본 정부가 인정하고 있는 요코타 등 납치 피해자 12명과 관련해 '여덟 명은 숨졌고, 네 명은 입국 사실이 확인되지 않는다'는 기존 조사 결과를 현 단계에서 바꾸지 않고 있다"고 보도했다. 납치문제를 둘러싼 북일 간의 협상이 사실상 실패했음을 인정한 것이다.

이로부터 해를 넘긴 2016년 1월 6일, 북한은 네 번째 핵실험을 감행했고, 2월 7일에는 인공위성 은하 3호 발사를 감행했다. 그에 대한 보복으로 일본 정부는 2014년 7월 완화했던 조처를 다시 거둬들이고, 인적 왕래 등 몇몇 규제를 더 강화했다. 분노한 북한 특별위는 스톡홀름 합의의 폐기를 선언했다. 특별위는 2월 12일 『조선중앙통신』을 통해 공개한 담화에서 "원래 남을 걸고 제 잇속을 챙기는 일본의 고약한 심보를 모르는 바 아니지만, 초보적인 신의도 없이 정부 간 회담에서 이룩한 합의까지 서슴없이 파기하는 일본 정부의 배신행위에 대하여 우리는 극도의 혐오감과 끓어오르는 분노를 금할 수 없다. 스스로 스톡홀름 합의의 파기를 공언한 것이다. 12일부터 스톡홀름 합의에 따라 진행해온 모든 일본인에 대한 포괄적 조사를 전면 중지하고, 특별조사위원회를 해체한다"고 발표했다.

스톡홀름 합의를 통해 북한은 북일 국교정상화로 가는 돌파구를 뚫으려고 했다. 그러나 아베는 이미 사망한 것으로 보이는 납치 피해자 여덟 명을 모두 살려내라는 실현 불가능한 요구를 굽히지 않았다. 그 결과 북일이 애써 이뤄냈던 스톡홀름 합의는 파탄을 맞았다. 이 같은 '외교의 실패'보다 더 흥미로운 점은 요코타의 죽음을 둘러싼 일본사회의 기묘한 침묵이었다. 아베 정권의 지지율 상승을 위해 혹은 납치문제가 현안으로 지속되기 위해 요코타는 열세 살의 가녀린 소녀로 남아 있어야 했다. 요코타의 부모는 지금도 이따금 일본 언론에 등장해 "딸의 무사 귀환을 위해 일본 정부가 더 힘써 달라"는 인터뷰를 하곤 한다. 안타까운 얘기지만 이들은 진심으로 딸이 살아 있다고 믿고 있을까. 스톡홀름 합의의 허무한 결론이었다.

12장

중일 관계

© 연합뉴스

중국과 일본은 센카쿠열도 갈등 이후 관계 회복을 위해 2014년 9월 '4개 항목 합의'를 만들었다. 그럼에도 중일 갈등은 나아지지 않았고, 이제는 중국이 군사기지화를 추진하고 있는 남중국해의 문제로까지 확산되면서 절충점을 찾기 어려운 '전략적 대립'의 단계로 들어서고 있다.
위 사진은 2014년 11월 10일, 아베와 시진핑이 중일 정상회담을 하기 위해 만난 모습이다. 반갑게 인사를 건네는 아베와 굳은 표정의 시진핑의 모습이 대조적이다.

아베와 시진핑

2014년 11월 10일, 전 세계 언론의 맹렬한 카메라 플래시 세례를 맞으며 아베가 중일 정상회담이 예정된 중국 베이징 인민대회당 '복건의 방'으로 들어섰다. 대회당 회의실에는 통상적인 정상회담 때와 달리 양국 정상이 회담한다는 사실을 알리는 국기가 설치돼 있지 않았다. 또한 아베가 "공식 회담을 하게 되어 매우 기쁘다"는 간단한 인사말을 건넸지만, 시진핑習近平(1953~) 중국 국가주석은 대답하지 않았고 화가 난 듯한 굳은 표정도 풀지 않았다. 회담은 오전 11시 50분에 시작해 25분 정도 이어졌다. 베이징에서 개최된 APEC 석상을 빌린 시진핑과 아베의 취임 후 첫 정상회담이었다. 분위기는 험악했지만, 이날 만남은 2012년 9월 일본 정부의 센카쿠열도 국유화 조치 이후 악화일로를 걷던 중일 관계를 안정시키는 데 큰 역할을 했다.

양국 정상은 이후 2015년 4월 인도네시아에서 열린 아시아-아프리카 회의(이하 '반둥회의') 자리를 빌려 또다시 얼굴을 마주하는 등 갈등 속에서도 관계를 관리하기 시작했다. 이날 만남에서 아베는 "시 주석과 처음하는 정식 회담이다. 이를 계기로 시 주석과 함께 일중 관계를 개선하는 데 노력하고 싶다. 중국의 발전은 일본에게도 좋은 기회이다. 세계 2~3위의 경제대국인 중국과 일본이 협력해 이 지역과 국제사회의 평화와 번영을 위해 책임을 다하고 싶다"고 말했다. 아베는 자신이 1차 정권 때 중일 관계 개선을 위해 노력했음을 알리려는 듯 "중일 관계에 대한 내 생각은 2006년 10월과 전혀 달라지지 않았다"는 점도 강조했다.

이에 대해 시진핑은 일본이 식민지배와 침략의 역사를 반성하는 내용을 담은 1995년 무라야마 담화를 언급하며, "역사문제는 13억 중국 인민의 감정문제다. 역사를 직시해 미래로 가는 게 중요하다. 〔지난 7일〕 합의한 4대 합의 사항을 새로운 출발점으로 중일 간의 전략적 호혜관계를 개선하고 발전시키는 데 동의한다"고 말했다. 이 만남에서 시진핑이 언급한 두 가지 사항에 주목할 필요가 있다. 하나는 현재 중일 관계를 설명하는 기본 개념으로 자리잡은 '전략적 호혜관계'이고 또 하나는 이 만남 직전 중일이 합의한 '4개 항목 합의'다.

1972년체제와 전략적 호혜관계

중일 관계에서 처음으로 '전략적 호혜관계'라는 개념이 등장한 것은 2006년 아베 1차 정권 때다. 이 개념을 처음 개발한 사람은 아베의 '외교 책사'로 불리는 야치 쇼타로*(현 국가안전보장 국장)로 알려져 있다. 그는 2006년 9월, 아베 1차 정권이 발족했을 무렵 외무성 사무차관으로 근무하고 있었다. 야치는 취임 직후 이뤄진 아베의 중국 방문을 준비하는 과정에서 중국 쪽에 전략적 호혜관계라는 개념을 제시하고 동의를 얻었다. 이를 통해 아베는 고이즈미 시절 엉망이 된 중일 관계를 일정 부분 회복할 수 있었다.

아베는 2006년 10월 8일 정상회담 직후 진행한 기자회견에서 중일이 "아시아 및 세계의 평화와 번영을 위해 건설적으로 공헌하는 게 양국이 시행해야 할 책무라는 데 일치했다. 이를 위해 '정치'와 '경제'라는 두 개의 바퀴를 모두 강하게 움직여 가는 게 중요하다. 이 두 바퀴를 잘 작동시켜 일중 관계를 고도의 차원으로 끌어올리고 전 세계의 과제 해결에도 노력하는 전략적

* '아베의 책사'로 불리는 야치의 움직임은 일본 외교의 방향성을 점쳐볼 수 있는 풍향계로 불린다. 일본 외교가 대담한 방향 전환을 할 때면 반드시 그가 등장하기 때문이다. 373쪽에서 설명할 4개 항목 합의는 물론, 일본군 위안부 문제해결을 위한 한일 정부 간 12·28합의, 러일 간 협상 등에서도 야치가 주요한 역할을 담당했다.

호혜관계를 구축해가는 데 일치했다"고 말했다.

그는 이어 전략적 호혜관계의 개념을 묻는 기자의 질문에 대해 "공통의 전략적 이익 위에서 공통의 호혜적 관계를 만들어가는 것"이라고 말했다. "먼저 경제 분야에 있어서는 앞서 말했듯 현재도 좋은 관계다. 경제 분야에서는 서로 호혜적이 되는 경우가 많다고 생각한다. 또 정치 분야에서도 북핵문제를 처리해가는 데 있어 일중이 서로 협력하고 영향력을 행사해가는 게 중요하다고 생각한다. 정치 분야에서 서로 의견을 교환하며 공통의 목표를 만들어가는 게 중요하고, 거기서 실적을 내면서 앞서 말한 것처럼 전략적 상호관계를 구축하는 것도 가능하다고 생각한다."

여기서 말하는 '전략적 호혜관계'란 정치와 경제 양쪽 모두에서 서로에게 이익이 되는 공통 목표를 추진하면서 신뢰를 심화해가는 관계를 의미함을 알 수 있다. 이 관계가 성립하기 위해서는 두 가지 전제가 필요하다. 하나는 중일이 공통 목표를 설정할 수 있는 '객관적인 상황'이고, 또 다른 하나는 이를 끈질기게 추구할 수 있는 '정치의 리더십'이다.

아베 1차 정권이 내걸었던 전략적 호혜관계는 2010년을 넘어서며 조금씩 흔들리기 시작했다. 센카쿠열도를 둘러싼 중일간 영토 갈등 때문이었다. 센카쿠열도 갈등에 대한 중국의 전통적인 입장은 양국 사이에 영토 분쟁이 있다는 것을 확인한 뒤 이를 보류하자는 '보류론'이었다. 양국이 국교를 회복하는 1972년 국교정상화 회담 가운데서도 센카쿠열도는 양국 정상들이 애를 태운 민감한 문제였다. 당시 회담을 기록한 「다나카 가쿠에이 총리와 저우언라이周恩來 총리 회담 기록」을 보면 다음과 같은 구절이 등장한다.

> 다나카: 센카쿠열도에 대해서 어떻게 생각하십니까? 제게 여러 가지 말을 해오는 사람들이 있습니다.
>
> 저우언라이: 다오위다오 문제에 대해서는 이번에 얘기하고 싶지 않습니다. 지금 그것을 얘기하는 것은 좋지 않습니다. 다오위다오에서 석유가 나오니까 문제가 된 것입니다. 석유가 나오지 않으면 대만도, 미국도 문제 삼지 않을 겁니다.

1978년 8월 중일 평화우호조약을 체결하는 과정에서도 이 문제가 불거졌다. 덩샤오핑鄧小平(1904~1997) 중국 부주석도 저우언라이의 '보류론'의 흐름을 이어받아 소노다 스나오園田直(1913~1984) 외상과에게 다음과 같이 말했다.

> 양국 사이에 문제가 없는 것은 아닙니다. 예를 들어 일본이 말하는 센카쿠열도를 중국에서는 댜오위다오라 부릅니다. (중략) 일본에서는 일부 사람들이 이 문제를 이용해 우호조약의 조인을 방해했습니다. 우리들 중에도, 미국에서 유학한 미국 국적을 가진 화교 중에도, 대만에도 이 섬을 지켜야 한

다는 이들이 있습니다. 이런 문제에 대해서는 지금 얘기를 좁히지 않는 게 좋습니다. 평화조약의 정신으로 수년간 옆으로 떼어 놔도 상관없습니다. 수십 년이 지나도 이 문제가 해결되지 않으면 우호적인 사귐이 불가능하다는 것은 말이 안됩니다. 뿐만 아니라 우호조약을 실행할 수 없는 것도 아닙니다. 다오위다오 문제는 옆에 젖혀 두고 천천히 생각해도 좋습니다.

덩샤오핑은 당시 이 발언 외에도 "우리 세대는 이 문제의 해결책을 찾지 못하지만, 우리 다음 세대 그리고 그다음 세대는 반드시 해결책을 찾을 것"이라는 말도 했다. 1970년대 중소 대립이라는 좀 더 넓은 국제정치적 맥락 속에서 해결책 마련이 어려운 영토문제를 보류하고 중일 관계를 안정시키려 했던 덩샤오핑의 고뇌가 전해지는 발언이다.

그러나 2010년대로 접어들어 중국의 국력이 일본을 뛰어넘게 되면서 저우언라이와 덩샤오핑이 주장했던 '보류론'의 효력이 끝나기 시작했다. 덩샤오핑이 말한 '이 문제'를 해결할 수 있는 "우리의 다음 세대 그리고 그다음 세대"가 마침내 도래하게 된 것이다. 영토문제는 승자와 패자가 분명히 갈라지는 '제로섬게임'의 성격이 강하기 때문에 서로에게 공통의 이익이 될 수 있는 '윈-윈'의 타협점을 찾기 어려워진다. 센카쿠열도 문제가 부각될수록 '전략적 호혜관계'의 가능성은 줄어들게 되는 것이다.

이 무렵 중일 관계에 또 다른 악재가 쏟아졌다. 아베가 2013년 12월 자신의 극우적 신념을 위해 야스쿠니 신사를 전격 참배한 것이다. 아베의 신사참배를 계기로 중국은 세계를 향한 대대적인 여론전을 시도했다. 무려 73개 지역과 국제기관의 중국 대사가 현지 언론에 기고나 인터뷰를 통해 대대적인 일본 비판에 나섰다. 이에 대해 일본도 60여 번에 가까운 반론에 나서며 맞불을 놓았다. 양국 관계를 우호적으로 이끌어가려는 정치의 리더십마저 퇴조한 것이다.

이 같은 중일 관계의 변화에 대해 『요미우리신문』은 2014년 2월 4일 기사에서 흥미로운 분석을 내놓았다. 센카쿠열도의 영토문제와 야스쿠니 문제로 상징되는 역사문제를 둘러싸고 뜨거운 갈등을 벌이고 있는 양국의 관계를 "냉전이라 부르기에 적합하다"며, 1972년 중일 국교정상화 이후 40여 년 동안 기능해 온 이른바 중일 사이의 '1972년체제'가 기능을 다했다고 밝힌 것이다. 현재 중일 갈등을 과거 미소 대립에 필적하는 냉전이라 부를 수 있는가에 대해서는 여러 논의가 필요하지만, 일본에서 최대 발행 부수를 자랑하는 유력지가 이런 표현을 전면에 내세웠다는 사실 자체가 중일 갈등의 심각성을 보여주는 것이었다.

1972년체제는 중일 양국이 어려운 영토문제를 일단 '보류'한 뒤 경제 교류를 활성화하자는 정신 아래 만들어진 것이었다. 이 같은 위기 상황 앞에서 중일은 센카쿠열도 문제를 어떤 식으로든 다시 봉인해 양국 관계를 '전략적 호혜관계'로 돌려 놔야 한다는 공통 인식에 도달하게 된다.

미국과 중국 그리고 일본

아베의 대중 외교는 오바마의 대중정책과 밀접한 상호 작용 속에서 진행됐다. 오바마는 2012년 11월 취임한 시진핑과 우호적인 미중 관계를 형성하려고 시도했다. 이런 미국의 의도를 상징적으로 보여준 것이 2013년 6월 7일 캘리포니아 주의 휴양지 서니랜드Sunnylands에서 이뤄진 미중 정상회담이었다. 당시 오바마는 이틀 동안 8시간이나 시진핑과 무릎을 맞대고 두 대국 간의 새로운 관계 구축을 시도했다.

이 회담에서 시진핑이 오바마에게 요구한 것은 '신형 대국관계'의 구축이었다. 신형 대국관계란 미중 양국이 서로의 '핵심적 이익'을 존중하면서 '윈-윈'할 수 있는 관계를 모색해보자는 의미이다. 시진핑으로부터 신형 대국관계를 제안받은 오바마는 처음에 매우 호의적인 반응을 보였다. 오바마는 회담 직후 진행된 기자회견에서 "중국이 지속적이고 평화적으로 부상하는 것이 미국에게도 이익이 된다는 점을 시진핑에게 강조했다. 시진핑과 나는 미중 관계를 새로운 수준으로 이끌어갈 기회를 갖게 된 것을 고무적으로 생각한다. 이 기회를 놓치지 않을 것"이라고 말했다. 이에 대해 시진핑도 "오바마와 나는 중국과 미국이 과거 강대국 간의 불가피한 대결 및 갈등을 벌였던 것과 다른 새로운 길을 발견해야 한다고 믿고 있다. 이는 두 나라가 신형 대국관계를 함께 만들어가야 한다는 점을 말하는 것"이라고 화답했다. 두 정상의 이날 만남에 대해 양제츠楊潔篪(1950~) 중국 외교 담당 국무위원은 "이번 회담은 전략적, 건설적, 역사적인 회담이었다"는 평가를 내렸다. 시진핑이 제시한 신형 대국관계에 대해 오바마가 호의적인 반응을 보였다는 점을 두고 중국이 매우 고무돼 있었음을 알 수 있다.

그러나 일본의 생각은 조금 달랐다. 신형 대국관계가 중국의 '핵심적 이익'을 인정하는 것이라면 일본으로서는 받아들이기 힘들다는 견제론이 나오기 시작한 것이다. 중국이 신형 대국관계의 전제조건으로 내세운 핵심적 이익이란 대만, 티베트, 남중국해 등을 무력을 써서라도 반드시 지켜야 한다는 사활적인 문제를 뜻한다. 화춘잉華春瑩(1970~) 중국 외교부 부대변인은 2013년 4월 26일 여기서 한발 더 나아가 "댜오위다오는 중국의 주권과 관련된 문제이며 당연히 중국의 핵심적 이익에 포함된다"*고 말했다. 만약 미국이 중국의 핵심적 이익을 인정하는 전

* 센카쿠열도가 중국의 핵심적 이익에 포함되는지는 향후 중일 관계를 예측하는 데 매우 중요한 문제다. 일본 언론들은 2013년 6월 7일, 시진핑이 오바마와 진행한 미중 정상회담에서 센카쿠열도에 대해 "핵심적 이익"이라고 말했다고 보도했다. 그러나 시진핑은 이런 발언을 한 적이 없다고 공식 부인했다. 중국이 그동안 센카쿠열도가 중국의 핵심적 이익이라고

제 위에서 미중 관계를 구축한다면, 센카쿠열도에서 중일 갈등이 발생했을 때 미국이 개입하기 힘들어진다.

물론 미중의 허니문은 오래 지속되지 않았다. 두 정상 간의 만남이 이뤄진 지 넉 달만인 2013년 10월 시진핑이 전 세계를 경악하게 한 과감한 도발에 나섰기 때문이다. 중국 국방부는 10월 23일, 중일 간의 영토 분쟁이 진행 중인 센카쿠열도를 포함한 동중국해의 광범위한 지역으로 방공식별구역을 확대하겠다고 일방적으로 발표했다. 미국은 중국의 이 조처를 자신들이 제2차 세계대전 이후 만들고 지켜온 아시아-태평양 지역의 '현상 질서'에 대한 본격적인 도전으로 받아들였다. 중국의 발표가 나온 직후 케리 국무장관, 척 헤이글Chuck Hagel(1946~) 국방장관, 케이틀린 헤이든Caitlin Hayden 백악관 국가안전보장회의 대변인은 잇따라 성명을 내어 중국의 조처를 강하게 비난했다. 시진핑은 이어 2015년 9월, 오바마와의 정상회담에서 "태평양은 중국과 미국이라는 두개의 대국을 받아들일 만큼 충분히 크다"고 발언했다. 서태평양의 패권은 중국이 가져갈 테니, 미국은 동태평양의 서부 해안으로 물러서라는 의미로 해석될 수 있는 도발적인 발언이었다.

중국의 도발에 대한 미국의 대응은 미일동맹 강화를 통한 중국 옥죄기였다. 일본은 이에 열렬히 호응했다. 그러면서도 아

밝힌 적은 여러 번 있지만 이를 둘러싼 입장은 여전히 애매하다.

베는 중일 관계를 안정적으로 관리해나갈 필요가 있다고 느끼기 시작했다. 양국 관계에는 국익이 치열하게 충돌하는 정치 문제도 있지만 협력의 가능성이 있는 경제 문제도 있기 때문이다. 이는 시진핑의 생각이기도 했다.

4개 항목 합의

중일 간 관계 회복을 위한 물밑 움직임이 처음 수면으로 드러난 것은 2014년 7월이었다. 일본의 대표적인 지중파 정치인인 후쿠다 야스오 전 총리가 7월 27~29일 돌연 중국을 방문했기 때문이다. 후쿠다는 중국 정부가 깊이 관여하고 있는 민간 포럼 '보아오 아시아 포럼'Boao Forum for Asia의 이사장을 맡고 있기도 하다.

중일 관계가 전례 없이 냉각된 상황에서 갑작스레 이뤄진 방중이었기에 일본 언론들은 후쿠다의 동향에 촉각을 곤두세웠다. 일본 정부도 후쿠다의 중국 방문에 교감이 있었음을 시인하듯 "정부도 〔후쿠다의 동향을〕 파악하고 있다"는 묘한 입장을 내놓았다.

나중에 확인된 사실이지만 이 방중에는 두 가지 특징이 있었다. 하나는 후쿠다가 시진핑과 회담하는 데 성공했다는 것이고, 다른 하나는 야치가 동행했다는 점이었다. 야치의 동석을 통해 후쿠다의 중국 방문은 중국과의 관계를 회복하고 싶다는 일본 정부의 의향을 반영한 것이 됐고, 시진핑이 후쿠다와의 만남에 응하면서 중국 정부도 이에 동의한다는 모양새가 갖춰지게 됐다.

분위기가 갖춰지자 먼저 칼을 빼 들고 나선 것은 아베였다. 아베는 2014년 9월 29일 국회 소신표명 연설에서 "안정적 우호 관계를 구축해가기 위해 중일 정상회담을 조기에 실현하고 싶다"고 말했다. 그동안 중일 관계를 거론하면서 좀처럼 쓰지 않았던 '우호'라는 단어를 넣은 점이 이목을 끌었다. 그러자 중국의 화답이 이어졌다. 청융화는 10월 15일 도쿄의 한 강연에서 "최근 일본의 지도자가 여러 장소에서 중일 관계를 안정된 우호관계로 구축하고 싶다고 표명하고 있다. 이런 긍정적인 태도에 유의한다. APEC은 중요한 기회다. 중일 관계를 개선해 건전하고 안정된 우호의 정상적인 궤도에 돌려놓자'는 〔중국과 일본의〕 생각은 같다"고 말했다.

그러는 동안 야치의 극비 중국 출장이 이어지고 있었다. 야치의 협상 상대는 중국의 양제츠였다. 이 둘 사이에는 처리해야 할 커다란 문제가 도사리고 있었다. 바로 중일 갈등의 핵심 원인인 센카쿠열도 문제였다.

여러 차례의 극비 회담 끝에 11월 7일 야치와 양제츠는 베이징 다오위타이釣魚臺 국빈관의 테이블에 마주 앉았다. 양쪽의 의견이 모아지자 야치는 바로 아베에게 전화를 걸어 합의 내용에 대한 허가를 구했다. 중국에서도 시진핑의 의향을 확인하는 비슷한 작업이 이뤄졌을 것이다. 이때 이뤄진 합의 내용이 바로 「중일 관계의 개선을 향한 대화」라는 이름이 붙은 이른바 중일 간 '4개 항목 합의'다. 합의문 전문을 옮겨 본다.

> 중일 관계의 개선을 향해 지금까지 양 정부는 조용한 대화를 이어왔다. 이번에 이하 내용에 관해 의견이 일치했다.
>
> 1. 양쪽은 중일 간 4개 기본문서의 여러 원칙과 정신을 준수하고, 중일의 전략적 호혜관계를 계속 발전시켜가기로 확인했다.
> 2. 양쪽은 역사를 직시하고 미래를 향한다는 정신에 따라 양국관계에 영향을 주는 정치적 곤란을 극복하자는 데 약간의 인식의 일치를 봤다.
> 3. 양쪽은 센카쿠열도 등 동중국해 해역에 있어서 근년 긴장상태가 발생하고 있다는 것에 대해 다른 견해를 갖고 있음을 인식하고, 대화와 협의를 통해 정세의 악화를 막는 한편, 위기관리 메커니즘을 구축해 예측치 못한 사태의 발생을 회피하는 것에 의견 일치를 봤다.
> 4. 양쪽은 여러 다국 간, 양국 간 채널을 활용해 정치, 외교, 안보대화를 서서히 재개하고, 정치적 상호신뢰 관계를 구축하는 데 노력하는 것에 대해 의견 일치를 봤다.

이 문서를 처음 확인한 순간 전율하던 느낌을 잊을 수 없다. 일본의 일방적인 승리로 막을 내린 한일 간 12·28합의와 달리 어려운 과제에 직면해 있는 중국과 일본이라는 두 대국이 50대 50으로 팽팽히 맞선 힘의 균형을 느낄 수 있었기 때문이다. 그런 의미에서 이 합의에는 여러 가지 음미할 점이 많다.

두 나라가 양국 관계의 회복을 선언하며 가장 먼저 언급한 것은 중일 간의 '4개 기본문서'였다. 4개 기본문서란 1972년 9월 중일이 국교를 회복할 때 맺은 '중일 공동성명', 1978년 8월 '중일 우호평화조약', 1998년 10월에 발표한 '평화와 발전을 위한 우호·협력 파트너십 구축에 관한 중일 공동선언'(이하 '1998년 중일 파트너십 선언'), 2008년 '전략적 호혜관계의 포괄적 추진에 관한 중일 공동성명'을 지칭한다. 이 문서들을 관통하는 정신은 중일 양국이 지난 비극적인 역사를 극복하고, 아시아-태평양 지역과 세계 전체에 상호 도움이 되는 '윈-윈'의 관계를 만들 수 있다는 긍정적인 사고였다. 그 전제가 되는 것은 물론 1998년 중일 파트너십 선언에 나와 있듯 일본이 "과거를 직시하고 역사를 올바르게 인식하는 것이 중일 관계를 발전시키는 데 중요한 기초가 된다"는 점이었다. 일본이 역사를 올바르게 인식한다는 것은 아베 정권이 무라야마 담화를 제대로 계승한다는 것을 의미했다. 실제로 1998년 중일 파트너십 선언은 "일본은 1995년 내각총리대신 담화(무라야마 담화)를 존중하고, 과거 한 시기 중국 침략을 통해 중국 국민에게 다대한 재난과 피해를 안긴 책임을 통감하며 이에 대해 깊은 반성을 표명한다"고 적시하고 있다.

이런 맥락에서 2항 제일 앞부분에 나온 "양쪽은 역사를 직시"한다는 1항에 이어지는 자연스러운 논리적 결론이라 할 수 있다. 여기에 한발 더 나아가 중국은 "양국 관계에 영향을 주는 정치적 곤란"을 언급했다. 이는 아베의 야스쿠니 신사참배를 뜻하는 것으로 해석할 수 있다. 즉, 1항과 2항을 통해 중일은 아베가 무라야마 담화를 계승하고, 야스쿠니 신사를 다시 참배하지 않는다는 데 "약간의 인식의 일치"를 본 것이다. 실제로 아베는 무라야마 담화를 형식적이기는 하지만 계승한다는 입장을 분명히 했고, 2013년 12월 이후 야스쿠니 신사를 참배하지 않았다. 이를 통해 중일 간의 '역사 갈등'은 어느 정도 봉합됐다.

문제는 센카쿠열도를 둘러싼 '영토 갈등'이었다. 그런 의미에서 이 합의의 핵심은 3항이라 평가할 수 있다. 먼저, 중국은 3항에서 '센카쿠열도'를 명기하는 데 성공했다. 이를 통해 중국은 중일 간 센카쿠열도의 영유권 문제와 관련해 "다른 견해"가 있다는 사실을 아베 정권에게 인정시켰다고 국내적으로 설명하는 게 가능해졌다. 일본이 센카쿠열도에 대해 중일 간 "다른 견해"가 있음을 인정했다는 것은 이 섬을 두고 양국 간에 영토 분쟁이 있음을 받아들였다는 의미로 해석할 수 있다. 이것이 사실이라면 중국 외교의 큰 승리가 된다.

이에 맞서 일본은 이 문장에 "근년 긴장상태"라는 어구를 삽입하는 데 성공했다. 이를 통해 일본이 3항에서 인정한 것은, 센카쿠열도를 둘러싸고 중일 간 다른 견해(즉 영토 분쟁)가 있다는 게 아니라, "근년 긴장상태"가 발생한 원인을 두고 양국 간 견해가 다르다는 것을 받아들인 데 불과하다고 설명할 수 있게 됐다. 즉, 최근 센카쿠열도를 둘러싸고 긴장감이 고조된 이유를 두고 중국은 2012년 9월 일본 정부가 단행한 국유화 조처 때문이라고 주장하지만, 일본은 중국이 센카쿠열도 주변 해역에 함선을 파견하는 등 도발적인 행동에 나섰기 때문이라고 본다는 것이다. 같은 문장에 대해 중일의 해석이 180도 다른 것이다. 3항에서 영토문제에 대해 각자 아전인수식 해석에 성공한 중일은 마지막 4항에서 양국 간 다양한 채널을 활용해 관계를 회복해가기로 합의했다.

중일이 4개 항목 합의를 통해 역사와 영토문제를 정리하고 실리 외교로 대담한 방향 전환에 성공한 순간이었다. 그리고 이 '합의'를 기반으로 이 장의 모두에서 소개한 대로 2014년 11월 베이징에서 시진핑과 아베 사이의 정상회담이 실현됐다.

합의 이후

중일 사이의 4개 항목 합의는 잘 준수됐을까. 이 질문에 대해 답을 내리기는 쉽지 않다. 일단 양국은 미중, 중일 대립이 표면화되는 상황 속에서도 양국 관계가 극단으로 치닫지 않게 관리하기 시작했다. 2014년 11월 첫 정상회담 이후 아베와 시진핑은 2015년 4월 22일 인도네시아에서 열린 반둥회의의 60주년을 맞아 다시 얼굴을 마주했다. 이들은 2016년 9월 5일 항저우에서 열렸던 주요 20개국 회의(G20)와 11월 20일 페루 리마에서 열린 APEC 회의에서도 만남을 이어갔다.

이 만남에서 아베는 "현안을 적절히 처리하면서, 대국적인 관점에서 안정적인 관계를 구축하자"고 말했고, 시진핑은 "〔중일 간의〕 4대 문서와 2014년 11월 진행된 4개 항목 합의에 따라 우호적인 생각 아래 생산적인 논의를 쌓아가며, 현안은 적절히 처리하고 국민감정을 양성해 관계 개선을 해가는 게 중요하다"고 화답했다. 즉, 현안을 적절히 처리하는 이성적인 관점에서 관계 개선을 해가자는 게 양국 사이의 공식 입장이 된 것이다.

그러나 현실은 그렇게 무난하게 흘러가지 않았다. 가장 큰 이유는 새로 발생한 남중국해 갈등이었다. 처음 중일 관계를 악화시킨 원인은 양국 간 영토 분쟁인 센카쿠열도 갈등이었다. 그러나 중일 갈등은 점차 아시아-태평양 지역의 패권을 둘러싼 미중 갈등인 남중국해 문제로 확대됐다. 중국이 남중국해의 무인도를 매립해 군사기지로 만들면서 미국의 제공권과 제해권에 도전했기 때문이다

중국의 남중국해 진출에 대한 일본 정부의 견해는 일본 방위성이 2015년 12월에 발표한 「남중국해에서 진행 중인 중국

의 활동」이라는 문서에 잘 집약돼 있다. 일본은 남중국해에 대한 중국의 '야욕'이 최근 갑자기 생긴 게 아니라 1950년대 프랑스가 베트남에서 철수한 뒤부터 야금야금 진행돼온 매우 뿌리 깊은 움직임으로 파악하고 있다. 실제로 중국은 미국이 베트남에 주둔했던 미군을 철수한 뒤인 1974년 1월과 1988년 1월 베트남과 두 차례 국지적인 전쟁을 벌여 파라셀제도Paracel Islands를 차지했다. 또 1992년에는 영해법을 제정해 남중국해의 거의 대부분을 중국의 영해라고 주장하고, 미군이 필리핀에서 철수하자 1995년 미스치프 암초Mischief Reef를 점령했다. 2012년에는 다시 스카버러 암초Scarborough Reef(중국명 황옌다오)에서 필리핀을 몰아냈고, 2014년 이후에는 남중국해 일대에 산재한 여러 암초를 매립한 뒤 군사기지화를 추진 중이다.

일본 방위성은 중국이 남중국해의 섬들을 군사기지로 구축하고 있는 데 대해 경계의 눈초리를 거두지 않고 있다. 이 군사기지가 일본과 중동을 잇는 원유 수송로의 안전에 큰 위협이 될 뿐 아니라 이 지역에 확립돼 있는 미국의 제공권과 제해권을 약화시키는 방해 요인이 되기 때문이다. 일본 언론들은 중국이 파라셀제도의 우디섬Woody Island(중국명 융싱다오), 필리핀 쪽의 스카버러 암초, 피어리크로스 암초Fiery Cross Reef(중국명 융수자오)를 잇는 '전략 3각형'을 구축하려 하고 있다는 분석을 내놓고 있다. 이 3각형의 꼭지점을 군사거점화하면 중국의 주력 전투기 S(수호이)-30과 폭격기 H-6가 남중국해 전 지역을 커버할 수 있게 된다. 이를 통해 중국이 이루려는 것은 미국을 대신해 남중국해의 제공권과 제해권을 장악하는 것이다.

중국은 남중국해에 면한 하이난다오海南島 싼야三亞에 전략탄도미사일을 탑재한 원자력잠수함SSBN을 배치해두고 있다. 중국이 남중국해의 제공권을 장악하게 되면 이 지역에 대한 미국의 감시망이 약화돼 중국의 핵 잠수함 전력이 남중국해를 거쳐 태평양까지 자유롭게 드러날 수 있다. 미국의 감시망을 벗어난 중국 핵 잠수함의 존재는 미국에게 견디기 힘든 안보 위협이 된다. 일본은 중국이 2013년 10월 동중국해에서 그랬던 것처럼 남중국해에서도 방공식별구역을 일방적으로 확장할 가능성이 크다고 보고 있다.

남중국해를 둘러싼 중일 갈등이 본격화되자 한동안 진정 기세를 보이던 동중국해 갈등도 재발했다. 2016년 6월 9일 새벽 0시 50분, 중국 해군 함정이 센카쿠열도의 접속수역(영토로부터 24해리 안쪽) 안으로 진입하자 일본 정부는 '새벽 2시'에 청융화를 외무성으로 긴급 초치하는 등 강력 대응에 나섰다. 일본 항공자위대의 F-15와 중국 공군의 S-30은 동중국해에서 한쪽이 전술 기동을 통해 상대를 위협하면 다른 쪽이 적외선 방해탄을 쏘아가며 회피하는 일촉즉발의 위기 상황을 여러 차례 연출했다.

이 같은 위기 상황을 극복하기 위해 필요한 것은 양국 군을 잇는 '핫라인'인 해공연락 메커니즘의 구축이다. 양국 간에 비상연락망이 있으면 상대의 의도를 오판할 위험이 적어지고 우발적인 충돌을 막을 수 있다. 실제로 중일 양국은 4개 항목 합의에서 "위기관리 메커니즘을 구축해 예측치 못한 사태의 발생을 회피하는 것에 의견 일치"를 봤지만 여전히 결론은 내지 못한 상태다. 『요미우리신문』은 2015년 10월 5일 기사에서 양국 간 핫라인 설치가 늦어지는 원인이 대상 범위에 "영해·영공이 포함되지 않는다는 일본의 제안에 중국이 응하지 않고 있기 때문"이라고 지적했다. 여기서 영해·영공이란 센카쿠열도 주변의 하늘과 바다를 뜻한다. 즉, 일본은 센카쿠열도 주변을 핫라인 대상 범위에 넣을 경우 통보만 하면 언제든 해당 지역을 침입해도 된다는 잘못된 메시지를 중국에게 줄 수 있으니 이를 제외하자는 입장인데 반해, 중국은 이 지역을 포함시켜야 한다며 맞서고 있는 것이다. 중일은 센카쿠열도를 둘러싼 갈등을 해소하기 위해 4개 항목 합의를 체결했다. 그러나 이 합의를 이행하기 위해 다시 센카쿠열도 문제와 마주쳐야 하는 논리적 순환고리에 빠지고 말았다. 아쉽게도 중일 갈등의 해결책을 찾기는 쉽지 않아 보인다.

13장

원자력 정책

© 연합뉴스

일본은 1967년 이래 핵은 갖지도, 만들지도, 들이지도 않는다는 '비핵3원칙'을 유지하고 있다. 그러나 아베 정권은 핵무장을 주장했던 이나마 도모미를 방위상으로 임명했고, 일본의 플루토늄 보유를 정당화해주는 고속증식로 몬주 개방에 천문학적인 비용을 썼다. 위 사진은 일본 후쿠이현 쓰루가시에 있는 고속증식로 몬주의 모습이다.

이나다 도모미와 핵무장론

"이나다 방위상, 당신은 일본의 독자 핵 보유에 대해 〔구체성 없는〕 단순한 논의나 정신론*이 아닌 국가전략으로써 검토해야 한다고 발언했었다. 지금도 그렇게 생각하나?"(렌호蓮舫(1967~ , 민진당 대표))

"그때 일본의 안전보장, 방위와 관련해 매우 심각한 위기감을 갖고 대담했다. 지금 나는 아베 내각의 일원으로 그리고 방위상으로, 핵이 없는 세계를 실현시키기 위해 최선을 다하겠다는 생각이다."(이나다)

* '하면 된다'는 식으로 객관적 현실은 고려하지 않은 채 인간의 의지만을 강조하는 일본 특유의 근성론. 한국에도 물론 이 같은 사고방식이 만연해 있다.

"당시는 핵 보유를 국가전략으로써 검토해야 한다고 했고, 지금은 비핵3원칙을 지키겠다고 한다. 무엇이 달라진 것인가."

"아베 정권이 출범한 뒤 이전과 비교할 수 없을 정도로 일미동맹이 강고해졌다. 당시〔민주당 정권 시기〕는 일미동맹이 덜컹거렸다. 〔당시 그런 얘기를 했던 것은〕 헌법 9조가 허용하는 필요 최소한도의 방위력이 무엇인지 논의해야 한다고 봤기 때문이다. 핵 관련 견해에 대해서는 방금 말한 대로 핵 없는 세계를 실현하기 위해 전력을 다하겠다."

"이것만 확인하자. 핵 보유 같은 난폭한 언어가 돌아다니면 안 된다고 생각하기에 묻는데, 당시 발언을 철회해달라."

"현 시점에서 내 입장은 핵 없는 세계를 실현하기 위해 전력을 다하겠다는 것이다. 현재는 핵 보유에 대해 전혀 생각하고 있지 않다."

"철회는 하지 않겠다는 뜻으로 들린다. 그것이 당신의 진심이다."

아베 2차 내각에서 가장 '엽기적'이었던 각료 인사는 2016년 8월 3일 개각에서 극우 여성 정치인인 이나다를 방위상으로 앉힌 것이었다.* 이나다는 우익인사들이 몰려 있는 아베 내각 안

* 취임 이후 갖은 말실수와 기행으로 논란을 빚었던 이나다는 결국 2017년

에서도 가장 우익적인 역사인식을 가진 인물로 알려져 있다. 이나다의 성향이 확실하게 드러난 것은 취임 다음날인 4일 기자회견 자리에서였다. 그는 '중일전쟁부터 태평양전쟁까지 모두 침략 전쟁으로 보느냐'는 일본 기자들의 질문을 받고 "침략이냐 침략이 아니냐의 문제는 사실이 아닌 평가의 문제로, 각자 자신의 입장을 가질 사안"이라고 답했다. 대외적으로 큰 논란을 일으켰던 아베의 "침략에는 정해진 정의가 없다"는 2013년 4월 발언과 판박이였다. 다른 각료도 아닌 방위상이 일본의 침략을 부인했다는 사실에 주변국에서 반발이 일어난 것은 물론 일본 내서도 상당한 논란이 일었다. 여기에 더해 이나다는 결국 제 버릇을 이기지 못하고 12월 28일 야스쿠니 신사를 참배해 다시 한번 일본 국내외로부터 큰 비난을 받았다.

이나다는 역사인식만 문제였던 게 아니다. 일본의 방위상은 국방정책을 총괄해야 할 뿐 아니라 때에 따라서는 국가의 운명을 결정 짓는 중요한 군사적 판단을 내려야 한다. 그러나 이나다는 안보 문제에 대한 지식이나 이해가 턱없이 부족한 문외한이

7월 28일 사임했다. 사임의 가장 큰 이유는 2017년 7월 2일에 치러진 도쿄 도의회 선거에서 방위성과 자위대원들에게 자민당을 지지할 것을 요구하는 연설을 한 것과 그동안 파기했다고 설명해온 남수단 육상자위대 평화유지활동 부대의 '일보'日報가 멀쩡히 보관돼 있다는 이유 때문이었다. 결국 자신이 정치적으로 편향돼 있는데다 조직 장악력에도 문제가 있음을 노출한 셈이다.

었다. 이나다가 방위대신이 되고 난 뒤 야당 의원들은 그를 표적으로 삼아 일본의 외교·안보 사안과 관련된 매서운 질문 공세를 이어나갔다. 외무상 경험이 있는 민진당의 마에하라 세지前原誠司(1962~) 의원은 중의원 예산위원회에서 이나다에게 미일동맹의 의미에 대해 꼼꼼히 따져 물은 뒤 제대로 답변하지 못하자 어린 학생을 가르치듯 한바탕 강의를 하기도 했다.

이나다를 상대로 한 야당 의원들의 추궁 가운데서도 가장 눈길을 끈 것은 2016년 10월 5일 참의원 예산위원회에서 렌호와 이나다 사이에서 이뤄진 공방이다. 렌호가 문제를 삼은 것은 이나다가 야당 의원이었던 시절인 2011년 3월 일본의 극우 잡지 『세론』에서 사토 마모루佐藤守(1939~) 전 항공자위대 장성과 나눈 대담 내용이었다. 이 대담에서 이나다는 피폭국인 일본에서 금기와 다름없는 일본의 자체 '핵무장'론을 주장했다. 다음과 같은 내용이다.

> 결국 일본이 독자적으로 핵병기를 가져야 한다는 목소리도 있다. 〔미국의〕 '핵우산'〔확장억지〕*이 실제로 작동할까? 미

* 핵을 보유하지 않은 국가가 자국 방위를 핵 보유국에 의존하는 것을 뜻한다. 예를 들어 한국이 미국의 핵우산 아래 있다는 것은 한국이 핵 공격을 당하면 미국이 핵으로 보복응징을 해준다는 의미다. 이를 통해 한국은 자국이 직접 핵을 보유하고 있는 것 같은 효과를 얻을 수 있다. 공식적인 명칭은 '확장억지'다.

국이 자국 국민의 생명을 위험에 노출하면서까지 일본을 위해 핵무기를 사용할 의사가 있는지 의문이다. 미국의 국력이 떨어지고 있어 〔미국이〕 중국의 패권에 맞설 수 있는지 불투명한 상황이 되어 있기 때문이기도 하다.

핵에 한정한 얘기이지만 나는 국방과 관련해 미국이 나아가는 방향과 일본이 나아가는 길이 처음부터 달랐다는 점에서 생각해봐야 한다고 본다. 경제 정책 면에서도 미국류의 금융 글로벌리즘이나 약육강식 자유주의, 시장만능주의가 일본에 적합하다고 보지 않는다. 오히려 그것들이 세계를 더 혼란스럽게 하지 않을까 하는 점을 일본 입장에서 말할 필요가 있다고 본다. 그러나 국방을 모두 미국에게 맡겨둔 현 상황에서는 그런 작업이 불가능하다. 단·중기적으로는 미국의 핵우산에 의존하거나, 공유하는 것을 통해 〔현재 일본이 직면한 어려움을〕 극복할 수 있다 해도 장기적으로는 일본이 독자적으로 핵 보유하는 것을 단순한 논의나 정신론이 아닌 국가전략으로써 검토해야 하지 않겠나 싶다.

히로시마와 나가사키의 피폭 경험이 있는 일본인들은 자신을 '세계 유일의 피폭국'이라 부르며 '핵은 갖지도, 만들지도, 들이지도 않는다'는 비핵3원칙을 오랫동안 고수해왔다. 핵무기 철폐에 대한 국민 의식도 상당히 높은 편이다. 2016년 11월 일본의 언론엔피오言論NPO라는 단체가 한국의 동아시아연구원 등과 함께 진행한 한중일 3개국 대상 공동 여론조사 결과를 보면, 일본에서는 절대다수인 80퍼센트가 핵무장에 반대했지만 한국에서는 찬성론(59퍼센트)이 오히려 반대론(36퍼센트)을 앞섰다.* 핵무장에 대한 이나다의 철학은 평균적인 일본 시민들의 생각과 상당히 괴리돼 있는 셈이다.

이나다는 일본의 방위상이라는 공식적인 지위에 있는 이상 "핵 없는 세계를 실현하기 위해 전력을 다하겠다"며 자체 핵 보유를 추진할 생각이 없다는 뜻을 밝혔다. 그러나 끝내 "장기적으로는 일본이 독자적으로 핵 보유하는 것을 단순한 논의나 정신론이 아닌 국가전략으로서 검토해야 한다"는 발언 자체를 철회하지 않았다.

일본의 핵 보유

이나다의 핵무장론은 일본사회의 평균적인 상식에서 보자면 극단적인 주장이라고 평가할 수 있다. 그러나 '세계 유일의 피폭국'인 일본 역시 핵무장 '가능성' 자체를 부인하고 있지는

* 2016년 조사에서 한국인들은 자국의 핵무장에 대해 59퍼센트가 찬성 의견을 밝혔지만, 2017년 조사에서는 67.2퍼센트로 튀어 올랐다. 이에 비해 일본에서는 핵무장 찬성 여론이 2016년 5.1퍼센트, 2017년 9퍼센트로 낮은 수준을 유지하고 있다.

않다. 아베는 2016년 4월 1일 핵무기의 보유와 헌법의 관계를 묻는 오사카 세지逢坂誠二(1959~) 민진당 의원의 질문에 "일본 국헌법 9조가 핵무기의 보유와 사용을 일절 금지하고 있는 것은 아니다"는 내용의 답변서를 각의결정했다. 그러면서 아베는 "비핵3원칙에 따라 정책상의 방침으로 일절 핵무기를 보유하지 않겠다는 원칙을 견지하고 있다"는 내용을 덧붙였다. 이 답변에서 확인되듯 핵 보유와 관련된 일본 정부의 공식 견해는 현행 평화헌법 아래서도 가능하지만 비핵3원칙이라는 국가 정책상 갖지 않기로 판단하고 있다는 것이다. 이 견해는 누구에게서 비롯된 것일까. 여기서 다시 아베의 외할아버지인 기시와 마주하게 된다. 기시는 외무상 시절이던 1957년 5월 14일, 일본의 핵 보유에 대해 다음과 같은 지론을 전개했다.

> 원수폭〔수소폭탄〕과 같은 대량학살병기는 당연히 헌법 위반이며, 정부가 이것을 보유하겠다는 생각도 없다. 미국이 원자력 부대의 일본 주둔을 요청한다면 거절할 것이고, 핵탄두를 들여오는 것도 지금은 생각하고 있지 않다. 그러나 핵병기 그 자체는 지금도 발달 도상에 있다. 또 넓은 의미로 해석하면 원자력을 동력으로 하는 잠수함도 핵무기라고 할 수 있고, 병기의 발사용 〔동력에〕 원자력을 사용할 수도 있다. 이 모든 것을 헌법 위반이라고 할 수는 없다. 이런 관점에서 보자면 현행 헌법 아래서도 자위를 위한 핵병기 보유는 허용된다.

실력이 없는 자위대는 무의미하다. 병기는 현재도 기술적, 과학적으로 진보하고 있다. 일본도 근대전에 대처할 수 있는 유효한 자위력을 가져야 한다. 장래, 통상병기가 제 역할을 하지 못하게 될 경우도 생각해야 한다. 자위의 범위에 속하는 핵병기는 보유해도 된다는 것이 〔핵〕실험 반대라는 입장과 모순되지 않는다.[1]

이 같은 견해에 따라 일본은 실제로 핵무기 보유를 진지하게 고민했던 적이 있다. 이 고민을 한 인물은 기시의 친동생인 사토 에이사쿠 총리다. NHK는 2010년 10월 간판 다큐멘터리인 〈NHK 스페셜〉[2]을 통해 사토 정권이 1964년 중국의 핵실험 성공 이후 독자적인 핵 개발 계획을 추진했다는 사실을 당시 외무성 담당자인 무라타 요헤이村田良平(1929~2010, 이후 외무성 사무차관 역임)의 증언을 통해 확인했다. 중국의 핵실험 성공을 목도한 사토는 이듬해인 1965년 1월 린든 존슨Lyndon Baines Johnson(1908~1973) 미국 대통령을 만나 "중국이 핵무기를 갖는다면 일본도 핵무기를 가져야 한다"는 입장을 밝혔다. 그와 함께 일본은 미국·소련·영국·프랑스·중국 5개국에만 핵무기 보유를 허용한 핵확산방지조약 체제를 무너뜨리기 위해 서독에 접근해 함께 핵 개발을 추진할 의사가 있는지 타진했다. 일본 정부의 내각조사실은 여기서 한발 더 나아가 핵물리학자와 안전보장 전문가들을 모아 ① 핵폭탄 제조법 ② 미사일 제조법 ③ 유도장치의 개발 ④플루토늄 생산 방법 등을 검토한 뒤 일본이 "소수의 핵무기를 만드는 것은 가능하며 비교적 용의하다"는 결론을 담은 보고서를 완성했다.

그러나 사토는 결국 핵 개발을 추진하지 못했다. 일본이 독자적인 핵 개발을 추진할 경우 미일 관계가 파탄나는 것은 물론 국내에서도 감당하기 힘든 반핵 투쟁이 발생할 것을 우려했기 때문이다. 결국 사토는 1967년 11월 미국을 방문해 "일본의 안전 확보를 위해 핵을 갖지 않는다는 것을 분명히 결심한다. 〔일본은〕 미국의 핵우산 아래서 안전을 확보할 것"이라는 방침을 결정했다. 이후 사토와 존슨은 11월 15일 발표한 미일 공동 발표문에 "중공이 핵무기 개발을 진행한다는 점에 주목하고, 아시아 여러 국가들이 중공으로부터 위협을 받지 않는 상황을 만드는 게 중요하다는 데 의견이 일치했다"는 내용을 담았다. 미국으로부터 핵우산에 대한 약속을 받아낸 사토는 1968년 12월 '핵을 갖지도 만들지도 들이지도 않는다'는 비핵3원칙을 공식 천명했다. 사토의 '비핵3원칙'은 핵을 보유하지 않겠다는 일본의 자발적인 의사 표현일 뿐 일본국헌법이 핵 보유 자체를 금지하고 있다는 의미는 아니다.

일본의 핵무장 능력에 대해 미국 전략국제문제연구소 산하 핵이슈프로젝트PONI는 '드라이버를 돌리기만 하면 될 정도'로 가까이 다가와 있다는 견해를 내놓고 있다. 일본에는 핵탄두의 재료가 되는 플루토늄이 있고, 기폭 장치 등 핵탄두를 만들 기술이 있으며, 2017년 1월 현재 서른두 차례 발사를 시도해 서른한 번 성공(성공률 96.9퍼센트)한 H2A라는 놀라운 성능의 로켓도 있다. 마음만 먹으면 단기간에 핵무기를 만들 수 있는 기술적 능력을 확보하고 있는 셈이다. 국제 정치학에서는 일본처럼 완벽한 잠재적 핵능력nuclear latency이 있으면서 핵 보유를 하지 않는 선택을 '일본 옵션'Japan option이라 부른다. 실제 조 바이든Joe Biden(1942~) 미국 부통령은 2016년 6월 23일 미 공영방송PBS와의 인터뷰에서 시진핑에게 "일본이 내일이라도 핵을 보유하면 어떻게 할 것이냐. 그들은 하루 만에 핵을 만들 능력이 있다"고 말한 적이 있음을 공개하기도 했다. 물론 일본이 당장 핵무기를 개발하겠다는 뜻이 아니라 북핵문제 해결을 위해 중국이 더 큰 역할을 감당해야 한다고 설득하는 맥락에서였다.

핵 보유론자인 이나다가 방위상이 되었다고 해서 일본이 '비핵3원칙'을 버리고 당장 핵을 개발할 것이라고 말할 수는 없다. 일본의 군사전문가들 역시 핵무장론에 대해 회의적인 편이다. 일본이 자체 핵무장을 감행한다면 미일 동맹의 존립이 위태로워질 수 있기 때문이다. 미국의 대표적인 지일파 학자인 조지프 하버드대학 석좌교수는 일본 언론인 스노하라 쓰요시春原剛(1961~)와 진행한 대담집 『일미 동맹 vs 중국·북한』(2010)에서 "일본은 핵확산금지조약 체제에 있어 지도적 위치에 있다. 일본이 핵무장을 선언하면 바로 핵확산금지조약 체제는 붕괴된다"고 말했다. 이는 미국이 절대 용납할 수 없는 시나리오다. 이런 논리의 연장선상에서 오가와 가즈히사小川和久(1945~) 시즈오카현립대학 특임교수는 "미일 동맹의 해체를 의미하는 일본 핵무장론은 결국 책상 위 공론"이라고 결론 내렸다. 그러나 이나다와 같은 괴이한 인물이 바로 최근까지 일본의 방위상으로 재직했다는 것은 한국 입장에서 매우 신경이 거슬리는 일이 아닐 수 없다. 게다가 일본은 사용 목적이 없는 플루토늄을 대량으로 보유하고 있는 '수상한' 나라이기도 하다.

탈핵 대 원전 재가동

한국에는 그다지 잘 알려져 있지 않지만, 현재 일본에서는 원자력 정책의 미래를 둘러싼 매우 중요한 힘겨루기기 진행되고 있다. 3·11 원전참사 이후 과감히 탈핵을 선택하자는 시민들의 요구를 아베 정권이 무시하면서 원전 재가동 정책을 밀어붙이고 있기 때문이다.

지난 3·11 원전참사는 일본뿐 아니라 세계 전체에 심대한 영향을 끼친 인류사적인 사건이었다. 이 참사로 수많은 이들이 고향을 등져야 했고, 많은 이들이 피난생활로 인한 고단함을 이기지 못하고 사망했다. 3·11 원전참사의 뒷수습을 위한 사후 처리 비용도 폭증하는 중이다. 일본 정부는 사고 직후에는 사고의 처리 비용을 11조 엔이라 예측했지만, 2016년 12월 그보다 두

배가 늘어난 21.5조 엔이라는 수치를 제시했다.

3·11 원전참사를 직접 겪었던 간 정권은 2011년 7월 "원전에 의존하지 않는 사회를 목표로 한다"며 탈핵을 결단했다. 경제단체연합회(게이단렌)와 같은 일본 재계에서는 '경제적 효율성'을 이유로 "조속히 원전을 재가동시켜야 한다"고 맞섰다. 당시 민주당 정권이 택한 것은 '절충론'이었다. 간의 뒤를 이은 노다는 2012년 9월 "2030년대까지 원전 가동 제로를 목표로 하겠다"고 발표했다. 2030년대가 되면 현재 가동 중인 일본 원전 대부분은 '40년'으로 정해진 수명을 다하게 된다. 당장 탈핵을 실현하는 것은 어려우니 남은 원전이 수명을 다할 때까지 사용하고 새 원전을 짓지 않음으로써 자연스럽게 탈핵을 유도해가겠다는 계획이었다. 그와 함께 일본 정부는 2012년 9월 정부로부터 독립성을 강화한 원자력규제위원회(이하 '규제위')를 발족시켰고, 2013년 7월 3·11 원전참사의 교훈을 반영한 '신 규제기준'을 만들었다. 이에 따라 일본 전력회사들은 일단 모든 원자로의 가동을 멈춘 뒤 '신 규제기준'에 따른 규제위 심사를 받게 됐다. 이 심사를 통과한 원자로만 순차적으로 가동할 수 있게 한 것이다. 그와 함께 일본 정부는 원전 주변 지자체에 원전 반경 30킬로미터 이내에 사는 주민들을 위한 '피난 계획' 작성을 의무화했다.

재집권에 성공한 아베는 '점진적 탈핵'을 목표로 내걸었던 간 정권의 판단을 뒤집었다. 원전 재가동은 아베의 철학이었다.

그는 2012년 일본 언론인 오시타 에이지大下英治(1944~)와의 인터뷰에서 "원자력 발전을 안정적인 기저부하base load 전원으로 삼는 것은 일본의 에너지 사정을 생각할 때 어쩔 수 없는 일이다. 전쟁 전 일본은 미국에게 석유 등 에너지를 의존하고 있었다. 미국이 〔일본에 대한〕 석유 수출을 금지한 것이 큰 원인 중 하나가 되어 〔미국과〕 전쟁에 돌입했다"[2]고 말했다. 에너지 정책은 탈핵이나 환경보호뿐 아니라 국가 운명을 결정하는 안보적인 관점에서 볼 필요도 있다는 것이다.

아베의 뜻에 따라 일본 정부는 2014년 4월 "원자력은 에너지 수급 구조의 안정성에 기여하는 중요한 '기저부하' 전원"이라는 내용이 포함된 '에너지 기본계획'을 발표했다. 이어 7월에는 2030년에 일본사회가 화력·수력·원자력·재생가능에너지 등 다양한 에너지원의 비율을 얼마로 유지해야 하는지를 정한 '최적의 비율'(베스트 믹스)을 내놓았다. 이를 통해 일본의 전체 전기 생산에서 원전의 비율은 20~22퍼센트로 정해졌다. 3·11 원전참사 전인 2010년의 28.6퍼센트보다 다소 낮아지기는 했지만 여전히 높은 수치였다. 이 목표를 달성하려면 수명이 '40년'으로 정해진 일부 노후 원전을 재가동하거나 새 원전을 건설해야 한다는 계산이 나온다.

일본 정부와 일본의 전력회사들은 2015년 8월 10일 가고시마현 사쓰마센다이薩摩川内시의 센다이 원전 1호기를 시작으로 신 규제기준을 통과한 원자로를 하나둘씩 재가동하고 있다.

규제위의 2017년 1월 자료를 보면, 현재 일본에 있는 58개 원자로(건설 중인 것도 포함) 가운데 폐로가 결정된 것은 참사가 일어났던 후쿠시마 제1원전 6기를 포함해 총 14개다. 그밖에 현재 규제위 심사가 마무리돼 가동이 이뤄진 원자로는 센다이川内 1·2호기, 다카하마高浜 3·4호기, 이카타伊方 3호기로 5개, 심사를 통과해 가동을 기다리고 있는 원자로는 다카하마 1·2호기, 미하마美浜 3호기, 겐카이玄海 3·4호기로 5개다. 센다이 원전이 처음 재가동되던 날 간은 원전 앞에서 진행된 항의 집회에 직접 참석해 원전 재가동을 결정한 아베를 향해 "망국의 총리"라며 목소리를 높였다.

일본 시민사회는 아베 정권의 원전 재가동 방침에 맞서 다양한 항의 집회와 법정 투쟁을 진행 중이다. 이 가운데 일본 시민사회가 거둔 귀중한 '1승'이 일본 시가현 오쓰 지방재판소가 2016년 3월 9일에 내린 가처분 결정이었다. 오쓰 지방재판소는 1985년 운전을 개시한 다카하마 3·4호기의 재가동을 막아 달라는 지역주민들의 요구를 받아들여 "이 원자로들을 운전해서는 안 된다"는 결정을 내렸다. 야마모토 요시히코山本善彦 재판장이 내세운 논리는 원전 사고가 발생했을 때 인류가 입을 수 있는 피해보다 원전의 경제적 효율성을 우선할 수 없다는 너무나 지당한 논리였다. 야마모토는 결정문에서 "후쿠시마 사고로 인해 일본이 입은 피해는 심각했고, 원전 가동의 위험성이 구체화됐다. 원전에 의한 발전이 얼마나 효율적이든, 발전에 필요한 비용 면에서 경제적 우위성이 있든 그에 의한 손해가 구체화됐을 때 〔원전 가동의 장점이 이 같은 위험성보다〕 반드시 우위에 있다고 말할 수 없다"고 지적했다. 그러나 이 귀중한 승리는 오래가지 못했다. 상급 법원인 오사카 고등재판소가 2017년 3월에 운전정치 가처분을 취소했기 때문이다. 이후 간사이전력은 2017년 6~7월 다카하마 3·4호기를 재가동했다.

원전 재가동을 밀어붙이는 아베 정권의 위세 앞에서 일본 시민들의 저항은 하나둘씩 꺾이고 있다. 규제위는 '40년 가동'을 원칙으로 삼은 일본 원전의 수명을 20년 늘여 60년 동안 가동할 수 있도록 예외를 허용해가는 중이다. 규제위가 2016년 6월, 1974~76년에 완공된 노후한 다카하마 원전 1·2호기의 수명을 20년 연장했을 때는 엄청난 반발이 일어났다. 일본 언론들은 아베 정권이 원전의 비율을 20~22퍼센트 정도로 유지하겠다고 밝힌 만큼 앞으로 10기 정도의 노후 원전이 재가동될 것이라는 전망을 내놓고 있다. 규제위는 "신 규제기준에 따른 심사를 통과했다는 게 해당 원자로가 '안전하다'는 사실을 담보하는 것은 아니다"고 말하면서도 아베 정권의 '원전 재가동' 방침을 추인하고 있다. 원전 재가동을 허용하고만 일본사회에서 다음으로 진행된 것은 고속증식로 몬주もんじゅ의 존폐를 둘러싼 '몬주 논쟁'이었다.

몬주 논쟁

오늘 몬주에 대한 권고를 전하기 위해 방문했습니다.

2015년 11월 13일 도쿄의 문부과학성 응접실, 초조한 표정을 감추지 못하는 거구의 남자 앞에서 다나카 슌이치田中俊一(1945~) 원자력 규제위 위원장이 준비한 발언을 시작했다. 가벼운 목례를 건넨 뒤 다나카는 곧바로 손에 든 파란색 커버의 문서를 이 남자에게 건넸다. 권고문을 받아든 인물은 2015년 10월 개각으로 문부상에 임명된 프로레슬링 선수 출신 정치인인 하세 히로시馳浩(1961~)였다. 이날 규제위는 일본이 지난 60여 년 동안 유지해왔던 '핵연료 사이클 정책'을 근본부터 뒤흔드는 내용을 발표했다. 핵연료 사이클 정책의 핵심 요소인 몬주(28만 킬로와트kW)를 운영·관리하는 일본원자력연구개발기구를 6개월 안에 다른 기관으로 교체할 것을 담당 부처인 문부성에 권고한 것이다. 규제위는 이와 함께 문부성이 새 운영 주체를 찾지 못할 경우 몬주의 존재 자체에 수정을 가해야 한다는 점도 함께 요구했다. 사실상 몬주를 폐로하라는 요구였다.

하세는 굳은 얼굴로 "전면적으로 나서서 대응하겠다. 몬주에는 일본의 〔원자력〕 기본정책과 관련된 문제도 내포되어 있기에 관계부처와 논의하며 대응책을 만들겠다"고 답했다. 하세가 언급한 기본정책이란 일본이 원자력 개발을 시작하며 1956

년 책정한 '원자력개발이용장기계획' 때부터 유지해왔던 '핵연료 사이클 정책'을 의미하는 것이었다. 핵연료 사이클 정책이란 핵 발전과 사용 후 핵연료 처리를 통해 추가적인 에너지 투입 없이 영원히 전기를 생산할 수 있는 꿈의 에너지원을 만들겠다는 구상이다. 이는 두 가지 요소로 구성된다. 하나는 일반 원전을 가동한 뒤 나오는 사용 후 핵연료를 재처리해 플루토늄을 뽑아내는 '재처리 공장'이고, 또 하나는 이렇게 만들어진 플루토늄을 이용해 발전하는 '고속증식로'다. 현재 재처리 공장은 아오모리青森현 롯카쇼무라六ヶ所村에서 건설 중이고 고속증식로에 해당하는 것이 다름 아닌 후쿠이현 쓰루가시敦賀의 몬주다. 핵연료 사이클 정책을 이해하려면 아래 표를 참조하기를 바란다.

고속증식로는 왜 중요할까. 고속증식로에 우라늄과 플루토

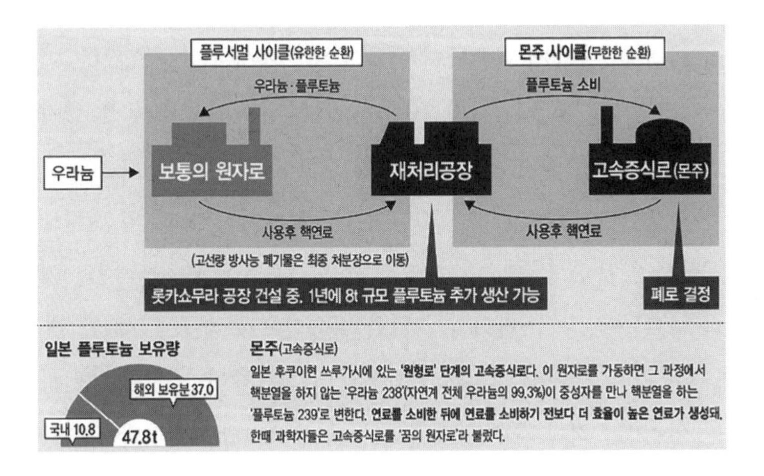

몬주 핵연료 사이클 개념도·일본 플루토늄 보유량

늄의 혼합산화물질MOX을 넣고 가동하면 핵분열을 하지 않는 '우라늄 238'(자연계 전체 우라늄의 99.3퍼센트)이 중성자를 만나 핵분열을 하는 '플루토늄 239'로 변한다. 고속증식로에서 연료를 소비하면, 소비하기 전보다 더 효율이 높은 연료가 생성되는 것이다. 즉 ① 재처리 공장에서 플루토늄을 만든 뒤 ② 이를 이용해 고속증식로에서 발전을 하면 ③ 이전보다 더 많은 플루토늄이 발생해 ④ 추가적인 에너지 투입이 없어도 영원히 전기를 생산할 수 있게 된다. 이것이 과학자들이 고속증식로를 '꿈의 원자로'라 부르는 이유다.

그러나 이론과 현실의 차이는 상당했다. 가장 큰 문제는 고속증식로의 냉각재로 사용되는 액화 나트륨이다. 액화 나트륨은 물이나 공기와 닿으면 쉽게 폭발을 일으켜 안전관리가 쉽지 않다는 단점이 있다. 실제로 1994년 완공된 몬주는 1995년 12월 시험 가동 중에 나트륨이 유출되는 대형사고를 일으켰다. 이후 15년간의 보완을 거쳐 2010년 5월 다시 시험 가동을 했지만 3개월 만에 원자로 안에 핵연료 교환장치를 떨어뜨리는 사고가 발생했다. 일본 정부는 20여 년간 1킬로와트시kWh의 전력도 생산하지 못한 몬주 건설에 1조 엔을 쏟아부었고, 냉각재인 액화 나트륨을 유지·관리하기 위한 비용만으로 하루 5,000만 엔, 1년에 200억 엔이나 되는 혈세를 낭비하는 중이다. 이런 형편없는 '돈 먹는 하마'라면 없애버리는 게 좋겠지만, 그 선택이 쉽지만은 않았다. 몬주는 일본이 보유하고 있는 47.9톤이나 되는 막

대한 플루토늄 보유를 정당화해주는 역할을 수행하고 있기 때문이다.

일본은 1982년부터 6년에 걸친 미일 원자력협정 개정 협상을 통해 미국으로부터 핵 활동에 대한 '포괄적 (사전)동의'를 얻어냈다. 그로 인해 일본은 한국과 달리 사용 후 핵연료를 재처리해 핵폭탄의 원료가 되는 플루토늄을 자유롭게 추출할 수 있게 됐다. 핵무기 보유가 허용되지 않는 비핵국 가운데 미국에 재처리 권한을 인정하는 국가는 일본이 유일하다. 그러나 사용처가 없는 플루토늄을 쌓아 두면 일본이 언젠가 핵무기를 만들 것이라는 의심을 받게 된다. 이 같은 의심을 떨쳐 내기 위해 일본이 내세운 명분은 플루토늄을 소비할 수 있는 꿈의 원자로인 고속증식로를 개발한다는 것이다. 핵탄두 한 개를 만들 때 일반적으로 약 8킬로그램의 플루토늄이 사용된다고 했을 때 일본은 현재 약 6,000발(47.9톤/8킬로그램)의 핵무기를 만들 수 있는 엄청난 양의 플루토늄을 보유 중이다. 몬주 계획을 포기하면 이 같은 플루토늄 보유량을 설명할 수 없게 된다.

일본의 플루토늄에 대해서는 이미 국제적인 논쟁이 시작된 상황이다. 중국은 2015년 10월 20일 유엔 제1위원회에서 "일본은 플루토늄을 대량 보유하고 있다. 일부 정치세력은 핵무장론을 주장하고 있다"며 일본의 수상한 플루토늄 보유를 노골적으로 거론하며 맹비난했다. 일본도 이 같은 국제 여론을 명확히 인식하고 있다. 요시오카 히토시吉岡斉(1953~) 규슈대학 교수는

2015년 11월 21일 『아사히신문』과 진행한 인터뷰에서 "일본은 비핵보유국 가운데 유일하게 핵연료 재처리라는 안전보장상의 권리를 갖고 있는 나라다. 〔일본 정부가 몬주를 손에서 놓지 못하는 이유는〕 몬주 폐로에 의해 재처리 권한을 포기하는 상황을 원치 않기 때문"이라고 지적했다. 일본에게 재처리 권한을 보장해왔던 미일 원자력협정은 2018년 7월에 유효기간(30년)이 끝난다. 일본이 몬주를 포기한다면 플루토늄을 보유할 명분이 없어지고, 재처리 권한을 박탈당할 수도 있다. 이는 핵 보유국인 중국과 맞서고 있는 일본의 안보와 동아시아의 핵 균형에 미묘한 변화를 가져올 수밖에 없다.

몬주 폐로와 핵연료 사이클 정책

위기에 몰린 아베 정권이 선택한 것은 정공법이었다. 먼저 아베는 2016년 4월 1일 미국 워싱턴에서 열린 핵안보정상회의에서 핵 물질의 최소화, 적정 관리와 관련해 "일본은 '사용 목적이 없는 플루토늄은 보유하지 않는다'는 원칙을 실천하고 있다"고 말했다. 일본이 보유하고 있는 플루토늄에 대한 국제사회의 우려를 알고 있으니 적절한 대처에 나서겠다는 말이었다. 장고 끝에 일본 정부가 선택한 것은 '두 마리 토끼' 잡기였다. 먼저 일본 정부는 '돈 먹는 하마'인 몬주를 폐로하기로 방침을 정했다.

이미 실패로 확인된 몬주에 더 이상 시민의 혈세를 때려 넣을 수 없다는 선언이었다. 그와 동시에 일본의 플루토늄 보유를 정당화할 수 있도록 핵연료 사이클 정책도 유지하기로 했다. 몬주는 없애지만 플루토늄은 계속 보유하겠다는 두 마리 토끼 잡기 전략인 셈이다. 이를 위해서는 몬주를 대체하는 새로운 고속증식로를 만들어야 했다. 이에 대한 정식 결정이 내려진 것은 다나카가 몬주에 대해 사실상의 사형선고를 내린 지 1년이 지난 뒤였다. 일본 정부는 9월 21일 총리관저에서 '원자력 관계각료 회의'를 열어 그동안 1조 엔이 넘는 자금이 투입된 몬주에 대해 "폐로 여부를 포함해 올해 말까지 최종결론을 내겠다"는 방침을 확인했다. 그리고 일본 정부는 12월 21일 '원자력 관계각료회의'를 다시 개최해 "안전관리상 문제가 이어지고 있는 고속증식로 '몬주'을 재가동하지 않고 폐로한다"는 방침을 확정했다.

일본 정부는 그와 함께 두 가지 조처를 발표했다. 첫째는 애물덩어리로 전락한 몬주의 폐로 계획이었다. 일본 정부는 2017년 봄부터 5년에 걸쳐 '사용 후 핵연료'를 빼낸 뒤, 다시 30년이라는 엄청난 시간을 투입해 2047년쯤 폐로 작업을 마치겠다는 계획을 내놓았다. 이를 위해 다시 3,750억 엔이라는 천문학적인 자금이 쓰이게 된다.

둘째는 새로운 고속로 개발 계획이었다. 일본 정부는 몬주를 대체할 수 있는 새 고속로 개발을 위해 10월 7일 '고속로 개발회의'를 만들었다. 개발 회의는 두 달 정도 작업을 거쳐 12월

17일 「고속로 개발의 방침」이라는 자료를 내놓았다.

지금까지 어느 나라도 고속증식로 개발에 성공한 적이 없기 때문에 일본 정부의 대응도 신중할 수밖에 없었다. 일본 정부는 새 고속로 개발을 위해 앞으로 10년 동안 어떤 작업을 해야 할지를 정하는 '전략 로드맵'을 2018년까지 내놓기로 했다. 이를 통해 일본 정부가 달성하려는 목표는 실험로-원형로-실증로-상업로로 구분된 원전의 개발 단계 가운데 3단계인 '실증로'를 만든다는 것이다. 그러나 일본 정부는 그 전 단계인 원형로(몬주)에서 이미 쓰라린 실패를 겪었다.

이 같은 일본 정부의 방침에 대해서는 부정적인 여론이 많은 편이다. 『아사히신문』은 12월 11일 보도한 특집기사에서 핵연료 사이클 정책에 대해 "지금까지 고속증식로를 실용화해 핵연료 사이클을 확립한 국가는 없다"며 일본이 새로운 고속증식로를 만든다는 것은 "경제적으로도 기술적으로도 무리가 있다"고 지적했다. 고노 담화의 주인공인 고노 전 관방장관의 아들이자 아베 정권에서 행정개혁상을 지낸 고노 다로河野太郎(1963~) 의원(2017년 8월 개각에서 외무상으로 입각했다) 역시 『아사히신문』과의 인터뷰에서 "몬주는 1995년 나트륨 유출 사고를 일으켜 운전할 수 없게 됐을 때 폐로를 결단해야 했다"며, 현 정부가 "취해야 하는 길은 하나다. 몬주를 조속히 폐로하고 종래의 핵연료 사이클 정책을 변경시키는 것"이라고 말했다.

핵연료 사이클 계획을 포기하면 일본이 가진 그 많은 플루토늄은 어떻게 해야 할까? 핵을 가진 중국에 맞서 일본이 유지해온 정책은 1차적으로는 미국의 핵우산에 의존하면서, 2차적으로는 '언제든 핵을 만들 수 있는 능력'을 갖춘다는 것이었다. 미국 입장에서도 '언제든 핵을 만들 수 있는 일본'은 쉽게 버릴 수 있는 카드가 아니다. 그런 의미에서 일본의 플루토늄 문제는 일본이 독자적으로 결정할 수 없는 미일동맹의 핵심 문제일 수도 있겠다는 생각이 든다.

핵연료 사이클을 둘러싼 일본사회의 혼란은 당분간 이어질 수밖에 없다. 일본은 플루토늄 보유를 정당화하기 위해 기술적으로 사실상 불가능하다고 판명된 고속증식로 건설에 계속 도전하기로 결심했다. 한국의 현실에 대입해 이를 설명하자면 실패한 4대강 사업에 소중한 혈세를 계속 쏟아붓고 있는 꼴이다. 이 '미친 짓'을 어느 순간에는 중단해야 하겠지만, 그런 대담한 선택을 하기에는 일본을 둘러싼 안보환경이 험악하기만 하다.

14장

아베노믹스

© 연합뉴스

아베는 과감한 양적완화를 통해 일본 경제를 짓눌러 온 디플레이션에서 벗어나겠다는 '아베노믹스'를 추진 중에 있다. 아베노믹스 이후 대기업의 실적이 개선되고 실업률이 낮아지는 등 긍정적인 효과가 나타났다. 그러나 아베노믹스의 가장 큰 목표였던 '물가상승률 2퍼센트'는 여전히 달성되지 않고 있다. 또 대기업의 실적 개선이 개인 소비의 증가로 이어질 것이라는 '트리클 다운' 효과도 관찰되지 않는다. 앞으로 아베노믹스는 어떤 방향으로 나아가게 될까?

‘세 개의 화살’

일본 언론들은 정권의 지지율 추이를 확인하기 위해 매달 전국 규모의 여론조사를 실시한다. 2017년 2월 『교도통신』의 조사 결과를 보면, 집권 5년차를 맞는 아베 정권의 지지율은 61.7퍼센트다. 비슷한 시기 공개된 다른 언론들의 조사 결과를 봐도 아베 정권은 55~65퍼센트에 이르는 견고한 지지율을 유지해왔다. 그러나 2017년 4월 들어 모리토모 학원과 가케학원 문제 등 아베 정권을 둘러싼 스캔들이 이어지면서 7월 한때 지지율이 20퍼센트대로 곤두박질쳤다. 그러나 8월 초 단행한 개각의 효과로 8월 지지율은 30~40퍼센트로 소폭 반등한 상태다.

한국에서는 아베를 나쁜 정치인의 대명사처럼 여기지만, 일본에서 아베의 지지 기반은 집권 이래 여전히 탄탄한 편이다. 아베에 대한 한국의 평가는 우리에게 직접적인 영향을 끼치는 개헌, 안보, 역사 인식 등 주로 '아베 칼라'*라 불리는 정책들에 초점을 맞춘 것이다. 이런 관점에서 보면 아베 정권은 극우적 역사관을 바탕으로 일본을 '다시 전쟁할 수 있는 국가'로 만든 위험한 정권이다. 그럼에도 아베가 일본 내에서 왜 높은 지지율을 유지하는 이유는 무엇일까. 이 질문에 대한 해답이 이번 장에서 다룰 아베노믹스다.

아베는 정권에 복귀한 직후인 2013년 1월, 『아름다운 나라에』의 증보판인 『새로운 나라에』를 출간했다. 이 책에는 지난 6~7년 동안 이뤄진 일본사회의 변화를 반영한 글 「새로운 나라에」가 추가돼 있다. 이 글에서 아베가 언급하고 있는 것은 크게 두 가지다.

하나는 2006년에는 아직 표면화되지 않았던 센카쿠열도를 둘러싼 중일 갈등에 일본이 어떻게 대처해야 하는지이고, 다른 하나가 이 장의 주제인 아베노믹스다. 5장에서 언급했듯 2012년 12월 중의원 선거에서 아베가 압승을 거둘 수 있었던 이유는 그가 오랫동안 주장해온 '전후체제로부터의 탈각' 덕분이 아니라 '디플레이션으로부터의 탈각'(아베노믹스)에 대한 일본인들의 기대 때문이었다. 그리고 이에 대한 일본인들의 기대는 아직도 이어지고 있다. 『마이니치신문』이 2017년 1월 23일 보도한 여론조사를 보면, '아베 정권의 경제 정책인 아베노믹스에 대해 평

* 아베의 정치색을 드러내는 정책을 의미한다.

가하느냐"*는 질문에 여전히 43퍼센트나 되는 일본인들이 "평가한다"는 입장을 가진 것으로 확인된다.

아베는 지난 4년간 시행해온 아베노믹스를 1기 정책과 2기 정책으로 구분하고 있다. 1기는 '세 개의 화살'이라 불리는 세 갈래의 커다란 정책으로 구성된다. 첫 번째 화살은 본원통화의 양을 대폭적으로 늘리는 '대담한 양적완화', 두 번째 화살은 정부가 적극적으로 공공사업에 나서는 '기동적 재정정책', 세 번째 화살은 기업의 투자를 이끌어내는 '장기성장 전략'이다. '세 개의 화살'이라는 말은, 화살 하나는 쉽게 꺾이지만 세 개가 뭉치면 쉽게 꺾이지 않으니 형제들끼리도 서로 싸우지 말고 협력하라는 전국시대 무장 모리 모토나리毛利元就(1497~1571)의 고사로부터 따온 것이다. 아베가 자신의 경제 정책에 이 같은 이름을 붙인 이유는 모리가 아베의 고향인 야마구치현 하기시를 근거로 활동했던 전국시대 무장이었기 때문이다. 모리가 일으킨 세력이 조슈번을 형성했고, 이 조슈번 출신의 '막말의 지사'들이 19세기 중반 메이지유신을 통해 도쿠가와 막부를 무너뜨린 '유신의 주역'이 됐던 것이다. 지금도 메이지유신의 고향인 야마구치현 하기시의 옛 성터를 방문하면 정문 앞에 서 있는 모리의 동상을 만날 수 있다.

그러나 세 개의 화살은 일본 전반에서 그리 잘 알려진 고사

* 일본에서 '평가한다'는 말은 긍정적으로 본다는 의미이다.

가 아니다. 아베가 자신의 '맹우'인 아소에게 아베노믹스의 이름을 '세 개의 화살'로 붙이자고 제안하자, 아소는 "미쓰야 사이다를 말하는 거냐"[1]며 농담으로 받아쳤다. 일본어로 '세 개의 화살'을 뜻하는 미쓰야三矢와 미쓰야 사이다의 '미쓰야'三ツ矢의 발음이 같기 때문이다. 세 가지 정책을 내세웠지만 아베노믹스 1기 정책의 핵심은 어디까지나 첫 번째 화살인 '대담한 양적완화'에 있었다. 이 정책이 시작된 것은 아시아개발은행ADB의 총재를 지내던 구로다 하루히코黒田東彦(1944~)가 신임 일본은행 총재로 취임한 직후인 2013년 4월부터다. 일본은행은 4월 4일 '양적·질적금융완화의 도입에 대해'라는 제목의 5장짜리 보도자료를 통해 아베노믹스의 첫 번째 화살을 쏘아올렸다.

일본은행은 이 자료에서 "소비자물가를 전년보다 전면 2퍼센트 올리는 '물가상승목표'를 향후 2년 안에 달성하겠다고 했지만, 가능한 한 조기에 이를 실현하겠다. 이를 위해서 본원통화, 장기국채, 상장지수펀드ETF의 보유액을 2년간 두 배로 확대하며, 매입한 장기국채의 평균잔존 기간을 두 배 이상 연장하는 등 양과 질 양쪽 모두에 있어 차원이 다른 금융완화를 시행하겠다"고 선언했다. 일본이 오랜 디플레이션에서 벗어나기 위해서는 일본은행이 지금까지와 차원이 다른 대담한 양적완화에 나서야 한다는 아베의 평소 주장이 잘 반영된 정책이었다.

아베노믹스 3년간의 성과

아베노믹스 1기 정책이 성공했는지에 대해서는 일본 내에서도 다양한 공방이 오가고 있다. 아베 정권 내부에서는 일부 미흡한 점도 있지만 대체로 좋은 성과를 거뒀다고 보는 편이다. 일본 내각부가 2016년 1월 발표한 「아베노믹스 3년간의 성과」를 보면, 일본 경제가 디플레이션에서 아직 완전히 탈각했다고 보기는 힘들지만 일본의 국민소득GNI이 늘고 실업률이 줄어드는 등 적지 않은 성과가 있었다고 밝히고 있다. 아베노믹스의 가장 눈에 띄는 성과는 주가지수의 상승이다. 아베가 집권하면 대담한 양적완화 정책을 펼 것이라는 시장의 기대가 모아지면서 일본 닛케이평균지수는 2012년 말 8,000대에서 2017년 9월 초 1만 9,000대까지 크게 올랐다.

두 번째는 일본 대기업들의 실적 개선이다. 금융완화를 통해 본원통화가 증가하자 외환시장에서는 엔이 약세로 돌아섰다. 이 같은 엔저(엔화 약세) 흐름을 타고 일본 대기업들의 수출이 급증했다. 일본의 대표 기업인 도요타자동차의 경우 아베노믹스 이전인 2011년(2011년 4월~2012년 3월)에는 영업이익이 3,356억 2,000만 엔에 불과했지만, 2015년에는 2조 8,539억 엔으로 폭증했다. 그해 엔-달러 환율이 120엔대에서 유지됐기 때문이다. 이는 도요타자동차의 '사상 최대' 실적이었다. 그러나 이듬해인 2016년에는 엔저 흐름이 다소 꺾이면서 영업이익이 전년보다 30퍼센트 감소한 1조 9,943억 엔을 기록했다.

물론 아베노믹스는 미흡한 부분도 많다. 애초 아베 정권이 기대한 것은 아베노믹스로 인한 경제의 선순환 효과였다. 아베노믹스를 통해 대담한 양적완화 정책을 취하면 엔저가 발생하고, 그에 따라 수출을 주로 하는 대기업들의 실적이 개선되기를 기대했다. 물론 여기까지는 일본 정부의 예상이 맞았다. 문제는 그 다음이었다. 일본 정부는 기업 실적이 좋아지면 기업들이 투자를 늘리고 임금을 올려 개인 소비가 늘어날 것이라 기대했다. 그러나 그런 일은 발생하지 않았다.

개인 소비가 늘어나지 않았던 가장 큰 이유는, 대기업의 실적은 개선됐는데도 일본 서민들의 호주머니로 들어가는 실질임금은 오히려 줄었기 때문이다. 일본 후생노동성이 2016년 5월 공개한 노동통계조사를 보면, 2014년 4월 단행된 소비세율 인상(5퍼센트→8퍼센트)과 엔저로 인한 수입물가 상승의 여파로 일본의 실질임금이 5년째 하락한 것으로 확인됐다. 그에 따라 일본 경제의 60퍼센트를 차지하는 개인 소비는 여전히 부진을 면치 못하고 있다. 일본의 실질임금은 2016년이 되어서야 전년보다 0.7퍼센트 증가해 5년 만에 겨우 플러스 반전에 성공했다.

그보다 더 큰 문제는 일본은행이 애초 내걸었던 물가상승 목표가 실현되지 못하고 있다는 점이다. 위축된 소비 심리를 되살리기 위해 필요한 것 가운데 하나는 물가상승에 대한 기대감이다. 물가가 올라 내일이면 내가 가지고 있는 돈의 가치가 떨어질 거라는 판단이 서야 사람들은 오늘 지갑을 열고 소비에 나선다. 그러나 일본처럼 디플레이션이 이어지면 소비를 미루는 게 내일의 이익이다. 내일이면 오늘 갖고 있는 현금의 가치가 오르기 때문이다. 이처럼 한 나라의 경제가 한번 디플레이션에 빠지면 소비 위축으로 경기가 나빠지고, 그로 인해 디플레이션이 심화되는 악순환에 빠진다. 일본은행은 이런 악순환을 끊어내기 위해 앞서 언급한 것처럼 물가상승률의 목표를 2퍼센트로 정하고 이를 2년 안에 실현하겠다고 선언한 것이다. 그러나 이 약속은 이뤄지지 못했고 이후 일본은행은 물가상승목표를 달성하기 위해 갖은 대책을 쏟아냈다. 특히 세계 금융시장에 큰 충격을 안긴 일은 2016년 1월 민간은행이 일본은행 당좌계좌에 예치하는 일부 예금에 수수료 0.1퍼센트를 부과하는 '마이너스 금리' 정책을 도입한 것이었다. 일본이 정책적으로 마이너스 금리를 도입한 것은 이때가 처음이었다. 이 같은 고강도 정책을 실시했는데도 큰 효과가 없자 일본은행은 2016년 9월 다시 한번 추가적인 완화정책을 실시했다.

아베노믹스가 주춤하는 모습을 보이자 이 정책의 설계자 중 한 명인 하마다 고이치 명예교수가 비관론을 내놓았다. 그는 2017년 2월 3일에 보도된 『아사히신문』과의 인터뷰에서 아베노믹스에 대해 다음과 같이 평했다. "처음 2년 동안은 순조로웠다. 일본은행의 금융완화 정책도 시행돼 주가상승, 엔저, 실업률 저하 등 큰 성과를 올렸다. 그러나 지난해 11월까지 약 1년 동안은 노동시장의 개선을 제외하면 한계에 봉착한 느낌이다. 〔2014년 4월〕 소비세를 8퍼센트로 올린 탓에 금융완화를 통해 돌아야 하는 돈이 회수돼 소비가 줄었다. 금융완화로 인해 엔저가 발생해야 했지만 예상 외로 엔고가 〔한동안〕 이어졌다." 금융완화로 돈을 풀면 소비가 늘어날 것이라는 아베노믹스의 예측이 맞아떨어지지 않았음을 인정한 것이다. 하마다는 이 같은 상황을 돌파하기 위한 대안으로 아베노믹스의 두 번째 화살인 '재정확대'가 필요하다는 견해를 밝히며 인터뷰를 마쳤다. 이 견해에 대해 아베도 동의하는 편이다. 아베 역시 2017년 1월, 일본의 경제 상황에 대해 "디플레이션으로부터 탈각이 착실히 진행 중이지만 생각했던 것보다 속도가 느리다"[2]는 평가를 내렸다.

결론적으로 아베노믹스는 기대만큼 성공을 거두지는 못했다. 그러나 일본 경제의 고질병인 디플레이션 극복을 위해 과감한 금융완화 정책을 펼쳤던 시도에 대해서는 긍정적인 평가가 많은 편이다. 이러한 평가가 현재 아베 정권의 지지율을 떠받치는 원동력이 되고 있음은 물론이다.

1억 총활약 사회

그러나 아베 정권의 독특한 성격을 엿볼 수 있는 것은 1기 정책이 아니다. 아베는 2015년 9월, 안보 법안을 '날치기' 통과시킨 뒤 3년 임기의 자민당 총재에 무투표로 재선됐다. 그는 자신의 재선을 결정지은 직후인 9월 24일 자민당 당사에서 기자회견을 열고, 안보 법안 '날치기' 통과로 급락한 지지율을 끌어올릴 수 있는 새로운 경제 정책을 내놓았다. 이것이 바로 아베노믹스 2기 정책이었다. 아베는 이날 기자회견에서 "향후 3년 동안은 미래를 내다보며 새로운 국가 만들기 작업을 강력히 추진해가겠다. 오늘부터 아베노믹스는 '2기'로 이행한다"고 선언했다. 아베노믹스 2기 정책의 대표 구호는 '1억 총활약 사회'였다. 이 정책은 구호 자체에서 알 수 있듯 크게 두 가지를 목표로 내걸고 있다. 첫째는 '1억'이다. 일본의 인구는 2008년 1억 2,808명으로 최고치를 기록한 뒤 감소세로 돌아섰다. 『니혼게이자이신문』은 2016년 12월 22일 기사에서 2016년 출생자수를 98~99만 명으로 예측했다. 이로써 일본의 신생아 수는 1899년 후생노동성의 관련 집계가 시작된 뒤 처음으로 100만 명 아래로 떨어진 것이다. 일본의 베이비붐 세대인 '단카이 세대'団塊世代(1947~1949년생) 시절에는 출생자수가 250만 명을 넘었으니, 연간 출생자수가 전성기 때의 40퍼센트 수준으로 떨어진 것이다. 이런 상황을 늦추기 위해 2기 정책에는 일본 인구를 1억 명 선에서 유지하기 위한 다양한 출산 정책 등이 포함됐다.

둘째는 '총활약'이다. 인구 감소로 인해 불거지는 가장 큰 문제는 노동력 부족이다. 특히 일본에는 '육아'나 병든 부모를 돌보는 '개호'介護*로 인해 일을 하고 싶어도 포기해야 하는 사람들이 많다. 이들을 일터로 끌어내 '활약'시키겠다는 것이 이번 정책의 또 다른 목표였다. 육아나 개호 때문에 일터를 떠난 이들 중에는 여성들이 많으니, '1억 총활약 사회'는 아베 정권의 또 다른 정책 구호인 '여성이 빛나는 사회'와 동의어라고 볼 수 있다. 아베는 2기 정책에 대해 밝힌 기자회견에서 "저출산·고령화를 멈추고, 50년 뒤에도 인구 1억 명을 유지하는 국가를 만들기 위한 의지를 명확히 해가겠다. 그와 함께 무엇보다 소중한 것은 한 사람, 한 사람의 일본인이 가정에서, 직장에서 더 활약할 수 있는 사회를 만드는 일이다. 그렇게 하면 더 풍요롭고 활력 넘치는 일본을 만드는 게 가능하다. 이른바 '일본 1억 총활약 계획'을 만들어 2020년까지 실현하기 위해 전력을 다할 것"이라고 말했다. 그러면서 아베가 아베노믹스 2기 정책의 '새로운' 세 개의 화살로 제시한 것은 아래와 같다.

(1) 희망을 만들어내는 강한 경제
(2) 꿈을 잇는 육아 지원
(3) 안심과 연결되는 사회보장

아베는 첫 화살인 '희망을 만들어내는 강한 경제'를 실현시키기 위해 "고용과 급료를 늘려 소비를 확대하고, 다양한 근로방

* 늙은 부모를 돌보는 병수발을 뜻한다.

식 개혁을 진행해 누구나 활약할 수 있는 경제를 만들겠다"고 선언했다. 여기에 최저 임금을 매년 3퍼센트 올려 시간당 1,000엔으로 만들겠다는 매우 구체적인 정책도 제시했다. 아베는 이 모든 작업을 통해 2016년 500조 엔 수준인 일본의 명목 GDP을 2020년까지 600조 엔으로 끌어올리겠다는 수치 목표까지 제시했다.

둘째, '꿈을 잇는 육아 지원'에는 출산·육아 대책이 대거 포함됐다. 이 항목 안에는 어린이집에 자리가 없어 들어가지 못하는 대기 아동을 없애겠다는 등 다양한 정책이 포함돼 있다. 일본 정부는 이를 통해 2017년 8월 1.4명인 일본의 합계 출산율을 1.8명으로 끌어올리겠다고 선언했다. 셋째, '안심과 연결되는 사회보장'에서는 노인들과 이들을 보살펴야 하는 자식 세대 양쪽 모두를 위한 개호 대책에 초점을 맞췄다. 일본 정부는 특히 노인들이 여생을 편안히 보낼 수 있는 양로 시설을 확충해 연간 10만 명으로 집계되는 '개호 이직'을 없애겠다는 목표를 제시했다.

아베는 이 발표 후 두 달이 지난 11월 25일, '1억 총활약 사회' 실현을 위한 국민회의에 출석해 "육아와 사회보장의 기반을 강화해 이것이 경제를 강하게 만들 수 있도록 성장과 분배의 선순환을 구축해가겠다"고 선언했다. 한국에서 우익으로 평가받는 아베 정권이 '성장과 분배의 선순환'이라는 표현을 사용하고 있는 점이 당혹스러워 2기 정책이 담긴 자료집을 몇 번이고 되풀이해 읽었던 기억이 새롭다. 1기 정책의 핵심 목표가 '디플레이션으로부터의 탈각'이었다면, 2기 정책의 핵심은 현재 일본이 직면해 있는 핵심 문제인 저출산·고령화로 인한 인구 감소 현상에 대한 대응이었던 것이다.

한국에서는 보수의 경제 정책이라고 하면 자연스럽게 시장 경쟁을 중시하는 영미식의 신자유주의 정책을 떠올린다. 일본에서 이 같은 노선을 택한 대표적인 인물이 고이즈미였다. 고이즈미는 '작은 정부'를 실현하기 위해 우정민영화로 상징되는 공기업 민영화 정책과 노동 유연화 정책을 정력적으로 추진했다. 그 결과 1989년 19.1퍼센트에 불과했던 일본 내 비정규직 비율이 2015년 37.5퍼센트로 올랐다. 그러나 아베가 지향한 것은 고이즈미식의 '작은 정부'가 아닌, 정부가 여러 사회문제를 해결하기 위해 적극적으로 개입하는 '큰 정부'였다.

미즈호의 나라

아베가 이 같은 정책을 내놓게 된 사상적 배경은 무엇일까. 아베가 월간지 『분게슌쥬』 2014년 9월호에 공개한 수기를 보자.

> 나의 할아버지 기시는 1960년 안보개정을 실행한 총리로 알려져 있지만, 실은 원래 전쟁 전부터 상공성의 경제 관료였

> 고 고도성장을 준비해온 지도자이기도 했다고 나는 인식하고 있다. 1956년 아버지 신타로는 근무하던 신문사를 퇴직하고 기시의 비서관으로 취임했다. 다음해 기시 내각이 발족한 뒤에는 총리대신 비서관으로 일하면서 할아버지를 보좌했다.
>
> 일본 전후체제에 있어 매우 큰 전환점이 되는 〔1960년의 일미〕 안보조약 개정을 앞두던 시점이었다. 이때 아버지는 할아버지에게 '장기인 경제로 승부를 봅시다'고 진언했다.
>
> 실제로 기시 내각에서 이후 일본 경제성장의 초석이 되는 중요한 사회보장제도가 하나둘 실현됐다. 구체적으로 국민연금(1959년), 최저임금법(1959년), 국민개보험(1961) 등이 있다. 〔고도 성장기를 거치며〕 일본사회가 안정되는 데 꼭 필요한 제도들이었다. 할아버지는 취임 회견에서 '부패, 빈곤, 폭력이라는 3대 악을 추방하고 싶다'는 포부를 밝히기도 했다.[3]

위 인용문을 보면, 기시는 '안보의 기시'나 '개헌의 기시'만이 아닌 '사회보장의 기시'이기도 했음을 알 수 있다. 실제로 기시는 매우 복합적인 인물이었다. 한 예로 기시는 자신과 1고와 도쿄제국대 법학과 동기인 사회운동가 미와 쥬소三輪寿壮(1894~1956)와 오랜 시간 깊이 교류해왔다. 미와는 대학을 졸업한 뒤 변호사가 돼 일본 극빈자들의 생활 원조를 위해 노력한 대표적인 혁신계 인사였다. 이에 반해 기시는 상공성의 통제파 관료로 군부의 인정을 받아 1941년 12월 진주만 공습을 결정한 도조 내각의 일원으로 전시 통제경제를 책임졌다. 기시와 미와는 사상적으로 대척점에 있었지만, 평생 서로를 격려하며 교류해왔던 것이다. 아베의 표현을 빌리면 "미와는 눈앞에 있는 가난한 이들을 구하기 위한 변호사 또는 정치가"였지만, "할아버지는 이 같은 가난을 양산하는 국가를 개조하려 했던"[4] 관료였다. 실제로 기시는 1956년 미와가 폐암으로 사망하자 장례식에 참여해 "보수당원인 나는 혁신 진영에 자네가 존재한다는 사실에 마음으로부터 신뢰와 무한한 기대를 걸고 살아왔다"[5]는 말을 남겼다.

기시로부터 강한 영향을 받았던 아베는 경쟁만을 중시하는 영미식 신자유주의에 이질감을 느꼈을 것이다. 아베는 신자유주의와 구분되는 자신의 경제 정책을 '미즈호瑞後의 나라(일본)*에 맞는 자본주의'라고 표현하고 있다. 이를 쉬운 말로 풀어 쓰면 일본의 전통과 공동체주의를 소중히 여기는 따뜻한 경제 모델이라 설명할 수 있다.

> 일본이라는 나라는 오래전부터 아침 일찍 일어나 땀을 흘리며 논밭을 경작하고, 물을 나눠 쓰면서 가을이 되면 천황가

* 신선한 벼 이삭이 자라는 나라를 뜻하는 말로 일본을 아름답게 부르는 호칭.

를 중심으로 오곡풍양五穀豊穣을 기원해온 '미즈호의 나라'였다. 자립자조를 기본으로 하면서 다른 누군가가 병으로 쓰러지는 불행을 맞으면 마을 사람들이 모두 이를 도왔다. 이것은 일본 고래古来의 사회보장이며, 일본인의 DNA에 포함돼 있다.

나는 미즈호의 나라에는 미즈호의 나라에 적합한 자본주의가 있을 것이라고 생각한다. 자유로운 경쟁과 열린 경제를 존중하면서도, 월가로부터 세계를 석권한 강한 욕망을 원동력으로 하는 자본주의가 아니라 도의를 중시하고 진정한 풍요로움을 아는 미즈호의 나라에는 그에 적합한 자본주의의 형태가 있다.[6]

이 같은 아베의 경제 철학은 여러 방면에서 명확히 구현되고 있다. 대표적인 예로 정부가 적극적으로 기업들에게 임금인상을 독려하는 '관제 춘투'*가 있다. 일본 대기업들은 2014~2015년 일본은행이 추진한 양적완화 정책으로 발생한 엔저에 힘입어 놀랄 만한 실적을 기록했다. 이는 기업 스스로의 혁신으로 이룬 성취가 아닌 엔저로 인해 수입 물가상승이라는 고통을

* 일본 기업들의 임금협상 시즌은 봄에 몰려 있어 '춘투'라 불린다. 일본 언론들은 정부가 직접 기업들에게 임금인상을 요구하고 있다며 아베가 주도하는 임금인상 움직임을 '관제 춘투'라 불렀다. 이 용어에는 다소 비꼬는 의미가 내포돼 있다.

떠안은 소비자들의 희생 위에서 얻어낸 성취였다. 따라서 '미즈호의 나라'라는 공동체에 속한 일본 기업들에게는 소비자이기도 한 직원들의 임금을 올려줘야 하는 '도덕적인 의무'가 발생하게 된다.

실제로 아베는 기업들의 임금인상을 유도할 수 있도록 2013년 9월 '경제의 호순환을 위한 정노사회의'経済の好循環実現に向けた政労使会議(이하 '정노사회의')라는 대화의 틀을 만들었다. 정부가 직접 노사를 불러 모아 기업들이 임금인상을 결단할 수 있도록 유도하기 위한 장치였다. 아베가 처음 정노사회의를 만들겠다는 뜻을 밝힌 것은 2차 정권이 출범한 직후인 2013년 2월 5일 총리관저에서 열린 경제재정자문회의 석상에서였다. 당시 아베는 "정부, 산업계, 노동계가 지금까지 발상과는 차원이 다른 대국적인 관점에서 일치 협력해 행동에 나설 필요가 있다"고 말했다. 정부가 기업들의 임금협상 문제에까지 개입하자 당시 경제단체연합회 회장이었던 요네쿠라 히로마사米倉弘昌(1937~)는 "임금협상은 기업의 지불 능력에 따라 이뤄져야 한다"며 불만을 터뜨렸다. 정권 내부 분위기도 마찬가지였다. 정부가 기업의 임금협상에까지 직접 개입하는 것은 적절치 않다는 반대 의견이 만만치 않았다. 그러나 아베의 의지를 꺾지는 못했다. 정노사회의는 2013년 12월 「경제의 호순환 실현을 향한 노사정의 대응에 대해」를 발표해 "노사는 각 기업의 경영 상황에 맞게 경제정세, 기업이익, 물가 등의 동향을 감안하면서 충분한 논의를

해 기업 수익의 확대를 임금상승과 연결해간다"는 문구를 집어 넣었다. 이후 일본 대기업들은 2016년까지 해마다 2퍼센트 안팎의 기본급 인상을 단행했다.

그러나 이 같은 임금인상의 혜택은 대기업에만 집중될 뿐 중소기업이나 연금 생활자에게까지 확산되지 못한다는 지적이 나왔다. 그러자 아베는 다시 한번 이례적인 조처를 꺼내들었다. 저소득층의 소비 확대를 위해 주민세 비과세 대상인 저소득자 2,200만 명에게 1인당 1만 5,000엔의 일시금을 지급하는 '간소한 급부조처'를 마련한 것이다. 일본 정부는 그밖에 가난한 대학생들을 위해 졸업 이후 갚지 않아도 되는 '급부형 장학금'을 신설하는 안도 고민하는 중이다.

아베가 꿈꾸는 '큰 정부'의 모습을 보여주는 또 다른 예는 2016년 9월 26일 설치된 '근무방식 개혁 실현회의'働き方改革実現会議다. 아베는 매번 이 회의에 의장으로 참석해 재택근무 시행 등 노동 유연화 정책이나 '동일노동-동일임금'과 같은 비정규직 처우 개선 조처를 적극 독려하고 있다. 2016년 11월 29일 회의에서는 "동일노동-동일임금 원칙이 임금뿐 아니라 교육 또는 연수 기회 등 다른 복리후생 처우 일반에도 적용되도록 관심을 가져야 한다. 아직도 정규직과 비정규직의 임금 격차는 특히 대기업에서 더 현저하다. 시정할 필요가 있다"고 지적했다. 아베의 이 같은 발언은 다음날 일본 언론에 대대적으로 보도돼 일본 기업들의 의사결정에 크고 작은 영향을 끼치고 있다.

앞서 살펴봤듯 아베노믹스 2기 정책은 정부가 이런 부분까지 직접 개입하나 싶을 정도로 꼼꼼한 내용들이 대거 포함돼 있다. 아베는 2017년 1월 20일 제193회 정기국회의 문을 여는 시정방침연설에서 다시 한번 '1억 총활약 사회' 만들기의 중요성에 대해 강조했다. 아베가 내세운 정책들을 일부 소개해본다.

> 가장 큰 도전은 한 사람, 한 사람의 사정에 맞는 다양하고 유연한 노동방식을 가능하게 하는 노동제도의 대담한 개혁, 노동방식의 개혁이다.

> 동일노동-동일임금을 실현하겠다. 〔정규직과 비정규직 사이의〕 불합리한 처우의 차이를 개별, 구체적으로 시정하기 위해 상세한 가이드라인을 책정했다. 이후 이것을 근거로 하는 법 개정안을 조기에 국회에 제출할 수 있도록 입안 작업을 진행하겠다.

> 출산 등을 계기로 이직하는 모든 이들이 재취업할 수 있고, 취업을 위한 재교육을 받을 수 있는 지원제도를 근본적으로 확충하겠다. 복직에 적극적인 기업에게 지급하는 보조금을 창설하겠다.

> 보육과 개호를 하면서 일도 할 수 있는 방법을 찾겠다. 아

이가 있다는 이유로 일을 그만두지 않아도 되도록 육아수당 지급 기간을 최대 2년까지 늘리겠다.

아베 정권은 인구 감소라는 일본이 직면한 커다란 사회문제를 해결하기 위해 다양한 정책을 쏟아내는 중이다. 그의 사상 기저에는 천황이 다스리는 아름다운 나라 일본에서는 신민들이 서로를 도와야 한다는 따뜻한 공동체주의가 자리한다. 아베 정권의 역사인식과 안보 정책은 '극우'라 평가할 수 있지만, 경제 정책 한 단면만을 살펴본다면 영미식의 시장 만능주의와 전혀 다른 독특한 보수라고 결론을 내릴 수밖에 없다. 물론 아베의 경제 정책을 서구의 사민주의와 바로 연결할 수는 없다. 북유럽을 중심으로 한 서구의 사민주의가 공동체에 속한 동등한 시민들의 사회적 타협에 의해 만들어진 것이라면, 아베의 공동체를 떠받치는 핵심 존재는 만세일계 일본을 통치해온 천황이기 때문이다.

15장

한일 관계

© 길윤형

일본이 2015년에 발표한 『외교청서』의 한일 관계 부분에는 '기본적인 가치를 공유하는 이웃'이라는 표현이 사라졌다. 대신 2016년부터 그 자리를 '전략적 이익을 공유하는 나라'라는 구절이 차지했다. 이는 일본에게 한국의 위상이 친구에서 비지니스 파트너로 격하됐다는 의미로 해석할 수 있다. 실제로 한국의 박근혜 정권과 일본의 아베 정권이 공존하는 동안 한일 관계는 큰 변화를 맞이했고, 거기서 남겨진 숙제는 정권을 이어 받은 문재인 정권의 몫이 됐다. 그러나 문재인 정권은 북핵문제라는 한국이 직면한 절체절명의 안보 현안을 해결하기 위해 12·28합의 등 한일 간 민감한 현안을 사실상 방치하기로 결정한 듯 보인다.

미국 정권의 변화

귀를 기울이면 다가왔다 물러서는 파도소리가 들려옵니다. 쏟아지는 태양의 부드러운 빛이 파랗고 조용한 만을 비추고 있습니다. 제 뒤의 바다 위에 서 있는 하얀 애리조나Arizona 기념관, 그 위령의 장소를 오바마 대통령과 함께 방문했습니다.

2016년 12월 27일 오후 12시, 애리조나 기념관이 저만치 내려다보이는 하와이 진주만 부두에서 아베가 16분에 걸친 연설을 시작했다. 대통령 퇴임을 앞둔 오바마가 아베 곁에 서서 그 모습을 조용히 지켜봤다. 애리조나 기념관은 1941년 12월 7일 일본의 기습적인 '진주만 공습'으로 침몰한 미 전함 애리조나 위에 조성돼 있다. 이날 연설에 앞서 아베는 오바마와 함께 애리조나 기념관을 방문해 헌화하고 묵도를 올렸다. NHK는 아베의 이번 진주만 방문의 의미를 강조하려는 듯 "일본 총리가 미국 대통령과 함께 진주만을 방문한 건 이번이 처음"이라는 뉴스를 일본 전역에 생중계했다. 실제로 아베의 진주만 방문은 아베 정권과 오바마 행정부가 진행해온 미일동맹 강화작업이 완성됐음을 대내외에 알리는 '거대한 이벤트'였다. 앞서 2016년 5월 오바마가 현직 미국 대통령으로서는 처음으로 피폭지 히로시마를 찾은 데 이어 아베가 진주만을 답방하며, 미일은 서로에게 마지막 '역사적 앙금'으로 남아 있던 이 문제들을 털어 버린 것이다.

아베는 시적인 표현으로 진주만을 묘사하며 이날 연설을 시작했지만, 75년 전 자국이 일으킨 참혹한 전쟁에 대해 '사죄'나 '반성'으로 들릴 수 있는 말은 일절 입에 올리지 않았다. 대신 그가 강조한 것은 전쟁으로 희생된 이들에 대한 추모, 다시는 전쟁을 하지 않겠다는 부전의 맹세, 그리고 강화된 미일동맹의 새로운 가치 등이었다.

> [애리조나호에서 숨진] 한 사람, 한 사람의 병사에게는 그들의 안전을 걱정하는 어머니와 아버지, 사랑하는 아내와 애인이 있었고, 자라는 아이들이 있었을 것이다. 일본의 총리로서 전쟁으로 희생된 수많은 무고한 사람들의 영혼에 영겁의 추도의 마음을 바친다.
>
> 전쟁의 참화를 두 번 다시 거듭하지 않겠다고 일본은 맹세

했다. 우리 일본인들은 전후 70년 동안 평화국가로 살아온 것에 대해 조용한 자긍심을 느끼고 있다.

증오는 사라지고 공통의 가치 아래 우정과 신뢰를 키워온 일미는 지금 세계를 향해 관용의 소중함과 화해의 힘을 호소해야 한다는 임무를 안고 있다. 일본과 미국의 동맹은 희망의 동맹이다. 우리를 바라보고 있는 이 진주만은 지금 너무나도 조용하다. 진주의 반짝임이 넘치는 이 아름다운 만이야 말로 관용과 평화의 힘을 보여준다. 우리 일본의 아이들과 모든 미국의 아이들 그리고 그 아이들과 손자들 그리고 세계의 모든 사람들이 진주만을 화해의 상징으로 기억해주기를 바란다.

오바마도 아베의 화해 메시지에 손을 내밀었다. 오바마가 강조한 것도 미일동맹의 중요성이었다. 그는 "태평양에서 진행된 비참한 전투가 끝나고 미국과 일본은 우정과 평화를 선택했다. 과거 수십 년 동안 우리의 동맹은 양국을 더 번영하게 했다. 미일동맹은 공통의 국익뿐 아니라 공통의 가치에 기초해 맺어진 것이다. 〔미일동맹은〕 아시아-태평양의 평화와 안정의 초석이며 세계를 전진시켜가는 힘이 되고 있다"고 말했다. 오바마는 이어 미 태평양 함대를 이끌고 있는 해리 해리스Harry B. Harris Jr(1956~) 사령관이 미국인 아버지와 일본인 어머니 사이에서 태어난 사실을 언급하며, "가장 격렬하게 대립했던 적과 가장 강력한 동맹관계를 구축하는 게 가능할 수 있다. 그게 이 신성한 진주만의 흔들림 없는 진실"이라고 강조했다. 그리고 그로부터 한 달 후 오바마는 퇴임했다. 그의 뒤를 이어 미국의 제45대 대통령으로 취임한 사람은 트럼프라는 '문제적 인간'이었다. 1월 20일 취임 연설에서 그가 강조한 것은 '미국 제일주의'였다.

> 우리는 지난 수십 년 동안 미국의 산업을 희생해가며 외국의 산업을 배불려 왔다. 다른 나라의 군을 원조하는 바람에 미군은 고갈되도록 방치하고 말았다. 타국의 국경을 지키면서 우리의 국경을 지키는 것을 거부해왔다. 수조 달러나 되는 돈을 해외에서 소비하면서, 미국의 인프라는 황폐해졌고 쇠퇴했다. 우리의 부와 강함, 자신감이 지평선 저쪽으로 사라져가고 있음에도 타국을 부유하게 해왔다. 공장이 하나씩 폐쇄돼 해외로 유출되고 있는데도 남겨진 수백만의 미국 노동자를 고용하는 일은 일어나지 않았다. 미국 중산층의 부가 약탈돼 세계 다른 곳으로 분배된 것이다. 그러나 이는 과거의 얘기다. 지금 우리는 미래만을 바라볼 것이다. 오늘 여기에 모여 있는 우리는 모든 도시와 외국의 수도 그리고 권력이 모이는 모든 장소를 향해 새로운 선언을 한다. 오늘부터 미국을 통치하는 것은 새로운 비전이다. 오늘부터는 오직 '미국 제일'America First일 것이다.

트럼프가 강조한 미국 제일주의의 직접적인 불똥은 일본으로 튀었다. 트럼프는 취임 사흘째인 1월 23일, 미국 등 12개국이 참여한 다자간 무역협정인 환태평양경제동반자협정(이하 '티피피'TPP)에서 탈퇴하겠다고 공식 선언했다. 그는 일본을 향해 "우리가 일본에서 차를 팔 때 그들은 판매를 어렵게 만들었지만* 일본은 본 적도 없는 큰 배로 자동차 수십만 대를 실어와 미국에 수출하고 있다"고 말했고, 일본의 환율 정책으로 미국이 피해를 보고 있다고 밝히기도 했다.

트럼프가 탈퇴를 선언한 티피피는 일본에게 단순한 통상협정이 아닌 중국을 봉쇄하기 위한 안보 구상의 한 축이었다. 미국과 일본이 티피피를 통해 아시아-태평양 지역 12개국을 포괄하는 무역과 통상의 규칙을 만들고 나면, 중국도 이후 이 질서를 받아들일 수밖에 없기 때문이다. 카터 미 국방장관은 그런 의미를 담아 2015년 4월 "티피피는 강력한 전략적 의미를 지니고 있다. 재균형 정책 관점에서 보면 티피피 통과는 또 다른 항모처럼 중요하다"고 말했다. 그런 의미에서 일본은 트럼프의 등장으로 인해 중국을 포위하는 항모 한 척을 잃어버리게 됐다. 이후 일본에서는 오바마와 애써 강화해온 미일동맹이 다시 흔들리는 게 아니냐는 우려의 목소리가 이어졌다.

이런 불확실성 속에서 아베는 2017년 2월 10일 트럼프와 미일 정상회담을 진행했다. 그리고 일본의 우려는 기우로

* 비관세장벽의 존재를 의미하는 듯하다.

확인됐다. 이날 공개된 공동성명에서 미일 양국은 "흔들림 없는 미일동맹은 아시아-태평양 지역의 평화, 번영, 자유의 초석cornerstone이 된다. 핵과 통상전력 등 모든 종류의 미국의 군사력을 사용해 일본을 방위한다는 미국의 관여는 흔들림이 없다"고 선언했다. 일본이 희망해왔던 센카쿠열도에 대한 미국의 방위 공약에 대해서도 "양 정상은 미일 안보조약 제5조가 센카쿠열도에도 적용된다는 사실을 확인했다"고 명문화했다. 2014년 4월 오바마가 미국 대통령으로서는 최초로 센카쿠열도에 대한 미국의 방위공약을 언급한 적은 있지만, 문서화한 것은 이번이 처음이었다. 일본 정부는 안도의 한숨을 내쉬었고, 언론들은 "만점짜리 회담"이라는 평가를 내놨다.

남은 불안 요소는 앞으로 이어질 미국의 요구다. 트럼프는 20일 취임 연설에서 "문명의 세계를 결속해 이슬람 과격파 테러에 대항하고 이들을 지구 표면에서 박멸시키겠다"고 선언했다. 만약 트럼프가 이슬람국가 박멸을 위한 전쟁에 나선다면 일본은 이 전쟁에 참여할 수밖에 없다. 아베 정권이 2015년 9월 '날치기' 통과시킨 안보 관련법은 이 같은 경우에 자위대가 미군을 후방지원 하도록 만든 법이다. 미일동맹 강화가 일본의 '억지력'을 강화하기는커녕 일본의 불필요한 희생을 키우는 흐름으로 이어질 수 있게 된 것이다. 실제로 아베는 2017년 2월 10일 트럼프와 함께 발표한 공동성명에서 "일본은 동맹에 있어 더 큰 역할과 책임을 완수하겠다"고 선언했다. 이로써 단단하게 맺어진 미일동맹이 오바마 행정부는 물론 트럼프 행정부에서도 강력한 힘을 발휘하며 아시아-태평양 지역의 현상 질서를 유지해갈 것임이 분명해졌다.

한국 정권의 변화

2016년 12월 9일 박근혜의 탄핵으로 사령탑을 잃은 한국은 이 광경을 조용히 지켜볼 수밖에 없었다. 2월 10일, 트럼프와 아베가 발표한 공동성명에는 흥미로운 내용이 담겨 있다. 미일 양국은 "지역의 동맹국 및 파트너와의 협력을 한층 더 강화한다"는 내용이다. 미일이 협력을 한층 더 강화하겠다는 지역의 동맹국 및 파트너는 다름 아닌 한국이다. 미일동맹의 하위 파트너라는 지위에 만족하며 한국은 평화통일을 추구하고 중국과의 우호·협력 관계를 유지할 수 있을까. 한국이 독자 외교를 추구해갈 수 있는 공간은 점점 좁아지고 있다.

한국이 대통령 탄핵이라는 충격에서 벗어나 태세를 정비하기 시작한 것은 문재인 대통령이 당선된 2017년 5월 9일 이후였다. 문재인은 취임 뒤 한 달 반이 지난 6월 30일, 미국을 방문해 백악관에서 트럼프와 한미 정상회담에 나섰다. 이날 정상회담에서 양 정상은 ① 한미 동맹 강화 ② 북한 정책에 대한 긴밀한 공조 지속 ③ 경제성장을 촉진하기 위한 공정한 무역발전 등에 합의했다. 또 안보 관련 공조 강화를 위해 외교·국방 장관회의 및 고위급 확장억제전략협의체를 정례화하기로 약속했다.[1] 한국 언론이 크게 주목하지는 않았지만 6월 30일 공개된 '한미 공동성명'에는 한미일 3각동맹과 관련해 다음과 같은 흥미 있는 어구가 포함됐다.

> 한미 정상회담에서 양 정상은 역내 관계를 발전시키고 한미일 3국 협력을 증진시켜 나가겠다는 공약을 재확인했다. 양 정상은 3국 안보 및 방위협력이 북한의 위협에 대응하여 억지력과 방위력을 증진시키는 데 기여하고 있음을 확인했다. 양 정상은 기존의 양자 및 3자 메커니즘을 활용함으로써 이러한 협력을 더욱 발전시켜 나가기로 했다.

강화된 미일동맹의 하위 파트너로서 한국이 적극적인 역할을 해주길 요구하는 미국의 요구에 문재인 정부가 원칙적으로 동의했음을 보여주는 구절이다. 한국 안보를 미일동맹에 크게 의존하고 있는 한국 입장에서는 피할 수 없는 선택이겠지만 일본과의 안보협력 심화를 위해서는 해결해야 하는 전제조건이 있다. 일본이 지난 식민지배로 한국에 크나큰 고통과 아픔을 안겼다는 명백한 사실에 대한 일본의 진솔한 사죄와 반성 그리고 이를 증명하기 위한 전향적인 조처들이다.

일본의 정치세력이 '안보'와 '역사'의 문제에 취하는 태도를 아래 네 가지 범주로 구분해볼 수 있다.

	평화헌법 준수	개헌
반성적 역사인식	A 일본의 보수 본류	B
수정주의적 역사인식	C	D 아베 정권

지난 시절 일본의 주류는 평화헌법을 존중하면서 주변국에도 반성적 역사인식을 갖는 A에 속하는 인물들이었다. 이에 반해 아베는 평화헌법의 정신을 부정하며 "침략에는 정해진 정의가 없다"는 수정주의적 역사인식을 갖고 있다. 아베 정권이 역사문제에 대해 좀 더 성의 있는 태도로 안보 정책을 추진했다면(B), 한미일의 군사협력은 지금보다 훨씬 부드럽게 추진됐을 것이고, 센카쿠열도를 둘러싼 중일 갈등도 지금보다 좀 더 관리 가능한 방향으로 전개됐을지 모른다. 한국과 중국은 지난 과오에 반성적인 태도를 갖지 않는 일본이 군사력을 강화하는 게 바람직하지 않다고 판단하며 때로는 이를 실체적인 안보 위협으로 인식하기도 한다. 아베 정권뿐 아니라 모든 일본인들이 곰곰이 생각해봐야 할 지점이다.

현재 악화될 대로 악화된 한일 관계를 우려하는 이들이 자주 입에 올리는 것은 1998년 10월 김대중과 오부치가 서명했던 '한일 파트너십 선언'이다. 많은 이들이 한일의 관계 개선을 위해 다시 이 선언의 정신으로 되돌아가야 한다고 말한다. 필자가 몸담고 있는 『한겨레』도 다르지 않다. 『한겨레』는 2015년 6월 23일 사설에서 "1998년의 정신이라면 두 나라의 어떤 갈등도 풀지 못할 이유가 없다. 두 나라 정상은 작은 일에 일희일비하지 말고 '한일 파트너십 선언'을 계승·발전시키는 데서 앞으로 50년의 미래에 대한 해답을 찾기 바란다"고 호소했다. 그러나 동아시아 정세의 복잡 미묘한 변화 속에서 한일 파트너십 선언이 기능할 수 있는 조건들이 이미 와해된 게 아닌가 조심스레 예측해 본다.

한일 파트너십 선언이 유효했던 시기는 1980년대 후반 냉전이 해체된 뒤 중국의 부상이 명확해지기 전, 10여 년 정도의 짧은 기간이었다. 당시 오부치는 일본 정부가 무라야마 담화에서 밝힌 반성적 역사인식을 계승하겠다고 다시 한번 강조했고, 김대중은 이를 받아들였다. 오부치는 이어 "한국 국민들의 꾸준한 노력에 의해 비약적인 발전과 민주화를 달성한 국가로 성장했다"는 점을 칭찬했고, 김대중은 "일본이 전후 평화헌법 아래서 전수방위 및 비핵3원칙을 비롯한 안전보장 정책" 등으로 세계평화에 기여해온 역할을 적극적으로 평가했다. 즉, 한일 파트너십 선언이 기능하기 위한 전제 조건은 일본의 반성적인 역사인식과 평화헌법이던 셈이다.

그러나 현재 아베는 집단적 자위권의 행사를 통해 평화헌법의 전수방위 원칙을 사실상 폐기했고, 이제 조금씩 개헌을 향해

가고 있다. 그리고 한국인들은 아베 담화에 표현된 아베의 뼛속 깊은 역사 수정주의와 한반도에 대한 멸시 의식을 목도하며 절망하는 중이다. 이에 반해 아베 정권의 폭주를 견제해야 하는 일본 야당과 리버럴 세력은 힘이 너무 미약하다.

한국인들은 이해하기 힘들겠지만 일본에도 불만의 목소리가 있다. 일본의 보수 주류는 한국에 대한 깊은 '전략적 불신'을 숨기지 않고 있다. 2017년 1월 필자와 진행한 인터뷰에서 나카야마 도시히로中山俊宏(1967~) 게이오대 교수(미국정치)는 한국 정세에 대해 다음과 같은 견해를 밝혔다.

> 박근혜 정권이 남긴 '부의 영향'이 있다. 〔박근혜 정권의 붕괴로〕 한국 보수가 후퇴하고 리버럴 세력이 정권을 잡게 되면 중국과 거리 두기 방식에서 일본과 상당히 차이가 있을 것이다. 한국은 미중의 힘의 균형 속에서 최소한 아시아에서는 중국이 큰 영향력을 갖는다는 것을 전제로, 지역 안보 문제를 보는 부분이 있다. 향후 이 지역에 〔예전의〕 중화질서 같은 게 생겨난다면, 한국은 그 안에서 살아가기를 선택할 것이라고 본다. 그러나 일본은 중화질서가 이 지역에 좋지 않다고 본다. 일본이 중국을 싫어해서가 아니라 전후 이 지역의 번영을 지탱해온 〔미국 중심의〕 질서가 이 지역에 가장 좋다고 보기 때문이다. 현재 〔동아시아에서〕 중화질서에 명확히 '노'라고 말할 수 있는 곳은 아마 일본뿐이다. 그런 의미에서 이 지

역에서 일본에 유일하고 불가결한 파트너가 누구냐고 한다면, 결국 미국이다.

아베는 2017년 1월 정기국회의 문을 여는 시정방침 연설에서 "미일동맹은 일본의 외교·안전보장 정책의 기축"이라고 말했고, 대다수의 일본인들이 이 견해를 지지했다. 이러한 일본의 입장에서 볼 때 미중 사이에서 늘 균형을 추구하려는 한국은 신뢰하기 힘든 이질적인 존재로 보일 수밖에 없다. 아베가 한일 간 군사협력의 중요성을 강조하면서 한국을 늘 미일동맹 쪽에 붙잡아두려는 것도 이런 불안감의 또 다른 표현일 수 있다.

나카야마의 말대로 일본의 주류는 한국이 언젠가는 일본을 버리고 중국이 주도하는 중화질서에 적응하는 길을 택할 것이라 보고 있다. 한국이 일본의 영향에서 떨어져 나가면 일본의 방위선은 1876년 강화도조약 이후 처음으로 한일해협으로 후퇴하고 만다. 이는 19세기 말 이후 일본이 일관되게 추진해온 대한반도 정책이 150여 년의 세월을 거쳐 거대한 실패로 끝나게 됨을 뜻하는 것이다.

이에 대한 일본인들의 초조감은 한국인들의 상상을 뛰어넘는다. 필자가 도쿄에서 일본의 외교, 안보 전문가들과 만날 때마다 귀에 못 박히게 들은 질문은 "한국은 중국과 일본 중 어느 편이냐"는 것이었다. 지난 역사를 사죄하지 않으면서 슬금슬금 군사력을 강화하는 일본. 그리고 힘의 균형이 바뀌면 언제든 중국

편에 붙을 수 있는 한국. 한일 간의 갈등과 상호 불신은 앞으로도 증폭될 것이다. 그렇다고 '미국 제일주의'를 내세운 트럼프 정권이 이 같은 양국 간의 불화에 대해 세밀하고 따듯한 관여를 할 것이라 기대하기도 힘들다.

한국과 일본의 과제

어찌 보면, 이미 시대가 바뀐 것일지도 모른다. 필자가 특파원으로 있으면서 만났던 일본인 중 말이 잘 통하는 이들은 대개 80대 이상의 할아버지들이었다. 특히 2014년 6월 소설가 오에와 진행했던 대담이 기억난다. 1935년 시코쿠四国 에히메현愛媛県에서 태어난 오에는 아홉 살 때 패전을 맞았다. 전쟁이 끝날 무렵 학교에서는 "빨리 어른이 되어 천황을 위해 죽어야 한다"는 군국주의 교육을 가르쳤다. 패전의 공허감 속에서 방황하던 오에 앞에 등장한 것은 일본의 새 헌법이었다. 앞서 6장에서 소개했지만 오에는 2014년 필자와 만남에서 헌법에 대한 자신의 각별한 마음을 오랜 시간에 걸쳐 감동적으로 설명했다. 그는 이제 소설 쓰기를 접은 채 '9조의 모임'을 통해 일본의 평화헌법을 구하기 위한 활동에 적극 나서고 있다.

2016년 5월에 이뤄진 오바마의 히로시마 방문에 맞춰 만났던 히라오카 다카시平岡敬(1927~) 전 히로시마 시장도 비슷한 이야기를 들려줬다. 그는 서울에서 일본인 자녀들을 위한 학교인 경성중학교(현 서울고등학교)를 다녔다. 그는 당시 교육 분위기에 대해 "일종의 조선인 멸시 같은 게 있었다. 학교에서는 '우리는 일본인이므로 조선인에게 비웃음을 사면 안 된다'는 것을 늘 가르쳤다"고 말했다. 그는 히로시마에 거점을 둔 『주고쿠신문』 기자 시절 일본인으로서는 최초로 한국인 피폭자 문제에 대해 보도했다. 그가 남긴 또 다른 족적은 시장 재직 때인 1991년 '히로시마 평화선언'에 "일본은 예전 식민지배와 전쟁으로 아시아-태평양 지역의 사람들에게 큰 고통과 슬픔을 안겼다"는 내용을 써 넣은 것이다. 저항하는 오키나와의 정신이었던 오타 마사히데大田昌秀(1925~2017) 오키나와 전 지사도 잊을 수 없는 인물이다. 오타는 2014년 11월 자신을 방문한 한국의 젊은 기자에게 전쟁의 참혹함, 일본 평화헌법의 의미, 한국와 오키나와의 우호협력에 대해 긴 시간에 걸쳐 얘기해줬다. 그는 어린 시절 철혈근황대鐵血勤皇隊*에 징집돼 정글 안에서 죽을 고비를 여러 차례 넘겼다. 오타가 일본국헌법과 처음 만난 것은 지옥 같은 전쟁이 끝나고 미군 포로 시설에서 일할 무렵인 1946년 11월이었다. 그는 헌법을 보고 "몸이 부들부들 떨릴 정도로 감동을 느꼈다. '일본은 두 번 다시 전쟁을 하지 않는다, 군을 갖지 않는다'고

* 자기 몸을 무기 삼아 일왕에게 충성을 맹세하는 부대로, 주로 오키나와의 어린 학생들이 징집됐다.

헌법에 쓰여 있었다. 살아남아 잘됐다고, 그때 처음 생각했다"고 말했다. 오타는 헌법을 노트에 필사한 뒤 이를 소중하게 가슴에 품고 새로운 사회에서 살아가겠다고 맹세했다. 2017년 6월 12일에 숨진 그의 부고를 접하며 한 시대가 지났음을 실감했다. 진보 인사들만 그런 것이 아니다. 1918년생으로 이제 백 살을 바라보는 '보수' 나카소네 전 총리마저도 2015년 8월 아베 담화가 나오기 직전에 일본은 "중한 양국과의 역사 알력에 관해 신중한 태도로 임해야 한다. 민족이 입는 상처는 삼대 100년이 지나도 사라지지 않는다"고 말했다. 일본이 저지른 침략의 역사를 직접 경험했으며, 그렇기에 한국에 대해 늘 미안한 마음을 간직하며 살아온 일본의 할아버지, 할머니들은 이제 늙거나 대부분 숨졌다.

시간이 흘렀고 많은 것이 변했다. 이제 일본의 주류는 1940년대 후반부터 1960년대에 출생한 이들이다. 이들이 한반도에 대해 어떤 정서를 갖고 있는지 보여주는 두 개의 보고서가 있다. 하나는 아베 담화를 발표하기 직전, 아베가 만든 전문가 모임인 '21세기 간담회'가 내놓은 보고서다. 이 보고서는 일본의 한반도 식민지배를 "1920년대에는 경제성장이 실현됐지만, 1930년대 후반부터 가혹화됐다"는 한 문장으로 정리하고 있다. 여기서는 지난 식민지배에 대한 사죄나 반성의 정서를 읽을 수 없다.

또 하나의 보고서는 세계평화연구소世界平和研究所가 지난 12일 발표한 「미국 신정권과 일본」이다. 이 보고서는 북핵문제에 대응하기 위해 한미일이 "끊임없이 협력"해야 함을 강조하고 있다. 보고서는 여기서 한발 더 나아가 일본 정부에게 북한을 직접 타격할 수 있는 '반격 능력'(적기지 공격 능력)을 갖출 것을 요구하고 있다. 일본이 북한을 직접 타격하면 한반도의 의사와 무관하게 한반도 전체가 전쟁에 휩쓸려 들 수 있다. 이 같은 군사적 판단을 내리기 앞서 일본은 당연히 한국과 긴밀히 협의하며 동의를 구해야 하지만, 보고서는 한국과 사전 조율 필요성에 대해 일언반구도 언급하지 않고 있다. 이 두 편의 보고서에서 느껴지는 것은 한국에 대한 일본의 냉랭한 태도다. 서로를 의심하면서 불신하는 냉랭한 한일 관계는 아베 시대 한일 관계의 '뉴노멀'(새로운 균형)일지도 모르겠다는 생각이 든다.

단기적으로 한일 관계를 결정지을 핵심 변수는 12·28합의의 처리이다. 12·28합의 1주년을 앞둔 2016년 12월, 와다 교수를 다시 만났다. 필자와 얼굴을 마주한 뒤 그가 처음으로 입에 올린 것은 2016년 말 한국사회를 수놓은 촛불집회였다. 그는 "이 집회를 보고 많은 일본인들이 감명을 받았고 경의를 표했다"고 말했다. 그러면서 "촛불집회에서 드러난 한국의 엄청난 국민적 힘이 일본을 겨냥하는 것처럼 보이면 안 된다"고 당부했다. 이어 그는 한국의 새 정권이 12·28합의를 파기해서는 안 된다고 말했다. "새 대통령이 12·28합의를 없앤다고 하면 한국의 엄청난 국민적 힘이 일본을 겨냥하는 것처럼 보이게 된다. 새 대통령이 안정적으로 지역을 발전시키는 방향으로 주변국과 관계를 추진해야 한다." 12·28합의를 유지해야 한다는 와다 교수의 현실 인식은 근본적으로 아베의 생각과 다르지 않다.

아베는 2017년 1월 시정방침 연설에서 한국에 대해 "지금까지 양국 간의 국제 약속과 상호 신뢰 위에서 미래지향적이고 새로운 시대의 협력관계를 심화해가겠다"고 말했다. 여기서 말하는 양국 간의 국제약속은 12·28합의를 뜻한다. 아베 정권, 일본의 주류 그리고 와다 교수와 같은 일본의 리버럴까지 12·28합의로 양국 간의 역사문제를 매듭짓자고 말하고 있다. 이는 대다수 일본인들의 견해이기도 하다.

한국이 '역사문제는 잊고, 안보협력을 강화하자'는 일본의 요구에 응답할 수 있을까. 그러기는 힘들 것이다. 그러나 위안부 문제와 관련해 한국 정부가 아베의 일본에게 한국이 무엇인가 추가적인 조처를 끌어내기는 '불가능'하다. 문재인 정부가 이 합의를 무효화하고 재협상을 요구한다면 한일 관계는 파탄에 이를 것이다. 일본은 한국보다 국력이 더 강하며, 미국의 절대적인 지지를 얻고 있다. 국내의 지지만을 등에 업은 채 승산 없는 외교 싸움에 나서는 것만큼 어리석은 일은 없다.

한일 파트너십 선언의 기반이 무너진 지금, 한일은 이제 무엇을 근거로 우호·협력 관계를 발전시켜 나가야 할까. 지금과 같은 극한 대립의 시간이 조금 지나고 나면, 양국 모두 우리가 공유하고 있는 '기본적 가치'의 중요성에 대해 깨닫게 될 것이라고 믿는다. 많은 일본인들에게는 미안한 이야기이지만, 한일은 전략적 이해를 공유하지 않는다. 한국과 일본은 중국과 북한을 보는 시각이 근본적으로 다르다. 한국에게 북한은 단순한 적국이 아닌 언젠가 함께해야 할 통일의 파트너다. 또한 한국에게 중국 역시 생존에 필수불가결한 소중한 이웃이자 동반자다. 그러나 일본은 북한을 납치문제와 미사일 발사 등으로 자국에게 막심한 피해만 끼치는 바퀴벌레 같은 적국으로 본다. 중국에 대해서도 마찬가지다. 일본의 중국관은 한국의 중국관보다 훨씬 복잡하고 적대적이다. 한일은 이러한 서로의 입장 차이를 이해하고, 배려해야 한다.

한일은 민주주의, 표현의 자유, 법의 질서 등 '기본적인 가치'를 공유한다. 일본이 지난 역사적 과오에 대해 늘 미안한 마음을 갖고 사죄와 반성의 자세를 보여주는 한 한국은 늘 일본의 선량한 이웃이자 친구로 남을 것이다. 한국은 일본에게 어떠한 안보상의 위협도 가하지 않을 것이며 필요한 경우에는 군사적 협력도 추진할 수 있을 것이다. 이것이 강퍅한 눈으로 한국을 주시하고 있는 아베 정권에게 한국사회가 일관되게 던져야 할 메시지이다.

에필로그

도쿄에서 동고동락했던 동료, 선후배 특파원들이 귀국할 때면, 한국 특파원단은 도쿄 아카사카赤坂에 있는 한국식 중식당 '미림'美林에 모여 송별회를 열곤 했다. 그때 한 선배가 "일본에서 어떤 일이 벌어졌고, 우리가 어떤 시간을 보냈는지 한국에서는 아마 아무도 모를 거야"라고 말했던 기억이 난다. 사실 그랬다. 일본에서 일본의 공기로 호흡하지 않고, 일본인들과 얘기하지 않으며, 일본 방송을 보고 신문을 읽지 않는 이들은 아베가 이끌던 일본사회의 그 답답하고 울적했던 분위기를 이해하지 못할 것이다. 그래서 언젠가 『한겨레』 칼럼에 "아침 일찍 일어나 『요미우리신문』과 『산케이신문』을 읽을 때마다 한숨이 나오고, 일본 주요 정치인이 출연하는 토론 프로그램을 보고 있노라면 이러다 암에 걸리지 않을까 하는 걱정이 들며, 책을 사러 서점에 갈 때마다 '혐한'을 조장하는 책들로 마음에 멍이 든다"라고 썼다. 그렇게 동료들을 하나하나 떠나보내면서 이렇게 우리를 괴롭게 만든 아베는 어떤 인물이며 2012년 12월 집권 뒤 그가 어떤 일들을 벌여왔는지 설명하는 책을 써봐야겠다고 막연하게 생각했던 것 같다.

아베는 집권 후 4년 반 동안 실로 많은 일들을 벌여왔다. 이 책의 핵심 주제인 한일 관계에 대해 한정해 말한다면, 아베가 벌인 일들을 '역사'와 '안보'라는 두 개의 범주로 묶을 수 있다. 먼저 역사다. 아베 정권은 1990년대 초반 이후 일본 역대 정부가 꾸준히 유지해왔던 고노 담화와 무라야마 담화를 사실상 해체했다. 그 직접적인 결과가 일본군 '위안부' 문제에 대한 한일 정부간 12·28합의와 일본의 식민지배에 대해 일언반구도 언급하지 않은 아베 담화였다. 이를 통해 아베는 더 이상 일본 아이들에게 사죄해야 하는 운명을 지게 할 수 없다고 선언했다.

둘째, 안보 측면에서는 일본 역대 정부가 40년 넘게 유지해왔던 집단적 자위권 행사에 대한 헌법 해석을 바꿔버렸다. 이로써 일본은 자국이 공격을 받지 않더라도 자국과 밀접한 관계에 있는 동맹국(사실상 미국)이 공격을 받을 경우 무력을 통해 이를 배제할 수 있게 됐다. 또한 2015년 4월에는 미일동맹의 구체적 작동 지침인 '미일 가이드라인'을 개정했다. 이를 통해 미일동맹은 기존의 '지역동맹'에서 전 세계를 무대로 활동할 수 있는 '글로벌동맹'으로 위상과 역할이 확대됐다. 미일은 이 같은 동맹의 성격 변화를 한국으로 확장해 한미일 3각 동맹을 심화해가려고 노력 중이다.

이 같은 일본의 변화를 일본 내에서 사용되는 표현으로 바꾸면 “일본이 전후 70년 동안 유지 해왔던 국가의 형태를 바꾸는 작업”이라고 말할 수 있다. 아베 정권이 추진해온 이 같은 ‘국가의 형태 바꾸기’는 아베가 2020년까지 달성하겠다고 시점을 못 박은 개헌을 통해 완성될 전망이다. 즉, 아베 이전의 일본과 아베 이후의 일본은 완전히 다른 국가로 탈바꿈하게 되는 것이다.

일본 서점에 가면 아베를 평가하는 다양한 책을 볼 수 있다. 아베를 구국의 영웅처럼 떠받드는 우익 성향의 책도 있고, 반대로 그를 정신 나간 미치광이인 것처럼 그린 책도 있다. 이 중에서 가장 흥미롭게 읽은 책은 1장에서 인용했던 『아베 삼대』다. 저자 아오키는 이 책에서 청년기의 아베에 대해 “외할아버지인 기시 노부스케를 존경했다는 점을 제외하면, 아무런 특색 없이 평범하고 성실하며 친구들 사이에서는 상냥한 좋은 집안의 도련님이었다”고 평했다. 이런 평범한 청년이 아버지의 지역구를 물려받아 의원이 된 뒤 주변에 있던 우익 성향의 인물들의 영향으로 지금과 같은 ‘괴물’로 변한 것이다. 아오키는 “이런 남자가 정권을 이끌며 전후 70년에 걸쳐 쌓아온 ‘이 나라의 모습’을 바꾸려 하고 있다. 그리고 역사적인 장기정권마저 달성하고 있는 중이다. 이를 긍정적으로 보든 부정적으로 보든 우리가 그런 총리를 맞이하게 된 구조적 요인을 몇 가지 꼽아볼 수 있다”며 일본 사회의 가장 큰 문제 가운데 하나인 ‘세습 정치’의 폐해를 날카

롭게 꼬집었다.

그렇지만 생각해봐야 할 점이 있다. 아베의 개인적인 특성은 한국인인 우리가 어찌해볼 수 없는 일본 '국내 사정'에 속한다. 한국인이 일본인이 되어 다음 선거 때 아베를 낙선 시킬 수는 없다. 그렇기에 우리에게 중요한 것은 아베라는 인물이 일본의 총리가 되어 구체적으로 펴나갔던 정책들을 살펴보는 일이다.

아베는 자신의 우익적 신념을 관철시키기 위해 갖은 수단을 사용하며 때로는 성공하고 때로는 실패하는 흥미로운 인물이다. 영웅은 아니지만, 무능력자도 아니다. 물론 2017년에 불거진 모리토모 학원과 가케 학원 스캔들에서 엿보이듯 아베는 자신과 비슷한 사상을 가진 우익이나 친구에게는 공사 구분을 못하는 치명적인 약점이 있다. 자신과 친한 사람을 중용하는 아베의 버릇은 상당히 유명해서 1차 정권 때는 아베 내각을 '친구 내각'이라 부르기도 했다. 또 야당 의원들에게 걸핏하면 야유를 퍼붓거나, 국회 공식 답변에서 일본의 저명한 헌법학자인 아시베 노부요시芦部信喜(1923~1999)를 모른다고 했다. 또한 포츠담 선언을 자세히 읽어보지 않았다고 답변하는 데서 알 수 있듯 숭고한 인격과 깊이 있는 지성을 가진 인물이라고 볼 수도 없다.

그러나 일본의 총리는 한국의 대통령과 다르다. 아베는 국회 회기가 시작되면 중·참의원 예산위원회에 나와 하루에 7~8시간씩 의원들의 질문 공세에 시달려야 한다. 기본적인 체력과 지력이 없으면 감당할 수 있는 자리가 아니다. 게다가 그는 스가 관방장관과 하기우다, 노가미 고타로野上浩太郎, 스기타 가즈히로杉田和博 등 세 명의 관방부장관 등 노회한 측근들의 보좌를 받고 있다. 그래서 아베가 유능한 인물이냐고 묻는다면, '유능한 편'이라고 답할 수밖에 없다.

어찌됐든 아베는 역대 일본 총리 가운데 누구도 실행하지 못했던 집단적 자위권 행사라는 헌법 해석의 장벽을 돌파해낸 인물이다. 아베는 기시가 꿈꿨던 '아름다운 나라'를 만들기 위해 뚜벅뚜벅 자신의 목표를 향해 걷는 중이다. 이 같은 아베의 정책 방향이 일본과 동아시아 평화에 기여할 것인가라는 질문을 던진다면, 논쟁은 복잡해질 수밖에 없다.

마지막으로 문재인 정부의 초기 대일 정책에 대한 소감을 밝히며 책을 마무리한다. 아베라는 만만찮은 인물과 맞선 문재인 정부의 초기 대일 정책을 살펴보면, 한국이 안고 있는 가장 큰 위협인 북핵문제를 해결하기 위해 일본의 문제를 후순위로 미뤄놨음을 알 수 있다. 문재인 정부의 외교안보 정책의 큰 틀을 설계하고 있는 듯 보이는 문정인 청와대 외교안보 특보(연세대 명예교수)는 『한겨레21』(1164호)과의 인터뷰에서 이렇게 입장을 밝혔다. '일본과 '위안부' 협상 문제를 어떻게 풀어야 하는가'라는 질문에 "갈등은 그대로 둘 수밖에 없다. 그러나 한일 관계 개선에 장애물이 돼서는 안 될 것이다"고 말했고, 12·28합의의 '재협상이나 폐기'를 묻는 질문에는 "외교라는 게 상대가 있지 않은가. 일본이 재협상에 응해주지 않으면 재협상은 어렵지 않겠나"고 답했다.

한일 간에 가장 민감한 현안인 12·28합의에 대해 문재인 정부는 일단 이를 '방치'하기로 결정한 것으로 보인다. 실제로 강경화 외교부 장관은 취임 직후인 6월 21일 기시다와의 전화통화에서 "12·28합의는 우리 국민 대다수와 피해자들이 받아들이지 못하는 게 현실인 만큼, 이러한 점을 직시하면서 양측이 공동으로 노력하여 지혜롭게 해결해나가야 한다"고 말하는 데 그쳤다. 일부 언론은 이를 강경화가 12·28합의의 재협상을 요구하는 것으로 해석했지만, '우리 국민 대다수와 피해자들이 받아들이지 못한다'는 것은 현상에 대한 기술일 뿐 구체적으로 한국 정부의 정책 방향을 드러낸 말이 아니다.

2017년 7월 7일 독일 함부르크에서 진행된 한일 간 첫 정상회담의 분위기도 비슷했다. 회담 이후 나온 박수현 청와대 대변인의 브리핑을 보면, 아베는 문재인에게 "12·28합의의 이행 필요성을 언급"했고, 이에 대해 문재인은 "한일 관계를 더 가깝지 못하게 가로막는 무엇이 있다. 우리 국민 대다수가 〔합의를〕 정서적으로 수용하지 못하는 현실을 인정하면서 양국이 공동으로 노력해 지혜롭게 해결해가자. (중략) 이 문제가 한일 양국의 다른 관계 발전에 걸림돌이 되어서는 안 된다"고 말했다.

이어 한국 정부는 7월 31일 '한일 일본군 위안부 피해자 문제 합의 검토 TF'를 출범시켰다. 외교부는 이날 보도자료를 통해 “TF는 위안부 관련 협의 결과 및 합의 내용 전반에 대해 사실 관계를 확인하고 평가하기로 했다”고 밝혔다. 이 TF 출범을 보며 자연스럽게 고노 담화를 무력화했던 아베의 수법이 떠올랐다. 아베 역시 2014년 초 고노 담화에 대한 검증을 벌였지만 담화 자체에는 손대지 못하고 “계승한다”는 ‘불편한’ 선택을 내렸다. 그러나 아베는 이후 12·28 합의를 통해 위안부 제도라는 비극을 “오래도록 기억한다”는 고노 담화의 핵심을 무너뜨리는 데 성공했다. 합의가 도출된 직후 기자회견에서 “우리 아들이나 손자 들에게 계속 사죄를 할 숙명을 지워서는 안 된다”고 선언한 것이다.

문재인의 선택도 비슷할 것이다. TF를 통해 12·28합의의 껍데기는 유지하면서 실제 내용은 무력화하는 선택을 할 가능성이 높다. 특히 범죄 행위였던 위안부 제도에 대해 일본 정부와 시민들이 장기적으로 법적 책임을 받아들일 수 있도록 민간의 다양한 활동을 지원하는 정책들을 내놓을 것으로 예상된다. 이를 통해 12·28합의의 핵심인 “최종적 그리고 불가역적인 해결”이라는 족쇄를 해체하려고 할 것이다.

그러나 절대 12·28합의의 파기나 재협상까지 나가지는 못할 것이다. 이 합의는 한미일 3각 동맹의 전제다. “동아시아의 역사문제를 해결하고 안보협력을 추진해간다”는 것은 미일동맹의 동아시아 정책의 핵심이며, 아베와 오바마가 이룩한 최대 업적이다. 그리고 문재인은 북핵 미사일 위협과 한반도를 둘러싼 더 시급한 현안문제 해결을 위해 이런 '불편한 현실'을 받아들이겠다는 결론을 낸 것으로 보인다. 이 같은 선택을 내린 문재인 정부를 비난할 수는 있겠지만, 우리에게 딱히 별 다른 대안이 있는 것도 아니다.

이 책을 쓰며 많은 이들의 도움을 받았다. 눈코 뜰 사이 없이 바쁜 특파원 생활을 하며 책의 초고를 잡느라 수많은 불면의 밤들을 보내야 했다. 이런 과정을 지켜봐준 아내 김명아에게 감사한다. 애초에는 특파원 생활을 끝내고 4월 한 달 동안 안식월을 쓰며 원고를 다듬을 계획이었지만, 뜻하지 않게 『한겨레』 내에서도 가장 바쁜 부서인 『한겨레21』 편집장으로 인사가 났다. 그 탓에 원고를 꼼꼼하게 마무리하지 못했다. 다소 아쉬움이 남는 것도 사실이지만, 이쯤에서 책을 일단락하고자 한다.

성공회대 일본학과의 권혁태 선생님은 원고를 꼼꼼하게 검토하신 뒤 여러 유익한 충고를 전해주셨다. 한국으로 돌아가면 인사를 드린다고 했는데 아직까지 찾아뵙지 못했다. 3년 반에 걸친 특파원 생활을 함께했던 윤희일(『경향신문』), 이정헌(『중앙일보』, JTBC), 서정환(『한국경제』), 박석원(『한국일보』) 특파원 등 여러 선배들께 마음의 빚을 졌다. 여러 공식, 비공식적인 자리에서 자상한 조언을 아끼지 않았던 외교부의 변철환 선배와 특파원 생활 중 든든한 벗이었던 대사관의 홍지원 홍보관께도 감사드린다. 이병기, 유흥수, 이준규 대사, 김원진, 이희섭 정무공사,

배종인, 이호식 공사참사관께도 이 자리를 빌려 인사를 드린다. 책 집필의 계기를 마련해준 김수한 주간, 엉성한 원고를 만져준 윤현아 편집자께도 감사의 뜻을 전한다. 앞으로 발견될 논리적 오류, 사실 오인, 그 밖의 여러 인간적인 실수들은 오직 저자인 나의 책임이다.

2017년 9월 만리재에서

길윤형

미주

프롤로그

1 安倍晋三,『美しい国へ』, 文春新書, 2006. 156~157쪽.

1장. 사상의 뿌리

1 安倍洋子,『私の安倍晋太郎』, ネスコ, 1992, 188쪽.
2 安倍晋三·岡崎久彦,『この国を守る決意』, 扶桑社, 2004, 187쪽.
3 강상중·현무암 지음, 이목 옮김,『기시 노부스케와 박정희』, 책과함께, 2012, 29쪽.
4 樋口陽一·小林 節,『憲法改正」の真実』, 集英社新書, 2016, 31~32쪽.
5 安倍洋子, 앞의 책, 68쪽.
6 大下英治,『安倍晋三と岸信介』, 角川SSC新書, 2013, 62쪽.
7 安倍洋子, 앞의 책, 74쪽.
8 「戦後 70年 ニッポンの肖像 - 政治の模索 - 第1回 保守·二大潮流の系譜」, <NHKスペシャル>, 2015년 7월 18일.
9 朝日新聞取材班,『この国を揺るがす男:安倍晋三とは何者か』, 筑摩書房, 2016, 27쪽.
10 <NHKスペシャル>, 2015년 7월 18일.
11 『AERA』, 2016년 4월 18일호.
12 安倍洋子, 앞의 책, 96~98쪽.
13 安倍晋三·岡崎久彦, 앞의 책, 185~186쪽.
14 위의 책, 200~201쪽.
15 青木理,『安倍三代』, 朝日新聞出版, 2017, 224~225쪽.
16 위의 책, 238~239쪽.
17 安倍晋三·岡崎久彦, 앞의 책 189쪽.
18 위의 책, 199쪽.
19 青木理, 앞의 책, 2017, 208쪽.
20 安倍晋三,『美しい国へ』, 文春新書, 2006, 22쪽.
21 「読売ウイークリー」 2004년 2월 22일호, 青木理, 위의 책, 2017, 209쪽에서 재인용.
22 野上忠興,『安倍晋三 沈黙の仮面: その血脈と生い立ちの秘密』, 小学館, 2015, 62쪽.
23 青木理, 앞의 책, 234쪽.
24 위의 책, 254쪽.

25 <NHKスペシャル>, 2015년 7월 18일.
26 『正論』, 2009년 2월호.
27 安倍晋三·岡崎久彦, 앞 의책, 187쪽.
28 安倍晋三·百田尚樹, 『日本よ、世界の真ん中で咲き誇れ』, WAC, 2013, 95쪽.
29 『AERA』, 2015년 8월 17일호.
30 위의 책.
31 塩田潮, 『「昭和の怪物」岸信介の真実』, WAC BUNKO, 2006, 8~9쪽.
32 塩田潮, 앞의 책, 8~9쪽.
33 岸井成格·佐高信, 『偽りの保守·安倍晋三の正体』, 講談社, 2016, 36쪽.
34 塩田潮, 앞의 책, 10쪽.
35 大下英治, 앞의 책, 2013, 5쪽.
36 岸井成格·佐高信, 앞의 책, 38쪽.
37 安倍晋三, 『新しい国へ-美しい国へ 完全版』, 2013, 28쪽.

2장. 정치 입문

1 「戦後70年 ニッポンの肖像 - 政治の模索 - 第1回 保守·二大潮流の系譜」, <NHK스페셜>, 2015년 7월 18일.
2 安倍晋三, 『新しい国へ-美しい国へ 完全版』, 文春新書, 2013, 33~34쪽.
3 일제강점하강제동원 피해진상규명위원회, 『일본 조세이 탄광 수몰사고 진상조사』, 2007, 1~2쪽.
4 위의 책, 51쪽.
5 殿平善彦, 『遺骨―語りかける命の痕跡』, かもがわ出版, 2013, 100~108쪽.
6 安倍晋三·岡崎久彦, 『この国を守る決意』, 扶桑社, 2004, 106~107쪽.
7 「証言ドキュメント 永田町·権力の興亡 第 1 回 1993-1995 '政権交代'誕生と崩壊の舞台裏」, <NHKスペシャル>, 2009년 11월 1일.
8 俵義文, 『日本会議の全貌 知られざる巨大組織の実態』, 花伝社 2016, 32쪽.
9 『朝日新聞』, 1995년 3월 4일.
10 薬師寺克行(編集), 『村山富市回顧録』, 岩波書店, 2012, 212쪽.
11 위의 책, 215쪽.
12 위의 책, 217쪽.
13 『産経新聞』, 2016년 12월 13일.
14 林博史·渡辺美奈·俵義文, 『「村山·河野談話」見直しの錯誤―歴史認識と「慰安婦」問題をめぐって』, かもがわ出版, 2013, 44~45쪽.
15 岸井成格·佐高信, 『偽りの保守·安倍晋三の正体』, 講談社+α新書, 2016, 146쪽.
16 菅野完, 『日本会議の研究』, 扶桑社新書, 2016, 23쪽.

17 『赤旗』, 2016년 2월 7일.
18 『毎日新聞』, 2016년 11월 3일.
19 青木理, 『日本会議の正体』, 平凡社新書, 2016, 233쪽.

아베 내각과 일본회의
1 菅野完, 앞의 책, 2016, 23쪽.
2 『赤旗』, 2016년 2월 7일.
3 『毎日新聞』, 2016년 11월 3일.
4 青木理, 앞의 책, 233쪽.

3장. 납치
1 青木理, 『ルポ 拉致と人々──救う会·公安警察·朝鮮総連』, 岩波書店, 2011, 30쪽.
2 蓮池透, 『拉致被害者たちを見殺しにした安倍晋三と冷血な面々』, 講談社, 2015, 33쪽.
3 安倍晋三·岡崎久彦, 『この国を守る決意』, 扶桑社, 2004, 103~105쪽.
4 「秘録 日朝交渉, 知られざる"核"の攻防」, <NHKスペシャル>, 2009년 11월 8일.
5 青木理, 앞의 책, 183쪽.
6 蓮池透, 앞의 책, 53~54쪽.

4장. 1차 내각
1 NHK, 월례 여론조사.
2 安倍晋三, 『美しい国へ』, 文春新書, 2006, 28쪽.
3 「日本の戦後 第6回 くにのあゆみ 戦後教育の幕あき」, <NHK特集>(https://www.nhk-ondemand.jp/goods/G2012044954SA000).

5장. 재기
1 『文芸春秋』, 2008년 2월호.
2 위의 책
3 田崎史郎, 『安倍官邸の正体』, 講談社現代新書, 2014, 106쪽.
4 安倍晋三·百田尚樹, 『日本よ、世界の真ん中で咲き誇れ』, WAC, 2013, 103쪽.
5 「証言ドキュメント 永田町·権力の興亡 そして"自民一強"に」, <NHKスペシャル>, 2013년 12월 22일.
6 田崎史郎, 앞의 책, 104쪽.
7 『文芸春秋』, 2008년 2월.
8 <NHKスペシャル>, 2013년 12월 22일.

9 『週刊文春』, 5월 29일.
10 <NHKスペシャル>, 2013년 12월 22일.
11 朝日新聞取材班, 『この国を揺るがす男:安倍晋三とは何者か』, 筑摩書房, 2016, 113쪽.
12 田崎史郎, 앞의 책, 112쪽.
13 <NHKスペシャル>, 2013년 12월 22일.
14 박상준, 『불황터널』, 매일경제신문사, 2016, 145쪽.
15 <NHKスペシャル>, 2013년 12월 22일.
16 朝日新聞取材班, 앞의 책, 161쪽.
17 安倍晋三, 百田尚樹, 앞의 책, 98쪽.
18 朝日新聞取材班, 앞의 책, 129쪽.
19 『文芸春秋』, 2008년 2월.
20 <NHKスペシャル>, 2013년 12월 22일.
21 安倍晋三·百田尚樹, 앞의 책, 123쪽.
22 위의 책, 23쪽.
23 安倍晋三·岡崎久彦, 앞의 책, 213쪽.
24 田崎史郎, 앞의 책, 136~137쪽.

6장. '개헌'이라는 필생의 과업

1 『한겨레』, 2014년 6월 23일.
2 樋口陽一·小林節, 『「憲法改正」の真実』, 集英社新書, 2016, 20쪽.
3 위의 책, 21쪽.
4 위의 책, 25쪽.
5 위의 책, 80쪽.
6 위의 책, 27쪽.
7 위의 책, 29쪽.
8 위의 책, 51쪽.
9 위의 책, 31~32쪽.
10 위의 책, 83쪽.

7장. 12·28합의

1 『한겨레』, 2015년 7월 8일.
2 河野談話作成過程等に関する検討チーム, 「慰安婦問題を巡る日韓間のやりとりの経緯」, 2014, 16쪽.
3 위의 책, 17쪽.

8장. 아베 담화

1 安倍晋三·岡崎久彦,『この国を守る決意』, 扶桑社, 2004, 181쪽.
2 薬師寺克行(編集),『村山富市回顧録』, 岩波書店, 2012, 281쪽.
3 『朝日新聞』, 3월 4일.
4 『正論』, 2009년 2월.
5 読売新聞政治部,『安倍官邸vs.習近平 激化する日中外交戦争』, 新潮社, 2015, 141쪽.
6 村山首相談話を継承し発展させる会,『検証安倍談話』, 明石書店, 2015, 13~14쪽.
7 読売新聞政治部, 앞의 책, 163~164쪽.

아베와 야스쿠니

1 2014년 3월 이병기 대사, 김원진 공사로부터 필자가 직접 들은 내용이다.
2 田崎史郎,『安倍官邸の正体』, 講談社現代新書, 2014. 152쪽.
3 読売新聞政治部, 앞의 책 155쪽.
4 安倍晋三·岡崎久彦,『この国を守る決意』, 扶桑社, 2004, 148~149쪽.
5 安倍晋三·百田尚樹,『日本よ、世界の真ん中で咲き誇れ』, WAC, 2013, 48~49쪽.
6 田崎史郎, 앞의 책, 154쪽.
7 위의 책, 154쪽.

9장. 안보 정책

1 『朝日新聞』, 2016년 11월 3일.
2 「戦後70年 ニッポンの肖像 - 世界の中で - 第3回 "平和国家"の試練と模索」, <NHKスペシャル>, 2015년 6월 21일.
3 Prime Minister Abe to tackle US-Japan military relations http://www.stripes.com/news/prime-minister-abe-to-tackle-us-japan-militaryrelations-1.206363.
4 安倍晋三·百田尚樹,『日本よ、世界の真ん中で咲き誇れ』, WAC, 2013, 93~94쪽.

10장. 헌법 파괴

1 『東京新聞』, 2016년 12월 25일.

13장. 원자력 정책

1 大下英治,『安倍晋三と岸信介』, 角川SSC新書, 2013, 70~71쪽.
2 「核を求めた日本~被爆国の知られざる真実」, <NHKスペシャル>, 2010년 10월 3일.
3 大下英治, 앞의 책, 18~19쪽.

14장. 아베노믹스

1 朝日新聞取材班, 『この国を揺るがす男: 安倍晋三とは何者か』, 筑摩書房, 2016, 138~139쪽.
2 『日本経済新聞』, 2017년 1월 1일.
3 『文芸春秋』, 2014년 9월호.
4 安倍晋三, 『新しい国へ-美しい国へ 完全版』, 文春新書, 2013, 172쪽.
5 朝日新聞取材班, 앞의 책, 142쪽.
6 安倍晋三, 앞의 책, 245~246쪽.

15장. 한일 관계

1 『한겨레』, 2017년 7월 3일.

참고문헌

한국어

정기간행물

『한겨레』, 『한겨레21』, 『동아일보』, 『월간 조선』

정부간행물

일제강점하강제동원 피해진상규명위원회, 『일본 조세이長生탄광 수몰사고 진상조사』, 2007.

논문

이명찬, 「일중 간 센카쿠제도 분쟁과 일본의 대응」, 『영토해양연구』, 2012년 6월.

이태진, 「요시다 쇼인과 도호쿠미 소호-근대 일본 한국 침략의 사상적 기저」, 『한국사론』, 60집.

단행본

강상중·현무암 지음, 이목 옮김, 『기시 노부스케와 박정희』, 책과함께, 2012.

길윤형, 『나는 조선인 가미카제다』, 서해문집, 2012.

김효순, 『나는 일본군, 인민군, 국군이었다』, 서해문집, 2009.

김효순, 『역사가에게 묻다』, 서해문집, 2011.

남기정, 『기지국가의 탄생』, 서울대학교출판문화원, 2016.

돈 오버더퍼 지음, 이종길 옮김, 『두 개의 한국』, 길산, 2002(개정판은 돈 오버더퍼·로버트 칼린 지음, 이종길·양은미 옮김, 『두 개의 한국』, 길산, 2014).

박상준, 『불황터널』, 매일경제신문사, 2016.

우에무라 다카시 지음, 길윤형 옮김, 『나는 날조 기자가 아니다』, 푸른역사, 2016.

이종석, 『칼날 위의 평화』, 개마고원, 2014.

임동원, 『피스메이커』, 창비, 2015.

조세영, 『한일관계 50년, 갈등과 협력의 발자취』, 대한민국역사박물관, 2014.

일본어

정기간행물

『朝日新聞』, 『毎日新聞』, 『読売新聞』, 『産経新聞』, 『日本経済新聞』, 『東京新聞』, 『北海道新聞』, 『世界』, 『文藝春秋』, 『正論』, 『週刊文春』, 『AERA』, 『NHKスペシャル』, 『WiLL』

기타 간행물

自由民主党, 「日本国憲法改正草案」, 2012.

日米同盟研究委員会, 「米国新政権と日本— 新時代の外交安保政策」, 2017.

단행본

秋元健治, 『原子力推進の現代史—原子力黎明期から福島原発事故まで』, 日本女子大学叢書, 2014.

青木理, 『ルポ 拉致と人々——救う会·公安警察·朝鮮総連』, 岩波書店, 2011.

青木理, 『日本会議の正体』, 平凡社新書, 2016.

青木理, 『安倍三代』, 朝日新聞出版, 2017.

朝日新聞取材班, 『この国を揺るがす男:安倍晋三とは何者か』, 筑摩書房, 2016.

安倍晋三, 『美しい国へ』, 文春新書, 2006.

安倍晋三, 『新しい国へ-美しい国へ 完全版』, 文春新書, 2013.

安倍晋三, 『日本の決意』, 新潮社, 2014.

安倍晋三·百田尚樹, 『日本よ、世界の真ん中で咲き誇れ』, WAC, 2013.

安倍晋三·岡崎久彦, 『この国を守る決意』, 扶桑社, 2004.

安倍洋子, 『私の安倍晋太郎』, ネスコ, 1992.

大江健三郎, 『われらの時代』, 新潮文庫, 1990.

小倉和夫, 『秘録·日韓1兆円資金』, 講談社, 2013.

大下英治, 『安倍晋三と岸信介』, 角川SSC新書, 2013.

加藤陽子, 『戦争まで 歴史を決めた交渉と日本の失敗』, 朝日出版社, 2016.

岸井成格·佐高信, 『偽りの保守·安倍晋三の正体』, 講談社, 2016.

塩田潮, 『「昭和の怪物」岸信介の真実』, WAC BUNKO, 2006.

滋賀大学附属図書館, 『近代日本の教科書のあゆみ—明治期から現代まで』, サンライズ出版, 2006.

菅野完, 『日本会議の研究』, 扶桑社新書, 2016.

財団法人日本再建イニシアティブ, 『日本最悪のシナリオ 9つの死角』, 新潮社, 2013.

高崎宗司, 『検証 日韓会談』, 岩波新書, 1996.

田崎史郎, 『安倍官邸の正体』, 講談社現代新書, 2014.

田中均,『外交の力』, 日本経済出版社, 2009.
田中宏·有光健·中山武敏『未解決の戦後補償—問われる日本の過去と未来』, 創史社, 2012.
俵義文,『日本会議の全貌 知られざる巨大組織の実態』, 花伝社, 2016.
俵義文·魚住昭·横田一·佐高信,『安倍晋三の本性』, 金曜日, 2006.
角田房子,『閔妃(ミンビ)暗殺—朝鮮王朝末期の国母』, 新潮文庫, 1993.
殿平善彦,『遺骨—語りかける命の痕跡』, かもがわ出版, 2013.
徳山喜雄,『 安倍晋三「迷言」録: 政権·メディア·世論の攻防』, 平凡社新書, 2016.
中野晃一,『右傾化する日本政治』, 岩波新書, 2015.
野上忠興,『安倍晋三 沈黙の仮面: その血脈と生い立ちの秘密』, 小学館, 2015.
蓮池透,『拉致被害者たちを見殺しにした安倍晋三と冷血な面々』, 講談社, 2015.
林博史,『日本軍「慰安婦」問題の核心』,花伝社, 2015.
林博史·渡辺美奈·俵義文,『村山·河野談話」見直しの錯誤—歴史認識と「慰安婦」問題をめぐって』, かもがわ出版, 2013.
服部茂幸,『アベノミクスの終焉』, 岩波新書, 2014.
服部龍二,『日中国交正常化-田中角栄、大平正芳、官僚たちの挑戦』, 中公新書, 2011.
服部龍二,『外交ドキュメント 歴史認識』, 岩波新書, 2015.
半田滋,『日本は戦争をするのか——集団的自衛権と自衛隊』, 岩波新書, 2014.
船橋洋一,『ザ·ペニンシュラ·クエスチョン 上·下』, 朝日文庫, 2011.
樋口陽一·小林節,『 憲法改正」の真実』, 集英社新書, 2016.
孫崎享,『戦後史の正体』, 創元社, 2012.
村山首相談話を継承し発展させる会,『検証安倍談話』, 明石書店, 2015.
薬師寺克行(編集),『村山富市回顧録』, 岩波書店, 2012.
柳澤協二,『亡国の安保政策-安倍政権と「積極的平和主義」の罠』, 岩波書店, 2014.
柳澤協二,『亡国の集団的自衛権』, 集英社新書, 2015.
読売新聞政治部,『安倍官邸vs.習近平 激化する日中外交戦争』, 新潮社, 2015.
和田春樹 ,『これだけは知っておきたい 日本と朝鮮の一〇〇年史』, 平凡社新書, 2010.
和田春樹 ,『慰安婦問題の解決のために』, 平凡社新書, 2015.
和田春樹,『アジア女性基金と慰安婦問題——回想と検証』, 明石書店, 2016.
アクティブミュージアム「女たちの戦争と平和資料館」,『「慰安婦」問題 すべての疑問に答えます』, 合同出版, 2013.
リチャード·L·アーミテージ· ジョセフ·S·ナイJr·春原 剛,『日米同盟vs中国·北朝鮮』, 文春新書, 2010.
財団法人日本再建イニシアティブ,『日本最悪のシナリオ 9つの死角』, 新潮社, 2013.

찾아보기

ㅇ